Der Strukturwandel zur Liebhaberei

Europäische Hochschulschriften Recht

European University Studies in Law

Publications Universitaires Européennes de Droit

Band/Volume 6735

Für Sabrina

Vorwort

Die vorliegende Arbeit wurde von der Rechtswissenschaftlichen Fakultät der Westfälischen Wilhelms-Universität Münster im Wintersemester 2022/2023 als Dissertation angenommen. Rechtsprechung, Gesetzgebung und Literatur konnten bis Ende März 2022 berücksichtigt werden. Die mündliche Prüfung fand am 29. November 2022 statt.

Ein besonderer Dank gilt meinem Doktorvater Herrn Professor Dr. *Marcel Krumm* für die jederzeit hilfreichen Anregungen, Diskussionen und Ratschläge. Herrn Professor Dr. *Heinrich Weber-Grellet*, Vorsitzender Richter am Bundesfinanzhof a.D., danke ich für die überaus zügige Erstellung des Zweitgutachtens.

Schließlich gebührt mein ganz besonderer Dank denen, ohne die die Erstellung dieser Arbeit nicht möglich gewesen wäre. Ohne die vielfältige Unterstützung und den bedingungslosen Rückhalt meiner Eltern wäre diese Arbeit nicht denkbar gewesen. Sie haben mir die Freiheit und den nötigen Mut für diese Forschungsarbeit gegeben.

Weiterer Dank gebührt meinen Großeltern sowie meinem Großonkel und meiner Großtante, die meinen akademischen Weg stets mit Interesse verfolgt und mich in meinem Vorhaben bestärkt haben.

Meine Frau war während des gesamten Promotionsvorhabens mein Ruhepol. Geduldig hat sie mein Arbeitspensum ertragen und mir stets Zuversicht geschenkt. Ihr Rückhalt und Optimismus haben die Entstehung dieser Arbeit wesentlich gefördert. Ihr ist diese Arbeit gewidmet.

Düsseldorf, im Januar 2023
Daniel Vogt

Daniel Vogt

Der Strukturwandel zur Liebhaberei

Eine einkommensteuer- und verfassungsrechtliche Untersuchung

PETER LANG

Bibliografische Information der Deutschen Nationalbibliothek
Die Deutsche Nationalbibliothek verzeichnet diese Publikation in der Deutschen Nationalbibliografie; detaillierte bibliografische Daten sind im Internet über http://dnb.d-nb.de abrufbar.

Zugl.: Münster (Westfalen), Univ., Diss. der Rechtswissenschaftlichen Fakultät, 2022

Erster Berichterstatter:	Prof. Dr. Marcel Krumm
Zweiter Berichterstatter:	Prof. Dr. Heinrich Weber-Grellet
Dekanin:	Prof. Dr. Petra Pohlmann
Tag der mündlichen Prüfung:	29. November 2022

D 6
ISSN 0531-7312
ISBN 978-3-631-89793-5 (Print)
E-ISBN 978-3-631-90076-5 (E-PDF)
E-ISBN 978-3-631-90077-2 (EPUB)
DOI 10.3726/b20765

Peter Lang – Berlin · Bern · Bruxelles · New York · Oxford · Warszawa · Wien

Diese Publikation wurde begutachtet.

www.peterlang.com

Inhaltsverzeichnis

Abkürzungsverzeichnis

Bezüglich der verwendeten Abkürzungen wird auf *H. Kirchner*, Abkürzungsverzeichnis der Rechtssprache, 10. Auflage 2021, verwiesen.

Gesetze, die heute nicht mehr in Kraft sind, werden mit dem Jahr des Gesetzerlasses versehen (z.B. Reichseinkommensteuergesetz = EStG 1925).

Einleitung

I. Gegenstand der Untersuchung

Die Notwendigkeit einer Gewinnerzielungsabsicht als Tatbestandsmerkmal des Einkunftstatbestands stellt ein für alle Gewinneinkunftsarten geltendes Grundprinzip des deutschen Einkommensteuerrechts dar.[1] Für den Gewerbebetrieb ergibt sich dies unmittelbar aus § 15 Abs. 2 Satz 1 EStG und für die übrigen Gewinneinkunftsarten aus ihrer Negativabgrenzung zum Gewerbebetrieb.[2] Fehlt bereits bei der Tätigkeitsaufnahme die Gewinnerzielungsabsicht, führt dies nach allgemeiner Ansicht dazu, dass die mit der Tätigkeit in Zusammenhang stehenden Einnahmen und Ausgaben keinerlei steuerliche Relevanz aufweisen. Sie sind insgesamt dem Bereich der privaten Lebensführung, der sog. Liebhaberei, zuzuordnen.[3] Die Liebhaberei führt nicht nur zu einem Abzugsverbot für einzelne Aufwendungen, sondern betrifft die gesamte Tätigkeit.[4] So unbestritten dies im Bereich einer anfänglichen Liebhaberei ist, so umstritten ist zugleich, wie sich der nachträgliche Eintritt einer Liebhaberei auf den Fortbestand eines Betriebs auswirkt. Hierfür eine schlüssige rechtliche Lösung zu finden, ist Erkenntnisinteresse dieser Arbeit.

Steuerpflichtige können aus unterschiedlichen Gründen mit der Zeit ihre Gewinnerzielungsabsicht verlieren. Ein solcher Verlust der Gewinnerzielungsabsicht wird in dieser Arbeit als Strukturwandel bezeichnet (siehe dazu eingehend unter § 1 VII.).[5] Ein Strukturwandel setzt eine Tätigkeit voraus, die zunächst mit Gewinnerzielungsabsicht, später aber aus rein privaten Gründen betrieben wird. Unbestritten steuerlich unbeachtlich sind fortan die laufenden Einkünfte und Aufwendungen, die mit dieser Tätigkeit in Zusammenhang

---

1 Vgl. nur *Hey*, in: Tipke/Lang, Steuerrecht, 24. Aufl. 2020, § 8 Rn. 125 m.w.N.; *Krumm*, in: Leingärtner, Besteuerung der Landwirte, Stand: Juli 2018, Kap. 4 Rn. 1. Kritisch *Kruse*, FS Raupach, 2006, 143, 147 der eine ausreichende Gesetzesgrundlage dafür vermisst.

2 BFH, Urt. v. 11.10.2007, Az. IV R 15/05, BStBl. II 2008, 465, 466; *Hey*, in: Tipke/Lang, Steuerrecht, 24. Aufl. 2020, § 8 Rn. 125.

3 *Musil*, in: H/H/R, EStG, Stand: Januar 2019, § 2 Rn. 442; *Hey*, in: Tipke/Lang, Steuerrecht, 24. Aufl. 2020, § 8 Rn. 133.

4 *Musil*, in: H/H/R, EStG, Stand: Januar 2019, § 2 Rn. 442.

5 BFH, Urt. v. 05.04.2017, Az. X R 6/15, BStBl. II 2017, 1130, 1132; Urt. v. 11.05.2016, Az. X R 61/14, BStBl. II 2016, 939, 942.

stehen.[6] Umstritten sind hingegen die Auswirkungen des Strukturwandels auf den Fortbestand des Betriebs und des darin gebundenen Betriebsvermögens. Durch die drohende Aufdeckung stiller Reserven hat diese Rechtsfrage erhebliche praktische Bedeutung. Nicht zuletzt auch deshalb, weil die Liebhaberei regelmäßig im Fokus der Finanzverwaltung steht.[7] Denn vertritt man, wie ein Teil der Literatur, die Ansicht der Strukturwandel löse eine Totalentnahme aus, sind die stillen Reserven im Betriebsvermögen aufzudecken.[8]

Diese Rechtsfolge wird von der Rechtsprechung als unbillig empfunden, da dem Steuerpflichtigen keine Liquidität zuflösse.[9] Wenn in dieser Arbeit von Liquidität gesprochen wird, ist darunter inländisches Bargeld (Euro) zu verstehen, da Euro(-Banknoten) einziges unbeschränktes gesetzliches Zahlungsmittel sind, § 14 Abs. 1 Satz 2 BBankG. Aufgrund der Möglichkeit Zahlungen an die Finanzbehörden gemäß § 224 Abs. 2 Nr. 2 1. Alt. AO auch als Überweisungen entrichten zu können, ist auch auf Euro lautendes Buchgeld Liquidität. Die Rechtsprechung vertritt in ständiger Rechtsprechung, dass ein Strukturwandel ohne ausdrückliche Aufgabeerklärung keine Totalentnahme auslöse.[10] Das Betriebsvermögen sei fortan als „eingefroren" zu behandeln.[11] Teilweise wird von einer (nur) „betriebsaufgabeähnlichen" Wirkung des Strukturwandels

6 St. Rspr. vgl. nur BFH, Urt. v. 05.04.2017, Az. X R 6/15, BStBl. II 2017, 1130, 1132 m.w.N.

7 Im Jahr 2020 hat die OFD NRW die Prüfung der Einkunftserzielungsabsicht (Liebhaberei) bei den § 15 und § 18 EStG zu einem Prüffeld erklärt.

8 *Seer*, in: Kirchhof, EStG, 20. Aufl. 2021, § 16 Rn. 186; *Sieker*, in: Lademann, EStG, Stand: Juni 2020, § 16 Rn. 533; *Hiller*, in: Lademann, EStG, Stand: April 2003, § 13 Rn. 134a; so noch *Reiß*, in: Kirchhof, EStG, 16. Aufl. 2017, § 16 Rn. 205a.; *Job*, Die steuerrechtliche Liebhaberei, Univ.-Diss. 1977, 96 f.; *Kruse*, StuW 1980, 226, 227; *Lang*, DStJG 1981, 45, 70 (Fn. 91); *Felsmann*, Inf 1982, 517, 519; *Trzaskalik*, DB 1983, 194, 195; *M. Wendt*, FR 1998, 264, 275; *Paus*, DStZ 2017, 377 ff.; im Grundsatz auch schon *Friauf*, StbJb. 1975/76, 369, 376; nicht eindeutig, aber in diese Richtung *Felsmann*, Einkommenbesteuerung der Land- und Forstwirte, 1963, 46 f. (Rn. A 12). Offengelassen *Rapp*, in: Littmann/Bitz/Putz, EStG, Stand: Mai 2012, § 16 Rn. 84.

9 *Seer*, in: Kirchhof, EStG, 20. Aufl. 2021, § 16 Rn. 186 („Billigkeitscharakter").

10 St. Rspr. seit BFH, Urt. v. 29.10.1981, Az. IV R 138/78, BStBl. II 1982, 381, 384; zuletzt Urt. v. 11.05.2016, Az. X R 15/15, BStBl. II 2017, 112, 114; Urt. v. 11.05.2016, Az. X R 61/14, BStBl. II 2016, 939, 942. Für die einzelnen Einkunftsarten u.a. BFH, Urt. v. 13.02.1997, Az. IV R 57/96, BFH/NV 1997, 649 (LuF); Urt. v. 13.03.1992, Az. IV R 29/91, BStBl. II 1993, 36, 39 (selbst. Arbeit); Urt. v. 15.05.2002, Az. X R 3/99, BStBl. II 2002, 809, 810 (Gewerbebetrieb).

11 BFH, Urt. v. 05.04.2017, Az. X R 6/15, BStBl. II 2017, 1130, 1132 m.w.N.

gesprochen.[12] Dieser Rechtsprechung hat sich der überwiegende Teil der Literatur angeschlossen.[13]

Nur auf den ersten Blick stellt sich die vorgenannte h.M. als günstig für den Steuerpflichtigen dar, denn bei genauerer Betrachtung wirkt sie sich auch zu seinen Lasten aus. Ein solcher Fall tritt ein, wenn sich der Steuerpflichtige auf einen Strukturwandel in einem festsetzungsverjährten Veranlagungszeitraum beruft, er dort allerdings keine Aufgabeerklärung abgegeben hat. Nach h.M. bleiben die Wirtschaftsgüter ohne Aufgabeerklärung in aller Regel steuerverstrickt. Erst bei einer späteren Veräußerung, Einzelentnahme oder Aufgabeerklärung seien die stillen Reserven aufzulösen.[14]

In Verbindung mit dem § 6 Abs. 3 EStG wirft die Vorgehensweise der h.M. die Frage auf, ob eine Besteuerung der stillen Reserven sichergestellt ist oder ob nicht vielmehr „ewiges" Betriebsvermögen gebildet wird, da die vorgenannte Norm eine Buchwertfortführung bei unentgeltlicher Übertragung eines Betriebs ermöglicht. Vor dem verfassungsrechtlichen Hintergrund des Leistungsfähigkeitsprinzips erscheint eine solche Konsequenz jedenfalls bedenklich.

In Literatur und Rechtsprechung wird die Auflösung des Betriebsvermögens im Falle des Strukturwandels sowohl unter die Entnahme- als auch unter die Aufgabevorschrift subsumiert. Die Begriffsverwendung ist uneinheitlich, was dem geschuldet ist, dass die Betriebsaufgabe ganz überwiegend als Totalentnahme angesehen wird. Soweit in dieser Arbeit nicht explizit darauf hingewiesen

---

12 BFH, Urt. v. 15.05.2002, Az. X R 3/99, BStBl. II 2002, 809, 810; FG Düsseldorf, Urt. v. 16.10.2014, Az. 11 K 1509/14 E, DStRE 2016, 13, 14. Anders ausdrücklich BFH, Urt. v. 11.05.2016, Az. X R 15/15, BStBl. II 2017, 112, 114, dann jedoch wieder abweichend BFH, Urt. v. 11.10.2017, X R 2/16, DStRE 2018, 331, 334.

13 *Wacker*, in: Schmidt, EStG, 40. Aufl. 2021, § 16 Rn. 156; *Graw*, in: K/S/M, EStG, Stand: Dezember 2017, § 16 Rn. F 29; *Schallmoser*, in: Brandis/Heuermann, Ertragsteuerrecht, Stand: August 2021, § 16 EStG Rn. 477; *Krumm*, in: K/S/M, EStG, Stand: Januar 2017, § 13 Rn. B 103; *Kulosa*, in: H/H/R, EStG, Stand: Januar 2019, § 16 Rn. 523; *Kaminski*, Gedächtnisschrift Joecks, 2018, 711 ff.; *Urban*, Einkünfteerzielungsabsicht, Univ.-Diss. 2010, 198; *T. Habl*, Einkünfteerzielungsabsicht versus Liebhaberei im Einkommensteuerrecht, Univ.-Diss. 2006, 180 ff.; so bereits früher *Felix*, Steuerberaterkongreß-Report 1980, 129, 153; *Albrod*, DStR 1978, 545, 547 f. Mit abweichender Begründung, aber i.E. zustimmend *Dötsch*, Einkünfte aus Gewerbebetrieb, Univ.-Diss. 1986, 98 ff.; *Knobbe-Keuk*, Bilanz- und Unternehmenssteurrecht, 9. Aufl. 1993, 281 ff.

14 Vgl. nur BFH, Urt. v. 11.05.2016, Az. X R 15/15, BStBl. II 2017, 112, 114 ff., 116.

wird, werden auch hier Totalentnahme und Betriebsaufgabe synonym verwendet (siehe dazu unter § 5 I.).

Das Erkenntnisinteresse, das am Ende dieser Arbeit befriedigt werden soll, besteht darin, nachzuweisen, dass der Strukturwandel zu einem Ende des betroffenen Betriebs führt und damit eine Überführung der Wirtschaftsgüter in das Privatvermögen verbunden ist, welche als (Total-)Entnahme zu qualifizieren ist. Diese Arbeit soll die Widersprüche in der Rechtsprechung aufzeigen und ebenso die zugrunde liegenden verfassungsrechtlichen Rahmenbedingungen herausarbeiten. Am Ende dieser Arbeit soll eine Lösung des Problems stehen, die der Gesetzessystematik ausreichend Rechnung trägt.

II. Methodik und Vorgehensweise

Den Schwerpunkt dieser Arbeit bildet die Auslegung des einfachen Rechts. Es handelt sich um eine rechts- und verfassungsdogmatische Arbeit. Gefolgt wird hier der objektiv-teleologischen Auslegungsmethode, welche auf den objektivierten Willen des Gesetzgebers abstellt.[15]

Den Einstieg in diese Arbeit bildet in Kapitel 1 eine Darstellung der steuerrechtlichen „Liebhaberei" (§ 1). Nachdem dieser zentrale Begriff und die Methodik seiner Feststellung erläutert wurden, wird das Rechtsinstitut der Betriebsunterbrechung in Abgrenzung zur Betriebsaufgabe in den Blick genommen (§ 2). Die Betriebsunterbrechung ist für das richtige Verständnis der Rechtsprechung zum Strukturwandel von großer Bedeutung. In diesem Zusammenhang wird auf die relativ jungen Normen des § 16 Abs. 3b EStG und § 14 Abs. 2 EStG und ihre Bedeutung für den Strukturwandel eingegangen. Im Anschluss wird die Rechtsprechung des *Bundesfinanzhofs* zum Strukturwandel dargestellt (§ 3). Es werden die Gemeinsamkeiten und Unterschiede zur Betriebsverpachtung und Betriebsaufspaltung aufgezeigt.

In Kapitel 2 wird eine eigene Lösung zum Strukturwandel entwickelt. Ausgangspunkt ist der einkommensteuerliche Betriebsbegriff und sein Verhältnis zur Gewinnerzielungsabsicht (§ 4). Im Anschluss wird die Brücke vom Betrieb zum Betriebsvermögen geschlagen. In diesem Zusammenhang wird mit Blick auf die Rechtsprechung die Gefahr „ewigen" Betriebsvermögens untersucht.

---

15 St. Rspr. des BVerfG, Urt. 21.05.1952, Az. 2 BvH 2/52, BVerfGE 1, 299, 312; ebenso BFH, Urt. v. 25.09.2013, Az. XI R 41/12, BStBl. II 2014, 135, 138; *Zippelius*, Juristische Methodenlehre, 12. Aufl. 2021, 19; ähnlich *Larenz*, Methodenlehre der Rechtswissenschaft, 6. Aufl. 1991, 319 („normativer Sinn des Gesetzes").

Sodann wird dargelegt, warum der Strukturwandel zu einer Totalentnahme der betroffenen Wirtschaftsgüter führt (§ 5). Dafür wird zunächst eine Abgrenzung von Entnahme- und Betriebsaufgabevorschrift vorgenommen. Das Vorliegen einer Entnahmehandlung beim Strukturwandel wird anschließend nachgewiesen. Als anwendbare Bewertungsvorschrift für die stillen Reserven wird § 16 Abs. 3 Satz 7 EStG identifiziert. Eine teleologische Reduktion der Entnahmevorschrift wird anschließend mangels verdeckter Regelungslücke verworfen (§ 6).

In Kapitel 3 widmet sich die Arbeit schließlich den verfassungsrechtlichen Fragen im Zusammenhang mit dem Strukturwandel. Mit Blick auf die Eigentumsgarantie wird aufgezeigt, dass die Totalentnahme das Gebot der eigentumsschonenden Besteuerung nicht verletzt (§ 8). Maßgeblich anhand des allgemeinen Gleichheitssatzes wird dargelegt, dass die Entnahme im Fall des Strukturwandels eine folgerichtige Umsetzung der Belastungsgrundentscheidung darstellt (§ 8 und § 9). Schließlich wird aufgezeigt, dass diese Rechtsfolge vor dem Hintergrund des Einkünftedualismus angemessen ist (§ 10).

Kapitel 1 Grundlagen der steuerlichen Liebhaberei und des Strukturwandels

§ 1 Liebhaberei als Negativabgrenzung zur Gewinnerzielungsabsicht

I. Historische Entwicklung

Bevor der zuvor aufgeworfenen Frage nach der Behandlung des Strukturwandels nachgegangen werden kann, soll für das bessere Verständnis zunächst ein Blick auf die steuerrechtliche Liebhaberei im Allgemeinen geworfen werden. Denn wie sich später noch zeigen wird, ist die Feststellung einer steuerrechtlichen Liebhaberei gleichbedeutend mit einer festgestellten Nutzungsänderung aller davon betroffenen Wirtschaftsgüter hin zur privaten Nutzung. Daraus resultiert dann zwangsläufig eine Totalentnahme der betroffenen Wirtschaftsgüter.

Als Liebhaberei wird im Einkommensteuerrecht eine Tätigkeit bezeichnet, die ohne die Absicht Gewinn zu erzielen ausgeübt wird und daher in Gänze der privaten Lebensführung zuzuordnen ist.[16] Die Liebhaberei ist zwar anders als die Gewinnerzielungsabsicht gemäß § 15 Abs. 2 Satz 1 EStG nicht explizit im Einkommensteuergesetz normiert[17], sie wird aber zu Recht als negatives Tatbestandsmerkmal der Gewinnerzielungsabsicht verstanden.[18] Liebhaberei und Gewinnerzielungsabsicht schließen sich aus. Die steuerrechtliche Bedeutung der Liebhaberei liegt darin, dass ihr Vorliegen nicht nur einzelne Aufwendungen und Einkünfte aus dem steuerbaren Bereich herausfallen lässt, sondern die gesamte in Bezug genommene Tätigkeit steuerlich irrelevant ist.[19] Die Liebhaberei ist

---

16 BFH, Beschl. v. 25.06.1984, Az. GrS 4/82, BStBl. II 1984, 751, 766; *Krumm*, in: Leingärtner, Besteuerung der Landwirte, Stand: Juli 2018, Kap. 4 Rn. 1; *Falkner*, Einkunftserzielungsabsicht, Univ.-Diss. 2009, 25 m.w.N.; *Birk*, BB 2009, 860.

17 Anders in Österreich durch die sog. Liebhabereiverordnung, BGBl. Nr. 33/1993; vgl. *Birk*, BB 2009, 860, 861.

18 Grundlegend BFH, Beschl. v. 25.06.1984, Az. GrS 4/82, BStBl. II 1984, 751, 766; zuletzt Urt. v. 07.04.2016, Az. IV R 38/13, BStBl. II 2016, 765, 767; *Schell*, Subjektive Besteuerungsmerkmale im Einkommensteuerrecht, Univ.-Diss. 2006, 101. Zur normativen Verortung der Liebhaberei, vgl. *Musil*, in: H/H/R, EStG, Stand: Januar 2019, § 2 Rn. 358 f.

19 *Musil*, in: H/H/R, EStG, Stand: Januar 2019, § 2 Rn. 442.

daher von Fällen zu unterscheiden, in denen einzelne Aufwendungen steuerlich nicht anerkannt werden, weil diesen ein Abzugsverbot entgegensteht, z.B. gemäß § 4 Abs. 5 EStG.[20]

Der Begriff der Liebhaberei lässt sich bis in die Zeit des Preußischen Einkommensteuergesetzes zurückverfolgen.[21] Das *Preußische Oberverwaltungsgericht* entschied bereits 1894, Verluste könnten im Einzelfall steuerlich nicht geltend gemacht werden, wenn die Einkommensquelle entsprechend den Ansprüchen und Neigungen des Eigentümers gestaltet worden sei.[22]

Der *Reichsfinanzhof* schloss sich dieser Auffassung in den 1920er Jahren an, wonach die Absichten des Steuerpflichtigen maßgeblich für die Feststellung einer Liebhaberei seien und nur eine mit Gewinnerzielungsabsicht vorgenommene Betätigung steuerliche Relevanz entfalte.[23] 1934 gab der *Reichsfinanzhof* diese Rechtsprechung teilweise auf, indem er fortan auf die objektiven Umstände des Falls und weniger auf die Absichten des Steuerpflichtigen abstellte.[24] Festgehalten wurde jedoch am Sinn und Zweck der Liebhaberei, private Betätigungen aus dem einkommensteuerlichen Bereich auszuklammern.[25] In den Nachkriegsjahren setzte sich diese objektive Sichtweise beim *Bundesfinanzhof* zunächst fort.[26] Lediglich vereinzelt stellte dieser auf subjektive Merkmale ab.[27]

Erst durch eine Entscheidung des Großen Senats im Jahr 1984 gab der *Bundesfinanzhof* diese Rechtsprechung auf.[28] Ausgehend von diesem Judikat verfestigte sich der „zweigliedrige Liebhabereibegriff", der inzwischen als ständige Rechtsprechung anzusehen ist (siehe dazu unter § 1 III.).[29]

---

20 *Musil*, in: H/H/R, EStG, Stand: Januar 2019, § 2 Rn. 393.

21 *Fuisting*, Die direkten Steuern, Band I, 1. Teil, 8. Aufl. 1915, § 6 Anm. 16, § 12 Anm. 1c.

22 Preuß. OVG, Urt. v. 14.12.1894, Rep. V. 16/94, OVGST Band III, 150, 154.

23 RFH, Beschl. v. 18.02.1925, Az. VI B 44/25, RFH-Entscheidungssammlung Band XV, 291; grundlegend auch Urt. v. 14.03.1929, Az. VI A 1473/28, RStBl. 1929, 329. Vgl. auch *Lang*, FS Kirchhof 2013, 1827, 1832.

24 RFH, Urt. v. 24.01.1934, RStBl. 1934, 501.

25 *Musil*, in: H/H/R, EStG, Stand: Januar 2019, § 2 Rn. 353.

26 BFH, Urt. v. 17.03.1960, Az. IV 193/158 U, juris Rz. 12; Urt. v. 06.03.1980, Az. IV R 182/78, BStBl. II 1980, 718, 720.

27 So z.B. BFH, Urt. v. 21.10.1980, Az. VIII R 81/79, BStBl. II 1981, 452, 453.

28 BFH, Beschl. v. 25.06.1984, Az. GrS 4/82, BStBl. II 1984, 751, 767.

29 Vgl. nur BFH, Urt. v. 05.05.2011, Az. IV R 48/08, BStBl. II 2011, 792, 793; Urt. v. 11.10.2007, Az. IV R 15/05, BStBl. II 2008, 465, 466; Urt. v. 26.02.2004, Az. IV R 43/02, BStBl. II 2004, 455, 456 f.; bestätigt durch BVerfG, Beschl. v. 28.10.1986, Az. 1 BvR 325/86, juris („subjektiver Liebhabereibegriff"); Beschl. v. 18.11.1986, Az. 1 BvR 330/86, DStZ/E 1986, 21 („Liebhaberei").

II. Sinn und Zweck der Liebhaberei

> „Der Begriff der Liebhaberei bezeichnet demnach kein eigenständiges Rechtsinstitut, sondern ein derivatives Konstrukt als Negativum fehlender Einkünfteerzielungsabsicht in Bezug auf äußerlich vermeintlich steuerbare Sachverhalte.“[30]

Der Liebhaberei sind Tätigkeiten zuzuordnen, die ihrem äußeren Erscheinungsbild nach die Tatbestandsmerkmale einer Einkunftsart erfüllen, aber nicht mit Gewinnerzielungsabsicht, sondern aus privaten Motiven ausgeübt werden.[31] Alle dabei anfallenden Einkünfte und Aufwendungen sind aufgrund ihrer inneren „Zwecksetzung“ nicht dieser Einkunftsart, sondern der privaten Lebensführung zuzuordnen.[32] Nur so gelingt die notwendige Abgrenzung zwischen den verschiedenen Sphären der Einkünfteerzielung und der Einkünfteverwendung.[33]

Die Auslegung des Begriffs der Gewinnerzielungsabsicht in § 15 Abs. 2 Satz 1 EStG hat sich am Sinn und Zweck der Regelung zu orientieren. Diese Regelung dient der Abgrenzung des am Markt erzielten und des sog. Eigenverbrauchseinkommens, da letzteres nicht steuererheblich ist.[34] Ferner vollendet sie den der Einkommensteuer zugrundeliegenden Zweck, dem Staat finanzielle Mittel zu verschaffen.[35] Denn nur durch die Konkretisierung des steuerlichen Einkünftebegriffs auf mit Gewinnerzielungsabsicht betriebene Tätigkeiten ist mit der notwendigen Sicherheit ein Steuerertrag zu erzielen. Nur durch die Ausklammerung des Eigenverbrauchseinkommens, ist davon auszugehen, dass die Einkünfte die Ausgaben des Steuerpflichtigen übersteigen.

---

30 *Schell*, Subjektive Besteuerungsmerkmale im Einkommensteuerrecht, Univ.-Diss. 2006, 101.

31 *Birk*, BB 2009, 860 f.

32 *Schell*, Subjektive Besteuerungsmerkmale im Einkommensteuerrecht, Univ.-Diss. 2006, 101.

33 *Musil*, in: H/H/R, EStG, Stand: Januar 2019, § 2 Rn. 348; *Birk*, BB 2009, 860.

34 *Seer*, in: Kirchhof, EStG, 20. Aufl. 2021, § 2 Rn. 56.

35 BFH, Beschl. v. 25.06.1984, Az. GrS 4/82, BStBl. II 1984, 751, 766; *Birk*, BB 2009, 860. So explizit RFH, Urt. v. 14.03.1929, Az. VI A 1473/28, RStBl. 1929, 329: „Aus dem obersten und letzten Endes alleinigen Zweck des Einkommensteuergesetzes, dem Reiche Einnahmen zu verschaffen, ergibt sich aber, daß [...] nicht nur das Streben nach Erzielung von Einnahmen, sondern von Einkommen im Sinne eines Gewinns bzw. eines Einnahmeüberschusses sein muss.“

III. Zweigliedriger Liebhabereibegriff

1. *Negative Totalgewinnprognose*

Die Gewinnerzielungsabsicht stellt nach zutreffender h.M. ein subjektives Tatbestandsmerkmal des Steuertatbestands dar und muss von Amts wegen unter Mithilfe des Steuerpflichtigen ermittelt werden, §§ 88, 90 AO.[36] Da subjektive Tatbestandsmerkmale als innere Willenselemente nicht unmittelbar festgestellt werden können, muss aus den objektiv erkennbaren Umständen, den Hilfstatsachen, auf das Vorliegen der Absicht geschlossen werden.[37] Als Hilfstatsachen kommen alle objektiven Umstände in Betracht, die ein „nach außen erkennbares Tun oder Unterlassen bezüglich des Betriebs" offenbaren.[38] So schließt die Rechtsprechung z.B. aus dem objektiven Umstand, ein Betrieb sei nach seiner Wesensart und der Art seiner Bewirtschaftung auf Dauer nicht dazu geeignet und bestimmt, mit Gewinn zu arbeiten, dass dieser Betrieb nur aus privater Neigung und nicht zur Gewinnerzielung betrieben wird.[39]

Ausgangspunkt der Liebhabereifeststellung ist stets die Prüfung, ob die Betätigung des Steuerpflichtigen darauf gerichtet ist auf Dauer einen Totalgewinn zu erzielen.[40] Soweit der Steuerpflichtige verschiedene und voneinander abgrenzbare Tätigkeiten verfolgt, ist jeder Tätigkeitsbereich getrennt zu bewerten (sog. Segmentierung).[41] Ausgeschlossen ist eine Segmentierung hingegen, wenn die Tätigkeiten so miteinander verbunden sind, dass sie sich gegenseitig bedingen und in einem Förder- und Sachzusammenhang stehen.[42]

Für die Totalgewinnprognose spielt es zunächst eine Rolle, ob nach den objektiven Marktgegebenheiten ein Totalgewinn erreicht werden kann. Dies setzt voraus, dass die Betriebsführung darauf gerichtet ist, eine durch den Betriebsvermögensvergleich nach § 4 Abs. 1 EStG messbare Betriebsvermögensmehrung

---

36 BFH, Beschl. v. 25.06.1984, Az. GrS 4/82, BStBl. II 1984, 751, 767; *Stapperfend*, in: H/H/R, EStG, Stand: August 2017, § 15 Rn. 1045.

37 Vgl. für die st. Rspr. nur BFH, Beschl. v. 12.06.1978, Az. GrS 1/77, BStBl. II 1978, 620, 625 f.; Beschl. v. 25.06.1984, Az. GrS 4/82, BStBl. II 1984, 751, 767; *Seer*, in: Tipke/Kruse, FGO, Stand: August 2018, § 96 Rn. 36.

38 *Krumm*, in: Leingärtner, Besteuerung der Landwirte, Stand: April 2019, Kap. 4 Rn. 8.

39 BFH, Urt. v. 23.08.2000, Az. X R 106/97, BFH/NV 2001, 160 m.w.N.

40 BFH, Beschl. v. 25.06.1984, Az. GrS 4/82, BStBl. II 1984, 751, 766.

41 *Krumm*, in: Kirchhof, EStG, 20. Aufl. 2021, § 15 Rn. 40; *Musil*, in: H/H/R, Stand: Januar 2019, § 2 Rn. 356.

42 BFH, Urt. v. 25.06.1996, Az. VIII R 28/94, BStBl. II 1997, 202, 205; *Krumm*, in: Kirchhof, EStG, 20. Aufl. 2021, § 15 Rn. 40; *Musil*, in: H/H/R, Stand: Januar 2019, § 2 Rn. 389.

zu erzielen.[43] Der Totalgewinn hat sowohl Veräußerungs- als auch Aufgabegewinne einzubeziehen.[44]

Maßgeblicher Prognosezeitraum für den Totalgewinn ist die gesamte Zeit zwischen Betriebsgründung und -beendigung.[45] Ob die Totalgewinnprognose sich – hinsichtlich des Prognosezeitraums – nur auf den Steuerpflichtigen oder auch auf das zugrundeliegende Steuerobjekt beziehen darf, ist im Einzelnen umstritten.[46] Es leuchtet dabei durchaus ein, dass für die Entscheidung im Einzelfall darauf abzustellen ist, ob als Einkunftsquelle in erster Linie der Steuerpflichtige (z.B. ein Rechtsanwalt) oder der Betrieb (z.B. ein Forstbetrieb) anzusehen ist. In ersterem Fall spricht einiges für eine subjektbezogene Betrachtung, in letzterem Fall spricht – jedenfalls bei einer unentgeltlichen Rechtsnachfolge – mehr für eine objektbezogene Betrachtung.[47] Würde man stets auf den Betriebsinhaber abstellen, gelänge man insbesondere bei sog. Generationsbetrieben zu Ergebnissen, die mit den tatsächlichen wirtschaftlichen Verhaltensweisen nicht in Einklang zu bringen wären. Bestimmte Betriebsformen, wie z.B. Forstbetriebe, könnten dann kaum jemals steuerlich anerkannt werden.

Innerhalb der so ermittelten Periode muss die Betätigung „auf die Erzielung positiver Ergebnisse hin angelegt" sein.[48] Darunter ist nach zutreffender h.M. ein nach den jeweils einschlägigen Gewinnermittlungsvorschriften zu ermittelndes steuerliches Gesamtergebnis zu verstehen.[49] Soweit die Meinung vertreten wird, der Totalgewinn sei nach rein betriebswirtschaftlichen Kriterien zu bestimmen[50], spricht hiergegen, dass das Merkmal der Gewinnerzielungsabsicht auf diese Art und Weise nicht dazu geeignet wäre seinen Fiskalzweck zu erfüllen und den Gedanken der Besteuerung nach der wirtschaftlichen Leistungsfähigkeit zu

---

43 BFH, Beschl. v. 25.06.1984, Az. GrS 4/82, BStBl. II 1984, 751, 766.

44 BFH, Urt. v. 18.09.1996, Az. I R 69/95, BFH/NV 1997, 408.

45 BFH, Beschl. v. 25.06.1984, Az. GrS 4/82, BStBl. II 1984, 751, 766; Urt. v. 11.10.2007, Az. IV R 15/05, BStBl. II 2008, 465, 466.

46 Nur subjektbezogene Sichtweise bei *Ratschow*, in: Brandis/Heuermann, Ertragsteuerrecht, Stand: August 2021, § 2 EStG Rn. 138; differenzierend *Weber-Grellet*, DStR 1992, 561, 564 f.; auch objektbezogene Sichtweise *Stöber*, FR 2017, 801, 805.

47 *Stöber*, FR 2017, 801, 805; vgl. für die Hauptanwendungsfälle im LuF-Bereich auch *Krumm*, in: Leingärtner, Besteuerung der Landwirte, Stand: April 2019, Kap. 4 Rn. 9.

48 BFH, Beschl. v. 25.06.1984, Az. GrS 4/82, BStBl. II 1984, 751, 766; Urt. v. 05.05.2011, Az. IV R 48/08, BStBl. II 2011, 792, 793.

49 BFH, Urt. v. 09.03.2017, Az. VI R 86/14, BStBl. II 2017, 981, 983; Beschl. v. 25.06.1984, Az. GrS 4/82, BStBl. II 1984, 751, 766 f.

50 *Theisen*, StuW 1999, 255, 260.

vollenden.[51] Mit anderen Worten ist es für den Fiskalzweck der Steuer unerheblich, ob nach betriebswirtschaftlichen Gesichtspunkten ein Gewinn vorliegt, solange dieser sich nicht im nach steuerlichen Vorschriften ermittelten steuerlichen Gewinn niederschlägt.

In die Berechnung des hypothetischen Totalgewinns sind nicht nur die voraussichtlichen laufenden Gewinne und Verluste, sondern auch die zu erwartenden Aufgabe- und Veräußerungsgewinne/-verluste einzubeziehen.[52] Daraus folgt, dass bereits für die Bestimmung des Totalgewinns die stillen Reserven wertmäßig zu schätzen sind.[53] Das Vorhandensein von stillen Reserven führt allerdings nicht in jedem Fall dazu, dass die Totalgewinnprognose positiv ausfällt. Denkbar ist beispielsweise, dass die stillen Reserven nicht ausreichen, um die zu erwartenden Verluste aus der Fortsetzung der Tätigkeit „auszugleichen". Stille Reserven führen nur dann zu einer positiven Totalgewinnprognose, wenn sie größer sind als die zu erwartenden laufenden Verluste und damit von diesen nicht aufgezehrt werden.[54]

2. *Private Motive*

a. *Zweigliedriger Liebhabereibegriff*

Ob eine negative Totalgewinnprognose ausreicht, um eine Liebhaberei annehmen zu können, wird unterschiedlich beurteilt. Wie sich später noch zeigen wird, spielt dies auch für das Vorliegen einer Betriebsunterbrechung eine nicht unerhebliche Rolle. Denn die Feststellung einer privaten Motivation, als Voraussetzung einer Liebhaberei, bei gleichzeitiger Annahme einer Betriebsunterbrechung begegnet erheblichen Bedenken (siehe dazu unter § 2 III. 3.).

Die heutige Rechtsprechung verlangt die kumulative Feststellung einer negativen Totalgewinnprognose und privater Motive, die für die konkrete Art und Weise der Tätigkeit ausschlaggebend sind.[55] Der überwiegende Teil der Literatur

---

51 BFH, Urt. v. 06.03.2003, Az. IV R 26/01, BStBl. II 2003, 702, 703; Beschl. v. 25.06.1984, Az. GrS 4/82, BStBl. II 1984, 751.

52 BFH, Beschl. v. 25.06.1984, Az. GrS 4/82, BStBl. II 1984, 751, 766 f.

53 BFH, Urt. v. 10.11.2007, Az. IV R 15/05, BStBl. II 2008, 465, 467; Urt. v. 25.11.2004, Az. IV R 8/03, BFH/NV 2005, 854; *Kruse*, StuW 1980, 226, 229.

54 *Kruse*, StuW 1980, 226, 229.

55 St. Rspr. BFH, Urt. v. 05.05.2011, Az. IV R 48/08, BStBl. II 2011, 792, 793; Urt. v. 11.10.2007, Az. IV R 15/05, BStBl. II 2008, 465, 466; Urt. v. 26.02.2004, Az. IV R 43/02, BStBl. II 2004, 455, 456 f. Mit abgeschwächtem Beweismaß BFH, Urt. v. 17.11.2004, Az. X R 62/01, BStBl. II 2005, 336, 339.

hat sich diesem sog. zweigliedrigen Liebhabereibegriff, insbesondere mit Verweis auf den Wortlaut des § 15 Abs. 2 Satz 1 EStG, angeschlossen.[56] Fallgruppenabhängig soll es teilweise jedoch möglich sein, aus bestimmten Anknüpfungstatsachen, z.B. der Art und Weise der Bewirtschaftung oder der unterlassenen Reaktion auf Verluste, einen Anscheinsbeweis für die private Motivlage ableiten zu können.[57] Als persönliche Motive kommen regelmäßig in Betracht: Freizeitgestaltung, Steuerminderungsgründe sowie bei landwirtschaftlichen Betrieben, die gefühlte „familiäre Verpflichtung" zur Betriebsfortsetzung.[58]

b. Objektivierter Liebhabereibegriff

Einige Stimmen in der Literatur wollen allein aus einer positiven Totalgewinnprognose den Schluss ziehen, dass in diesem Fall stets eine Gewinnerzielungsabsicht anzunehmen sei.[59] Andere hingegen wollen eine Totalgewinnprognose sogar nur dann anstellen, wenn der Betrieb laufende Verluste erziele, bei laufenden Gewinnen liege ein ausreichender objektiver Befund für die Gewinnerzielungsabsicht vor.[60] Unter praktischen Gesichtspunkten und dem Gedanken der Verwaltungseffizienz kann dem zugestimmt werden. Im Regelfall wird die Behörde keinen Anlass dafür haben, bei laufenden Gewinnen eine Totalgewinnprognose anzustellen.[61] Erst wenn der Steuerpflichtige sich darauf beruft, er betreibe keine steuerlich relevante Tätigkeit, obwohl er Gewinne erzielt, muss in eine tiefergehende Prüfung eingestiegen werden.

Einige ältere Urteile ziehen hingegen – im Wege eines Anscheinsbeweises – bereits aus der negativen Totalgewinnprognose den Anscheinsschluss, die Tätigkeit könne nur aus persönlichen Gründen betrieben werden. Es stehe dem Steuerpflichtigen jedoch frei Anknüpfungspunkte dafür nachzuweisen,

---

56 Vgl. nur *Ratschow*, in: Brandis/Heuermann, Ertragsteuerrecht, Stand: August 2021, § 2 EStG Rn. 136; *Bodden*, in: Korn, EStG, Stand: Februar 2020, § 2 Rn. 73 ff.; *Musil*, in: H/H/R, Stand: Januar 2019, § 2 Rn. 356 f. m.w.N.; *Stöber*, FR 2017, 801, 803; *T. Habl*, Einkünfteerzielungsabsicht versus Liebhaberei im Einkommensteuerrecht, Univ.-Diss. 2006, 148; *Falkner*, Die Einkunftserzielungsabsicht als subjektives Besteuerungsmerkmal, Univ.-Diss. 2009, 39 f.

57 Vgl. nur BFH, Urt. v. 20.09.2012, Az. IV R 43/10, BFH/NV 2013, 408.

58 BFH, Beschl. v. 14.07.2003, Az. IV B 81/01, BStBl. II 2003, 804 („Weinbautradition"); vgl. auch die Übersicht bei *Kraft/Schaz*, DStR 2016, 2936 ff.

59 *Ismer/Riemer*, FR 2011, 455, 458; *Weber-Grellet*, DStR 1998, 873.

60 *Birk*, BB 2009, 860, 862; ähnlich *Wassermeyer*, StuW 1982, 352, 361.

61 In diese Richtung auch BFH, Urt. v. 19.07.1990, Az. IV R 82/89, BStBl. II 1991, 333, 336; *Krumm*, in: Kirchhof, EStG, 20. Aufl. 2021, § 15 Rn. 35.

dass er die objektiven Gegebenheiten verkannt habe.[62] Ein Teil der Literatur will gänzlich auf diese objektivierte Sichtweise umschwenken, die nur auf die Totalgewinnprognose abstellt. Die Willenshaltung des Steuerpflichtigen sei für die Erfassung persönlicher Leistungsfähigkeit irrelevant.[63] Es könne nicht im Belieben des Steuerpflichtigen stehen, ob die Einkünfte aus einer bestimmten Tätigkeit steuerbar seien.[64] Auch die grundrechtlich geschützte allgemeine Handlungsfreiheit, Art. 2 Abs. 1 GG, verlange nicht, dass über den Akt der willentlichen Erwerbsaufnahme hinaus die Steuerpflicht von der Willensrichtung des Steuerpflichtigen abhängig gemacht werde.[65]

Eine vermittelnde Auffassung wird in einigen Urteilen aufgezeigt, indem darauf verzichtet wird das ausschlaggebende Motiv zu benennen, wenn sicher feststeht, dass eine private Motivation vorliegt.[66] Ein Teil der Literatur argumentiert ebenfalls in diese Richtung und meint, der Fiskus müsse den einschlägigen persönlichen Motiven zwar nachgehen, diese aber nicht nachweisen.[67]

c. Stellungnahme

Die besseren Gründe sprechen für den zweigliedrigen Liebhabereibegriff. Die Notwendigkeit einer subjektiven Komponente ergibt sich sowohl aus dem Wortlaut von § 15 Abs. 2 Satz 1 EStG („mit der Absicht, Gewinn zu erzielen"), als auch aus den folgenden Überlegungen: Da nicht jede negative Totalgewinnprognose auf eine fehlende Gewinnerzielungsabsicht zurückzuführen ist, sondern auch auf dem wirtschaftlichen Unvermögen des Betriebsinhabers oder zufälligen Marktentwicklungen beruhen kann, liefert diese nur eine notwendige, aber noch keine hinreichende Bedingung für die Liebhaberei. Ob eine Investition den beabsichtigten wirtschaftlichen Ertrag einbringen wird, ist stets risikobehaftet

62 BFH, Urt. v. 24.08.2000, Az. IV R 46/99, BStBl. II 2000, 674, 674 f.; Urt. v. 21.01.1999, Az. IV R 27/97, BStBl. II 1999, 638, 645. Im Ergebnis so auch noch *Reiß*, in: Kirchhof, 16. Aufl. 2017, § 15 Rn. 45.

63 Maßgeblich *P. Kirchhof*, NJW 1987, 3217, 3223; *ders.* in: KSM, EStG, Stand: Mai 2002, § 2 Rn. A 122; *Weber-Grellet*, DB 2002, 2568 f.; *Falkner*, Die Einkunftserzielungsabsicht als subjektives Besteuerungsmerkmal, Univ.-Diss. 2009, 171; in diese Richtung wohl auch *Kauffmann*, in: Frotscher, EStG, Stand: November 2012, § 15 Rn. 64.

64 *Weber-Grellet*, DB 2002, 2568 f.; *P. Kirchhof*, NJW 1987, 3217, 3222 f.

65 *Schell*, Subjektive Besteuerungsmerkmale im Einkommensteuerrecht, Univ.-Diss. 2006, 176 f.

66 BFH, Beschl. v. 25.06.1996, Az. VIII R 28/94, BStBl. II 1997, 202, 206.

67 *Krumm*, in: Leingärtner, Besteuerung der Landwirte, Stand: April 2019, Kap. 4 Rn. 23; *Birk*, BB 2009, 860, 863 ff., der dazu drei Vermutungsregeln aufstellt.

und kann *ex-ante* nicht sicher vorhergesagt werden. Würde auf die subjektive Komponente verzichtet, wäre der Steuerpflichtige, der im Vertrauen auf einen Totalgewinn eine Tätigkeit aufgenommen hat, im Ungewissen darüber, ob mögliche Verluste steuerlich anerkannt würden. In einem solchen Fall käme es zu einer – vom Gesetz nicht beabsichtigten – steuerlichen Benachteiligung bestimmter Aufwendungen rein auf Basis eines prognostizierten Totalverlustes.[68] Die Einkommensteuer verfolgt jedoch nicht das Ziel, Steuerpflichtige für wirtschaftliche Fehlschläge zu sanktionieren. Dem Steuerpflichtigen kann ein wirtschaftlicher Irrtum nicht vorgeworfen werden.[69] In dieser Abgrenzung des wirtschaftlichen Fehlschlags zum „echten Liebhaber" und demjenigen der sich wissentlich der wirtschaftlichen Realität gegenüber verschließt, ist der Sinn und Zweck der zweiten Stufe der Liebhabereifeststellung zu sehen. Diese Vorgehensweise stellt ein notwendiges Differenzierungskriterium dar.[70] Sie geht auf die dem Einkommensteuergesetz zugrundeliegende Trennung zwischen Betriebs- und Privatsphäre zurück. Erst die Feststellung der subjektiven Motivation erlaubt die Unterscheidung zwischen steuerlich anzuerkennenden Fehlinvestitionen und steuerlich unbeachtlichen Privataufwendungen.

Inhaltlich ist daher – im Sinne eines hypothetischen Fremdvergleichs – zu fragen, ob „ein ordentlicher Erwerbstätiger im Sinne eines *homo oeconomicus* die Handlung trotz nachhaltig fehlenden Erfolgs weiterführen" würde.[71] Zu beachten ist jedoch, dass dem Ergebnis nur indizielle Bedeutung zukommt, um zu verhindern, dass staatlicherseits die Grenzen „ordentlichen Unternehmertums" festgelegt werden.[72]

Die Argumentation von *P. Kirchhof*, der die subjektive Aufladung des Liebhabereibegriffs mit dem Argument ablehnt, das Leistungsfähigkeitsprinzip knüpfe an den Gedanken der objektiven Leistungsfähigkeit an, ist mit der derzeitigen Konzeption des Einkommensteuergesetzes nicht zu vereinbaren.[73] Für die positive Dimension der Leistungsfähigkeit mag seine Ansicht zwar noch zutreffen,

---

68 In diese Richtung *Birk*, BB 2009, 860, 863.

69 Ebenso BFH, Urt. v. 19.11.1985, Az. VIII R 4/83, BStBl. II 1986, 289, 291; Krumm, in: Leingärtner, Besteuerung der Landwirte, Stand: April 2019, Kap. 4 Rn. 14; *Schell*, Subjektive Besteuerungsmerkmale im Einkommensteuerrecht, Univ.-Diss. 2006, 117, 176.

70 Im Ergebnis auch *Ismer/Riemer*, FR 2011, 455, 458, 461 f.

71 *Valta*, FR 2020, 586, 589.

72 *Valta*, FR 2020, 586, 589.

73 *P. Kirchhof*, in: KSM, EStG, Stand: Mai 2002, § 2 Rn. A 122 ff.; so auch *Schell*, Subjektive Besteuerungsmerkmale im Einkommensteuerrecht, Univ.-Diss. 2006, 179.

für die negative Dimension (i.S.d. steuerlichen Beachtlichkeit von Aufwendungen) überzeugt dies aus den o.g. Gründen allerdings nicht.

Auch soweit *Weber-Grellet* eine objektive Bestimmung auf das Prinzip der wirtschaftlichen Leistungsfähigkeit stützt, weil „Motivationslagen" im Steuerrecht unerheblich seien, kann dem nicht gefolgt werden.[74] Gegen diese Ansicht spricht der Umstand, dass das Leistungsfähigkeitsprinzip eine Annäherung der Besteuerung an die wirtschaftliche/finanzielle Leistungsfähigkeit zwar verlangt, aber nicht vorgibt wie diese Annäherung zu erfolgen hat. Eine Verengung des Leistungsfähigkeitsprinzips auf das prognostizierte wirtschaftliche Endergebnis kann nicht überzeugend darlegen, wie private von betrieblichen Aufwendungen getrennt werden sollen, ohne dass das dahinterliegende Motiv erforscht wird. Das moderne Wirtschaftsleben erfordert den ständigen Einsatz von risikobehafteten Investitionen. Ob solche Aufwendungen aber dem privaten und damit nicht-steuerbaren Bereich zuzuordnen oder steuererheblich sind, lässt sich nur nach ihrer inneren Zwecksetzung und nicht nach ihrem Effekt im Einzelfall bestimmen.

Im Ergebnis nicht weit entfernt vom zweistufigen Liebhabereibegriff liegen die Autoren, die auf die Feststellung der konkreten Motivation verzichten wollen, aber dessen Bedeutung nicht grundsätzlich in Abrede stellen.[75] Sie argumentieren zu Recht damit, dass es Fälle gibt in denen die Fortführung der Tätigkeit trotz anhaltender Verluste „rational" nur noch durch persönliche Motive zu erklären ist.[76] Dafür spricht, dass es für die Abgrenzung keinen Unterschied macht, welche konkrete private Motivlage ausschlaggebend ist, wenn betriebliche Motive jedenfalls sicher ausgeschlossen werden können. Es ist daher festzuhalten, dass zwar nicht auf die Feststellung der persönlichen Motivlage verzichtet, deren Feststellung allerdings im Rahmen der Beweiswürdigung erleichtert werden kann. Soweit eine Liebhaberei festgestellt wurde, ist damit zugleich klar, dass die gegenständliche Tätigkeit nur aus privaten Motiven erfolgt.

---

74 *Weber-Grellet*, DB 2002, 2568.

75 *Falkner*, Die Einkunftserzielungsabsicht als subjektives Besteuerungsmerkmal, Univ.-Diss. 2009, 94.

76 *Krumm*, in: Leingärtner, Besteuerung der Landwirte, Stand: Juli 2018, Kap. 4 Rn. 23; *J. Escher*, Steuerliche Liebhaberei und Subjektbezug der Einkünfteerzielungsabsicht, Univ.-Diss. 2005, 101 ff.

IV. Sonderfall: Gewinnermittlung nach Durchschnittssätzen und Liebhaberei

Bereits zuvor wurde kurz angedeutet, dass es für die anzustellende Totalgewinnprognose allein auf den nach steuerlichen Grundsätzen ermittelten Gewinn ankommt. Aus diesem Umstand erklärt sich auch, dass die Entscheidung, nach welchen Vorschriften der steuerliche Gewinn zu ermitteln ist, vorrangig vor der Frage zu treffen ist, ob der Betrieb mit Gewinnerzielungsabsicht geführt wird.[77] Aus dieser Sichtweise folgt – zu Recht – die Einsicht, dass bei solchen Betrieben, die ihren Gewinn nach Durchschnittssätzen berechnen, § 13a EStG, auch dann von einer Gewinnerzielungsabsicht auszugehen ist, wenn nur steuerlich, nicht aber nach betriebswirtschaftlichen Gesichtspunkten, ein Gewinn erzielt wird.[78] In der Praxis scheidet eine Liebhaberei bei einer Gewinnermittlung nach § 13a EStG damit regelmäßig aus.[79] Anders liegt der Fall nur dann, wenn diese Art der Gewinnermittlung in atypischer Weise zu Verlusten führt, weil z.B. der Gesetzgeber bestimmte Einnahmen nicht, Schuldzinsen jedoch in vollem Umfang erfasst.[80]

Das so gefundene Ergebnis fügt sich in schlüssiger Weise in die Gesetzessystematik ein. Denn die Gewinnermittlung nach Durchschnittssätzen normiert im Wege einer unwiderleglichen Fiktion, die Erzielung eines bestimmten Gewinns. Diese Fiktionswirkung überlagert eine etwaige fehlende Gewinnerzielungsabsicht beim Betriebsinhaber.

V. Beweisproblematik bei der Liebhaberei

1. Amtsermittlungs- und Untersuchungsgrundsatz

Rechtsprechung und Literatur haben erkannt, dass sich im Einzelfall selbst mit Hilfstatsachen nicht immer mit der notwendigen Gewissheit – hierfür gilt der

---

77 BFH, Urt. v. 17.03.2010, Az. IV R 60/07, BFH/NV 2010, 1446, juris Rz. 25, 32; FG Neustadt a.d. Weinstraße, Urt. v. 06.06.2007, Az. 1 K 2445/05, EFG 2008, 13, 14.

78 BFH, Urt. v. 01.12.1988, Az. IV R 72/87, BStBl. II 1989, 234, 236; *Krumm* in: Leingärtner, Besteuerung der Landwirte, Stand: Juli 2018, Kap. 4 Rn. 13. Zum Überblick über die Diskussion, ob diese Art der Gewinnermittlung verfassungsgemäß ist, vgl. *Kanzler*; in: H/H/R, EStG, Stand: Dezember 2020, § 13a Rn. 5 ff.

79 Der Steuerpflichtige hat es durch sein Antragsrecht gem. § 13a Abs. 2 Satz 1 EStG selbst in der Hand, ob er die Durchschnitts- oder die allgemeine Gewinnermittlung vorzieht.

80 BFH, Urt. v. 06.03.2003, Az. IV R 26/01, BStBl. II 2003, 702, 703; *Krumm* in: Leingärtner, Besteuerung der Landwirte, Stand: Juli 2018, Kap. 4 Rn. 13.

Beweismaßstab des § 96 FGO – eine Gewinnerzielungsabsicht sicher feststellen lässt und dies zu einem sog. *non liquet* führen würde. Daraus würde eine Entscheidung unter dem Gesichtspunkt der Feststellungslast resultieren. Dies wird für eine Vielzahl von Fallgruppen als unbefriedigend empfunden und hat fallgruppenspezifisch zur Anwendung eines Anscheinsbeweises durch die Rechtsprechung geführt. [81] Diese erleichterte Beweisführung ist in einer Linie mit den insgesamt auszumachenden Objektivierungsbestrebungen hinsichtlich der Liebhabereifeststellung durch die Rechtsprechung zu sehen.[82]

Die Rechtsprechung führt für den Strukturwandel an, dass aus Beweisgründen das Betriebsvermögen solange wie möglich als fortbestehendes Betriebsvermögen zu behandeln sei, da das Vorliegen einer Betriebsaufgabe nicht mit der notwendigen Sicherheit festgestellt werden könne.[83] Erst die Aufgabeerklärung, die tatsächliche Veräußerung oder die (Einzel-)Entnahme der Wirtschaftsgüter biete die notwendige Sicherheit.[84] Eine Untersuchung der bestehenden Nachweismöglichkeiten zeigt jedoch, dass die Feststellung einer Liebhaberei gegenüber anderen subjektiven Tatbestandsmerkmalen keine Besonderheiten von einem solchen Gewicht aufweist, die eine besondere Behandlung erfordern würden.

Gemäß den §§ 88 AO, 76 FGO gilt im Steuerrecht der Amtsermittlungs- bzw. Untersuchungsgrundsatz. Finanzämter und Finanzgerichte ermitteln den für die Festlegung der Steuer notwendigen Sachverhalt jedoch nicht vollständig eigenständig, sondern sind auf die Mithilfe des Steuerpflichtigen angewiesen, §§ 90, 93 AO.[85] Die Finanzämter haben nach pflichtgemäßem Ermessen

---

81 BFH, Beschl. v. 12.06.1978, Az. GrS 1/77, BStBl. II 1978, 620, 625 f. („Abbruchabsicht"); Beschl. v. 25.06.1984, Az. GrS 4/82, BStBl. II 1984, 751, 766 ff. („Gewinnerzielungsabsicht"); zuletzt Urt. v. 30.10.2014, Az. IV R 34/11, BStBl. II 2015, 380, 381 f.

82 Vgl. nur *Krumm*, in: Leingärtner, Besteuerung der Landwirte, Stand: Juli 2018, Kap. 4 Rn. 1; *Schell*, Subjektive Besteuerungsmerkmale im Einkommensteuerrecht, Univ.-Diss. 2006, 146.

83 Vgl. nur BFH, Urt. v. 11.05.2016, Az. X R 61/14, BStBl. II 2016, 939, 942 m.w.N.

84 Vgl. nur BFH, Urt. v. 11.05.2016, Az. X R 61/14, BStBl. II 2016, 939, 942 m.w.N.

85 Die Finanzgerichte haben ggü. den Finanzämtern den strukturellen Vorteil, dass ihnen i.d.R. das Material mehrerer Veranlagungszeiträume zur Verfügung steht. Die Finanzämter hingegen müssen bereits im ersten Veranlagungszeitraum über die Liebhaberei entscheiden, vgl. *Schell*, Subjektive Besteuerungsmerkmale im Einkommensteuerrecht, Univ.-Diss. 2006, 170 f. Mitunter wird gegen die Finanzverwaltung der Vorwurf erhoben, der Feststellung der Liebhaberei würden zu häufig nur unzureichende Ermittlungen vorausgehen, vgl. *Honisch*, DStR 2000, 545 ff.

zu prüfen und zu entscheiden welche Beweismittel sie zur Bestimmung der Besteuerungsgrundlagen heranziehen müssen, § 92 AO. Der Steuerpflichtige ist seinerseits zur Mithilfe verpflichtet. Eine fehlende Mithilfe kann die Schätzung der Besteuerungsgrundlagen zur Folge haben, § 162 Abs. 3 AO.

2. *Feststellungslast*

Die h.M. geht zutreffend davon aus, dass eine subjektive Beweislast dem Steuerverfahren fremd ist.[86] Eine subjektive Beweislast verträgt sich nicht mit dem Untersuchungsgrundsatz. Lediglich soweit spezielle Normen den Eintritt einer steuermindernden Rechtsfolge an den Nachweis einer bestimmten Tatsache knüpfen, ist von einer subjektiven Beweislast für den Steuerpflichtigen auszugehen.[87] Für die Liebhaberei fehlt eine solche Norm indes. Lässt sich ein Sachverhalt weder mittels unmittelbaren Beweises, Indizienbeweises, Anscheinsbeweises, noch durch eine Beweismaßreduzierung zur Überzeugung des Gerichts aufklären, liegt ein sog. *non liquet* vor. In einer solchen Konstellation kommt es auf die objektive Beweislast, die sog. Feststellungslast, an.[88] Sie ermöglicht dem Gericht in jedem Verfahren eine abschließende Entscheidung treffen zu können. Denn nur auf Grundlage eines feststehenden Sachverhalts kann ein Gericht Recht sprechen.[89] Diese Verpflichtung des Gerichts, ein abschließendes Urteil zu fällen, folgt aus dem Justizgewährungsanspruch sowie aus Art. 6 Abs. 1 MRK.[90]

Die Feststellungslast richtet sich nach den Normen des materiellen Rechts.[91] Dabei ist auf ihre Anwendung im konkreten Einzelfall abzustellen. Im Grundsatz trägt der Steuerpflichtige für steuermindernde und der Fiskus für

86 In diese Richtung BFH, Urt. v. 20.05.1969, Az. II 25/61, juris Rz. 23; Urt. v. 24.06.1976, Az. IV R 101/75, BStBl. II 1976, 562; offengelassen von BFH, Urt. v. 05.11.1970, Az. V R 71/67, BStBl. II 1971, 220, 224. Für die h.L., vgl. nur *Seer*, in: Tipke/Kruse, AO, Stand: Januar 2017, § 88 Rn. 32; *Ratschow*, in: Gräber, FGO, 9. Aufl. 2019, § 96 Rn. 180; *Rätke* in: Klein, AO, 15. Aufl. 2020, § 88 Rn. 51.

87 *Krumm* in: Tipke/Kruse, FGO, Stand: Februar 2018, § 76 Rn. 46.

88 Vgl. BFH, Beschl. v. 22.07.2002, Az. IX B 139/01, BFH/NV 2003, 51 f. zur reinen Auffangfunktion der Feststellungslast.

89 Vgl. nur *Seer*, in: Tipke/Kruse, FGO, Stand: August 2018, § 96 Rn. 79.

90 *Laumen*, in: Baumgärtel/Laumen/Prütting, Handbuch der Beweislast, Band I, 4. Aufl. 2019, Kap. 11 Rn. 2.

91 Im Steuerrecht wird dabei nicht anders als im Zivilrecht auch auf die sog. Rosenbergs-che‘ Formel zurückgegriffen *Rosenberg*, Beweislast, 5. Aufl., 11 ff., 98 ff., 112 ff. Die Rechtsprechung hat sich dieser Ansicht auch für das Steuerverfahren angeschlossen, BFH, Urt. v. 05.11.1970, Az. V R 71/67, BStBl. II 1971, 220, 224.

steuererhöhende Tatbestände die Feststellungslast.[92] Im Einzelfall kann jedoch streitig sein, welche Wirkung eine Norm hat. Dem ist dadurch Rechnung zu tragen, dass die Frage der Feststellungslast in Relation zum konkreten Sachverhalt entschieden wird.[93]

Die Regelung des § 15 Abs. 2 Satz 1 EStG spricht, ihrer Systematik nach, zunächst dafür den Finanzbehörden die Feststellungslast für das Vorliegen einer Gewinnerzielungsabsicht zuzuweisen, denn erst mit der Feststellung einer Gewinnerzielungsabsicht tritt die Steuerbarkeit der Tätigkeit ein. Beim Verdacht eines Strukturwandels ist es jedoch der Steuerpflichtige, der den Versuch unternimmt, Verluste einkommensmindernd geltend zu machen. Er wird daher von dem Umstand, ob eine Gewinnerzielungsabsicht vorliegt, begünstigt, da diese Verluste seine Steuerlast mindern würden, sodass er die Feststellungslast trägt.[94]

Für eine Entnahme gilt demgegenüber, dass die Finanzbehörden die Feststellungslast zu tragen haben, da Entnahmen steuererhöhende Wirkung besitzen, § 4 Abs. 1 Satz 1 i.V.m. § 6 Abs. 1 Nr. 4 bzw. § 16 Abs. 3 Satz 7 EStG.[95] Davon ist nur abzuweichen, wenn die Entnahme einen inzwischen festsetzungsverjährten Veranlagungszeitraum betrifft, §§ 169 ff. AO. Damit entfällt nämlich die Möglichkeit, dass Wirtschaftsgüter in einem späteren Veranlagungszeitraum gewinnerhöhend entnommen worden sein könnten, womit die frühere Entnahme für den Steuerpflichtigen günstig wäre und dieser die Feststellungslast zu tragen hat. Ein einmal entnommenes Wirtschaftsgut kann ohne vorherige Einlage nicht noch einmal entnommen werden.

Die Feststellungslast für die Gewinnerzielungsabsicht und Entnahme ist also nicht einheitlich, da sie für die Gewinnerzielungsabsicht i.d.R. beim Steuerpflichtigen und für die Entnahme i.d.R. beim Finanzamt liegt. Daraus folgt, dass eine kraft Feststellungslast ergangene Liebhabereifeststellung nicht *ipso iure* zur Feststellung der Totalentnahme führt. Die Entnahme muss in einem solchen Fall

---

92 *Seer*, in: Tipke/Kruse, FGO, Stand: August 2018, § 96 Rn. 83 f.

93 *Seer*, in: Tipke/Kruse, FGO, Stand: August 2018, § 96 Rn. 84; *Weber-Grellet*, DStR 1998, 873, 875.

94 Vgl. nur BFH, Urt. v. 19.11.1985, Az. VIII R 4/83, BStBl. II 1986, 289, 291; BFH, Urt. v. 14.12.2004, Az. XI R 06/02, BStBl. II 2005, 392, 395; Beschl. v. 09.07.2012, Az. VIII B 51/11, juris Rz. 8; *Seer*, in: Tipke/Kruse, FGO, Stand: August 2018, § 96 Rn. 86; *Musil*, in: H/H/R, EStG, Stand: Januar 2019, § 2 Rn. 412; *Ratschow* in: Brandis/Heuermann, Ertragsteuerrecht, Stand: August 2021, § 2 EStG Rn. 122; *Wacker*, in: Schmidt, EStG, 40. Aufl. 2021, § 15 Rn. 35.

95 BFH, Urt. v. 20.03.1987, Az. III R 172/82, BStBl. II 1987, 679, 680; *Drüen*, in: Brandis/Heuermann, Ertragsteuerrecht, Stand: November 2020, § 4 EStG Rn. 466.

gesondert von den Finanzbehörden nachgewiesen werden. Diese Unterscheidung ist auch folgerichtig. Die Feststellungslast soll dem Gericht die Möglichkeit geben, Justizgewährungsanspruch und Rechtsverweigerungsverbot gerecht werden zu können.[96] Innerhalb dieses verfassungsrechtlichen Spielfelds ist eine gesetzliche Beweisrisikoverteilung notwendigerweise durchzuführen.[97] Für die gesetzliche Risikoverteilung darf nicht entscheidend sein, ob innerhalb eines Rechtstreits – mitunter rein zufällig – zwei Tatsachenfragen aufeinandertreffen.

3. *Indizienbeweis*

Vorrangig zur Frage der Feststellungslast ist jedoch zu prüfen, ob hinreichende Indizien für die Feststellung einer privaten Motivlage vorliegen. Da Absichten als subjektive Tatbestandsmerkmale mangels unmittelbar wahrnehmbarer Tatsachen nicht direkt bewiesen werden können, ist in einem ersten Schritt zu prüfen, ob mittels Indizien eine solche Feststellung getroffen werden kann.[98] Im Rahmen der Beweisermittlung ist nach (mittelbaren) Tatsachen zu suchen, die die Motivlage des Steuerpflichtigen erklären können. Indizien sind in ihrer Gesamtschau hinreichend beweiskräftig, wenn die Indizienkette dem Richter eine Überzeugungsbildung ermöglicht, die keinen Zweifel daran lässt, dass den Handlungen eine bestimmte Absicht zugrunde liegt.[99] Im Zentrum der Beweisführung steht die Erforschung der Ursache für die negative Totalprognose.[100] Denkbare Indizien, die auf eine private Motivation für die Handlungen hindeuten können, sind beispielhaft:

- die Art der Tätigkeit;
- der Umfang der Tätigkeit;
- die Bedeutung weiterer Einkünfte;
- die Reaktion auf (weitere) Verluste; und
- ein wirtschaftliches und marktgerechtes Verhalten.[101]

---

96 *Seer*, in: Tipke/Kruse, FGO, Stand: August 2018, § 96 Rn. 79.

97 *Seer*, in: Tipke/Kruse, FGO, Stand: August 2018, § 96 Rn. 79.

98 Vgl. nur BFH, Urt. v. 16.02.2016, Az. IX R 1/15, juris Rz. 20. Kritisch hinsichtlich der Wirkkraft von Indizien im Falle der Liebhaberei *Fischer*, FR 1999, 1375, 1377 f.

99 *Seer*, in: Tipke/Kruse, FGO, Stand: August 2018, § 96 Rn. 66 ff. m.w.N.

100 *Schell*, Subjektive Besteuerungsmerkmale im Einkommensteuerrecht, Univ.-Diss. 2006, 139.

101 *Schell*, Subjektive Besteuerungsmerkmale im Einkommensteuerrecht, Univ.-Diss. 2006, 140 ff.

Im Gegensatz zum Anscheinsbeweis findet beim Indizienbeweis eine Gesamtwürdigung aller Indizien statt.[102] Diese Gesamtwürdigung ist deshalb von Bedeutung, weil ein einzelnes Indiz die sichere Überzeugung vom Vorliegen des Tatbestandsmerkmals regelmäßig nicht ausreichend begründen kann.[103] Denn unzulässig ist ein „immer-dann-Schluss", der aus dem Vorliegen eines bestimmten Indizes den Nachweis einer bestimmten Absicht führen will.[104] Lassen sich nur wenige Indizien ermitteln und lassen diese keine hinreichend sichere Überzeugungsbildung zu, verbleibt die Möglichkeit über einen Anscheinsbeweis die Motivlage des Steuerpflichtigen aufklären zu können.

4. *Anscheinsbeweis*

Die Anwendbarkeit des Anscheinsbeweises im Steuerrecht ist inzwischen allgemein anerkannt.[105] Ein Anscheinsbeweis liegt vor, wenn aus bestimmten, sicher festgestellten Tatsachen, der Schluss gezogen werden kann, dass bei Vorliegen dieser Umstände *typischerweise,* also nach allgemeiner Lebenserfahrung auch der Schluss auf einen anderen Umstand, mit hinreichender Wahrscheinlichkeit zutrifft. Erschüttert werden kann ein Anscheinsbeweis, wenn die Typizität im konkreten Fall dadurch angegriffen wird, dass Anhaltspunkte für einen atypischen Geschehensablauf nachgewiesen werden. Der *Bundesfinanzhof* und die Instanzgerichte wenden den Anscheinsbeweis nach den vom *Bundesgerichtshof* und *Bundesverwaltungsgericht* entwickelten Grundsätzen an.[106] Umstritten ist

---

102 *Seer*, in: Tipke/Kruse, FGO, Stand: August 2018, § 96 Rn. 36.

103 *Anzinger*, Anscheinsbeweis und tatsächliche Vermutung im Ertragsteuerrecht, Univ.-Diss. 2006, 73, 143.

104 Vgl. BVerfG, Beschl. v. 07.11.1995, Az. 2 BvR 802/90, BStBl. II 1996, 34, 36 („Oder-Konto-Beschluss"); *Anzinger*, Anscheinsbeweis und tatsächliche Vermutung im Ertragsteuerrecht, Univ.-Diss. 2006, 156.

105 Zur Übersicht nur *Anzinger*, Anscheinsbeweis und tatsächliche Vermutung im Ertragsteuerrecht, Univ.-Diss. 2006, 148 ff.

106 BFH, Beschl. v. 12.06.1978, Az. GrS 1/77, BStBl. II 1978, 620; speziell für die Gewinnerzielungsabsicht Beschl. v. 25.06.1984, Az. GrS 4/82, BStBl. II 1984, 751, 767; zuletzt Urt. v. 07.04.2016, Az. IV R 38/13, BStBl. II 2016, 765, 767; *Musil*, in: H/H/R, EStG, Stand: Januar 2019, § 2 Rn. 413; *Seer*, in: Tipke/Kruse, FGO, Stand: August 2018, § 96 Rn. 37 ff.; *Ratschow*, in: Gräber, FGO, 9. Aufl. 2019, § 96 Rn. 146 ff.; *Anzinger*, Anscheinsbeweis und tatsächliche Vermutung im Ertragsteuerrecht, Univ.-Diss. 2006, 148 ff., 163. Kritisch *Schell*, Subjektive Besteuerungsmerkmale im Einkommensteuerrecht, Univ.-Diss. 2006, 129, der kritisiert, dass es keine stringenten Erfahrungssätze gebe, die einen typischen Geschehensablauf darstellen.

jedoch, ob die Grundsätze des Anscheinsbeweises auch auf die Feststellung innerer Tatsachen Anwendung finden können.[107] Vereinzelt wird eine Anscheinsbeweisführung hinsichtlich der Gewinnerzielungsabsicht mit dem Argument abgelehnt, die Gewinnerzielungsabsicht sei durch die Rechtsprechung zu stark rechtlich aufgeladen worden als dass sie sich im Willen des Steuerpflichtigen noch abbilden könne.[108] Die Feststellung der Gewinnerzielungsabsicht sei kein Vorgang der Beweiswürdigung, sondern der Rechtsanwendung.[109] Diese Auffassung steht jedoch in Widerspruch zum Wortlaut des § 15 Abs. 2 Satz 1 EStG, der ausdrücklich von einer Absicht spricht. Absichtsmerkmale sind im Steuerrecht, wie auch in allen anderen Rechtsgebieten, im Rahmen der Beweiswürdigung festzustellen.

Aufgrund des Amtsermittlungsgrundsatzes ist der Steuerpflichtige beim Anscheinsbeweis – anders als z.B. im Zivilrecht – jedoch nicht dazu verpflichtet, den Erschütterungsbeweis zu führen, wenn Anknüpfungstatsachen für einen typischen Geschehensablauf vorliegen. Stattdessen sind die Finanzbehörden dazu verpflichtet, den Sachverhalt zu ermitteln und Indizien nachzugehen, die geeignet sind die Typizität des Geschehensablaufes zu erschüttern.[110] Soweit Anhaltspunkte dafür bestehen, dass ein atypischer Sachverhalt vorliegen könnte, muss die notwendige und mögliche Tatsachenaufklärung betrieben werden.[111] Eines Beweisantrittes durch den Steuerpflichtigen bedarf es hingegen nur dann, wenn Tatsachen für einen Erschütterungsbeweis ohne seine Mitwirkung nicht aufklärbar wären.[112] Der Anscheinsbeweis ist erschüttert, wenn Tatsachen es

---

107 Vgl. für den Diskussionsstand *Anzinger*, Anscheinsbeweis und tatsächliche Vermutung im Ertragsteuerrecht, Univ.-Diss. 2006, 160 ff. m.w.N.

108 *Schell*, Subjektive Besteuerungsmerkmale im Einkommensteuerrecht, Univ-Diss. 2006, 65, 66, 118 f.

109 *Schell*, Subjektive Besteuerungsmerkmale im Einkommensteuerrecht, Univ-Diss. 2006, 65, 66; ebenso *Weber-Grellet*, DStR 1998, 873, 875.

110 *Anzinger*, Anscheinsbeweis und tatsächliche Vermutung im Ertragsteuerrecht, Univ.-Diss. 2006, 187 f. Vorsichtig in diese Richtung BFH, Urt. v. 17.12.2013, Az. XI R 22/02, BFH/NV 2004, 1629. Ähnlich auch *Krumm*, in: Tipke/Kruse, FGO, Stand: Februar 2018, § 76 Rn. 3, der von einer „Letztverantwortung" des Finanzgerichts spricht.

111 Vgl. auch zur Unterscheidung zwischen der Mitwirkungspflicht des Steuerpflichtigen und der Aufklärungspflicht des Fiskus *Müller-Franken*, Maßvolles Verwalten, Habil. 2004, 318 f.

112 So auch *Völlmeke*, DStR 1996, 1070, 1074 f.; anders jedoch *Seer*, in: Tipke/Kruse, FGO, Stand: August 2018, § 96 Rn. 44, der den Steuerpflichtigen in der Pflicht sieht und dem Richter nur eine Hinweispflicht auferlegen will.

möglich erscheinen lassen, dass ein atypischer Geschehensablauf vorliegt. Diese Tatsachen müssen zur vollen Überzeugung des Gerichts festgestellt werden.[113]

Für einen Anscheinsbeweis zur Feststellung einer bestehenden oder nicht bestehenden Gewinnerzielungsabsicht hat sich eine umfangreiche Kasuistik entwickelt, die im Folgenden nur exemplarisch dargestellt werden soll.[114] So soll bei Tätigkeiten, die typischerweise der privaten Lebensführung zuzuordnen sind, widerlegbar davon ausgegangen werden, dass es sich um strukturell bedingte – im Ergebnis also privat verursachte – Verluste handle. Die Rechtsprechung hat dies z.B. bei der Vercharterung eines Motorboots angenommen, wenn diese Tätigkeit objektiv nicht zur Gewinnerzielung geeignet ist und der Betriebsinhaber oder naher Verwandter selbst einen Motorbootführerschein besitzt.[115] Selbst die Anerkennung von Anlaufverlusten sei in solchen Fällen ausgeschlossen.[116] Ein solcher Schluss lässt sich nach der Rechtsprechung nur entkräften, indem der Betriebsinhaber den Nachweis führt, dass er die objektiven Gegebenheiten verkannt habe.[117] Mit anderen Worten kann die Art der konkreten Tätigkeit nicht nur ein Indiz für eine fehlende Gewinnerzielungsabsicht darstellen, sondern bei ausreichender Typizität allein den Schluss auf eine fehlende Gewinnerzielungsabsicht zulassen. Wann die Art der Tätigkeit lediglich Indizcharakter hat und wann sie hinreichend typisch für eine fehlende Gewinnerzielungsabsicht ist, ist eine Tatsachenfrage und kann nur im Einzelfall entschieden werden.

In einer zweiten Fallgruppe fasst die Rechtsprechung Tätigkeiten zusammen, die typischerweise erwerbswirtschaftlich ausgeübt werden und bei denen nicht ohne Weiteres – auch nicht bei einer negativen Totalgewinnprognose – angenommen werden könne, dass sie der persönlichen Bedürfnisbefriedigung dienten.[118] Entgegen der zuvor genannten Fallgruppe wird hier – selbst bei laufenden Verlusten – ein Tätigwerden mit Gewinnerzielungsabsicht vermutet, solange der

---

113 BFH, Beschl. v. 20.10.2009, Az. VI B 74/08, BFH/NV 2010, 197; Beschl. v. 20.08.2008, Az. VI B 45/08, juris Rz. 2; *Seer*, in: Tipke/Kruse, FGO, Stand: August 2018, § 96 Rn. 44; *Völlmecke*, DStR 1996, 1070, 1074 f.

114 Zur Kasuistik: *Musil*, in: H/H/R, EStG, Stand: Januar 2019, § 2 Rn. 413 ff.; *Ratschow*, in: Gräber, FGO, 9. Aufl. 2019, § 96 Rn. 146 ff.; *Seer*, in: Tipke/Kruse, FGO, Stand: August 2018, § 96 Rn. 45 ff.; *Schell*, Subjektive Besteuerungsmerkmale im Einkommensteuerrecht, Univ.-Diss. 2006, 130 ff.

115 BFH, Urt. v. 28.08.1987, Az. III R 273/83, BStBl. II 1988, 10; Urt. v. 23.08.2017, Az. X R 27/16, BFH/NV 2018, 36.

116 BFH, Beschl. v. 14.04.2000, Az. X B 118/99, BFH/NV 2000, 1333.

117 BFH, Beschl. v. 14.04.2000, Az. X B 118/99, BFH/NV 2000, 1333.

118 BFH, Beschl. v. 10.05.2012, Az. X B 57/11, BFH/NV 2012, 1307.

Beweis des ersten Anscheins nicht erschüttert wird. Ein Erschütterungsbeweis kann hier in unterlassenen Gegenmaßnahmen des Steuerpflichtigen auf (dauerhafte) Verluste gesehen werden.[119] Liegt keine nachvollziehbare Reaktion vor, führt dies jedoch nur zu einer Feststellung der Liebhaberei für die Zukunft, sodass die Anlaufverluste steuerlich anerkannt werden.[120]

Eine weitere Fallgruppe bei denen die Rechtsprechung die Anwendung eines Anscheinsbeweises für die Feststellung einer Liebhaberei befürwortet, umfasst typische Erwerbstätigkeiten bei denen „aufgrund der bekannten Entwicklung des Betriebs eindeutig feststeht, dass er so, wie er vom Steuerpflichtigen betrieben wurde, von vornherein nicht in der Lage war, nachhaltige Gewinne zu erzielen und deshalb nach objektiver Beurteilung von Anfang an keine Einkunftsquelle im Sinne des Einkommensteuerrechts“ darstellen konnte.[121] In solchen Fällen verweigert die Rechtsprechung auch die Anerkennung der Anlaufverluste.

Der *Bundesfinanzhof* hat daneben für eine Reihe weiterer Konstellationen Anscheinsbeweise für möglich erachtet. Diese Konstellationen, wie z.B. neugegründete Gewerbebetriebe[122] und Verlustzuweisungsgesellschaften[123] sind jedoch weniger einem abstrakten Systemverständnis, sondern vielmehr dem Einzelfall geschuldet.

5. *Beweismaßreduzierung*

Gelingt den Finanzbehörden die Führung eines Anscheinsbeweises zwecks Feststellung der Liebhaberei nicht, weil nicht zur vollen Überzeugung des Gerichts die notwendigen Anknüpfungstatsachen für die Typizität des Sachverhalts erwiesen sind oder kein geeigneter Erfahrungssatz vorliegt, verbleibt – vor einer Entscheidung nach der Feststellungslast – nur die Möglichkeit einer Beweismaßreduzierung. Die im früheren Schrifttum vertretene Auffassung im Steuerrecht gelte grundsätzlich ein reduziertes Beweismaß ist abzulehnen.[124]Aus dem

119 BFH, Urt. v. 23.05.2007, X R 33/04, BStBl. II 2007, 874, 877.

120 *Birk*, BB 2009, 860, 863.

121 BFH, Beschl. v. 25.06.1996, Az. VIII R 28/94, BStBl. II 1997, 202, 206; Urt. v. 14.12.2004, Az. XI R 6/02, BStBl. II 2005, 392, 394; *Birk*, BB 2009, 860, 864.

122 Anscheinsbeweis für Vorliegen einer Gewinnerzielungsabsicht, vgl. BFH, Urt. v. 02.08.1994, Az. VIII R 55/93, juris Rz. 18.

123 Tatsächliche Vermutung für fehlende Gewinnerzielungsabsicht, vgl. BFH, Urt. v. 12.12.1995, Az. VIII R 59/92, BStBl. II 1996, 219, 222.

124 Zutreffend und für die h.M. vgl. nur *Seer*, in: Tipke/Kruse, FGO, Stand: August 2018, § 96 Rn. 66 ff. m.w.N.

Vorbehalt des Gesetzes folgt, dass der Richter das Vorliegen der zur Erfüllung des Steuertatbestands notwendigen Tatbestandsmerkmale voll zu überprüfen hat und diese jenseits begründeter Zweifel für erfüllt halten muss.[125] Der freien Beweiswürdigung gemäß § 96 FGO sind dabei nur äußere Grenzen gesetzt, so darf die Beweiswürdigung nicht gegen Denkgesetze und allgemeine Erfahrungssätze verstoßen.[126]

Die Senkung des Beweismaßes, z.B. auf den Maßstab einer überwiegenden Wahrscheinlichkeit, ist, anders als die Anwendung des Anscheinsbeweises, die zum Prozess- und Verfahrensrecht gehört, eine Frage des materiellen Rechts. Sie greift im Steuerrecht insbesondere dann ein, wenn ein strukturelles Nachweishindernis besteht.[127] In der Praxis enthält der Wortlaut regelmäßig keinen Hinweis auf eine mögliche Beweismaßabsenkung. In einem solchen Fall ist auf die Möglichkeit zur (richterlichen) Rechtsfortbildung zurückzugreifen.[128] Voraussetzung für eine solche Rechtsfortbildung ist, dass das festzustellende Tatbestandsmerkmal, z.B. die Gewinnerzielungsabsicht, unter Geltung des Regelbeweismaßes in keinem Fall mit der notwendigen Sicherheit nachweisbar wäre.[129] Die Notwendigkeit einer Rechtsfortbildung folgt dann aus der *Ratio legis* der Norm. Denn es muss davon ausgegangen werden, dass der Gesetzgeber eine Norm mit Anwendungsbereich schaffen wollte.[130] Einen solchen hätte die Norm aber nicht, wenn man es beim Regelbeweismaß beließe.

Für die Feststellung der Gewinnerzielungsabsicht gilt jedoch das Regelbeweismaß, da nicht generell von einem strukturellen Nachweishindernis ausgegangen werden kann. Die Methodik des zweigliedrigen Liebhabereibegriffs hat sich insoweit grundsätzlich bewährt.

---

125 *Anzinger*, Anscheinsbeweis und tatsächliche Vermutung im Ertragsteuerrecht, Univ.-Diss. 2006, 166 f.

126 BFH, Urt. v. 02.12.2004, Az. III R 49/03, BStBl. II 2005, 483, 485.

127 *Anzinger*, Anscheinsbeweis und tatsächliche Vermutung im Ertragsteuerrecht, Univ.-Diss. 2006, 167, 224.

128 *Anzinger*, Anscheinsbeweis und tatsächliche Vermutung im Ertragsteuerrecht, Univ.-Diss. 2006, 167 f.

129 *Anzinger*, Anscheinsbeweis und tatsächliche Vermutung im Ertragsteuerrecht, Univ.-Diss. 2006, 168. Allgemein auch *Laumen*, in: Baumgärtel/Laumen/Prütting, Handbuch der Beweislast, Band I, 4. Aufl. 2019, Kap. 5 Rn. 15, der davon spricht, dass eine Anspruchsnorm ohne eine Beweismaßabsenkung „leer laufen" muss.

130 *Anzinger*, Anscheinsbeweis und tatsächliche Vermutung im Ertragsteuerrecht, Univ.-Diss. 2006, 168 f.; *Laumen*, in: Baumgärtel/Laumen/Prütting, Handbuch der Beweislast, Band I, 4. Aufl. 2019, Kap. 5 Rn. 15.

Es erscheint jedoch möglich, das Beweismaß im Einzelfall hinter den Vollbeweis zurückfallen zu lassen, wenn über den Gedanken der Sphärenverantwortlichkeit ein rechtfertigender Grund dafür besteht.[131] Für das Steuerrecht war maßgeblich *Seer* daran beteiligt ein dogmatisches Konzept zur sphärenorientierten Beweislastverteilung zu entwickeln, das seine dogmatische Verankerung in § 162 Abs. 2 AO findet.[132] Danach sind bei der Schätzung von Besteuerungsgrundlagen alle Umstände zu berücksichtigen, die für die Schätzung von Bedeutung sind. Für steuererhöhende Tatsachen ist von einer Beweismaßabsenkung – auf den Maßstab der größtmöglichen Wahrscheinlichkeit – auszugehen, wenn der Steuerpflichtige nicht gemäß § 90 AO an der Sachverhaltsaufklärung mitgewirkt hat.[133] Handelt es sich hingegen um steuerbegünstigende Tatsachen, deren Aufklärung an der Mitwirkung des Steuerpflichtigen gescheitert ist, obliegt ihm weiterhin die Feststellungslast.[134] Das Beweismaß bleibt in einem solchen Fall unangetastet. Ausgeschlossen ist eine Absenkung des Beweismaßes auch, wenn der Steuerpflichtige keine Mitwirkungspflicht verletzt hat.[135]

Für die Gewinnerzielungsabsicht bedeutet dies, dass eine unterbliebene Stellungnahme des Steuerpflichtigen zum „Vorwurf" der Liebhaberei eine Verletzung der Mitwirkungsobliegenheit darstellen kann. Dies lässt sich insbesondere dann annehmen, wenn der Steuerpflichtige sich zur Entstehung der Verluste und seinem Umgang mit diesen nicht erklärt. Äußert sich der Steuerpflichtige gar nicht oder offensichtlich unwahr, kann dies eine Verletzung der Mitwirkungspflicht zur Folge haben und das Beweismaß ist in entsprechender Anwendung des § 162 AO herabzusetzen. An eine ausreichende Mitwirkung dürfen jedoch keine überspannten Forderungen gestellt werden. Das Gericht muss

131 Zum Sphärengedanken im Allgemeinen: BGH, Urt. v. 11.06.1952, Az. II ZR 277/51, BGHZ 6, 224, 226 f. („Beweislastumkehr"); Urt. v. 23.09.2003, Az. XI ZR 380/00, NJW 2004, 222, 222 („Beweiserleichterung bis Beweislastumkehr"); zur Übersicht, vgl. *Prütting*, in: MüKo-ZPO, 6. Aufl. 2020, § 286 Rn. 85 ff. Im Steuerrecht vgl. nur *Seer*, Verständigungen im Steuerverfahren, Habil. 1996, 191 ff.; *Wassermeyer*, DB 2001, 2465, 2468; *Anzinger*, Anscheinsbeweis und tatsächliche Vermutung im Ertragsteuerrecht, Univ.-Diss. 2006, 173 ff.

132 Vgl. nur *Seer*, in: Tipke/Lang, 24. Aufl. 2020, § 22 Rn. 190, § 21 Rn. 207; *ders.* in: Tipke/Kruse, AO, Stand: Oktober 2017, § 162 Rn. 4 ff.; ebenso BFH, Urt. v. 15.02.1989, Az. X R 16/86, BStBl. II 1989, 462; *Rätke* in: Klein, AO, 15. Aufl. 2020, § 88 Rn. 25; *Ratschow*, in: Gräber, FGO, 9. Aufl. 2019, § 96 Rn. 86.

133 *Seer*, in: Tipke/Lang, 24. Aufl. 2020, § 22 Rn. 190.

134 *Seer*, in: Tipke/Lang, 24. Aufl. 2020, § 22 Rn. 190.

135 *Seer*, in: Tipke/Lang, 24. Aufl. 2020, § 22 Rn. 190.

insbesondere nicht völlig vom Vortrag des Steuerpflichtigen überzeugt sein, weil es ansonsten im Ergebnis zu einer Umkehr der Feststellungslast käme. Ein Vortrag ist vielmehr bereits dann ausreichend substantiiert, wenn er in sich konsistent und geschlossen ist.

Dies vorausgeschickt, bleibt unklar, warum die Feststellung der Gewinnerzielungsabsicht besondere Schwierigkeit aufweisen soll. Mit den vorgenannten Methoden der Tatsachenfeststellung ist sie mit ausreichender Sicherheit feststellbar. Von ihnen wird im Übrigen auch umfangreich Gebrauch gemacht, wie die dazu ergangene Rechtsprechung zeigt.

VI. Rechtsfolgen einer Liebhaberei

Kern dieser Arbeit ist die rechtsfolgenseitige Betrachtung des Strukturwandels. An dieser Stelle soll daher ein kurzer Überblick über die grundlegenden Rechtsfolgen der Liebhaberei vorangestellt werden. Lässt sich bereits für den Zeitpunkt der Betriebseröffnung keine Gewinnerzielungsabsicht feststellen, liegt eine von Beginn an steuerlich unbeachtliche Liebhaberei vor. Die damit verbundenen Einkünfte und Aufwendungen sind steuerlich irrelevant und Betriebsvermögen kann nicht gebildet werden.[136] Daneben kann diese Feststellung auch erst für spätere Veranlagungszeiträume getroffen werden. Eine Feststellung der Liebhaberei für die Zukunft ist rein rechtlich betrachtet nicht möglich. Einerseits steht dem das Prinzip der Abschnittsbesteuerung entgegen, § 2 Abs. 7 Satz 1 EStG, wonach die Besteuerungsgrundlagen für jeden Veranlagungszeitraum gesondert festzustellen sind.[137] Andererseits können Absichten grundsätzlich nur für die Vergangenheit oder Gegenwart festgestellt werden. Gleichwohl hat eine solche Feststellung für einen vorangegangenen Veranlagungszeitraum erhebliche praktische Auswirkungen auf die folgenden Veranlagungszeiträume. Denn der Fiskus wird diese Feststellung im Ausgangspunkt auch für die folgenden Veranlagungszeiträume zugrunde legen.

Zutreffend wird davon gesprochen, bei Vorliegen einer anfänglichen Liebhaberei die Tätigkeit steuerlich zu „neutralisieren“.[138] Diese Ansicht wird

---

136 BFH, Urt. v. 28.08.1987, Az. III R 273/83, BStBl. II 1988, 10, 11; *Musil*, in: H/H/R, EStG, Stand: Januar 2019, § 2 Rn. 442; *Urban*, Einkünfteerzielungsabsicht, Univ.-Diss. 2010, 198.

137 So auch BFH, Urt. v. 11.10.2017, Az. X R 2/16, DStRE 2018, 331, 334; FG Hessen Urt. v. 18.03.2004, Az. 4 K 3264/02, juris Rz. 55; *Ratschow*, in: Brandis/Heuermann, Ertragsteuerrecht, Stand: August 2021, § 2 EStG Rn. 125; *Drüen*, AG 2006, 707, 709.

138 Vgl. nur *Wacker*, in: Schmidt, EStG, 40. Aufl. 2021, § 15 Rn. 42.

insbesondere von § 15 Abs. 2 Satz 1 EStG gestützt, der die Gewinnerzielungsabsicht auf den gesamten Betrieb bezieht, womit der Wortlaut den Betrieb von einer Gewinnerzielungsabsicht abhängig macht. Ferner spricht dafür die Systematik des Einkommensteuergesetzes, das (i) zwischen der Gewinnerzielungsabsicht mit Bezug zum gesamten Betrieb, (ii) Entnahmen/Einlagen mit Bezug zum Betriebsvermögen sowie (iii) Abzugsverboten mit Bezug zu einzelnen Aufwendungen differenziert. Eine so verstandene Differenzierung belässt jedem Tatbestand einen ausreichenden eigenen Anwendungsbereich.

Die Feststellung der Liebhaberei bezieht sich – mit Ausnahme der sog. Segmentierung (siehe dazu unter § 1 III. 1.) – auf den gesamten Betrieb, Teilbetrieb oder Betriebszweig, der von ihr betroffen ist und nicht nur auf einzelne Aufwendungen oder Einkünfte, für diese gilt § 4 Abs. 5 EStG.[139]

Von diesen Grundsätzen ausgehend, wird in dieser Arbeit gezeigt, dass der Strukturwandel die steuerrechtliche Relevanz der Tätigkeit beseitigt, woraus zwingend folgt, dass ohne Steuerbarkeit der Tätigkeit kein Betriebsvermögen und damit auch keine Steuerverstrickung der Wirtschaftsgüter mehr gegeben ist. Eine Totalentnahme ist die notwendige Folge.

VII. Strukturwandel als *Terminus technicus*

Als *Terminus technicus* für den nachträglichen Wegfall der Gewinnerzielungsabsicht, der gleichbedeutend ist mit dem nachträglichen Eintritt einer Liebhaberei, haben sich zwei Begrifflichkeiten etabliert. Einerseits wird vom „Wandel der steuerrechtlichen Beurteilung“ (teilweise auch sog. Beurteilungswandel)[140] und andererseits vom „Strukturwandel“ gesprochen.[141] In dieser Arbeit wird der Begriff des Strukturwandels verwendet, um zu verdeutlichen, dass mit dem

139 Vgl. nur *Musil*, in: H/H/R, EStG, Stand: Januar 2019, § 2 Rn. 442.

140 BFH, Urt. v. 29.10.1981, Az. IV R 138/78, BStBl. II 1982, 381, 384; *Krumm*, in: Leingärtner, Besteuerung der Landwirte, Stand: Juli 2018, Kap. 4 Rn. 24; *T. Habl*, Einkünfteerzielungsabsicht versus Liebhaberei im Einkommensteuerrecht, Univ.-Diss. 2006, 155 ff. („Beurteilungswechsel“); *J. Escher*, Steuerliche Liebhaberei und Subjektbezug der Einkünfteerzielungsabsicht, Univ.-Diss. 2005, 108; ähnlich *Knobbe-Keuk*, DStR 1985, 494, 496 f. („Umqualifizierung“). Kritisch zur Begriffsbildung *Groh*, DB 1984, 2424, 2428.

141 BFH, Urt. v. 11.05.2016, Az. X R 61/14, BStBl. II 2016, 939; *Krumm*, in: Kirchhof, EStG, 20. Aufl. 2021, § 15 Rn. 41; *Schallmoser*, in: Brandis/Heuermann, Ertragsteuerrecht, Stand: August 2021, § 16 EStG Rn. 477; *Bodden*, in: Korn, EStG, Stand: Februar 2020, § 2 Rn. 81.1 („erfolgsneutraler Strukturwandel“); *Schell*, Subjektive Besteuerungsmerkmale im Einkommensteuerrecht, Univ.-Diss. 2006, 118; *M.* Wendt, FR 1998, 264, 275; ähnlich *Hennrichs*, in: Tipke/Lang, Steuerrecht, 24. Aufl. 2020, § 9 Rn. 466 („Strukturänderung“).

Wegfall der Gewinnerzielungsabsicht nicht nur eine geänderte steuerrechtliche Bewertung des Sachverhalts verbunden ist, sondern (zuvor) eine strukturelle Änderung im Betrieb stattgefunden hat. Erst diese bewirkt eine andere steuerliche Bewertung des Sachverhalts.[142] Beachtet werden muss allerdings, dass der Strukturwandel als Begriff auch für andere Fallkonstellationen, z.B. den Wechsel der Gewinneinkunftsart verwendet wird.[143] Im Rahmen dieser Arbeit ist mit dem Strukturwandel jedoch, soweit nicht explizit anders erwähnt, einzig der Strukturwandel zur Liebhaberei gemeint.

Der Begriff des Beurteilungswandels impliziert hingegen zu Unrecht, der Liebhabereifeststellung liege ein „beurteilendes" Element zugrunde. Sowohl nach dem Wortlaut des § 15 Abs. 2 Satz 1 EStG als auch nach dem Sinn und Zweck des Einkommensteuergesetzes, die Steuerlast gleichmäßig auf die Steuerpflichtigen zu verteilen, kann jedoch kein Beurteilungsspielraum des Fiskus angenommen werden. Eine Gewinnerzielungsabsicht/Liebhaberei liegt entweder vor oder nicht. Das Tatbestandsmerkmal ist gerichtlich voll überprüfbar.

Groh hat auf diese feine, aber wichtige sprachliche Unterscheidung bereits im Anschluss an das Grundsatzurteil zum Strukturwandel[144] zutreffend hingewiesen.[145] Die Rechtsprechung gäbe durch die Verwendung dieses Begriffs zu erkennen, dass sie auf eine geänderte Beurteilung des Betriebs abstelle und nicht auf den „Ansichtswandel" beim Betriebsinhaber.[146] Vor dem Hintergrund des subjektiven Charakters der Gewinnerzielungsabsicht sei dies nicht zu begründen.[147] Dem kann zugestimmt werden.

VIII. Zusammenfassung von § 1

In § 1 wurde gezeigt, dass die Liebhaberei als negatives Tatbestandsmerkmal der Gewinnerzielungsabsicht die Betriebs- von der (privaten) Konsumsphäre abgrenzt. Die Liebhabereifeststellung bedingt die kumulative Feststellung von negativer Totalgewinnprognose und privater Motivation der Tätigkeit. Die Feststellung einer zugrundeliegenden privaten Motivation ist für die Abgrenzung zwischen Betriebs- und Konsumsphäre unerlässlich. Es wurde aufgezeigt, dass

---

142 Vgl. nur *M. Wendt*, FR 1998, 264, 275.

143 *Nacke*, in: Brandis/Heuermann, Ertragsteuerrecht, Stand: Mai 2021, § 13 EStG Rn. 164 f. m.w.N. Zum ähnlichen Begriff der Betriebsänderung *M. Wendt*, FR 1998, 264.

144 BFH, Urt. v. 29.10.1981, Az. IV R 138/78, BStBl. II 1982, 381.

145 *Groh*, DB 1984, 2424, 2428.

146 *Groh*, DB 1984, 2424, 2428.

147 *Groh*, DB 1984, 2424, 2428.

bei den Einkünften nach § 13a EStG strukturbedingt i.d.R. keine Liebhaberei vorliegen kann.

Die objektive Feststellungslast für das Vorliegen einer Gewinnerzielungsabsicht liegt i.d.R. beim Steuerpflichtigen, der bestimmte Verluste steuerlich geltend machen will. Für eine Totalentnahme liegt die Feststellungslast i.d.R. beim Fiskus. Für den Nachweis der Gewinnerzielungsabsicht kann auf Indizien und Anscheinsbeweise zurückgegriffen werden. Im Einzelfall ist auch eine Beweismaßabsenkung möglich.

Die Feststellung einer Liebhaberei führt dazu, dass die mit der Tätigkeit in Zusammenhang stehenden Aufwendungen und Erträge steuerlich unberücksichtigt bleiben. Die Tätigkeit spielt sich fortan ausschließlich im privaten Bereich des Steuerpflichtigen ab. Zutreffender Begriff für den nachträglichen Eintritt einer Liebhaberei ist der Strukturwandel, weil dieser verdeutlicht, dass der Betrieb des Steuerpflichtigen in steuererheblicher Weise umgestaltet wurde.

§ 2 Betriebsaufgabe und -unterbrechung

I. Verhältnis von Betriebsaufgabe und -unterbrechung

Im folgenden Abschnitt wird das Verhältnis von Betriebsaufgabe und Betriebsunterbrechung dargestellt. Denn wie sich noch zeigen wird, operiert die h.M. beim Strukturwandel mit der Annahme einer Betriebsunterbrechung. Nach dem Wegfall der Gewinnerzielungsabsicht sei der Betrieb nur unterbrochen, nicht aber aufgegeben. Damit wird die Rechtsfolge einer Totalentnahme, wie sie bei einer Betriebsaufgabe vorliegt, vermieden. Nachfolgend wird aufgezeigt, dass zu Recht nicht jede vorübergehende Tätigkeitseinstellung mit einer Betriebsaufgabe verbunden ist. Es wird jedoch auch gezeigt, dass im Falle des Strukturwandels die überzeugenderen Argumente gegen eine (vorübergehende) Betriebsunterbrechung und für eine Totalentnahme in Form einer Betriebsaufgabe sprechen.

Nach § 16 Abs. 3 Satz 1 EStG gilt die Betriebsaufgabe als Veräußerung des Betriebs. Der *Bundesfinanzhof* definiert die Betriebsaufgabe wie folgt:

> „Eine Betriebsaufgabe liegt vor, wenn aufgrund eines Entschlusses des Steuerpflichtigen, den Betrieb aufzugeben, die bisher in diesem Betrieb entfaltete gewerbliche Tätigkeit endgültig eingestellt wird, alle wesentlichen Betriebsgrundlagen in einem einheitlichen Vorgang entweder insgesamt in das Privatvermögen überführt bzw. anderen betriebsfremden Zwecken zugeführt oder insgesamt einzeln an verschiedene Erwerber veräußert werden und dadurch der Betrieb als selbständiger Organismus des Wirtschaftslebens zu bestehen aufhört.“[148]

Aus der vorgenannten Definition der Betriebsaufgabe ist nicht ohne Weiteres ersichtlich, warum der Strukturwandel keine Betriebsaufgabe darstellen soll. Denn eine Liebhaberei setzt die Einstellung der steuerlich-relevanten Tätigkeit voraus. Nach hier vertretener Ansicht führt dies zu einer Totalentnahme aller Wirtschaftsgüter und damit zeitgleich zu einer Beendigung des Betriebs als selbstständigem Organismus des Wirtschaftslebens.

Nach zutreffender h.M. ist die *endgültige* Betriebsaufgabe von einer *vorübergehenden* Betriebsunterbrechung abzugrenzen.[149] § 16 Abs. 3b Satz 1 EStG bestätigt diese Systematik inzwischen ausdrücklich, indem er die Betriebsaufgabe

---

148 St. Rspr., vgl. nur BFH, Urt. v. 28.10.2009, Az. I R 99/08, BStBl. II 2011, 1019, 1020 m.w.N.

149 BFH, Urt. v. 26.02.1997, Az. X R 31/95, BStBl. II 1997, 561, 563 f.; *Schallmoser*, in: Brandis/Heuermann, Ertragsteuerrecht, Stand: August 2021, § 16 EStG Rn. 470 ff.; *Kulosa*, in: H/H/R, EStG, Stand: Januar 2019, § 16 Rn. 653; *M. Wendt*, FR 2011, 1023, 1027.

negativ von der Betriebsunterbrechung und -verpachtung abgrenzt. Das Vorliegen einer Betriebsunterbrechung schließt eine Betriebsaufgabe aus.[150] Für den Strukturwandel bedeutet dies, dass eine Betriebsaufgabe nur dann in Betracht kommt, wenn der Strukturwandel keine Betriebsunterbrechung darstellt.

Ob bei einem Strukturwandel eine Betriebsunterbrechung vorliegt, lässt sich argumentativ von zwei Ausgangspunkten aus beantworten: Zum einen kann der Strukturwandel unter die von der h.M. aufgestellten Voraussetzungen der Betriebsunterbrechung subsumiert werden (dazu sogleich unter § 2 III.). Zum anderen kann die Frage auch vom einkommensteuerlichen Betriebsbegriff aus beantwortet werden (siehe dazu unter § 4 I.). Im Ergebnis gelangt man von beiden Ausgangspunkten zu demselben Ergebnis, nämlich dass eine Betriebsunterbrechung beim Strukturwandel mit den überzeugenderen Argumenten abzulehnen ist.

Die unter der Betriebsunterbrechung im weiteren Sinne (i.w.S.) zusammengefassten Sachverhalte besitzen zwar hinsichtlich ihrer tatbestandlichen Voraussetzungen teilweise deutliche Unterschiede, stimmen jedoch in ihrer Rechtsfolge überein, wonach die Betriebsunterbrechung eine Betriebsaufgabe ausschließt und dementsprechend auch keine Totalentnahme vorliegt.[151] Hinsichtlich der Betriebsunterbrechung i.w.S. kann zwar von einer gefestigten Systematik gesprochen werden, jedoch ist die Begriffsverwendung nicht ganz einheitlich: Als Oberbegriff für alle Fallgruppen wird fast ausnahmslos die Betriebsunterbrechung i.w.S. verwendet.[152] Einzig *M. Wendt* schlägt mit durchaus naheliegenden Argumenten die „Betriebsänderung“ als Oberbegriff vor.[153] Er hält die bestehende Terminologie für verfehlt, weil nur der Begriff der „Betriebsänderung“ deutlich mache, dass es im Betrieb zu strukturellen Veränderungen gekommen sei, welche aber für die „Existenz im einkommensteuerlichen Sinn“ keine Auswirkungen besäßen.[154] Es besteht jedoch kein zwingendes Bedürfnis dafür, den Begriff der Betriebsunterbrechung zu ersetzen. Denn während sich die

---

150 BFH, Urt. v. 26.02.1997, Az. X R 31/95, BStBl. 1997, 561, 563; *Schallmoser*, in: Brandis/Heuermann, Ertragsteuerrecht, Stand: August 2021, § 16 EStG Rn. 470 ff.; leicht abgeschwächt *Kulosa*, in: H/H/R, EStG, Stand: Januar 2019, § 16 Rn. 653; ähnlich auch *M. Wendt*, FR 2011, 1023, 1027.

151 Vgl. nur *Kulosa*, in: H/H/R, EStG, Stand: Januar 2019, § 16 Rn. 653.

152 BFH, Urt. v. 07.11.2013, Az. X R 21/11, BFH/NV 2014, 676; *Kulosa*, in: H/H/R, EStG, Stand: Januar 2019, § 16 Rn. 653; so wohl auch *Hennrichs*, in: Tipke/Lang, Steuerrecht, 24. Aufl. 2020, § 9 Rn. 465; *M. Wendt*, FR 2011, 1023, 1027.

153 *M. Wendt*, FR 1998, 264, 265.

154 *M. Wendt*, FR 1998, 264, 265.

Betriebsunterbrechung sprachlich auf die Rechtsfolgenseite – Unterbrechung statt Aufgabe des Betriebs – bezieht, bezieht sich die Betriebsänderung auf die Tatbestandsseite. Anhand der Tatbestandsmerkmale der Betriebsunterbrechung soll die vorübergehende Änderung von der dauerhaften Aufgabe abgegrenzt werden. Beide Begriffe sind somit auf ihre Art zutreffend. In Anknüpfung an die bisherige Rechtsprechung und Literatur wird in dieser Arbeit weiterhin der Begriff der Betriebsunterbrechung verwendet.

Anerkannt ist ferner die Differenzierung zwischen der Betriebsunterbrechung im engeren Sinne (i.e.S.), der Betriebsaufspaltung[155] und der Betriebsverpachtung im Ganzen[156] als Unterkategorien der Betriebsunterbrechung i.w.S. Die Betriebsunterbrechung i.e.S. wird sowohl von einzelnen Senaten des *Bundesfinanzhofs* als auch von Teilen der Finanzverwaltung als „ruhender" Betrieb bezeichnet.[157] In der Literatur wird auch der Begriff des „schlafenden Betriebs" verwendet.[158] Da jedoch der Große Senat des *Bundesfinanzhofs* den „ruhenden" Betrieb zutreffend als mit dem geltenden Recht nicht vereinbar angesehen hat, ist die Verwendung dieses Begriffs jedenfalls missverständlich (siehe dazu unter § 2 II. 2c).[159]

II. Historische Entwicklung

1. Rechtsprechung des Reichsfinanzhofs

Während dem Einkommensteuergesetz der Terminus der Betriebsunterbrechung selbst lange fremd war und dieser erst mit dem § 16 Abs. 3b Satz 1 EStG eingeführt wurde[160], lässt sich in dieser Hinsicht eine wechselhafte Rechtsprechung dazu, beginnend mit Entscheidungen des *Reichsfinanzhofs*, vorfinden.

---

155 Im Detail sind die Einzelheiten umstritten, vgl. aber BFH, Urt. v. 06.03.1997, Az. XI R 02/92, BStBl. II 1997, 460, 461 f.; *Gluth*, in: H/H/R, EStG, Stand: August 2017, § 15 Rn. 838; *Montag*, in: Tipke/Lang, Steuerrecht, 23. Aufl. 2018, § 13 Rn. 88.

156 BFH, Urt. v. 07.11.2013, Az. X R 21/11, BFH/NV 2014, 676; *Schallmoser*, in: Brandis/Heuermann, Ertragsteuerrecht, Stand: August 2021, § 16 EStG Rn. 470 f.

157 BFH, Urt. v. 14.10.2009, Az. X R 37/07, BFH/NV 2010, 406; Bundesministerium der Finanzen, Anwendungsschreiben zu § 16 Abs. 3b EStG, 22.11.2016, IV C 6 - 2242/12/10001, veröffentlicht in: FR 2016, 1152 ff..

158 *Krumm*, in: K/S/M, EStG, Stand: Januar 2017, § 13 Rn. B 102; *Riehm*, FR 2021, 474.

159 BFH, Beschl. v. 13.11.1963, Az. GrS 1/63 BStBl. II 1964, 124.

160 Einfügung des § 16 Abs. 3b EStG durch das Steuervereinfachungsgesetz 2011 vom 01.11.2011, BGBl. I 2011, 2131.

Die Geschichte der Betriebsunterbrechung ist damit eng mit der der Betriebsverpachtung im Ganzen verbunden.

Der *Reichsfinanzhof* ging zunächst davon aus, dass durch die Verpachtung eines Gewerbebetriebs im Ganzen weiterhin gewerbliche Einkünfte erzielt würden, der Betrieb also nur in „neuer Form" fortgeführt werde.[161] Nach der Einführung des GewStG 1936 erschien dieser Weg dem *Reichsfinanzhof*, wegen der vermeintlich damit verbundenen Gewerbesteuerpflicht für den verpachteten Betrieb, als verfehlt, denn eine unterschiedliche Behandlung des Betriebs für Zwecke der Einkommen- und Gewerbesteuer sei unzulässig.[162] Fortan ging die Rechtsprechung davon aus, bei der Betriebsverpachtung im Ganzen würden gewerbliche Einkünfte nur erzielt, wenn die Verpachtung entweder im Rahmen eines bestehenden Gewerbebetriebs erfolge oder die Verpachtung eine so umfangreiche Verwaltung erfordere, dass diese selbst einen Gewerbebetrieb begründen könne. Sofern diese Voraussetzungen – wie in der Praxis zumeist – nicht vorlagen, sei von Einkünften aus Vermietung und Verpachtung, § 21 EStG, auszugehen.[163] Der gewerbliche Betrieb ruhe in dieser Zeit, aufgegeben sei er jedoch nicht.[164] Hiermit wurde der erste Grundstein für die Betriebsunterbrechung i.w.S. gelegt.

2. *Rechtsprechung des Bundesfinanzhofs*

a. *„Ruhender" Betrieb*

Der *Bundesfinanzhof* schloss sich der Auffassung des *Reichsfinanzhofs* zunächst an. Der IV. Senat ging davon aus, die Verpachtung eines Gewerbebetriebs stelle keine Betriebsaufgabe, sondern einen „ruhenden" Betrieb, dar. Die Pachteinnahmen seien als Einkünfte aus Vermietung und Verpachtung, § 21 EStG, zu qualifizieren.[165] Auch der I. Senat schloss sich dem später an und verwies darauf, dass es in erster Linie wirtschaftliche Erwägungen seien, die für dieses Ergebnis sprächen. Es sei dem Verpächter nicht zuzumuten, bei Beginn der Verpachtung die Wirtschaftsgüter in sein Privatvermögen überführen zu müssen und die stillen

161 RFH, Urt. v. 26.11.1931, Az. VI A 1978/31, RStBl. 1932, 624.
162 RFH, Urt. v. 24.03.1937, Az. VI A 495/36, RStBl. 1937, 939.
163 Zu den Voraussetzungen einer Betriebsunterbrechung RFH, Urt. v. 20.11.1941, Az. VI 330/40, RFH-Entscheidungssammlung Band 49, 297.
164 RFH, Urt. v. 24.03.1937, Az. VI A 495/36, RStBl. 1937, 939.
165 BFH, Urt. v. 09.12.1955, Az. IV 505/53 U, BStBl. III 1956, 18.

Reserven aufzudecken.[166] Eher hilfsweise führte der VI. Senat später noch an, dass die stillen Reserven „eigentlich noch nicht realisiert" seien.[167]

Der I. Senat erkannte jedoch, dass auf Seiten des Steuerpflichtigen durchaus ein Interesse daran bestehen könne, die Betriebsaufgabe herbeiführen zu können. Die Rechtsprechung verschaffte dem Betriebsinhaber daher die Möglichkeit bei einer Betriebsverpachtung mittels Aufgabeerklärung die Betriebsaufgabe selbst auszulösen zu können.[168] In der Folge konkretisierte die Rechtsprechung die Anforderungen an diese Aufgabeerklärung, insbesondere mit Blick auf Missbräuche des Wahlrechts. Der Steuerpflichtige müsse „klare Verhältnisse" schaffen. Die rückwirkende Änderung des Betriebs, z.B. durch eine nachträgliche Betriebsaufgabeerklärung, sei von vornherein ausgeschlossen.[169] Hingewiesen sei an dieser Stelle auf § 16 Abs. 3b Satz 2 EStG, der nunmehr eine begrenzte 3-monatige-Rückwirkung der Aufgabeerklärung zulässt. Erkläre der Steuerpflichtige keine Betriebsaufgabe, sei die Abschlussbesteuerung zu einem späteren Zeitpunkt nachzuholen. Die dafür notwendigen (Wert-)Feststellungen seien bereits bei Beginn der Verpachtung zu treffen.[170] Die Einkünfte aus einer späteren Veräußerung seien als nachträgliche gewerbliche Einkünfte zu qualifizieren.[171] Die Rechtsprechung schloss aus dem Ruhen des Betriebs, dass Wertveränderungen von Wirtschaftsgütern, die nicht der Abnutzung unterlägen, steuerlich keinen Einfluss entfalten dürften.[172] Bei der Wiederaufnahme seien die Werte anzusetzen, die zuletzt im Rahmen der Gewinnermittlung angesetzt worden seien.[173]

166 BFH, Urt. v. 02.04.1957, Az. I 53/56 U, BStBl. III 1957, 273; Urt. v. 01.09.1959, Az. I 201/58 U, BStBl. III 1959, 482.

167 BFH, Urt. v. 09.12.1960, Az. VI 3/60 S, BStBl. III 1961, 155.

168 BFH, Urt. v. 02.04.1957, Az. I 53/56 U, BStBl. III 1957, 273; Urt. v. 01.09.1959, Az. I 201/58 U, BStBl. III 1959, 482.

169 BFH, Urt. v. 01.09.1959, Az. I 201/58 U, BStBl. III 1959, 482; ebenfalls in diese Richtung das Urt. v. 09.12.1960, Az. VI 3/60 S, BStBl. III 1961, 155.

170 BFH, Urt. v. 02.04.1957, Az. I 53/56 U, BStBl. III 1957, 273; Urt. v. 01.09.1959, Az. I 201/58 U, BStBl. III 1959, 482.

171 BFH, Urt. v. 01.09.1959, Az. I 201/58 U, BStBl. III 1959, 482.

172 BFH, Urt. v. 09.12.1955, Az. IV 505/53 U, BStBl. III 1956, 18; so auch Urt. v. 02.04.1957, Az. I 53/56 U, BStBl. III 1957, 273; Urt. v. 01.09.1959, Az. I 201/58 U, BStBl. III 1959, 482.

173 BFH, Urt. v. 09.12.1955, Az. IV 505/53 U, BStBl. III 1956, 18; offengelassen im Urt. v. 02.04.1957, Az. I 53/56 U, BStBl. III 1957, 273.

Der *Bundesfinanzhof* schloss sich auch hinsichtlich der Gewerbesteuerpflicht der Auffassung des *Reichsfinanzhofs* an und argumentierte, zwischen Gewerbe- und Einkommensteuer müsse ein Gleichlauf bestehen.[174] Deshalb wurde angenommen, dass auch im Einkommensteuerrecht keine Einkünfte aus Gewerbebetrieb, sondern aus Vermietung und Verpachtung, § 21 EStG, vorlägen. Für das Gewerbesteuerrecht war dies für die Verpachtung des ganzen Betriebs bereits zuvor allgemeine Meinung.[175]

b. Kritik am „ruhenden" Betrieb

Im Jahr 1960 äußerte der VI. Senat eine erste zurückhaltend formulierte Kritik am „ruhenden" Betrieb und bezeichnete den Begriff als „nicht ganz zutreffend".[176] Im Regelfall sei davon auszugehen, dass der Gewerbebetrieb durch die Verpachtung im Ganzen nicht nur vorübergehend unterbrochen, sondern dauerhaft eingestellt worden sei.[177] Der Senat hielt im Ergebnis jedoch an der Rechtsprechung fest und argumentierte diesbezüglich mit einer teleologischen Reduktion des § 16 Abs. 1, Abs. 3 EStG. Der Betriebsinhaber werde finanziell überfordert, wenn das Betriebsvermögen durch die Verpachtung im Ganzen in das Privatvermögen überführt werde und in der Folge, die stillen Reserven aufzulösen seien.[178] Eine solche wirtschaftliche Folge sei „unerwünscht", weil dem Steuerpflichtigen keine liquiden Mittel zur Steuerzahlung zuflössen.[179]

c. Verpächterwahlrecht

Der Große Senat des *Bundesfinanzhofs* entschied im Jahr 1963, dass bei der Verpachtung eines Gewerbetriebs der Verpächter ein Wahlrecht zwischen der Betriebsaufgabe und der Fortführung des Betriebsvermögens besitze.[180] Entscheide sich der Betriebsinhaber für die Fortführung des Betriebs so bliebe das Betriebsvermögen bestehen und die stillen Reserven könnten fortgeführt werden. Durch die Verpachtung würden weiterhin gewerbliche Einkünfte erzielt,

174 BFH, Urt. v. 02.04.1957, Az. I 53/56 U, BStBl. III 1957, 273: „Die Frage des Gewerbebetriebs muß aber für die Einkommensteuer und die Gewerbesteuer grundsätzlich gleich entschieden werden."

175 BFH, Urt. v. 02.04.1957, Az. I 53/56 U, BStBl. III 1957, 273.

176 BFH, Urt. v. 09.12.1960, Az. VI 3/60 S, BStBl. III 1961, 155, juris Rz. 6.

177 BFH, Urt. v. 09.12.1960, Az. VI 3/60 S, BStBl. III 1961, 155, juris Rz. 6.

178 BFH, Urt. v. 09.12.1960, Az. VI 3/60 S, BStBl. III 1961, 155, juris Rz. 6.

179 BFH, Urt. v. 09.12.1960, Az. VI 3/60 S, BStBl. III 1961, 155, juris Rz. 6.

180 BFH, Urt. v. 13.11.1963, Az. GrS 1/63 S, BStBl. II 1964, 124.

wenn der Verpächter nicht die Betriebsaufgabe erkläre.[181] Die Betriebsverpachtung sei von ihrem Charakter her eine „vorübergehende" Betriebsunterbrechung, wenn der Verpächter die Absicht und die objektive Möglichkeit habe, die bisherige gewerbliche Tätigkeit identitätswahrend wiederaufzunehmen.[182] Diese Absicht sei – aus Nachweisgründen – solange zu fingieren, wie die Wiederaufnahme objektiv möglich sei und der Verpächter keine Betriebsaufgabe erklärt habe.[183] Dies gelte jedoch wiederum dann nicht, wenn der Betrieb erst unmittelbar vor der Verpachtung erworben worden sei, und dann verpachtet werde. In diesem Fall lägen keine gewerblichen, sondern Einkünfte aus Vermietung und Verpachtung beim Verpächter vor.[184]

Der *Bundesfinanzhof* hatte in einem konkreten Fall zu entscheiden, ob und in welcher Höhe die Steuerpflichtige einen Veräußerungsgewinn erzielt hatte. Die Steuerpflichtige hatte in den 1930er Jahren ein Fremdenheim eröffnet und bis Kriegsbeginn betrieben. 1946 eröffnete sie es erneut, um es ein Jahr später an ihre Mutter zu verpachten. Das Finanzamt ging, als das Heim 1953 an die Mutter verkauft wurde, davon aus, dass ein Veräußerungsgewinn bei der Tochter vorlag und berechnete diesen aus der Differenz des Veräußerungspreises zum Einheitswert. Die Steuerpflichtige wandte dagegen ein, sie habe den Betrieb in den 1930er oder 1940er Jahren aufgegeben. Die Vorinstanz gab ihr nur im Ergebnis Recht. Es ging im Grundsatz davon aus, dass das Fremdenheim – durch die Verpachtung – nicht aufgegeben worden sei und dementsprechend eine Betriebsveräußerung vorgelegen habe. Die Währungsreform im Juni 1948 führe jedoch im Ergebnis dazu, dass kein Veräußerungsgewinn vorgelegen habe.[185]

Der für die Revision zuständige IV. Senat wollte von der Rechtsprechung des VI. Senats abweichen.[186] Da dieser widersprach, musste eine Entscheidung des Großen Senats eingeholt werden. Der Große Senat entschied daraufhin, dass das geltende Recht keinen „ruhenden Gewerbebetrieb" kenne.[187] Daraus folgerte er, die Verpachtung eines Gewerbebetriebs müsse die „Fortführung des Gewerbebetriebs in anderer Form" darstellen.[188] Die Gewerbesteuerpflicht sei,

181 BFH, Beschl. v. 13.11.1963, Az. GrS 1/63 S, BStBl. III 1964, 124.
182 BFH, Beschl. v. 13.11.1963, Az. GrS 1/63 S, BStBl. III 1964, 124.
183 So jedenfalls BFH, Urt. v. 19.03.2009, Az. IV R 45/06, BStBl. II 2009, 902, 904.
184 BFH, Urt. v. 20.04.1989, Az. IV R 95/87, BStBl. II 1989, 863.
185 Die Entscheidung des Finanzgerichts kann BFH, Urt. v. 13.11.1963, Az. GrS 1/63 S, BStBl. III 1964, 124, juris Rz. 1-5, entnommen werden.
186 BFH, Urt. v. 09.12.1960, Az. VI 3/60 S, BStBl. III 1961, 438.
187 BFH, Urt. v. 13.11.1963, Az. GrS 1/63 S, BStBl. III 1964, 124, juris Rz. 16 ff.
188 BFH, Urt. v. 13.11.1963, Az. GrS 1/63 S, BStBl. III 1964, 124, juris Rz. 27 ff.

anders als nach der früheren Rechtsprechung, isoliert zu betrachten und beeinträchtige die Betrachtung nach dem Einkommensteuergesetz daher nicht.[189] Da keine Betriebsaufgabe bei Beginn der Verpachtung vorgelegen habe, sei es nur folgerichtig, wenn der Veräußerungsgewinn aus der Differenz zwischen Veräußerungserlös und Buchwerten im Veräußerungszeitpunkt berechnet werde. Die Buchwerte bei Beginn der Verpachtung seien irrelevant.[190]

Der Große Senat stellte klar, dass eine Aufdeckung der stillen Reserven nur an zwei Zeitpunkten denkbar sei: Entweder bei Verpachtungsbeginn, wenn dort die Betriebsaufgabe erklärt werde oder bei einer späteren Veräußerung. Der Aufgabe- oder Veräußerungsgewinn sei ausgehend von diesem Zeitpunkt zu berechnen.[191] Die Rechtsprechung schloss sich damit nicht der Theorie an, wonach bereits der Verpachtungsbeginn als Anfang der Gewinnverwirklichung zu begreifen sei, welche erst durch die Veräußerung ihr Ende fände.[192]

Für den konkreten Fall bedeutete dies, dass das Fremdenheim während der Verpachtung Betriebsvermögen geblieben war. Die Veräußerung an die Mutter der Steuerpflichtigen stellte demnach eine Betriebsveräußerung nach § 16 Abs. 1 EStG dar. Der Veräußerungsgewinn war daher die Differenz zwischen Veräußerungserlös und Buchwerten im Veräußerungszeitpunkt.[193]

In einem *Obiter Dictum* führte der Große Senat ferner aus, dass der Steuerpflichtige gehalten sei, seine Entscheidung, ob er den Betrieb im Zuge der Verpachtung aufgeben wolle, den Finanzbehörden gegenüber zum Ausdruck bringen müsse. Diese Erklärung, die jederzeit nachgeholt werden könne, sei maßgeblich für die weitere Behandlung der Verpachtung.[194] Aus diesem Umstand, dass die Aufgabeerklärung jederzeit nachgeholt werden kann und nur vom Willen des Betriebsinhabers abhängt, ergibt sich die dogmatische Qualifikation der Rechtsprechung als sog. Verpächterwahlrecht.[195]

Das Verpächterwahlrecht entwickelte sich nachfolgend zum Dreh- und Angelpunkt für den Umgang mit vermeintlich aufgegebenen Betrieben. Anknüpfend an dieses Wahlrecht gewährt die Rechtsprechung in bestimmten

---

189 So aber noch RFH, Urt. v. 24.03.1937, Az. VI A 495/36, RStBl. 1937, 939.

190 BFH, Urt. v. 13.11.1963, Az. GrS 1/63 S, BStBl. II 1964, 124, juris Rz. 19.

191 BFH, Urt. v. 13.11.1963, Az. GrS 1/63 S, BStBl. III 1964, 124, juris Rz. 20.

192 Später wurde diese Ansicht durch BFH, Urt. v. 11.05.2016, Az. X R 15/15, BStBl. II 2017, 112, 114 f. nochmals bekräftigt, nachdem in der Zwischenzeit einige unterinstanzliche Urteile eine andere Ansicht vertreten hatten.

193 BFH, Urt. v. 13.11.1963, Az. GrS 1/63 S, BStBl. II 1964, 124, juris Rz. 29.

194 BFH, Urt. v. 13.11.1963, Az. GrS 1/63 S, BStBl. II 1964, 124, juris Rz. 27.

195 *Kulosa*, in: H/H/R, EStG, Stand: Januar 2019, § 16 Rn. 670.

Fallkonstellationen weitgehend einen Besteuerungsaufschub. So erlaubt die Rechtsprechung unter dem Begriff der Betriebsunterbrechung i.e.S.[196] die Fortführung des Betriebsvermögens auch dann, wenn weder einer betrieblichen Tätigkeit nachgegangen, noch der Betrieb im Ganzen verpachtet wird.[197]

III. Voraussetzungen einer Betriebsunterbrechung

1. Fortbestand des wirtschaftlichen Betriebs als Ausgangspunkt

Die Annahme einer Betriebsunterbrechung führt zur Beibehaltung der Steuerverstrickung des Betriebsvermögens und verhindert die Aufdeckung der stillen Reserven.[198] Steuerlich verstrickt sind stille Reserven, wenn im Falle ihrer Realisation, der dadurch entstandene Gewinn steuerlich erfasst wird. Ihrem heutigen Verständnis nach geht die Betriebsunterbrechung auf die Ansicht zurück, die Beendigung des wirtschaftlichen Organismus sei Voraussetzung einer Betriebsaufgabe.[199] Die tatbestandlichen Voraussetzungen der Betriebsunterbrechung sollen dies abbilden und damit Sachverhalte von der Betriebsaufgabe abgrenzen, bei denen zwar derzeit keine steuerlich relevante Tätigkeit mehr vorliegt, der Betrieb als wirtschaftlicher Organismus aber noch fortbesteht. Ausgangspunkt waren deshalb zunächst nur Sachverhalte bei denen objektiv der Fortbestand des wirtschaftlichen Organismus unstreitig war.[200] Relativ einfach ließ sich dies bei Betriebseinstellungen bejahen, die nach allgemeiner Verkehrsanschauung nur vorübergehender Natur waren.[201] Beispielhaft dafür zu nennen

---

196 Synonym verwendet wird weiterhin der Terminus des „ruhenden“ Betriebs, vgl. BFH, Urt. v. 28.09.1995, Az. IV R 39/94, BStBl. II 1996, 276, 278; sowie die „Betriebsstilllegung“, vgl. *Kulosa*, in: H/H/R, EStG, Stand: Januar 2019, § 16 Rn. 505.

197 BFH, Urt. v. 12.05.2011, Az. IV R 36/09, BFH/NV 2011, 2092 mit direktem Verweis auf das Verpächterwahlrecht. Ebenso BFH, Urt. v. 16.12.1997, Az. VIII R 11/95, BStBl. II 1998, 379; Urt. v. 28.09.1995, Az. IV R 39/94, BStBl. II 1996, 276; Urt. v. 26.02.1997, Az. X R 31/95, BStBl. 1997, 561.

198 *M. Wendt*, FR 1998, 264.

199 Vgl. nur BFH, Beschl. v. 07.10.1974, Az. GrS 1/73, BStBl. II 1975, 168, 171; Urt. v. 09.09.1993, Az. IV R 30/92, BStBl. II 1994, 105, 106; *Kulosa*, in: H/H/R, EStG, Stand: Januar 2019, § 16 Rn. 515; *Schallmoser*, in: Brandis/Heuermann, Ertragsteuerrecht, Stand: August 2021, § 16 EStG Rn. 451.

200 *M. Wendt*, FR 2011, 1023, 1027.

201 So zur kriegsbedingten vorübergehenden Betriebseinstellung, vgl. RFH, Urt. v. 19.03.1941, Az. VI 455/40, RStBl. 1941, 386; Urt. v. 14.05.1941, Az. VI 149/41, RStBl. 1941, 698.

sind Saisonbetriebe wie Eisdielen, Eisbahnen und Skilifte[202], aber auch vorübergehende Einstellungen durch Naturkatastrophen, Unglücksfälle[203] oder Krankheiten[204].

Später dehnte die Rechtsprechung die Betriebsunterbrechung i.w.S. immer weiter aus, sodass inzwischen von einem umfassenden Ausnahmetatbestand gesprochen werden kann.[205] So soll es sich bei der Verpachtung des ganzen Betriebs nach überwiegender Ansicht in Literatur und Rechtsprechung um einen Unterfall der Betriebsunterbrechung i.w.S. handeln, auch wenn subjektiv oft unklar ist, ob der ursprüngliche Gewerbebetrieb jemals wieder aufgenommen wird.[206] Ebenso subsumiert sie unter die Betriebsunterbrechung i.e.S. heute auch Sachverhalte bei denen unklar ist, ob eine nur vorübergehende Einstellung der Tätigkeit vorliegt.[207] Die Rechtsprechung hat sich zuletzt stark auf die objektive Möglichkeit zur Betriebsfortführung fokussiert.[208] Je nach Art und Umfang des bisherigen Betriebs ermöglicht dies relativ problemlos den Nachweis der objektiven Fortführungsmöglichkeit. Durch das in den Hintergrund Drängen der subjektiven Fortführungsabsicht, welche von der h.M. bislang noch als Tatbestandsmerkmal der Betriebsunterbrechung verlangt wird, hat die Rechtsprechung *de facto* ein allgemeines Wahlrecht für den Steuerpflichtigen geschaffen, der seinen Betrieb (noch) nicht aufgeben will. An dieser Stelle lassen sich insoweit Parallelen zum zweigliedrigen Liebhabereibegriff erkennen, bei welchem von einigen Stimmen ebenfalls eine stärkere Objektivierung gefordert wird.

---

202 BFH, Urt. v. 13.12.1963, Az. V 77/61 U, BStBl. II 1964, 90; ebenso bereits der RFH, Urt. v. 20.11.1940, Az. VI 330/40, RFH-Entscheidungssammlung Band 49, 297.

203 BFH, Urt. v. 17.10.1991, Az. IV R 97/89, BStBl. II 1992, 392.

204 *M. Wendt*, FR 1998, 264, 277 f.

205 *HG*, DStR 1999, 1184, 1186 f. (2. Anmerkung); *Märkle*, BB 2002, 17, 19.

206 Vgl. nur BFH, Urt. v. 26.02.1997, Az. X R 31/95, BStBl. II 1997, 561, 563; *Seer*, in: Kirchhof, EStG, 20. Aufl. 2021, § 16 Rn. 232 f.

207 Zutreffend *M. Wendt*, FR 1998, 264, 265 der in diesen „objektiv mehrdeutige[n] Fallgestaltungen“ die Brisanz des Begriffs sieht (vgl. dafür das Beispiel in Ziff. 3); vgl. ebenso die Differenzierung bei *Kulosa*, in: H/H/R, EStG, Stand: Januar 2019, § 16 Rn. 653.

208 BFH, Urt. v. 28.09.1995, Az. IV R 39/94, BStBl. II 1996, 276, 279; Urt. v. 12.05.2011, Az. IV R 36/09, BFH/NV 2011, 2092, juris Rz. 17; zustimmend *Kulosa*, in: H/H/R, EStG, Stand: Januar 2019, § 16 Rn. 655.

2. *Objektive Fortführungsmöglichkeit*

a. *Funktionale Betrachtung*

Auf objektiver Seite verlangt die h.M. zu Recht, dass die objektive Möglichkeit zur Fortführung des Betriebs gegeben sein muss.[209] Das Erfordernis der objektiven Fortführungsmöglichkeit ist angesichts der Gesetzessystematik zwingend. Ausgehend von dem Wortlaut sowohl der Betriebsaufgabe- als auch der Entnahmevorschrift (§ 16 Abs. 3 Satz 1 EStG bzw. § 4 Abs. 1 Satz 2 EStG) setzt eine fortbestehende Steuerverstrickung eines Wirtschaftsgutes in objektiver Hinsicht einen Betrieb voraus. Das Bestehen eines Betriebs als Zusammenfassung personeller und sachlicher Mittel, ist notwendige Voraussetzung einer steuerlichen Verstrickung. Ließe man eine Betriebsunterbrechung auch dann zu, wenn die wesentlichen Wirtschaftsgüter nicht mehr zurückbehalten werden, so wäre der „unterbrochene" Betrieb ein rein gedankliches Konstrukt. Denn ohne seine wesentlichen Wirtschaftsgüter kann der Betrieb nicht fortbestehen.

Während dies bei der Betriebsunterbrechung i.e.S. durch ein Zurückbehalten der wesentlichen Wirtschafsgüter geschieht[210], muss bei der Betriebsverpachtung der Betrieb als Ganzes, zumindest aber alle wesentlichen Wirtschaftsgüter, verpachtet werden.[211] Die wesentlichen Betriebsgrundlagen müssen so zurückbehalten werden, dass sie weiterhin gebrauchstauglich und nicht wesentlich umgestaltet worden sind.[212] Wesentlich sind die Gegenstände, die dem Betrieb – nach den tatsächlichen Umständen des Einzelfalls – ihr Gepräge geben, maßgeblich dafür sind die sachlichen Erfordernisse des Betriebs (sog. funktionale Betrachtung).[213]

---

209 *Kulosa*, in: H/H/R, EStG, Stand: Januar 2019, § 16 Rn. 653; *Schallmoser*, in: Brandis/Heuermann, Ertragsteuerrecht, Stand: August 2021, § 16 EStG Rn. 470; *Seer*, in: Kirchhof, EStG, 20. Aufl. 2021, § 16 Rn. 232; *M. Wendt*, FR 1998, 264, 266 f.

210 BFH, Urt. v. 26.02.1997, Az. X R 31/95, BStBl. II 1997, 561, 563 f.; Urt. v. 29.10.1981, Az. IV R 138/78, BStBl. II 1982, 381, 385; *Kulosa*, in: H/H/R, EStG, Stand: Januar 2019, § 16 Rn. 653, 655.

211 BFH, Urt. v. 28.09.1995, Az. IV R 39/94, BStBl. II 1996, 276, 279; *Kulosa*, in: H/H/R, EStG, Stand: Januar 2019, § 16 Rn. 653, 660.

212 *Wacker*, in: Schmidt, EStG, 40. Aufl. 2021, § 16 Rn. 181; *Kulosa*, in: H/H/R, EStG, Stand: Januar 2019, § 16 Rn. 656.

213 BFH, Urt. v. 06.11.2008, Az. IV R 51/07, BStBl. II 2009, 303, 304; Urt. v. 17.04.1997, Az. VIII R 2/95, BStBl. II 1992, 388, 391 m.w.N.

b. Funktionale Betrachtung und Liebhaberei

Auch wenn diese funktionale Betrachtung bei Betrieben, die vor ihrer Unterbrechung mit Gewinnerzielungsabsicht betrieben wurden, regelmäßig zu sachgerechten Ergebnissen führt, so stößt sie bei „Liebhabereibetrieben“ konzeptionell an Grenzen. Denn bei genauerem Hinsehen kann für die funktionale Bewertung nicht auf die Bedeutung eines Wirtschaftsguts für den „Liebhabereibetrieb“ abgestellt werden. Eine solche Betrachtung würde dazu führen, dass als wesentliche Wirtschaftsgüter möglicherweise auch diejenigen identifiziert würden, die überhaupt erst dafür sorgen, dass der Betrieb objektiv nicht zur Gewinnerzielung geeignet ist. Etwa weil der Unterhalt der wesentlichen Wirtschaftsgüter besonders kostspielig ist. Gleichwohl könnte man in einem solchen Fall zu dem widersprüchlichen Ergebnis gelangen, dass die, unter Liebhabereigesichtspunkten gebotene, Veräußerung dieser Wirtschaftsgüter dem Betrieb sein Gepräge nehmen könnte und einer identitätswahrenden Fortführung entgegensteht. Gerade die Zurückbehaltung wesentlicher Wirtschaftsgüter kann also dazu führen, dass eine Wiederaufnahme des Liebhabereibetriebs mit Gewinnerzielungsabsicht scheitert, gerade weil wesentliche Betriebsgrundlagen danach nicht veräußert werden können, ohne dass der Betrieb aufgegeben wird. Genauso kann auch der Fall eintreten, dass ein Betrieb nur dann profitabel werden kann, wenn zusätzliche Wirtschaftsgüter angeschafft werden. In diesem Fall müsste man für eine objektive Fortführungsmöglichkeit verlangen, dass der Steuerpflichtige seinen Betrieb zeitnah umgestaltet und nachweist, jederzeit profitabel arbeiten zu können.

Angelegt ist dieses Dilemma in dem Erfordernis einer identitätswahrenden Wiederaufnahmemöglichkeit.[214] Auch wenn die Rechtsprechung in Einzelfällen nicht die volle Identität fordert, sondern es ausreichen lässt, wenn bei zwei verschiedenen Tätigkeiten zumindest eine wiederaufgenommen werden kann, so hilft dies bei einer Liebhaberei nicht weiter.[215] Die Identität eines sog. Liebhabereibetriebs besteht darin, nicht zur Gewinnerzielung geeignet zu sein, weil die Tätigkeit aus privaten Motiven erfolgt. Außerdem setzt eine Identität in diesem Sinne implizit voraus, dass eine steuerlich relevante Wiederaufnahme überhaupt möglich ist. Aber was ist dann mit den Fällen, in denen eine gewinnträchtige

---

214 BFH, Urt. v. 18.07.2018, Az. X R 36/17, BFH/NV 2019, 195, juris Rz. 25; Urt. v. 26.02.1997. Az. X R 31/95, BStBl. II 1997, 561, 563; Urt. v. 17.10.1991, Az. IV R 97/89, BStBl. II 1992, 392, 394.

215 So für eine Tätigkeit als Bauträger und Grundstückshändler, vgl. BFH, Urt. v. 09.11.2017, Az. IV R 37/14, BStBl. II 2018, 227.

Fortführung des Betriebs unter keinem denkbaren Gesichtspunkt möglich ist?[216] Insoweit zeigt sich einmal mehr, dass die Betriebsunterbrechung i.e.S. bei Liebhabereibetrieben keine Anwendung finden kann, weil die Fortsetzung einer steuerlich irrelevanten Tätigkeit – anders als bei gewinnträchtigen Betrieben – eben doch steuerlich irrelevant bleibt.

3. *Subjektive Wiederaufnahmeabsicht*

a. *Innerhalb eines „überschaubaren" Zeitraums*

Die Rechtsprechung hat für die Betriebsunterbrechung i.w.S. überdies lange Zeit verlangt, dass nach der Tätigkeitseinstellung die Absicht bestehen müsse „den Betrieb innerhalb eines überschaubaren Zeitraums in gleichartiger oder ähnlicher Weise wieder aufzunehmen" und dies auch wahrscheinlich sei.[217] Gedanklicher Ausgangspunkt war, dass nur durch ein solches Absichtsmerkmal die endgültige Aufgabe des Betriebs im Kleid einer vorübergehenden Betriebsunterbrechung verhindert werden könnte. Andernfalls hätte die objektive Wiederaufnahmemöglichkeit dafür ausgereicht, eine Betriebsaufgabe dauerhaft aufschieben zu können. Mit der Folge, dass die stillen Reserven überhaupt nicht oder erst sehr viel später aufgedeckt werden müssten.

Hier stellt sich zunächst die Frage, ob diese Absicht auch bei etwaigen Rechtsnachfolgern des Steuerpflichtigen vorliegen muss. Es spricht einiges dafür auch beim Rechtsnachfolger in der Eigenschaft als Betriebsinhaber zu prüfen, ob eine Fortführung des Betriebs beabsichtigt ist. Versteht man unter einer Betriebsunterbrechung richtigerweise einen Zustand, in dem der konkreten steuerrelevanten Tätigkeit zwar nicht mehr nachgegangen wird, der Betriebsinhaber aber die Tätigkeit noch nicht endgültig aufgegeben hat, dann muss diese Absicht auch bei einem Rechtsnachfolger vorliegen.

b. *Wahrscheinlichkeit der Wiederaufnahme*

Zunehmend fraglich ist allerdings, ob die Rechtsprechung weiterhin an diesem Absichtserfordernis festhält.[218] Nach einer Ansicht muss diese Absicht explizit festgestellt werden, die Wiederaufnahme müsse objektiv möglich und innerhalb

---

216 Vgl. BFH, Urt. v. 19.01.1989, Az. IV R 62/88, BFH/NV 1989, 775 („Kiwi-Zucht").

217 BFH, Urt. v. 26.02.1997, Az. X R 31/95, BStBl. II 1997, 561, 563 m.w.N.

218 Rein formale Prüfung in BFH, Urt. v. 14.03.2006, Az. VIII R 80/03, FR 2006, 826, 827 mit (zust.) Anm. *M. Wendt*; *ders.*, FR 2011, 1023, 1027. Für rein objektive Prüfung etwa BFH, Urt. v. 18.07.2018, X R 36/17, BFH/NV 2019, 195.

eines überschaubaren Zeitraums wahrscheinlich sein.[219] Eine andere Ansicht verlangt, dass die Absicht festgestellt wird, lässt es aber ausreichen, dass die Wiederaufnahme objektiv möglich ist.[220] Der inzwischen wohl überwiegende Teil der Rechtsprechung und ein Teil der Literatur lassen es indes ausreichen, wenn die objektive Möglichkeit der Wiederaufnahme besteht und leitet daraus im Wege einer Fiktion eine Wiederaufnahmeabsicht ab.[221] Ob es den nach den Grundsätzen des Anscheinsbeweises dafür notwendigen Erfahrungssatz („immer dann, wenn objektiv eine Wiederaufnahme möglich ist, wird diese auch eintreten") gibt, erscheint zweifelhaft. Auch in der Literatur wird in gleicher Weise kritisiert, dass es „inkonsequent" sei die Betriebsunterbrechung einerseits durch das Merkmal der Wiederaufnahmeabsicht begrenzen zu wollen, andererseits diese aber stets zu fingieren.[222] Die scheinbare Einschränkung des Wahlrechts werde dadurch vollständig ihrer Wirkung beraubt.[223]

Es ist allerdings unklar, ob diese Rechtsprechung auf die Betriebsunterbrechung i.e.S. und konkret auf den Strukturwandel übertragen werden kann.[224] Die h.M. geht wohl davon aus.[225] Von ihrem Standpunkt aus erscheint dies konsequent, da beide Fallgruppen – Betriebsverpachtung und Strukturwandel – unter der Betriebsunterbrechung i.w.S. zusammengefasst werden.

---

219 Vgl. nur BFH, Urt. v. 18.03.1999, Az. IV R 65/98, BStBl. II 1999, 398, 400; Urt. v. 03.10.1984, Az. I R 116/81, BStBl. II 1985, 131, 132; *Bode*, in: Brandis/Heuermann, Ertragsteuerrecht, Stand: Juli 2020, § 15 EStG Rn. 127; *Korn*, KÖSDI 2006, 15125, 15127. BFH, Urt. v. 20.02.2008, Az. X R 13/05, BFH/NV 2008, 1306, juris Rz. 28 will die Wiederaufnahmewahrscheinlichkeit auf die Betriebsunterbrechung i.e.S. beschränken.

220 BFH, Urt. v. 11.05.1999, Az. VIII R 72/96, BStBl. II 2002, 722, 724.

221 BFH, Urt. v. 19.03.2009, Az. IV R 45/06, BStBl. II 2009, 902, 905 („pro forma"-Kriterium); Urt. v. 28.09.1995, Az. IV R 39/84, BStBl. II 1996, 276, 278; *Paul*; in: H/H/R, EStG, Stand: November 2018, § 14 Rn. 66; *Wacker*, in: Schmidt, EStG, 40. Aufl. 2021, § 16 Rn. 181; ähnlich *Kulosa*, in: H/H/R, EStG, Stand: Januar 2019, § 16 Rn. 655; *Dötsch*, jurisPR-Steuerrecht 40/2009, Anm. 5; *ders.*, FR 2007, 589, 595; *M. Wendt*, FR 2006, 826, 828; *ders.*, FR 2011, 1023, 1024 f.

222 *Führer*, DStR 1995, 785, 788.

223 *Führer*, DStR 1995, 785, 788.

224 So im Grundsatz BFH, Urt. v. 14.03.2006, Az. VIII R 80/03, BStBl. II 2006, 591, 593. Für die Betriebsunterbrechung i.e.S. auch *Cornelius*, DStZ 2010, 913 f.

225 BFH, Urt. v. 08.02.2007, Az. IV R 65/01, BStBl. II 2009, 699, 702; Urt. v. 14.03.2006, Az. VIII R 80/03, BStBl. II 2006, 591, 593; Kulosa, in: H/H/R, EStG, Stand: Januar 2019, § 16 Rn. 653.

c. *Wiederaufnahmeabsicht und Liebhaberei*

Ein Verzicht auf die explizite Feststellung einer Wiederaufnahmeabsicht als notwendiges Tatbestandsmerkmal der Betriebsunterbrechung i.e.S. erscheint indes mit dem Gesetzeswortlaut von § 15 Abs. 2 Satz 1 EStG, dessen Betriebs-Definition auch für den § 16 Abs. 1, 3 EStG gilt, kaum zu vereinbaren. § 15 Abs. 2 Satz 1 EStG fordert für den Gewerbebetrieb eine Gewinnerzielungsabsicht. Die Betriebsunterbrechung dient der Abgrenzung einer endgültigen von einer vorübergehenden Tätigkeitseinstellung. Verzichtet man auf die Feststellung der Wiederaufnahmeabsicht beim Steuerpflichtigen, so verzichtet man zugleich auf die Feststellung einer Gewinnerzielungsabsicht. Denn eine Gewinnerzielungsabsicht setzt denklogisch die (Fort-) Führung eines Betriebs und der betrieblichen Tätigkeit voraus. Wer keine Tätigkeit mehr aufnehmen will, kann dies erst recht nicht mit Gewinnerzielungsabsicht.

Nach der von der Rechtsprechung entwickelten Konzeption soll die Wiederaufnahmeabsicht die Brücke von einer nur vorübergehend unterbrochenen gewerblichen Tätigkeit zur Fortsetzung ebendieser Tätigkeit in der Zukunft schlagen, um „unnötige" Entnahme- und Einlagehandlungen zu vermeiden. Dann ergibt dieses Tatbestandsmerkmal aber nur Sinn, wenn die zukünftige Tätigkeit ebenso gewerblicher Natur ist. So liegt die Sache bei saisonalen Unterbrechungen, z.B. bei einer Eisdiele, die im Winter schließt, aber im folgenden Sommer wieder geöffnet wird. Dort besteht auch während der Unterbrechung die Gewinnerzielungsabsicht für die Zukunft fort.

Beim Strukturwandel hingegen ist dies nicht vorstellbar. Aufgrund welcher Tatsachen soll nach einem Strukturwandel die Feststellung erfolgen, die Tätigkeit werde in Zukunft wieder mit Gewinnerzielungsabsicht betrieben, wo doch gerade Gegenteiliges festgestellt worden ist? Hiergegen ließe sich zwar einwenden, dass es Betriebe geben könnte, bei denen zwar objektiv eine Gewinnerzielung möglich wäre, aber der Betriebsinhaber z.B. aufgrund seines Alters nicht mehr in der Lage ist tatsächlich Gewinne zu erzielen. Jedoch, wenn man hier aufgrund einer generationenübergreifenden Betrachtung (siehe dazu unter § 1 III. 1.) – ausnahmsweise – bereits die Gewinnerzielungsabsicht bejaht, stellt sich die Frage nach einer Betriebsunterbrechung erst gar nicht.

In allen anderen Fällen gilt, dass beim Strukturwandel gerade keine zeitweise Unterbrechung des Betriebs vorliegt, sondern die Tätigkeit nur aus privaten Gründen fortgesetzt wird und mithin steuerlich unbeachtlich ist. Es steht dem Betriebsinhaber frei, die Wirtschaftsgüter nicht zu privaten Zwecken zu verwenden, sondern seine Tätigkeit insgesamt ruhen zu lassen und sich in der Folge auf eine Betriebsunterbrechung berufen zu können. Wurde jedoch eine Liebhaberei festgestellt, verwendet der Betriebsinhaber die Wirtschaftsgüter gerade zu privaten Zwecken. Da für die Liebhaberei zwingend eine private Motivation für die Tätigkeit festzustellen ist bzw. eine betriebliche Motivation jedenfalls sicher ausgeschlossen sein muss, erschließt es sich nicht, warum diese festgestellt werden soll, wenn zugleich eine Wiederaufnahme der gewerblichen Tätigkeit beabsichtigt sein soll. Der Totalgewinnprognose liegt ein – prognostiziertes – Verhalten des Betriebsinhabers zugrunde, wonach der Betrieb in Zukunft nicht gewinnbringend betrieben wird. Warum diese Prognose für die Wiederaufnahmeabsicht nicht mehr gelten soll, bleibt unklar.

Lang weist in diesem Zusammenhang zutreffend darauf hin, dass die Rechtsprechung zur Betriebsunterbrechung nicht mit der zur Liebhaberei in Einklang zu bringen ist.[226] Es handele sich dabei um eine bloße Fiktion.[227] Es sei methodisch zweifelhaft, die Liebhaberei anhand „objektiver betriebswirtschaftlicher Kriterien" festzustellen, es aber bei der Betriebsaufgabe nur auf die Erklärung des Steuerpflichtigen ankommen zu lassen.[228]

Der *Bundesfinanzhof* geht zwar davon aus, dass regelmäßig eine tatsächliche Ungewissheit über die Frage bestehe, ob die gewerbliche Tätigkeit endgültig oder nur vorübergehend eingestellt worden sei.[229] Jedoch gibt es kaum Anhaltspunkte dafür, dass bei einer Liebhaberei mit einer Wiederaufnahme der steuerrelevanten Tätigkeit zu rechnen ist. *Weber-Grellet* spricht zutreffend von einem „eher theoretischen und selten praktischen Fall".[230] Soweit ersichtlich lag dem *Bundesfinanzhof* bislang erst ein solcher Fall vor.[231] Die Rechtsprechung geht damit von einer unzutreffenden Prämisse aus, wenn sie auch beim Strukturwandel eine Wiederaufnahmeabsicht unterstellt.[232] All dies spricht gegen eine Betriebsunterbrechung und für eine Betriebsaufgabe beim Strukturwandel.

---

226 *Lang*, DStJG 1981, 45, 96. Kritisch zur Wiederaufnahmeabsicht insgesamt *Flies*, FR 1994, 535, 536.

227 Für die Betriebsverpachtung im Ganzen so auch *Paus*, FR 1989, 729, 730; *ders.*, DStZ 1986, 354, 355; so bereits auch *Felsmann*, Inf 1982, 517, 519 f.

228 Vgl. *Ruppe*, DStJG 1981, 259, 268.

229 BFH, Urt. v. 29.10.1981, Az. IV R 138/78, BStBl. II 1982, 381, 382 f. mit Verweis auf die Betriebsverpachtung; Urt. v. 13.11.1963, Az. GrS 1/63 S, BStBl III 1964, 124, juris Rz. 27; so auch Urt. v. 13.12.1983, Az. VIII R 90/81, BStBl. II 1984, 474, 478.

230 *Weber-Grellet*, DStR 1992, 602, 605; *Schroeder/Fuchs*, StBp 1990, 261.

231 BFH, Beschl. v. 16.03.2012, Az. IV B 155/11, BFH/NV 2012, 950.

232 So für die Betriebsverpachtung, vgl. BFH, Urt. v. 09.12.1996, Az. VI 3/60 S, BStBl. III 1961, 155, juris Rz. 6: „In Wirklichkeit wird jedoch der Betriebsinhaber bei der Verpachtung seines Gewerbebetriebs in der Regel oder doch in sehr vielen Fällen mit der Verpachtung des Geschäfts seine gewerbliche Betätigung endgültig beenden. Es läge daher nahe, grundsätzlich anzunehmen, daß die zum Betriebsvermögen eines verpachteten Gewerbebetriebs gehörenden Vermögenswerte durch die Verpachtung zwangsläufig Privatvermögen des Verpächters werden."

IV. Dogmatische Grundlage der Betriebsunterbrechung

1. Gewohnheitsrecht

Eine andere Sichtweise der Betriebsunterbrechung mit Blick auf den Strukturwandel ergibt sich im Ergebnis auch nicht aus § 16 Abs. 3b EStG. Diese Norm hat erstmals die Betriebsunterbrechung im Einkommensteuergesetz kodifiziert. Um diese Norm richtig zu verstehen, erscheint es angebracht zunächst einen Blick auf die dogmatische Herleitung der Betriebsunterbrechung bis zur Einführung dieser Norm zu werfen.

Die Rechtsgrundlage der Betriebsunterbrechung war lange umstritten. Teilweise wurde sie als gewohnheitsrechtliches Institut angesehen.[233] Die Entstehung von Gewohnheitsrecht setzt jedoch eine langandauernde Übung und eine allgemeine Rechtsüberzeugung der beteiligten Kreise voraus.[234] Gewohnheitsrecht kann nur entstehen, wenn eine Rechtsansicht so hinreichend gefestigt ist, dass ihr Wesensgehalt wie ein abstrakter Rechtssatz formuliert werden kann.[235]

Jedenfalls für die Annahme einer Betriebsunterbrechung i.e.S. im Falle des Strukturwandels kann dies aus mehreren Gründen nicht angenommen werden. Es liegt bis heute keine allgemeine Rechtsüberzeugung dafür vor, dass der Verlust der Gewinnerzielungsabsicht nur eine Betriebsunterbrechung und keine Betriebsaufgabe darstellt. Für das Steuerrecht ist allgemein anerkannt, dass neben Steuerpflichtigen, Finanzverwaltung und Rechtsprechung auch „die anerkannten Autoren der einschlägigen Literatur“ für die Bildung einer allgemeinen Rechtsüberzeugung zu berücksichtigen sind.[236] Bereits in dem maßgeblichen Urteil zum Strukturwandel zitiert der *Bundesfinanzhof* eine Vielzahl von Autoren, die eine Betriebsunterbrechung beim Strukturwandel ablehnen.[237] Bis heute werden im Schrifttum diese anderslautenden Lösungsansätze vertreten und die Rechtsprechung kritisiert.[238]

---

233 *Kulosa*, in: H/H/R, EStG, Stand: Januar 2019, § 16 Rn. 650, der allerdings eine nähere Erklärung dafür vermissen lässt.

234 Vgl. nur *Drüen*, in: Tipke/Kruse, AO, Stand: Oktober 2020, § 4 Rn. 10; *Englisch*, in: Tipke/Lang, 24. Aufl. 2020, § 5 Rn. 21.

235 *Englisch*, in: Tipke/Lang, 24. Aufl. 2020, § 5 Rn. 21.

236 BFH, Beschl. v. 17.12.2007, Az. GrS 02/04, BStBl. II 2008, 608, 616.

237 BFH, Urt. v. 29.10.1981, Az. IV R 138/78, BStBl. II 1982, 381, 384; vgl. nur *Stoll*, DStJG 1981, 207, 235; *Job*, Die steuerrechtliche Liebhaberei, Univ.-Diss. 1977, 96; *Woltmann*, Inf/L 1966, 234.

238 Vgl. nur *M. Wendt*, FR 1998, 264, 275; *Trzaskalik*, DB 1983, 194, 195; *Felsmann*, Inf 1982, 517, 519. Allgemeiner zu Wahlrechten *Führer*, DStR 1995, 785, 788.

Gegen eine gewohnheitsrechtlich hergeleitete Betriebsunterbrechung im Fall des Strukturwandels spricht ferner, dass Gewohnheitsrecht nicht entstehen kann, wenn es dem geschriebenen Recht entgegensteht und eine den Steuerpflichtigen belastende Rechtsfolge herbeiführt.[239] Dann ist nämlich der Grundsatz der Tatbestandsmäßigkeit der Besteuerung verletzt. So liegt die Sache beim Strukturwandel jedoch. Beruft sich der Steuerpflichtige auf eine durch einen Strukturwandel ausgelöste Betriebsaufgabe in einem festsetzungsverjährten Veranlagungszeitraum und hält die Finanzverwaltung ihm entgegen, es habe lediglich eine Betriebsunterbrechung vorgelegen, belastet diese Rechtsfolge den Steuerpflichtigen, da die entsprechenden Wirtschaftsgüter dann weiterhin steuerverstricktes Betriebsvermögen geblieben sind und dessen Veräußerung oder Entnahme steuerpflichtig ist. Die Annahme einer Betriebsunterbrechung lässt sich somit jedenfalls im Falle des Strukturwandels nicht gewohnheitsrechtlich begründen.

2. *Teleologische Auslegung des § 16 Abs. 3 EStG*

a. *Teleologische Reduktion*

Bis zur Einführung des § 16 Abs. 3b Satz 1 EStG stützte die h.M. die Betriebsunterbrechung allgemein auf eine teleologische Reduktion des § 16 Abs. 3 EStG. Die mit einer Betriebsaufgabe verbundene Auflösung des Betriebsvermögens sei sowohl im Fall der Betriebsverpachtung[240] als auch bei der Betriebsunterbrechung i.e.S.[241] gemessen am Sinn und Zweck der Regelung zu weitreichend, da dem Betriebsinhaber im Moment des Pachtbeginns oder der Betriebseinstellung – anders als bei einer Veräußerung – keine liquiden Mittel zuflössen. Im Ergebnis wirkt die Betriebsunterbrechung damit wie ein negatives Tatbestandsmerkmal der Betriebsaufgabe. Inhaltlich führte die so verstandene teleologische Reduktion zur Festlegung der o.g. Tatbestandsmerkmale der Betriebsunterbrechung in Form der objektiven Wiederaufnahmemöglichkeit und der subjektiven

239 Vgl. nur RFH, Urt. v. 05.04.1933, Az. IV A 13/33, RFH-Entscheidungssammlung Band 33, 57; *Englisch*, in: Tipke/Lang, 24. Aufl. 2020, § 5 Rn. 22; *Drüen*, in: Tipke/Kruse, AO, Stand: Oktober 2020, § 4 Rn. 104 m.w.N.

240 BFH, Urt. v. 17.04.2002, Az. X R 8/00, BStBl. II 2002, 527, 529.

241 Für den Strukturwandel vgl. nur BFH, Urt. v. 29.10.1981, Az. IV R 138/78, BStBl. II 1982, 381, 384; anders hingegen später mit dem Argument, es fehle an einer Überführung der Wirtschaftsgüter in das Privatvermögen, BFH, Urt. v. 11.05.2016, Az. X R 15/15, BStBl. II 2017, 112, 114f.

Fortführungsabsicht. Liegen diese Voraussetzungen vor, so ist daraus zu schließen, dass eine Betriebsaufgabe gemäß § 16 Abs. 3 EStG nicht vorliegt.

b. Tatsächliches Wahlrecht

Nach anderer Auffassung stellte die Betriebsunterbrechung ein tatsächliches Wahlrecht dar.[242] Danach soll ein solches Wahlrecht nur in Fällen bestehen, in denen sich das Vorliegen einer Betriebsaufgabe nicht sicher aufklären ließe. Das Finanzamt trage dann die Feststellungslast, dass keine Wiederaufnahmeabsicht vorliege und der Steuerpflichtige seinen Betrieb aufgegeben habe.[243] Könne das Finanzamt mangels hinreichender Anhaltspunkte diese Absicht nicht feststellen, obliege es dem Steuerpflichtigen sein „Wahlrecht" auszuüben, weil nur seine Aufgabeerklärung eine Betriebsaufgabe auslösen könne.[244] *Dötsch* sieht ebenfalls in einer strukturellen Beweisnot der Finanzverwaltung den Beweggrund der Rechtsprechung.[245] In die gleiche Richtung sind auch die Stimmen zu verstehen, die meinen, die Aufdeckung der stillen Reserven sei „allgemein unbillig", wenn eine Betriebsunterbrechung nicht sicher ausgeschlossen werden könne.[246]

3. Kodifizierung durch § 16 Abs. 3b EStG

a. „Schleichende" Betriebsaufgaben

Nach der Einführung des § 16 Abs. 3b EStG existiert nun erstmals eine ausdrückliche gesetzliche Grundlage für die Betriebsunterbrechung.[247] Es bedarf damit keiner eingehenden Erörterung mehr, ob die frühere Rechtsprechung zutreffend eine teleologische Reduktion der Aufgabevorschrift angenommen hat, denn nunmehr kann sie sich auf den Gesetzeswortlaut stützen. Dieser setzt zwar eine Betriebsunterbrechung voraus, definiert ihre Voraussetzungen jedoch nicht. Ausweislich der Gesetzesbegründung gilt, dass Inhalt und Anwendungsbereich

---

242 *Zugmaier*, FR 1998, 597, 599; ebenso *L. Schmidt*, FR 1985, 476, 478; ähnlich BFH, Beschl. v. 11.05.2017, Az. VI B 105/16, BFH/NV 2017, 1172.

243 *Zugmaier*, FR 1998, 597, 599. Anders hingegen *L. Schmidt*, FR 1985, 476, 478 der dem Steuerpflichtigen das Wahlrecht nur dann versagen will, wenn objektiv keine Möglichkeit der Wiederaufnahme besteht.

244 *Zugmaier*, FR 1998, 597, 599.

245 *Dötsch*, FR 2007, 589, 595.

246 BFH, Urt. v. 15.03.2005, Az. X R 2/02, BFH/NV 2005, 1292, juris Rz. 20; *Knobbe-Keuk*, Bilanz- und Unternehmenssteuerrecht, 9. Aufl. 1993, 793.

247 Eingefügt durch das Steuervereinfachungsgesetz 2011 v. 01.11.2011, BGBl. I 2011, 2131.

dieses Instituts durch Rechtsprechung und Literatur bestimmt werden sollen.[248] Es ist aus den genannten Gründen vorzugswürdig auch weiterhin an den Merkmalen der objektiven Wiederaufnahmemöglichkeit und der subjektiven Wiederaufnahmeabsicht festzuhalten.

Mit der Einführung des § 16 Abs. 3b EStG ist keine Kodifizierung der bisherigen Rechtsprechung zur Betriebsunterbrechung i.e.S. für den Fall des Strukturwandels erfolgt. Der Gesetzgeber hat durch die Neuregelung zu erkennen gegeben, dass es Betriebsunterbrechungen geben kann, was z.B. für den Fall von Saisonbetrieben oder Betriebsunterbrechungen durch Unglücksfälle auch unschwer bejaht werden kann. Ausweislich der Gesetzesbegründung wollte der Gesetzgeber durch die Regelung des § 16 Abs. 3b Satz 1 EStG Fallkonstellationen für die Finanzverwaltung „entschärfen", in denen der Steuerpflichtige für einen bereits festsetzungsverjährten Veranlagungszeitraum eine Betriebsaufgabe anführt, ohne dass die Finanzverwaltung von diesem Kenntnis erlangt hatte, sog. schleichende Betriebsaufgabe.[249] Für solche Fälle normiert § 16 Abs. 3b Satz 1 EStG nunmehr eine Fortführungsfiktion dahingehend, dass ohne Vorliegen einer Aufgabeerklärung (Nr. 1) und ohne Kenntnis der relevanten Tatsachen durch die zuständige Behörde (Nr. 2) der Betrieb nicht als aufgegeben gilt. Ohne diese Regelung würde es – entsprechend den allgemeinen Regeln – für eine Betriebsaufgabe keine Rolle spielen, ob die Finanzbehörden von dem Sachverhalt Kenntnis erlangt haben.

b. Fortführungsfiktion des § 16 Abs. 3b EStG

Aus der Gesetzeshistorie und dem systematischen Zusammenhang von Betriebsaufgabe und Entnahmevorschrift (siehe dazu später noch unter § 5 I.) ist zu folgern, dass § 16 Abs. 3b EStG eine Totalentnahme der Wirtschaftsgüter solange aufschiebt bis eine Aufgabeerklärung abgegeben wurde oder die Behörde Kenntnis von anderen Umständen erlangt hat, die eine Betriebsaufgabe begründen. Aus dem Umstand, dass die Betriebsaufgabe nach h.M. eine Form der Totalentnahme darstellt, muss der Schluss gezogen werden, dass § 16 Abs. 3b EStG diese Totalentnahme aufschieben soll. Der Wortlaut der Norm ist insofern ungenau als er sich auf die Betriebsaufgabe bezieht, aber nach seinem Sinn und Zweck an der Entnahme der Wirtschaftsgüter ansetzt. Denn ein Aufschub der Betriebsaufgabe, welche nach zutreffender h.M. nur

248 BT-Drs. 17/5125, S. 38.

249 Vgl. nur *Schallmoser*, in: Brandis/Heuermann, Ertragsteuerrecht, Stand: August 2021, § 16 EStG Rn. 526; *Kulosa*, in: H/H/R, EStG, Stand: Januar 2019, § 16 Rn. 650 jeweils m.w.N.; *Nacke*, DB 2011, 132, 134. So auch BT-Drs. 17/5125, S. 38.

hinsichtlich ihrer Privilegierungen (Freibetrag und Tarifbegünstigung) konstitutiv ist, ergibt mit Blick auf die Gesetzesbegründung keinen Sinn.[250] Dafür, dass der Gesetzgeber § 16 Abs. 3b EStG entgegen der auch heute noch h.M. nunmehr zu einer konstitutiven Wirkung verhelfen wollte, gibt es keine Anhaltspunkte.[251]

Aus dem Wortlaut des § 16 Abs. 3b Satz 1 EStG folgt die Einsicht, dass der Gesetzgeber sowohl im Fall einer Betriebsunterbrechung als auch bei einer Betriebsverpachtung im Ganzen im Grundsatz eine Betriebsaufgabe annimmt. Denn gerade deshalb ordnet das Gesetz nunmehr an, dass diese Sachverhalte unter den in der Norm genannten Voraussetzungen nicht als Betriebsaufgabe *gelten*. Der Wortlaut besagt gerade nicht, dass Betriebsunterbrechung und Betriebsverpachtung im Ganzen keine Betriebsaufgaben *sind*. Der Gesetzgeber schiebt damit nur die Rechtsfolgen der Betriebsaufgabe zeitlich heraus. § 16 Abs. 3b EStG ist demnach eine Ausnahmeregelung, die in bestimmten Konstellationen die Auslösung der Steuerfolge aufschiebt. Aus dem Nebeneinander der Nr. 1 und Nr. 2 der Vorschrift ist ferner der Schluss zu ziehen, dass Betriebsaufgaben nicht in jedem Fall von einer Aufgabeerklärung abhängen, sondern vielmehr nur dann, wenn keine Tatsachenkenntnis bei der Behörde vorliegt. Ansonsten hätte die Regelung in Nr. 2 keinen eigenständigen Anwendungsbereich.

Mit dem Anwendungsschreiben vom 22. November 2016 hat das *Bundesfinanzministerium* sich zur Auslegung des § 16 Abs. 3b EStG geäußert.[252] Es geht davon aus, dass § 16 Abs. 3b EStG eine unwiderlegliche Betriebsfortführungsfiktion enthalte und unter der „Betriebsunterbrechung" ein „ruhender" Gewerbebetrieb zu verstehen sei.[253] Es nimmt weiter an, eine Betriebsunterbrechung liege nur vor, wenn die Einstellung der werbenden Tätigkeit den Fortbestand des Betriebs unberührt lasse. Dafür seien die wesentlichen Betriebsgrundlagen zurückzubehalten und

250 BT-Drs. 17/5125, S. 38.

251 Für die h.M., vgl. nur BFH, Urt. v. 26.05.1993, Az. X R 101/90, BStBl. II 1993, 710, 714; *Wacker*, in: Schmidt, EStG, 40. Aufl. 2021, § 16 Rn. 5; *Geeb*, in: Frotscher, EStG, Stand: Dezember 2020, § 16 Rn. 12; *Schallmoser*, in: Brandis/Heuermann, Ertragsteuerrecht, Stand: August 2021, § 16 EStG Rn. 4; *Hey*, in: Tipke/Lang, Steuerrecht, 24. Aufl. 2020, § 8 Rn. 196; *Dötsch*, Einkünfte aus Gewerbebetrieb, Univ.-Diss. 1986, 13, 51; *Stoll*, DStJG 1981, 207, 213, 228 ff.

252 BMF, Anwendungsschreiben zu § 16 Abs. 3b EStG, 22.11.2016, IV C 6 - 2242/12/10001, veröffentlicht in: FR 2016, 1152.

253 So wohl auch die h.M., die unter der Betriebsunterbrechung eine Betriebsunterbrechung i.e.S. versteht, vgl. *Schallmoser*, in: Brandis/Heuermann, Ertragsteuerrecht, Stand: August 2021, § 16 EStG Rn. 470; *Kulosa*, in: H/H/R, EStG, Stand: Januar 2019, § 16 Rn. 653; *M. Wendt*, FR 2011, 1023, 1027.

der Betrieb müsse jederzeit wiederaufgenommen werden können.[254] Hinsichtlich der Aufgabeerklärung hat sich die Finanzverwaltung der Rechtsprechung angeschlossen und verlangt eine klare und eindeutige Erklärung unter der Angabe des Aufgabezeitpunkts.[255] In Bezug auf § 16 Abs. 3b Satz 1 Nr. 2 EStG geht die Finanzverwaltung davon aus, dass dem zuständigen Sachbearbeiter die Tatsachen bekannt werden müssen.[256]

c. (Begrenzter) Anwendungsbereich der Fortführungsfiktion von § 16 Abs. 3b EStG

Zu wenig beachtet wird bei dieser Diskussion die Aussage des § 16 Abs. 3b Satz 1 Nr. 2 EStG, wonach bei Kenntnis der relevanten Tatsachen durch die Behörde eine Fortführungsfiktion ausgeschlossen ist. Während die h.M. darunter wohl nur Veräußerungen und Einzelentnahmen bestimmter Wirtschaftsgüter fassen will, gibt es kein schlagendes Argument einen festgestellten Strukturwandel nicht auch darunter zu subsumieren. Ein einseitiges Abstellen auf die Aufgabeerklärung als auslösendes Moment einer Betriebsaufgabe verkennt den Sinn und Zweck der Vorschrift, nur „schleichende" Betriebsaufgaben verhindern zu wollen.[257] Dieses Ziel wird – wie vom Gesetzgeber beabsichtigt – durch den Ausschluss der Fortführungsfiktion bei Zugang einer Aufgabeerklärung oder die Kenntnis der relevanten Tatsachen durch die Behörde erreicht. Dies ist auch sachgerecht, da beide Fälle die gleiche Informationslage bei den Finanzbehörden voraussetzen. In beiden Fällen bleibt es bei der allgemeinen Verteilung der Feststellungslast.[258] Es ist allgemein anerkannt, dass bei einem *non liquet* die Finanzämter keine Betriebsaufgabe annehmen dürfen.[259] In dieser Hinsicht bringt § 16 Abs. 3b EStG keine Änderung. Einzig in Fällen der sog. schleichenden Betriebsaufgabe, wenn also tatsächlich die Voraussetzungen einer Betriebsaufgabe vorliegen, dem Finanzamt die zugrundeliegenden Tatsachen aber weder durch eine Aufgabeerklärung, noch durch sonstige Tatsachen bekannt geworden sind,

254 BMF, Anwendungsschreiben zu § 16 Abs. 3b EStG, 22.11.2016, IV C 6 - 2242/12/10001, veröffentlicht in: FR 2016, 1152, Ziff. I 1.

255 BMF, Anwendungsschreiben zu § 16 Abs. 3b EStG, 22.11.2016, IV C 6 - 2242/12/10001, veröffentlicht in: FR 2016, 1152, Ziff. III.

256 BMF, Anwendungsschreiben zu § 16 Abs. 3b EStG, 22.11.2016, IV C 6 - 2242/12/10001, veröffentlicht in: FR 2016, 1152, Ziff. IV 3.

257 BT-Drs. 17/5125, S. 38.

258 Ähnlich *Kulosa*, in: H/H/R, EStG, Stand: Januar 2019, § 16 Rn. 650.

259 Siehe dazu § 13 II Ziff. 3.

führt § 16 Abs. 3b Satz 1 EStG eine Fortführungsfiktion für das Vorliegen einer Betriebsunterbrechung ein.[260]

Die Unkenntnis der zuständigen Behörde über einen steuerrelevanten Sachverhalt hindert im Allgemeinen den Eintritt der materiellen Rechtsfolge nicht. Dies folgt bereits aus den Regelungen zur Verjährung. Der Steueranspruch verjährt nämlich auch dann, wenn der Fiskus von ihm keine Kenntnis erlangt hat, vgl. § 170 Abs. 1, 2 AO. Die Fiktion in § 16 Abs. 3b EStG verhindert die Entstehung des Steueranspruchs und damit auch die Verjährung, indem der Anspruch erst bei Empfang der Aufgabeerklärung oder Kenntnis der relevanten Tatsachen entsteht. Weder durch den Wortlaut, noch durch die Systematik der Norm wird sichtbar, dass der Gesetzgeber über die Fallgruppe der „schleichenden" Betriebsaufgabe hinaus, den Eintritt einer Betriebsaufgabe generell aufschieben wollte, auch wenn die Tatsachen offensichtlich sind. Der Gesetzgeber wollte nach der Gesetzeshistorie einzig die Finanzverwaltung entlasten.[261] Für eine generelle Verschonungswirkung lassen sich in der Gesetzesbegründung hingegen keine Anhaltspunkte finden.[262]

Aus alledem folgt, dass der Gesetzgeber zwar den Begriff der Betriebsunterbrechung bei der Einführung des § 16 Abs. 3b EStG vorausgesetzt und dafür erstmals eine gesetzliche Grundlage geschaffen hat, der Inhalt allerdings nach wie vor von Rechtsprechung und Literatur zu entwickeln ist. Ausgehend von dem Sinn und Zweck der Neuregelung besteht kein Grund dafür, bei offensichtlichen und dem Finanzamt bekannten Fällen des Strukturwandels die Betriebsaufgabe aufzuschieben. Sieht man dies anders, nimmt man § 16 Abs. 3b Satz 1 Nr. 2 EStG jeglichen eigenen Anwendungsbereich.

§ 16 Abs. 3b EStG stünde einer Betriebsaufgabe und damit einer Totalentnahme im Fall des Strukturwandels also nur dann im Weg, wenn die notwendigen Tatsachen den Finanzbehörden nicht bekannt geworden sind und auch keine Aufgabeerklärung vorliegt. Der Steueranspruch entsteht in einem solchen Fall nicht. Soweit den Behörden die dem Strukturwandel zugrundeliegenden Tatsachen, also solche die für die Liebhabereifeststellung herangezogen werden, bekannt sind, wird der Eintritt einer Betriebsaufgabe und Totalentnahme hingegen nicht verhindert. Stellt das Finanzamt eine Liebhaberei aufgrund objektiver Umstände fest, so reichen diese Umstände aus, die Fortführungsfiktion des § 16

260 *Schallmoser*, in: Brandis/Heuermann, Ertragsteuerrecht, Stand: August 2021, § 16 EStG Rn. 526.

261 BT-Drs. 17/5125, S. 2.

262 BT-Drs. 17/5125, S. 2.

Abs. 3b zu widerlegen, da dann ein Fall des § 16 Abs. 3b Satz 1 Nr. 2 EStG vorliegt. In diesem Fall steht § 16 Abs. 3b EStG einer Totalentnahme nicht entgegen.

4. *Kodifizierung durch § 14 Abs. 2 EStG*

a. *Verhältnis von Betriebsverkleinerung und -aufgabe*

Mit dem Jahressteuergesetz 2020 hat der Gesetzgeber in Gestalt von § 14 Abs. 2 EstG n.F. abermals eine Regelung getroffen, die sog. schleichende Betriebsaufgaben verhindern soll.[263] Nach dieser Neuregelung liegt bei einem land- und forstwirtschaftlichen Betrieb auch dann keine Betriebsaufgabe vor, wenn der Betrieb durch die Entnahme, Überführung oder Übertragung von Flächen verkleinert wird, aber mindestens eine Fläche, die der Erzeugung von Pflanzen oder Tieren im Sinne des § 13 Abs. 1 EStG zu dienen bestimmt ist, verbleibt. Auf die Größe der Fläche kommt es dafür nicht an. Zudem verweist die Regelung auf § 16 Abs. 3b EStG.

Das Regelungsbedürfnis und die Funktion von § 14 Abs. 2 EStG n.F. erschließen sich erst, wenn man die zugrundeliegende Problematik kennt. Kurz zur Erinnerung: Während kleinere land- und forstwirtschaftliche Betriebe ihren Gewinn nach Durchschnittssätzen ermitteln können, § 13a EStG, und dies nur in Ausnahmefällen die Bejahung einer Liebhaberei erlaubt, muss bei den übrigen land- und forstwirtschaftlichen Betrieben grundsätzlich die Gewinnerzielungsabsicht positiv festgestellt werden.[264] Insoweit stellen land- und forstwirtschaftliche Betriebe keine Besonderheit dar.

Die Rechtsprechung differenziert zwischen sog. Eigentums- und Pachtbetrieben.[265] Wesentliches Betriebsvermögen des Pächters eines landwirtschaftlichen Betriebes ist das „lebende und tote Inventar“, maßgebliche Grundlage bei Eigentumsbetrieben ist hingegen der eigene Grund und Boden.[266] Nach der ständigen Rechtsprechung des *Bundesfinanzhofs* erfordert ein land- und forstwirtschaftlicher Eigentumsbetrieb keine Mindestgröße der bewirtschafteten Flächen.[267]

---

263 Eingefügt durch das Jahressteuergesetz 2020 v. 21.12.2020, BGBl. I 2020, 3096.

264 Vgl. nur BFH, Urt. v. 11.10.2007, Az. IV R 15/05, BStBl. II 2008, 465, 466; *Krumm*, in: Leingärtner, Besteuerung der Landwirte, Stand: Juli 2018, Kap. 4 Rn. 1; *Kreckl*, in: Leingärtner, Besteuerung der Landwirte, Stand: Oktober 2015, Kap. 5 Rn. 2.

265 BFH, Urt. 18.03.1999, Az. IV R 65/98, BStBl. II 1999, 398, 400 m.w.N.; Urt. v. 30.08.2007, Az. IV R 5/06, BStBl. II 2008, 113, 114.

266 BFH, Urt. 18.03.1999, Az. IV R 65/98, BStBl. II 1999, 398, 400 m.w.N.; Urt. v. 30.08.2007, Az. IV R 5/06, BStBl. II 2008, 113, 114.

267 Vgl. nur BFH, Urt. v. 30.08.2007, Az. IV R 5/06, BStBl. II 2008, 113, 114 m.w.N.; *Kreckl*, in: Leingärtner, Besteuerung der Landwirte, Stand: Oktober 2015, Kap. 5 Rn. 2.

Gleichwohl gehen Rechtsprechung und Verwaltung davon aus, dass ein Eigentumsbetrieb nur dann einen Betrieb im Sinne des § 13 Abs. 1 EStG darstellt, wenn er eine zu bewirtschaftende Fläche aufweist, deren Bewirtschaftung die Grenze zur privaten Gartenbewirtschaftung überschreitet.[268] Steuerliche Berücksichtigung finden damit nur Betriebe, die eine gewisse Mindestgröße aufweisen. Aus Zwecken der Verwaltungsvereinfachung gilt hierfür eine Grenze von 3.000 qm, nur bei Sonderkulturen kann auch eine geringere Fläche ausreichen.[269] Erst ab dieser Größe wird von einer Gewinnerzielungsabsicht des Betriebsinhabers ausgegangen.[270]

Naheliegend wäre es daher, wenn die Verkleinerung eines Betriebs unter diese 3.000 qm-Grenze zu einer Betriebsaufgabe führen würde. Die Rechtsprechung geht jedoch davon aus, dass die flächenmäßige Verkleinerung eines Eigentumsbetriebs nicht zu einer Betriebsaufgabe führt.[271] Die stetige Verkleinerung des Betriebs bewirke keine Entnahme der übrigen Flächen.[272] Es gälten die gleichen Überlegungen wie bei der Betriebsverpachtung.[273]

b. Bundesfinanzhof – Urteil vom 17. Mai 2018

Im Jahr 2018 hat der *Bundesfinanzhof* entschieden, dass bei einer landwirtschaftlichen Mitunternehmerschaft[274], die Verkleinerung des Betriebs – unter die Grenze der Eigenbedarfsbewirtschaftung (s.o.) – zu einer Betriebsaufgabe führen soll.[275] Das Gericht hatte dabei über eine klassische Konstellation zu entscheiden, in deren Mittelpunkt es um die Frage ging, ob die Erben eines Landwirts den landwirtschaftlichen Betrieb aufgegeben hatten. Die Klägerinnen

---

268 BFH, Urt. v. 05.05.2011, Az. IV R 48/08, BStBl. II 2011, 792, 794; Urt. v. 29.10.1992, Az. IV R 117/91, BFH/NV 1994, 533, juris Rz. 17.

269 BMF v. 18.4.72, F/IV B 4 -S 2230- 29/72, StEK EStG § 13 Nr. 198; BFH, Urt. v. 05.05.2011, Az. IV R 48/08, BStBl. II 2011, 792, 794 m.w.N.

270 FG Baden-Württemberg, Urt. v. 06.05.1993, AZ. 8 K 348/83, EFG 1994, 143 spricht von einer „Aufgriffsgrenze“; vgl. auch *Krumm*, in: Leingärtner, Besteuerung der Landwirte, Stand: April 2019, Kap. 4 Rn. 11.

271 BFH, Urt. v. 30.08.2007, Az. IV R 5/06, BStBl. II 2008, 113, 114; Urt. v. 05.05.2011, Az. IV R 48/08, BStBl. II 2011, 792, 794.

272 BFH, Urt. v. 12.11.1992, Az. IV R 41/91, BStBl. II 1993, 430, 431.

273 BFH, Urt. v. 12.11.1992, Az. IV R 41/91, BStBl. II 1993, 430, 431.

274 Im Streitfall haben das FG Rheinland-Pfalz und der BFH, offengelassen, ob eine Mitunternehmerschaft noch bestand, denn jedenfalls sei diese aufgegeben worden.

275 BFH, Urt. v. 17.05.2018, Az. VI R 73/15, BFH/NV 2018, 1249, juris Rz. 31 ff.; Vorinstanz: FG Rheinland-Pfalz, Urt. v. 25.06.2014, Az. 1 K 1627/11, EFG 2015, 2058.

waren Miteigentümer verschiedener landwirtschaftlicher Nutzflächen, wobei unklar blieb, ob die Flächen im Zeitpunkt der Betriebsaufgabe noch verpachtet waren. Aufgrund der angenommenen Betriebsaufgabe war dies aber nicht mehr entscheidungserheblich.[276] Nachdem der Großteil der Flächen auf die beiden Klägerinnen zu Alleineigentum aufgeteilt worden war, verblieb einzig ein relativ kleines Flurstück, das die 3.000 qm-Grenze unterschritt, im Miteigentum.[277] Der *Bundesfinanzhof* sah darin eine Betriebsaufgabe, da das zurückbleibende Grundstück – bei einer Wiederaufnahme der Bewirtschaftung – keinen landwirtschaftlichen Betrieb darstellen könne, da es die Grenze zur Eigenbewirtschaftung nicht überschreiten würde.[278]

Anders als bei der zuvor dargestellten Rechtsprechung zu Eigentumsbetrieben ging der *Bundesfinanzhof* somit bei verpachteten Betrieben davon aus, dass nur dann eine Betriebsunterbrechung i.w.S. in Betracht zu ziehen sei, wenn die zurückbehaltenen Flächen eine ertragreiche Bewirtschaftung ermöglichten.

c. (Begrenzter) Anwendungsbereich der Fortführungsfiktion von § 14 Abs. 2 EStG

In der Folge normierte der Gesetzgeber mit § 14 Abs. 2 EStG n.F. eine Regelung, die dem entgegentrat. Nach dieser Vorschrift führt eine Verkleinerung der landwirtschaftlichen Flächen auch bei Pachtbetrieben dann nicht zu einer Betriebsaufgabe, wenn mindestens eine landwirtschaftliche Fläche, § 13 Abs. 1 EStG, – unabhängig von ihrer Größe – zurückbehalten wird. In der Beschlussempfehlung des *Finanzausschusses des Bundestags* wird die Neuregelung damit begründet, dass es zu einem Gleichlauf zwischen aktiv bewirtschafteten (Eigentumsbetrieben) und verpachteten Betrieben kommen solle.[279]

Diese Neuregelung führt dazu, dass eine Betriebsaufgabe nur noch dann anzunehmen ist, wenn der Steuerpflichtige eine Aufgabeerklärung gegenüber dem Finanzamt abgibt oder dem Finanzamt Tatsachen bekannt werden, aus denen sich ergibt, dass die Voraussetzungen für eine Aufgabe erfüllt sind, § 14 Abs. 2 Satz 2 i.V.m. § 16 Abs. 3b Satz 1 Nr. 1, 2 EStG. Insoweit kann auf die obigen Ausführungen zu § 16 Abs. 3b EStG verwiesen werden. Der Gesetzgeber wollte verhindern, dass es durch Entnahmen, Überführungen oder Übertragung von Flächen – vor dem Hintergrund des Urteils vom 17. Mai 2018 – zu „schleichenden“

276 FG Rheinland-Pfalz, Urt. v. 25.06.2014, Az. 1 K 1627/11, EFG 2015, 2058, juris Rz. 39.
277 BFH, Urt. v. 17.05.2018, Az. VI R 73/15, BFH/NV 2018, 1249.
278 BFH, Urt. v. 17.05.2018, Az. VI R 73/15, BFH/NV 2018, 1249, juris Rz. 34 ff.
279 BT-Drs. 19/25160, S. 189.

Betriebsaufgaben kommt.[280] Denn die Übertragung von Grundbesitz in einem Maße, dass eine ertragreiche Bewirtschaftung des Betriebs anschließend nicht mehr möglich ist, kann der Finanzverwaltung mitunter verborgen bleiben. Dies verhindert die Neuregelung soweit zumindest ein landwirtschaftliches Grundstück zurückbehalten wird. Die Regelung fingiert eine Betriebsunterbrechung und hält die Steuerverstrickung der Wirtschaftsgüter solange aufrecht bis für das Finanzamt eine Betriebsaufgabe offen zu Tage tritt.

d. § 14 Abs. 2 EStG und Strukturwandel

Der Gesetzgeber hat durch § 14 Abs. 2 EStG n.F. zu erkennen gegeben, dass die Verkleinerung eines land- und forstwirtschaftlichen Betriebs, jedenfalls ab einem gewissen Punkt dem Grunde nach eine Betriebsaufgabe darstellt. Denn ginge man davon aus, dass die Verkleinerung zu keiner Betriebsaufgabe führen könne, bedürfte es dieser Neuregelung nicht. Die Regelung macht einzig dann Sinn, wenn man annimmt, dass eine flächenmäßige Verkleinerung eine Betriebsaufgabe herbeiführt und man diese Rechtsfolge aus bestimmten Gründen für unangemessen hält. Die Unangemessenheit rührt in diesem Fall weniger daher, dass ein verkleinerter Betrieb als aufgegeben angesehen werden könnte, sondern vielmehr daher, dass diese Aufgabe unentdeckt von der Verwaltung geschehen und durch die eintretende Festsetzungsverjährung Steuersubstrat verloren gehen könnte. Vor diesem Hintergrund erweist es sich für den Gesetzgeber als „Glücksfall", dass er für die Begründung der Neuregelung nicht darauf verweisen muss, dass die Regelung die Besteuerung sicherstellen soll, sondern dass Eigentums- und Pachtbetriebe gleichbehandelt werden sollen.[281]

Vor dem Hintergrund dieser Regelung, die im Kern anerkennt, dass eine flächenmäßige Verkleinerung die steuerliche Relevanz des Betriebs entfallen lässt, kann abgeleitet werden, dass Ähnliches eigentlich auch für den Strukturwandel gelten muss. So wie die Verkleinerung der Flächen nämlich originär zu einer Aufgabe des Betriebes führen würde, weil dann einen Eigenbewirtschaftung und (gewinnträchtige) Land- und Forstwirtschaft mehr angenommen wird, so führt auch der Strukturwandel zu einer Betriebsaufgabe. Genauso wie § 16 Abs. 3b EStG stellt auch § 14 Abs. 2 EStG n.F. eine Ausnahmeregelung für Fälle dar, in denen die Betriebsaufgabe weder erklärt wurde, noch dem Finanzamt Tatsachen bekannt werden, die eine Betriebsaufgabe begründen können. Die Grundaussage beider Regelungen ist aber, dass die in den Blick genommenen Konstellationen – Verkleinerung der Betriebsfläche (§ 14 Abs. 2 EStG) bzw. der Strukturwandel (§ 16 Abs. 3b EStG) – eine

280 BFH, Urt. v. 17.05.2018, Az. VI R 73/15, BFH/NV 2018, 1249.
281 BT-Drs. 19/25160, S. 189.

Betriebsaufgabe darstellen. Beide Regelungen wären unnötig, wenn man annehmen würde, dass Flächenverkleinerung und Strukturwandel schon dem Grunde nach keine Betriebsaufgabe nach sich ziehen könnten. Die fiskalische Motivation beider Regelungen ist unübersehbar auf die Eindämmung „schleichender“ Betriebsaufgaben gerichtet, ihr Anwendungsbereich sollte entsprechend (eng) ausgelegt werden.

V. Zusammenfassung von § 2

In § 2 wurde gezeigt, dass sich das Institut der Betriebsunterbrechung aus der Rechtsprechung zum Verpächterwahlrecht entwickelt hat. Das Verpächterwahlrecht entstand aus dem Gedanken, eine sofortige Aufdeckung stiller Reserven sei unbillig, wenn der Betrieb in verpachteter Form fortgeführt werde. Genauso sei die Aufdeckung stiller Reserven unbillig, wenn der Betrieb nur vorübergehend unterbrochen sei. Die Betriebsunterbrechung dient daher dazu, Fälle, die äußerlich wie eine Betriebsaufgabe aussehen, von der Aufgabevorschrift auszunehmen, weil mit ihnen noch kein (endgültiges) Ende des betrieblichen Organismus verbunden ist, da der Betriebsinhaber den Betrieb wieder aufnehmen will.

Um zu verhindern, dass die Betriebsunterbrechung konturlos wird, wird in dieser Arbeit dafür eingetreten an ihren ursprünglichen Voraussetzungen, der objektiven Wiederaufnahmemöglichkeit und der subjektiven Wiederaufnahmeabsicht, festzuhalten. Kennzeichnend für alle Fälle der Betriebsunterbrechung i.w.S. ist, dass zwar äußerlich die betriebliche Tätigkeit eingestellt wurde, aber der Betriebsinhaber weiterhin die Möglichkeit und Absicht hat, später einer betrieblichen Tätigkeit nachzugehen. Daran anschließend wurde aufgezeigt, dass im Falle des Strukturwandels sowohl die Wiederaufnahmemöglichkeit als auch die Wiederaufnahmeabsicht nicht mit der vorangegangenen Liebhabereifeststellung zu vereinbaren ist. Der Strukturwandel kann keine Betriebsunterbrechung darstellen.

Des Weiteren wurde gezeigt, dass auch die Regelungen der § 16 Abs. 3b und § 14 Abs. 2 EStG n.F. für den Strukturwandel keine Betriebsunterbrechung i.e.S. nahelegen. Beide Regelungen dienen in Anbetracht von Wortlaut, Systematik und Historie nur der Vermeidung sog. schleichender Betriebsaufgaben. War das Finanzamt in der Lage eine Liebhaberei sicher festzustellen, stehen beide Normen einer Betriebsaufgabe/Totalentnahme nicht entgegen.

§ 3 Rechtsprechung des *Bundesfinanzhofs* zum Strukturwandel

I. *Bundesfinanzhof* – Beschluss vom 6. Juli 1978

An dieser Stelle gilt es zunächst die Behandlung des Strukturwandels aus Sicht der h.M. darzustellen, bevor dann in Kapitel 2 eine eigene Lösung entwickelt werden kann. Bereits in einem Beschluss aus dem Jahr 1978 hatte der IV. Senat Zweifel daran geäußert, ob ein Strukturwandel zu einer zwangsweisen Überführung der Wirtschaftsgüter ins Privatvermögen führen müsse:

> „Auch wenn man davon ausgeht, daß der landwirtschaftliche Betrieb der Beschwerdeführerin einkommensteuerrechtlich relevantes landwirtschaftliches Betriebsvermögen war, so ist damit noch nicht klar, daß mit der Qualifizierung der Tätigkeit der Beschwerdeführerin als Liebhaberei und der Qualifizierung der entsprechenden (negativen) Einkünfte als Liebhabereieinkünfte auch der landwirtschaftliche Betrieb automatisch als Privatvermögen behandelt, also eine Betriebsaufgabe durch Entnahme unterstellt werden müßte.“[282]

Die Finanzverwaltung war zuvor, zusammen mit der h.L., davon ausgegangen, dass ein Verlust der Gewinnerzielungsabsicht zu einer Betriebsaufgabe im Sinne des § 16 Abs. 3 EStG führen müsse.[283] Da es sich jedoch lediglich um einen Beschluss gemäß § 69 Abs. 3 FGO handelte, mit welchem die Vollziehung ausgesetzt werden sollte, ließ eine endgültige höchstrichterliche Entscheidung weiter auf sich warten.[284] Die endgültige Klärung der Rechtsfrage folgte erst drei Jahre später.

II. *Bundesfinanzhof* – Urteil vom 29. Oktober 1981

Der *Bundesfinanzhof* hatte darüber zu entscheiden, ob mit der Feststellung der Liebhaberei die Auflösung der im landwirtschaftlichen Betriebsvermögen steckenden stillen Reserven verbunden war. Sowohl das Finanzamt als auch das Finanzgericht hatten übereinstimmend angenommen, dass sämtliche Wirtschaftsgüter im Zeitpunkt der Liebhabereifeststellung in das Privatvermögen überführt worden waren und ein Aufgabegewinn entstanden war.[285]

---

282 BFH, Beschl. v. 06.07.1978, Az. IV B 59/76, BStBl. II 1978, 626.

283 So z.B. *Job*, Die steuerrechtliche Liebhaberei, Univ.-Diss. 1977, 96 f.; im Grundsatz auch schon *Friauf*, StbJb. 1975/76, 369, 376.

284 *Leingärtner*, FR 1979, 105, 111 f. hatte den Beschluss in der Folgezeit bereits verteidigt.

285 BFH, Urt. v. 29.10.1981, Az. IV R 138/78, BStBl. II 1982, 381.

Der *Bundesfinanzhof* gab hingegen dem Kläger Recht, der die Ansicht vertrat, der Strukturwandel könne nicht zu einer Überführung der Wirtschaftsgüter des Betriebsvermögens in das Privatvermögen und damit zu einer Betriebsaufgabe führen.[286] Das Gericht stimmte der Vorinstanz zwar darin zu, dass eine steuerrechtliche Liebhaberei vorlag. Nach Ansicht des *Bundesfinanzhofs* führe diese jedoch nicht zwangsläufig zu einer Betriebsaufgabe. Zwar gebe es einige „für sie sprechende Überlegungen", diese seien schlussendlich jedoch nicht überzeugend.[287] Er ging stattdessen davon aus, dass das im Rahmen der Liebhaberei eingesetzte Vermögen zwar der Privatsphäre zuzuordnen sei, daraus allerdings nicht zwingend eine Betriebsaufgabe folge. Dafür seien zusätzlich die Voraussetzungen des § 16 Abs. 3 EStG als gesetzliche Grundlage des Steuerzugriffs zu erfüllen. Insoweit bestünde eine Parallele zur Betriebsverpachtung im Ganzen, bei welcher nach ständiger Rechtsprechung eine Betriebsaufgabe ebenfalls solange zu verneinen sei, wie ungeklärt sei, ob der Steuerpflichtige sich *dauerhaft* aus dem Erwerbsleben zurückziehen wolle.[288] Da die Rechtsprechung eine Betriebsaufgabe auch beim Wechsel der Gewinneinkunftsart und beim Wechsel der Gewinnermittlungsart abgelehnt habe, könne für den Wechsel zur Liebhaberei nichts Anderes gelten.[289] Für entscheidungserheblich hielt der Senat folgende Argumente:

Zum einen fehle dem Steuerpflichtigen der für die Betriebsaufgabe notwendige Aufgabeentschluss, dieser könne nicht im Strukturwandel selbst gesehen werden.[290] Zum anderen bestehe der Betrieb als selbständiger Organismus des Wirtschaftslebens fort, da der Steuerpflichtige wesentliche Wirtschaftsgüter des Betriebsvermögens zurückbehalten habe. Es sei keine „Änderung in tatsächlicher oder rechtlicher Hinsicht" erkennbar, nur die steuerrechtliche Zuordnung habe sich geändert.[291] Mit Verweis auf den Strukturwandelbeschluss nahm der

---

286 BFH, Urt. v. 29.10.1981, Az. IV R 138/78, BStBl. II 1982, 381.

287 BFH, Urt. v. 29.10.1981, Az. IV R 138/78, BStBl. II 1982, 381, 382. Der BFH bezog sich dabei auf *Stoll*, DStJG 1981, 207, 235; *Job*, Die steuerrechtliche Liebhaberei, Univ.-Diss. 1977, 96; *Woltmann*, Inf/L 1966, 234.

288 BFH, Urt. v. 29.10.1981, Az. IV R 138/78, BStBl. II 1982, 381, 382 f.; vgl. BFH, Beschl. v. 13.11.1963, Az. GrS 1/63 S, BStBl. III 1964, 124.

289 BFH, Urt. v. 29.10.1981, Az. IV R 138/78, BStBl. II 1982, 381, 383; vgl. BFH, Beschl. v. 07.10.1974, Az. GrS 1/73, BStBl. II 1975, 168; Urt. v. 21.11.1973, Az. I R 252/71, BStBl. II 1974, 314.

290 BFH, Urt. v. 29.10.1981, Az. IV R 138/78, BStBl. II 1982, 381, 383 f.

291 BFH, Urt. v. 29.10.1981, Az. IV R 138/78, BStBl. II 1982, 381, 383.

Senat an, dass auch im zu entscheidenden Fall die Verknüpfung der Wirtschaftsgüter mit dem Betriebsvermögen nicht gelöst worden sei.

Ferner sei auch nach dem „weitestmöglichen Verständnis" des Wortsinns von § 16 Abs. 3 Satz 1 EStG für das Vorliegen einer Betriebsaufgabe eine Aufgabehandlung notwendig.[292] Diese könne aber weder in der geänderten rechtlichen Einordnung des Betriebs, noch in einem „substituierenden Rechtsvorgang" erblickt werden, da die Feststellung der Liebhaberei schon kein außersteuerlicher Rechtsvorgang sei.[293] Ablehnend stand der Senat damit der Auffassung von *Stoll* gegenüber, der in einer mit der Liebhaberei zusammenhängenden Nutzungsänderung des Betriebsvermögens die Aufgabehandlung erkannte.[294] Anders als dieser ging die Rechtsprechung davon aus, dass aus einer *unterlassenen* Nutzungsänderung die Liebhaberei entstehe.[295]

Abgelehnt wurde vom Senat ebenfalls die Anwendung der damals noch herrschenden finalen Entnahmetheorie, wonach eine Entnahme auch dann vorliegen sollte, wenn die weitere Steuerverstrickung nicht mehr gesichert sei, denn im vorliegenden Fall sei die Versteuerung der stillen Reserven im Liebhabereibetrieb weiterhin gewährleistet gewesen.[296]

Abschließend gab der Senat seinen Leitgedanken für die Entscheidung zu erkennen, wonach das Einkommensteuergesetz zwar nicht einem „reinen Realisationsprinzip" folge, aber im Grundsatz doch davon ausgehe, dass nur realisierte Gewinne zu versteuern seien.[297] Im Falle des Strukturwandels seien die stillen Reserven dementsprechend erst dann als nachträgliche Einkünfte zu erfassen, wenn der Betrieb veräußert, tatsächlich aufgegeben, die Wirtschaftsgüter entnommen oder die Aufgabe erklärt worden sei.[298] Durch den Eintritt der Liebhaberei gelte für das Betriebsvermögen fortan jedoch eine geänderte Beurteilung. Wertveränderungen seien nicht mehr zu erfassen. Das Betriebsvermögen sei im Zeitpunkt des Strukturwandels mit diesen Werten festzuschreiben.[299]

---

292 BFH, Urt. v. 29.10.1981, Az. IV R 138/78, BStBl. II 1982, 381, 383 f.

293 Der BFH nimmt hier Bezug auf *Stoll*, DStJG 1981, 207, 234.

294 *Stoll*, DStJG 1981, 207, 235.

295 BFH, Urt. v. 29.10.1981, Az. IV R 138/78, BStBl. II 1982, 381, 383 f.

296 Für die finale Entnahmetheorie, vgl. BFH, Urt. v. 16.07.1969, Az. I 266/65, BStBl. II 1970, 175; inzwischen aufgegeben durch BFH, Urt. v. 17.07.2008, Az. I R 77/06, BStBl. II 2009, 464.

297 BFH, Urt. v. 29.10.1981, Az. IV R 138/78, BStBl. II 1982, 381, 384.

298 Der BFH zitiert an dieser Stelle *Felix*, Steuerberaterkongreß-Report 1980, 129, 153.

299 BFH, Urt. v. 29.10.1981, Az. IV R 138/78, BStBl. II 1982, 381, 384 f.

Zusammenfassend lässt sich dem Urteil entnehmen, dass die Rechtsprechung für den Strukturwandel maßgeblich mit der Aufgabevorschrift argumentierte und deren Vorliegen verneinte. Weder ein Aufgabeentschluss, noch eine Aufgabehandlung lägen vor. Auch sei es mit dem Realisationsprinzip nur schwer zu vereinbaren, wenn der Strukturwandel zu einer Totalentnahme führe.

III. Zwischenzeitliche Reaktion des Verordnungsgebers

Der Verordnungsgeber, das *Bundesministerium der Finanzen* mit Zustimmung des *Bundesrates*, hat sich auf diese Rechtsprechung eingestellt, indem er die nach der Rechtsprechung notwendige Feststellung der stillen Reserven im Zeitpunkt des Strukturwandels, jedenfalls hinsichtlich des Anlagevermögens, in § 8 VO zu § 180 Abs. 2 AO geregelt hat.[300] Danach ist im Übergangszeitpunkt zur Liebhaberei der Unterschiedsbetrag zwischen dem gemeinen Wert und dem Wert, der nach § 4 Abs. 1 oder nach § 5 EStG anzusetzen wäre, gesondert und bei mehreren Beteiligten einheitlich festzustellen. Aus der Verordnungsbegründung des *Bundesrates* geht hervor, dass diese Norm der Rechtsprechung, aus Gründen der Rechtssicherheit und Praktikabilität, Rechnung tragen soll.[301] Teilweise wird darüber hinaus auch eine Feststellung für Wirtschafsgüter des Umlaufvermögens gefordert.[302]

Diese Norm darf indes nicht mit einer Willensäußerung des formellen Gesetzgebers verwechselt werden. Verordnungsgeber und Gesetzgeber sind zu trennen.[303] § 8 VO zu § 180 Abs. 2 AO mag zwar eine Grundlage für die verfahrensrechtliche Umsetzung der höchstrichterlichen Rechtsprechung bieten[304], sie stellt jedoch weder einen gesetzlichen Realisationstatbestand dar, noch kann sie – anders als z.B. § 16 Abs. 3b EStG – eine nach dem Einkommensteuergesetz notwendige Besteuerung aufschieben.[305] Lediglich der Gesetzgeber könnte, soweit man – wie hier vertreten – *de lege lata* eine Totalentnahme als Rechtsfolge

---

300 Vgl. BFH, Urt. v. 11.05.2016, Az. X R 61/14, DStR 1725, 1728; *Becker*, Inf 2001, 487, 491.

301 BR-Drs. 493/86, 12 f.

302 *Urban*, Einkünfteerzielungsabsicht, Univ.-Diss. 2010, 202 m.w.N.

303 Anders allerdings *Wüllenkemper*, EFG 2015, 11, 14: „Der Gesetzgeber ist jedoch dem BFH gefolgt, indem er durch § 8 VO zu § 180 Abs. 2 AO eine gesonderte Feststellung auf den Zeitpunkt des Übergangs zur Liebhaberei angeordnet hat (vgl. BR-Drs. 493/86, 12)."

304 BFH, Urt. v. 11.05.2016, Az. X R 61/14, DStR 1725, 1729.

305 *Paus*, DStZ 2017, 377, 379, 383 f.

des Strukturwandels annimmt, durch eine gesetzliche Neuregelung die bisherige Rechtsprechung rechtlich umsetzen. Dem Verordnungsgeber ist dies hingegen verwehrt, da sich anderenfalls die Gesetzesauslegung auf eine Verordnung stützen würde, die in der Normenhierarchie unter einem formellen Parlamentsgesetz steht.[306]

Des Weiteren ist bereits im Ausgangspunkt fraglich, ob der Verordnungsgeber sich der Rechtsprechung inhaltlich anschließen oder nur den praktischen Bedürfnissen der Steuerverwaltung nachkommen wollte. Denn aus der Verordnungsbegründung ergibt sich nur, dass aus Gründen der Rechtssicherheit und Praktikabilität der Rechtsprechung gefolgt werden sollte.[307]

Es besteht auch kein Anlass dafür, § 180 Abs. 2 AO, also die Verordnungsermächtigung, so zu verstehen, dass der Gesetzgeber dem Verordnungsgeber die Entscheidung über die Steuerbarkeit eines Sachverhalts – hier des Strukturwandels – dem Grunde nach überlassen wollte. Nach dem Wortlaut von § 180 Abs. 2 AO soll die Norm nur die gesonderte Feststellung von Besteuerungsgrundlagen erfassen. Hingegen soll sie nicht die Frage regeln, ob ein bestimmter Steuertatbestand überhaupt erfüllt ist. Eine solche Ermächtigung wäre auch nicht mit der Wesentlichkeitstheorie des *Bundesverfassungsgerichts* in Einklang zu bringen. Die Entscheidung darüber, ob ein bestimmter Sachverhalt zu einer Besteuerung führt, muss der Gesetzgeber in Anbetracht der Grundrechtsrelevanz der Besteuerung selbst treffen.[308]

IV. *Bundesfinanzhof* – Urteil vom 11. Mai 2016

Weitere Klarheit bzgl. der steuerlichen Behandlung des Strukturwandels brachte schließlich ein Urteil des X. Senats aus dem Jahr 2016.[309] Dem Verfahren lag der folgende Sachverhalt zugrunde[310]:

Die Revisionsklägerin und ihr Ehemann hatten in Form einer GbR seit 1983 ein Hotel betrieben, welches bis 1999 Verluste i.H.v. rund 13,7 Mio. Euro erzielt hatte. Im Jahr 2001 kam es zwischen der Revisionsklägerin und dem zuständigen

306 Zum Vorrang des Gesetzes, vgl. nur BVerfG, Beschl. v. 06.05.1958, Az. 2 BvL 37/56, BVerfGE 8, 155, 169 ff.; *Uhle*, in: BeckOK-GG, Stand: August 2021, Art. 80 Rn. 37.

307 BR-Drs. 493/86, 12 f.

308 Vgl. nur BVerfG, Urt. v. 24.01.1962, Az. 1 BvR 232/60, BVerfGE 13, 318, 328; *Hey*, in: Tipke/Lang, Steuerrecht, 24. Aufl. 2020, § 3 Rn. 231 ff.

309 BFH, Urt. v. 11.05.2016, Az. X R 15/15, BStBl. II 2017, 112; zustimmend *Dötsch*, jurisPR-SteuerR 06/2017, Anm. 4.

310 BFH, Urt. v. 11.05.2016, Az. X R 15/15, BStBl. II 2017, 112, 113.

Finanzamt zu einer tatsächlichen Verständigung mit dem Inhalt, dass vom Veranlagungszeitraum 1994 an der Betrieb als Liebhaberei zu qualifizieren sei. In der Folge wurden die stillen Reserven gemäß § 8 VO zu § 180 Abs. 2 AO i.H.v. rund 2,9 Mio. Euro auf diesen Zeitpunkt festgehalten. Im Jahr 2008 veräußerte die Revisionsklägerin Gebäude und Grundstück für insgesamt 1,85 Mio. Euro. Das Finanzamt setzte daraufhin einen – schon rechnerisch falschen – Veräußerungsgewinn i.H.v. rund 600.000 Euro fest. Die Revisionsklägerin wandte sich gegen dieses Vorgehen, da sie die Rechtsprechung des *Bundesfinanzhofs* dahingehend verstand, dass im Falle einer späteren Veräußerung nur die tatsächlich realisierten stillen Reserven zu versteuern seien, nicht aber die zuvor festgestellten stillen Reserven, wenn diese nicht tatsächlich realisiert worden seien. Das *Finanzgericht* hatte die Klage mit der Begründung abgewiesen, die Höhe der tatsächlich realisierten stillen Reserven sei irrelevant, da es nur auf die festgestellten Werte ankäme.[311]

Der *Bundesfinanzhof* wies die Revision als unbegründet ab. Er stellte mit Bezug auf seine frühere Rechtsprechung abermals fest, dass mit dem Übergang zur Liebhaberei keine Betriebsaufgabe verbunden sei.[312] Die Wirtschaftsgüter seien „eingefrorenes Betriebsvermögen" geblieben und erst die Veräußerung des Hotelbetriebs 14 Jahre nach dem Strukturwandel habe zu einem steuerpflichtigen Veräußerungsgewinn, § 16 Abs. 1 EStG, geführt.[313] Dass der „Liebhabereibetrieb" keinen Gewerbebetrieb im Sinne des § 15 Abs. 2 Satz 1 EStG darstelle, sei für die Anwendung des § 16 Abs. 1 EStG unschädlich, da die Vorschrift auch die Veräußerung eines „Liebhabereibetriebs" erfasse.[314] Auch ein solcher müsse Gegenstand eines gewinnrealisierenden Vorgangs sein können, da andernfalls die Abschlussbesteuerung im Fall der steuerlichen Entstrickung des eingefrorenen Betriebsvermögens nicht mehr gewährleistet sei.[315] Freilich tritt dieses Problem nur dann ein, wenn man, wie die h.M., eine Totalentnahme im Zeitpunkt der Strukturwandels ablehnt.

Davon, dass die Versteuerung des Aufgabegewinns ab dem Zeitpunkt des Strukturwandels lediglich aufgeschoben gewesen sei, könne keine Rede sein, da erst im Zeitpunkt der Veräußerung ein Realisationstatbestand, § 16 Abs. 1 EStG,

---

311 FG Düsseldorf, Urt. v. 16.10.2014, Az. 11 K 1509/14 E, EFG 2015, 1431 mit Anm. *Wüllenkemper.*

312 BFH, Urt. v. 11.05.2016, Az. X R 15/15, BStBl. II 2017, 112, 114.

313 BFH, Urt. v. 11.05.2016, Az. X R 15/15, BStBl. II 2017, 112, 114.

314 BFH, Urt. v. 11.05.2016, Az. X R 15/15, BStBl. II 2017, 112, 114.

315 BFH, Urt. v. 11.05.2016, Az. X R 15/15, BStBl. II 2017, 112, 114.

dem Grunde nach erfüllt worden sei.[316] Mit einer „Realisation" sei nicht der Zufluss liquider Mittel, sondern lediglich das Vorliegen eines gesetzlichen Realisationstatbestands gemeint.[317] Die Realisation sei somit ein rechtlicher und kein wirtschaftlicher Begriff.[318] Eine zeitliche Rückwirkung der Veräußerung auf den Zeitpunkt des Strukturwandels sei mit Verweis auf § 16 Abs. 3b Satz 3 EStG abzulehnen.[319] Die Höhe des Veräußerungsgewinns sei aber auf den Anteil an den stillen Reserven begrenzt, der auf die gewerbliche Periode entfiele. Das Betriebsvermögen sei vorliegend nach § 8 VO zu § 180 Abs. 2 AO auf diesen Zeitpunkt festgestellt worden. Vermögensänderungen, die in die Liebhabereiphase fielen, seien steuerlich unerheblich. Wie im vorliegenden Fall sei es daher auch möglich, dass der steuerbare Veräußerungsgewinn rechnerisch und tatsächlich einem Veräußerungsverlust entspreche.[320]

V. Kritik an der Rechtsprechung

1. Verfehlte Anknüpfung an die Betriebsverpachtung

a. Rechtsprechung zum Verpächterwahlrecht

Diese Rechtsprechung sah sich verschiedener Kritik ausgesetzt. Wenn man die zuvor dargestellte Rechtsprechung des *Bundesfinanzhofs* zur steuerlichen Behandlung des Strukturwandels analysiert, fällt zunächst auf, dass für den Strukturwandel regelmäßig auf die Rechtsprechungsgrundsätze zur Betriebsverpachtung im Ganzen Bezug genommen wird (siehe dazu bereits unter § 2 II.).[321] Bevor im Rahmen der Entwicklung eines eigenen Lösungsansatzes die Kritikpunkte an der Rechtsprechung herausgearbeitet werden, soll verdeutlicht werden, warum bereits der Rückgriff auf die Rechtsprechung zur Betriebsverpachtung im Ganzen nicht überzeugt. Es hätte unter systematischen Gesichtspunkten näher gelegen, wenn der *Bundesfinanzhof* sich an seiner Rechtsprechung zur beendeten Betriebsaufspaltung orientiert hätte.

Die Betriebsverpachtung im Ganzen beschreibt die Verpachtung aller wesentlichen Betriebsgrundlagen eines bestehenden Gewerbebetriebs durch

316 BFH, Urt. v. 11.05.2016, Az. X R 15/15, BStBl. II 2017, 112, 114 f.
317 BFH, Urt. v. 11.05.2016, Az. X R 15/15, BStBl. II 2017, 112, 115.
318 Vgl. *Paus*, DStZ 2017, 377, 378.
319 BFH, Urt. v. 11.05.2016, Az. X R 15/15, BStBl. II 2017, 112, 115.
320 BFH, Urt. v. 11.05.2016, Az. X R 15/15, BStBl. II 2017, 112, 115.
321 Als gemeinsamer Ausgangspunkt lässt sich insoweit BFH, Beschl. v. 13.11.1963, Az. GrS 1/63 S, BStBl. III 1964, 124 ansehen. Ebenso *Nissen*, DB 1982, Beilage Nr. 15/82, 2.

den Betriebsinhaber an einen Dritten, der den Betrieb als Pächter fortführt.[322] Die im Rahmen einer Verpachtung erzielten Einkünfte stellen, soweit die von der Rechtsprechung entwickelten Voraussetzungen der Betriebsverpachtung im Ganzen *nicht* erfüllt sind, Einkünfte aus Vermietung und Verpachtung, § 21 EStG, dar.[323] Anders liegt die Sache nur soweit der Verpächter den (Teil-)Betrieb innerhalb eines eigenen Betriebs verpachtet oder er besondere Verpflichtungen gegenüber dem Verpächter übernommen hat.[324]

b. Kritik am Verpächterwahlrecht

In der Literatur führen einige Stimmen an, das Verpächterwahlrecht sei mit dem Einkommensteuergesetz bereits im Grundsatz nicht in Einklang zu bringen. Es sei verfehlt anzunehmen, der Verpächter werde wieder gewerblich tätig, dies entspräche nicht dem tatsächlichen Regelfall.[325] Die Tätigkeit des Verpächters erfülle isoliert betrachtet nicht die Merkmale einer gewerblichen Tätigkeit, dementsprechend lägen Einkünfte aus Vermietung und Verpachtung vor.[326] Die Zuordnung von Einkünften dürfe nicht im Belieben des Steuerpflichtigen stehen, sondern diese seien einzig nach den tatsächlichen Gegebenheiten steuerlich zuzuordnen.[327] Ferner wird kritisiert, dass die Rechtsprechung sich über das Prinzip der Tatbestandsmäßigkeit der Besteuerung hinweggesetzt habe und nicht erklären könne, warum im Fall der Verpachtung zwar gewerbliche Einkünfte, aber keine gewerbesteuerpflichtigen Einkünfte erzielt würden.[328] Denn auch wenn die Gewerbesteuerpflicht nur werbende Gewerbebetriebe erfasse, erkläre dies nur die Freistellung eines Betriebsaufgabe- oder Veräußerungsgewinns von der Gewerbesteuer, nicht aber der laufenden Einkünfte.[329] Dem stehe entgegen, dass bei der

---

322 *Bode*, in: Brandis/Heuermann, Ertragsteuerrecht, Stand: Juli 2020, § 15 EStG Rn. 123 m.w.N.

323 BFH, Urt. v. 13.11.1963, Az. GrS 1/63 S, BStBl. III 1964, 124.

324 *Bode*, in: Brandis/Heuermann, Ertragsteuerrecht, Stand: Juli 2020, § 15 EStG Rn. 124.

325 *Führer*, DStR 1995, 785, 788; *Paus*, FR 1989, 729; *ders.*, DStZ 1986, 354, 354ff.; *Koller*, Abgrenzung von Einkunftstatbeständen, Univ.-Diss. 1993, 74.

326 *Führer*, DStR 1995, 785, 787 f.

327 *Paus*, FR 1989, 729, 730.

328 So für die Betriebsverpachtung *Lang*, DStJG 1981, 45, 95 f.; *Führer*, DStR 1995, 785, 788; *Koller*, Abgrenzung von Einkunftstatbeständen, Univ.-Diss. 1993, 74 f., 76 bezeichnet dieses Vorgehen als „Tatbestandsleugnung"; *Paus*, FR 1989, 729, 730 spricht von einem „eindeutigen" Gesetzesverstoß.

329 Konsequenter daher wohl die frühere Rechtsprechung, wonach die Verpachtung gewerbesteuerpflichtige Einkünfte nach sich ziehe, vgl. RFH, Urt. v. 24.03.1937, Az. VI A 495/36, RStBl. 1937, 940; BFH, Urt. v. 02.04.1957, Az. I 53/56 U, BStBl. III 1957, 273.

Betriebsverpachtung fiktiv die Ausübung einer gewerblichen Tätigkeit angenommen werde.[330]

Die Einengung des Verpächterwahlrechts durch das Merkmal der Wiederaufnahmeabsicht sei der Rechtsprechung überdies misslungen, da aus Nachweisgründen das Fehlen einer Aufgabeerklärung regelmäßig im Sinne einer bloßen Betriebsunterbrechung interpretiert werde.[331] Warum aber Schwierigkeiten bei der Feststellung der Aufgabeabsicht stets zur Annahme eines fortbestehenden Betriebs führen müssten, sei bis heute unklar geblieben.[332] Nur in „Ausnahmefällen" könne davon ausgegangen werden, dass der Verpächter den Gewerbebetrieb später wiederaufnehmen wolle.[333]

c. *Keine Übertragung des Verpächterwahlrechts auf den Strukturwandel*

Söffing hat bereits früh darauf hingewiesen, dass die Rechtsprechung zur Betriebsverpachtung nicht auf den Strukturwandel übertragen werden könne, da nach der Verpachtung entstehende stille Reserven – anders als Wertsteigerungen während der Liebhaberei – weiterhin der Besteuerung unterworfen seien und der Verpächter Einkünfte aus Gewerbebetrieb erziele.[334] Dies sei beim Strukturwandel grundlegend anders; weder seien zukünftige Wertveränderungen der Wirtschaftsgüter steuerlich relevant, noch würden steuerpflichtige Einkünfte irgendeiner Einkunftsart erzielt.[335] Es gäbe deshalb für den Liebhabereibetrieb auch keine originäre Norm, die eine Aufgabebesteuerung ermögliche, da bereits mit dem Strukturwandel eine Betriebsaufgabe vorliege.[336]

Gemein ist der Betriebsverpachtung im Ganzen und dem Strukturwandel, dass die Rechtsprechung – von der bislang nicht wirklich begründeten – Prämisse ausgeht, der Betriebsinhaber beabsichtige die (gewerbliche) Wiederaufnahme des Betriebs. Dies erscheint – wie bereits zuvor unter § 2 III. angemerkt – jedenfalls für den Strukturwandel nicht nachvollziehbar, da die Liebhabereifeststellung bedingt, dass die ausgeübte Tätigkeit dem privaten Bereich zuzuordnen ist. Woraus dann

330 *Koller*, Abgrenzung von Einkunftstatbeständen, Univ.-Diss. 1993, 74.

331 *Führer*, DStR 1995, 785, 788.

332 So aber BFH, Beschl. v. 13.11.1963, Az. GrS 1/63 S, BStBl. III 1964, 124. Kritisch dazu *Flies*, FR 1994, 535.

333 *Führer*, DStR 1995, 785, 788.

334 *Söffing*, FR 1982, 176, 178.

335 *Söffing*, FR 1982, 176, 178.

336 *Söffing*, FR 1982, 176, 178; BFH, Urt. v. 11.05.2016, Az. X R 15/15, BStBl. II 2017, 112, 114 greift auf eine extensive Auslegung des § 16 Abs. 3 EStG zurück, der auch „Liebhabereibetriebe" erfasse.

anschließend der Schluss gezogen werden soll, eine (gewerbliche) Wiederaufnahme sei beabsichtigt, erschließt sich nicht und wurde von der h.M. bislang auch nicht ausreichend begründet.

Im Gegensatz dazu lässt sich bei der Betriebsverpachtung im Ganzen möglicherweise noch vertreten, dass nach Ende der Verpachtung eine eigene Bewirtschaftung des Betriebs möglich und gewünscht ist und der Verpächter (fiktiv) gewerbliche Einkünfte erzielt. Denn der Verpächter besitzt auch während der Verpachtung die Absicht, mit dieser Tätigkeit, der Verpachtung, Gewinne zu erzielen. Jedenfalls liegt es näher, bei einem Betrieb, der verpachtet wird und damit überhaupt – steuerlich – existiert dem Verpächter eine (gewerbliche) Wiederaufnahmeabsicht zu unterstellen als bei einem Betrieb, der steuerlich gerade irrelevant geworden ist. Denn bei einem typischerweise auf Zeit abgeschlossenen Pachtvertrag ist die Frage berechtigt, ob der Steuerpflichtige den Betrieb danach nicht wieder selbst betreiben will und wird.

Insgesamt überzeugt die Anlehnung der Rechtsprechung zum Strukturwandel an die Betriebsverpachtung im Ganzen damit nicht. Denn es existieren gravierende tatsächliche und rechtliche Unterschiede zwischen beiden Fallgruppen.

2. *Unterlassene Anknüpfung an die beendete Betriebsaufspaltung*

a. *Rechtsprechung zur beendeten Betriebsaufspaltung*

Es liegt nahe die Rechtsprechung zum Strukturwandel mit der Rechtsprechung zur beendeten Betriebsaufspaltung zu vergleichen.[337] Eine Betriebsaufspaltung liegt vor, wenn in der Hand eines Steuerpflichtigen das Anlagevermögen in einer Besitzgesellschaft gehalten wird und dieses dem Betriebsunternehmen die Wirtschaftsgüter zur betrieblichen Nutzung verpachtet.[338] Das Besitzunternehmen ist in einem solchen Fall nicht originär gewerblich tätig, sondern würde ohne das Institut der Betriebsaufspaltung Einkünfte aus Vermietung und Verpachtung erzielen. Die Betriebsgesellschaft ist hingegen gewerblich tätig.[339] Durch die steuerrechtliche Anerkennung der Betriebsaufspaltung wird auch das

---

337 Vgl. nur BFH, Urt. v. 13.12.1983, Az. VIII R 90/81, BStBl. II 1984, 471; Urt. v. 08.02.2007, Az. IV R 65/01, DStR 2007, 712.

338 *Hennrichs*, in: Tipke/Lang, Steuerrecht, 24. Aufl. 2020, § 13 Rn. 80.

339 *Wacker*, in: Schmidt, EStG, 40. Aufl. 2021, § 15 Rn. 800.

Besitzunternehmen als gewerblich tätig angesehen, Besitz- und Betriebsgesellschaft werden steuerlich als einheitliches Unternehmen behandelt.[340]

Notwendig für die steuerliche Anerkennung einer Betriebsaufspaltung ist, dass die Besitz- und Betriebsunternehmen sachlich und personell verflochten sind.[341] Eine sachliche Verknüpfung besteht, wenn das Besitzunternehmen dem Betriebsunternehmen die wesentlichen Wirtschaftsgüter verpachtet, die für die wirtschaftliche Betätigung des Betriebsunternehmens notwendig sind.[342] Eine personelle Verflechtung wird angenommen, wenn die dahinterstehende Person oder Personengruppe in der Lage ist in beiden Gesellschaften einen einheitlichen Betätigungswillen durchzusetzen.[343]

In der Literatur wird die Rechtsprechung mit dem Argument in Frage gestellt, dass ein einheitlicher geschäftlicher Betätigungswille aus einer vermögensverwaltenden keine gewerbliche Tätigkeit machen könne.[344] Der Gesetzgeber hat indes durch § 13b Abs. 4 Nr. 1 Satz 2 ErbStG zu erkennen gegeben, dass er dieses Konstrukt akzeptiert.[345]

Nach inzwischen gefestigter Rechtsprechung des *Bundesfinanzhofs* führt der Wegfall der personellen oder sachlichen Verflechtung bei der Betriebsaufspaltung, die sog. Entflechtung, im Regelfall zu einer Betriebsaufgabe nach § 16 Abs. 3 EStG beim Besitzunternehmen.[346] Es sei denn, es liegen zugleich die Voraussetzungen für eine Betriebsverpachtung vor, dann soll dessen Wahlrecht vorrangig zu berücksichtigen sein.[347] Für eine Betriebsaufgabe soll es ausreichen, dass durch die Entflechtung die Erfassung der stillen Reserven beim

---

340 Vgl. nur BFH, Beschl. v. 08.11.1971, Az. GrS 2/71, BStBl. II 1972, 63; Urt. v. 29.08.2001, Az. VIII R 34/00, BFH/NV 2002, 185; *Bode*, in: Brandis/Heuermann, Ertragsteuerrecht, Stand: Juli 2020, § 15 EStG Rn. 635.

341 BFH, Beschl. v. 08.11.1971, Az. GrS 2/71, BStBl. II 1972, 63, 64.

342 BFH, Urt. v. 19.03.2002, Az. VIII R 57/99, BStBl. II 2002, 662, 664.

343 BFH, Urt. v. 01.12.1989, Az. III R 94/87, BStBl. II 1990, 500, 501 f.

344 Vgl. nur *Knobbe-Keuk*, Bilanz- und Unternehmenssteuerrecht, 9. Aufl. 1993, 283, 891.

345 *Geck*, in: Kapp/Ebeling, ErbStG, 86. Lieferung 11.2020, § 13b Rn. 97; *Korezkij*, in: BeckOK ErbStG, Stand: Oktober 2021, § 13b Rn. 132.

346 BFH, Urt. v. 13.12.1983, Az. VIII R 90/81, BStBl. II 1984, 474; Urt. v. 15.12.1988, Az. IV R 36/84, BStBl. II 1989, 363; Urt. v. 05.02.2014, Az. X R 22/12, BStBl. II 2014, 388, 389 m.w.N.; *Wacker*, in: Schmidt, EStG, 40. Aufl. 2021, § 15 Rn. 865; *Schallmoser*, in: Brandis/Heuermann, Ertragsteuerrecht, Stand: August 2021, § 16 EStG Rn. 479. Kritisch dazu *Knobbe-Keuk*, Bilanz- und Unternehmenssteuerrecht, 9. Aufl. 1993, 890 ff. m.w.N.

347 BFH, Urt. v. 23.04.1996, Az. VIII R 13/95, BStBl. II 1998, 325.

Besitzunternehmen nicht mehr gewährleistet sei, da das bisherige Betriebsvermögen zu Privatvermögen werde. Die mit seiner Hilfe erzielten Einkünfte aus Kapitalvermögen oder Vermietung und Verpachtung sind nämlich durch Gegenüberstellung der Einnahmen und Werbungskosten zu ermitteln.[348] Eine ausdrückliche Aufgabehandlung wird nicht gefordert, diese wird durch einen Rechtsvorgang, die Entflechtung, ersetzt.[349]

In der Literatur wurde daran teilweise Anstoß genommen und darauf verwiesen, eine Betriebsaufgabe bedürfe auch hier einer konkreten Aufgabehandlung.[350] Die Rechtsprechung argumentiert hingegen, erst der einheitliche Betätigungswille ermögliche die gewerbliche Qualifizierung des Besitzunternehmens[351], entfalle dieser müsse im Umkehrschluss eine Betriebsaufgabe beim Besitzunternehmen vorliegen.[352]

b. Vergleich von beendeter Betriebsaufspaltung und Strukturwandel

Auch die Rechtsprechung hat erkannt, dass ein Vergleich von Strukturwandel und beendeter Betriebsaufspaltung naheliegt. Sie hat die Gleichbehandlung von Strukturwandel und beendeter Betriebsaufspaltung jedoch abgelehnt, weil beim Strukturwandel anders als bei der beendeten Betriebsaufspaltung keine Veränderung der steuererheblichen Voraussetzungen vorläge.[353] Eine Erweiterung der Rechtsprechung zur beendeten Betriebsaufspaltung sei nicht angezeigt, da der Strukturwandel eine „Ausnahmeerscheinung“ sei.[354] Bei den im Rahmen einer Betriebsaufspaltung eingesetzten Wirtschaftsgütern sei anzunehmen, dass diese weiterhin zur Erzielung von (Überschuss-)Einkünften verwendet würden und sich Abnutzung, Verbrauch und Untergang im Rahmen dieser Betätigung auf

---

348 BFH, Urt. v. 13.12.1983, Az. VIII R 90/81, BStBl. II 1984, 474, 478; Urt. v. 15.12.1988, Az. IV R 36/84, BStBl. II 1989, 363, 364.

349 BFH, Urteil v. 13.12.1983, Az. VIII R 90/81, BStBl. II 1984, 474, 478; Urt. v. 22.10.2013, Az. X R 14/11, BStBl. II 2014, 158, 160.

350 *Knobbe-Keuk*, Bilanz- und Unternehmenssteuerrecht, 9. Aufl. 1993, 283; *M. Wendt*, FR 1998, 264, 277 m.w.N.

351 Grundlegend BFH, Beschl. v. 08.11.1971, Az. GrS 2/71, BStBl. II 1972, 63, 65; bestätigt durch BVerfG, Beschl. v. 14.01.1969, Az. 1 BvR 136/62, BVerfGE 25, 28, 37.

352 *Schallmoser*, in: Brandis/Heuermann, Ertragsteuerrecht, Stand: August 2021, § 16 EStG Rn. 479 m.w.N.

353 BFH, Urt. v. 13.12.1983, Az. VIII R 90/81, BStBl. II 1984, 474, 480; Urt. v. 15.12.1988, Az. IV R 36/84, BStBl. II 1989, 363, 365.

354 BFH, Urt. v. 15.12.1988, Az. IV R 36/84, BStBl. II 1989, 363, 365.

die festgestellten stillen Reserven auswirken würden, eine Aufdeckung der stillen Reserven unmittelbar nach der Entflechtung sei daher notwendig.[355]

Unter der Annahme der grundsätzlich bestehenden Möglichkeit zur Betriebsaufspaltung, sind die von der Rechtsprechung gezogenen Konsequenzen bei einer Entflechtung zutreffend. Durch die Entflechtung ist eine Nutzungsänderung der Wirtschaftsgüter beim Besitzunternehmen anzunehmen, die Vermietung und Verpachtung ist der privaten Vermögenssphäre zuzuordnen. Es überzeugt jedoch nicht, die Parallele zum Strukturwandel zu verneinen. Bei dem von der Rechtsprechung entwickelten Tatbestandsmerkmal des „einheitlichen geschäftlichen Betätigungswillens" handelt es sich, wie bei der Gewinnerzielungsabsicht, um ein subjektives Tatbestandsmerkmal.[356] Zwar setzt eine Betriebsaufspaltung die Möglichkeit zur Durchsetzung dieses Willens, z.B. in Form einer Beteiligungsidentität[357], voraus, dafür muss der Betriebsinhaber jedoch auch den Willen besitzen ein im steuerlichen Sinne einheitliches Unternehmen betreiben zu wollen. Nur unter der Voraussetzung, dass ein solcher Wille existiert, können die Einkünfte des Besitzunternehmens als gewerblich klassifiziert werden.

Die vom VIII. Senat getroffene Feststellung, das Besitzunternehmen sei nach der Entflechtung nicht mehr gewerblich tätig, sondern erziele nur noch Einkünfte aus Vermietung und Verpachtung, was dazu führe, dass der Betrieb im Zeitpunkt des Wegfalls der tatbestandlichen Voraussetzungen der Betriebsaufspaltung aufgegeben worden sei, lässt sich auf den Strukturwandel übertragen.[358] Es macht für die Betriebsaufgabe keinen Unterschied, ob die Qualifikation als Gewerbebetrieb dadurch entfällt, dass fortan eine vermögensverwaltende – so bei der beendeten Betriebsaufspaltung – oder eine steuerlich irrelevante Tätigkeit – so bei der Liebhaberei – vorliegt. Denn schließlich liegt in beiden Fällen eine Tätigkeit vor, die jedenfalls außerhalb der betrieblichen Sphäre stattfinden muss, weil schon kein Gewerbebetrieb mehr vorliegt. Die steuerliche Verstrickung der Wirtschaftsgüter ist nicht mehr sichergestellt. Die Betriebsvermögenszugehörigkeit endet damit. Wie der *Bundesfinanzhof* für die beendete Betriebsaufspaltung zutreffend festgestellt hat „geht alles, was nicht veräußert

---

355 BFH, Urt. v. 15.12.1988, Az. IV R 36/84, BStBl. II 1989, 363, 365.

356 Starke Betonung des Willenselements bei BFH, Beschl. v. 08.11.1971, Az. GrS 2/71, BStBl. II 1972, 63; vgl. auch Urt. v. 23.03.2011, Az. X R 45/09, BStBl. II 2011, 778; OFD Frankfurt a.M. v. 24.11.2009, Az. S 2240 A-28-St 219, BeckVerw 251876, Ziff. 2.2.1.

357 Vgl. nur OFD Frankfurt a.M. v. 24.11.2009, Az. S 2240 A-28-St 219, BeckVerw 251876, Ziff. 2.2.1. ff.

358 BFH, Urt. v. 13.12.1983, Az. VIII R 90/81, BStBl. II 1984, 474, 480.

wird, in diesem besonderen Fall ‚automatisch' ins Privatvermögen über."[359] So liegt die Sache dann auch beim Strukturwandel.

Die Rechtsprechung zur beendeten Betriebsaufspaltung bietet den Vorteil, dass sie sich problemlos in die Rechtsprechung des Großen Senats zur Abkehr vom „ruhenden" Gewerbebetrieb einfügt (siehe dazu unter § 2 II. 2. c.).[360] Der Rechtsprechung muss daher der Vorwurf gemacht werden, dass sie nicht stringent begründet und auch nicht begründen kann, warum sie bei der mit dem Strukturwandel strukturell vergleichbaren beendeten Betriebsaufspaltung zu einem gänzlich anderen Auslegungsergebnis in Bezug auf die Betriebsaufgabe gelangt. Dogmatisch betrachtet, liegt es nahe beide Fallkonstellationen gleich zu behandeln und eine Betriebsaufgabe zu bejahen.

3. *Abschlussbesteuerung beim „Liebhabereibetrieb"*

a. *Gleichsetzung von Gewerbe- und „Liebhabereibetrieb" durch die Rechtsprechung*

Der *Bundesfinanzhof* hat in seinem Urteil aus dem Jahr 2016 betont, beim Strukturwandel sei der Steuertatbestand erst mit der abschließenden Aufgabeerklärung, Veräußerung oder (Einzel-)Entnahme der Wirtschaftsgüter erfüllt, da die Veräußerung nicht auf den Zeitpunkt des Strukturwandels selbst zurückwirke.[361] Als Konsequenz daraus, so schlussfolgerte er, müsse der Veräußerungstatbestand des § 16 Abs. 1 EStG auch auf den „Liebhabereibetrieb" Anwendung finden, denn nur so sei eine Abschlussbesteuerung sichergestellt.[362]

b. *Bestimmung des Veräußerungsgewinns nach § 16 Abs. 3 Satz 7 EStG*

Der so von der Rechtsprechung eingeschlagene Weg ist nicht frei von Bedenken. Bei genauerer Betrachtung ist die Begründung der Rechtsprechung zirkelschlüssig: Weil eine Abschlussbesteuerung mit Blick auf die stillen Reserven notwendig sei, müsse auch der „Liebhabereibetrieb" von § 16 Abs. 1, 3 EStG erfasst sein.

---

359 BFH, Urt. v. 22.10.2013, Az. X R 14/11, BStBl. II 2014, 158, 160, 161.

360 BFH, Beschl. v. 13.11.1963, Az. GrS 1/63 S, BStBl. III 1964, 124.

361 BFH, Urt. v. 11.05.2016, Az. X R 15/15, BStBl. II 2017, 112, 114; anders noch die Vorinstanz, FG Düsseldorf, Urt. v. 16.10.2014, Az. 11 K 1509/14 E, EFG 2015, 1431: „Vielmehr liegt in der Veräußerungshandlung die für steuerliche Zwecke seit 1993 hinausgeschobene Betriebseinstellung. Die Hinausschiebung bewirkt ausschließlich eine spätere Versteuerung des bereits im Jahr 1993 ‚angelegten' Betriebsaufgabegewinns."

362 BFH, Urt. v. 11.05.2016, Az. X R 15/15, BStBl. II 2017, 112, 114. So bereits früher *Richter/Winter*, DStR 1986, 145, 146.

Diese Auslegung des § 16 EStG, wonach auch die Veräußerung von „Liebhabereibetrieben“ erfasst sei, ist extensiv und überschreitet die Grenzen der zulässigen Gesetzesauslegung. Zum einen leuchtet nicht ein, warum bei einem Betrieb im Sinne des § 16 Abs. 1 EStG beim Betriebsinhaber im Augenblick der Aufgabe keine Gewinnerzielungsabsicht vorliegen muss. Denn Wortlaut und Systematik sprechen dafür, dass der Betriebsbegriff in § 16 Abs. 1 EStG und § 15 Abs. 1 EStG einheitlich auszulegen ist. Zum anderen gelangt man im Rahmen der Auslegung des § 16 EStG nicht zu einem Veräußerungsgewinn wie ihn die Rechtsprechung beim „Liebhabereibetrieb“ berechnen will, indem sie auf die Werte abstellt, die im Zeitpunkt des Strukturwandels vorlagen, § 8 VO zu § 180 Abs. 2 AO.

Unter der Annahme der Rechtsprechung, die Betriebsveräußerung sei nicht bereits latent im Zeitpunkt des Strukturwandels angelegt, stellt sich die Frage, welche Norm die gemäß § 8 VO zu § 180 Abs. 2 AO festgestellten Werte zum Maßstab des Veräußerungsgewinns machen soll. Die Rechtsprechung will den „Rechtsgedanken“ des § 4 Abs. 4 EStG heranziehen.[363] Danach sind Betriebsausgaben die Ausgaben, die durch den Betrieb veranlasst sind. Wertveränderungen während der Liebhaberei seien ebenso unbeachtlich wie Aufwendungen, die nicht durch den Betrieb veranlasst worden seien.[364] Dieser Argumentation steht jedoch der eindeutige Wortlaut von § 16 Abs. 2 Satz 2 EStG entgegen. Dieser spricht in Bezug auf den Veräußerungsgewinn davon, dass der Wert des Betriebsvermögens für den *Zeitpunkt der Veräußerung* zu bestimmen ist. Wenn die Veräußerung, aber – so die Rechtsprechung – nichts mit dem Strukturwandel zu tun habe, darf danach auch nicht auf die zu diesem Zeitpunkt festgestellten Werte zurückgegriffen werden. Mit dem Wortlaut von § 16 Abs. 2 Satz 2 EStG lässt sich ein Rückgriff auf die gemäß § 8 VO zu § 180 Abs. 2 AO festgestellten Werte nicht vereinbaren.[365] Der Wortlaut stellt eindeutig und unmissverständlich auf den Wert zum Veräußerungszeitpunkt ab.[366] Gleiches gilt gemäß § 16 Abs. 3 Satz 7 EStG auch für die Betriebsaufgabe, wenn man diese – wie die h.M. – beim Strukturwandel erst mit Zugang einer Aufgabeerklärung eintreten lässt.[367]

363 BFH, Urt. v. 11.05.2016, Az. X R 15/15, BStBl. II 2017, 112, 115.

364 BFH, Urt. v. 11.05.2016, Az. X R 15/15, BStBl. II 2017, 112, 115.

365 Darin ist der Grund zu erkennen, warum die Vorinstanz auf eine „latente“ Betriebsaufgabe abgestellt hat, vgl. FG Düsseldorf, Urt. v. 16.10.2014, Az. 11 K 1509/14 E, EFG 2015, 1431 ff. Dem BFH zustimmend *Dötsch*, jurisPR-SteuerR 6/2017, Anm. 4 der von einer „ex nunc Nachversteuerung“ spricht.

366 § 16 Abs. 2 Satz 2 EStG: „Der Wert des Betriebsvermögens […] ist für den Zeitpunkt der Veräußerung […] zu ermitteln.“

367 § 16 Abs. 3 Satz 7 EStG: „Werden die Wirtschaftsgüter nicht veräußert, so ist der gemeine Wert im Zeitpunkt der Aufgabe anzusetzen.“

Die Rechtsprechung muss sich daher den Vorwurf gefallen lassen, dass sie „höchst unterschiedliche Maßstäbe" an die Gesetzesbindung anlegt, je nachdem, ob sie die Besteuerung aufschieben will oder nicht.[368] Konsequenter wäre es dann noch gänzlich auf eine Versteuerung der stillen Reserven nach dem Strukturwandel, mit dem Argument zu verzichten, der Strukturwandel löse einerseits keine Totalentnahme aus und andererseits fänden auf einen „Liebhabereibetrieb" die Vorschriften der §§ 16 Abs. 1, 3 EStG keine Anwendung. Damit wäre der Gesetzgeber – zur Sicherung der grundsätzlichen Belastungsentscheidung – zum Handeln gezwungen.[369]

VI. Zusammenfassung von § 3

In § 3 wurde zunächst die Rechtsprechung zum Strukturwandel anhand von zwei wesentlichen Leitentscheidungen nachvollzogen. Die Rechtsprechung stützt ihre Entscheidung, den Strukturwandel nicht als Betriebsaufgabe in Form einer Totalentnahme anzusehen, im Wesentlichen auf zwei argumentative Grundlinien: Zum einen erfülle der Strukturwandel nicht die tatbestandlichen Voraussetzungen einer Betriebsaufgabe, da beim Strukturwandel weder eine Aufgabehandlung-, noch ein Aufgabeentschluss vorliege. Und zum anderen verstieße eine sofortige Aufdeckung der stillen Reserven – wie sie bei einer Totalentnahme eintreten würde – gegen das Realisationsprinzip. Die stillen Reserven seien erst bei einer späteren Veräußerung des „Liebhabereibetriebs" oder einer Aufgabeerklärung aufzudecken. Abzustellen sei aber stets auf die Werte im Zeitpunkt des Strukturwandels, spätere Wertveränderungen in positiver wie in negativer Hinsicht seien unbeachtlich. Der Verordnungsgeber hat mit § 8 VO zu § 180 Abs. 2 AO eine solche Wertfeststellung – für das Anlagevermögen – ermöglicht.

Im Anschluss an diese Darstellung wurde gezeigt, dass die Anknüpfung des Strukturwandels an das Verpächterwahlrecht nicht überzeugt. Anders als bei einer Betriebsverpachtung im Ganzen kann beim Strukturwandel regelmäßig nicht von einer späteren – steuerlich relevanten – Wiederaufnahme des Betriebs ausgegangen werden. Naheliegender wäre eine Anknüpfung an die Rechtsprechung zur beendeten Betriebsaufspaltung, bei welcher die Entflechtung zu einer Betriebsaufgabe führt. Denn mit der privaten Vermögensverwaltung hinsichtlich der Wirtschaftsgüter des Besitzunternehmens nach einer Entflechtung ist es vergleichbar, wenn nach einem Strukturwandel die Wirtschaftsgüter in steuerlich unerheblicher Weise genutzt werden.

368 *Paus*, DStZ 2017, 377, 379, 383.
369 *Paus*, DStZ 2017, 377, 383.

Abschließend wurde kritisiert, dass die Entscheidung des *Bundesfinanzhofs*, „Liebhabereibetriebe" in den Anwendungsbereich des § 16 Abs. 1 EStG einzubeziehen, nicht überzeugt. Dem steht eine einheitliche Auslegung des Betriebsbegriffs entgegen, der auch im Rahmen des § 16 Abs. 1 EStG eine Gewinnerzielungsabsicht voraussetzt. Ferner steht dem entgegen, dass – unterstellt § 16 Abs. 1 EStG fände auf sog. Liebhabereibetriebe Anwendung – § 16 Abs. 2 Satz 2 EStG die Bewertung des Betriebsvermögens nur im Zeitpunkt der Veräußerung bzw. § 16 Abs. 3 Satz 7 EStG nur im Zeitpunkt der Aufgabe zulässt. Ein Abstellen auf die Werte gemäß § 8 VO zu § 180 Abs. 2 AO ist demgegenüber nach aktueller Gesetzeslage nicht möglich.

Kapitel 2 Entwicklung einer eigenen Auffassung – Totalentnahme als Folge des Strukturwandels

§ 4 Verhältnis von Strukturwandel und steuerrechtlichem Betrieb(svermögen)

I. Verhältnis von Strukturwandel und Betrieb

1. Gewinnerzielungsabsicht und Betrieb

In diesem Kapitel soll gezeigt werden, dass der Strukturwandel zu einer Totalentnahme im Sinne des § 4 Abs. 1 Satz 1, 2 EStG führt und mithin die stillen Reserven des Betriebs aufzudecken sind. In den folgenden §§ wird dargelegt, dass – entgegen der h.M. – der Strukturwandel unter die Entnahme, § 4 Abs. 1 Satz 1 EStG, subsumiert werden kann, weil dem Strukturwandel eine Nutzungsänderung der Wirtschaftsgüter zugrunde liegt.

Für die Subsumtion des Strukturwandels unter die Entnahmevorschrift spielt der Betriebsbegriff eine entscheidende Rolle, vgl. § 4 Abs. 1 Satz 1, 2 EStG („aus dem Betrieb" / „betriebsfremde Zwecke"). Da für land- und forstwirtschaftliche Betriebe und Selbständige im Grundsatz dasselbe gilt (vgl. § 15 Abs. 2 Satz 1 EStG), soll aus Vereinfachungsgründen hier nur auf den Gewerbebetrieb eingegangen werden. Nachfolgendes lässt sich aber auch auf land- und forstwirtschaftliche Betriebe sowie Selbständige entsprechend übertragen.

§ 15 Abs. 2 Satz 1 EStG legt fest, dass ein Gewerbebetrieb eine selbständige nachhaltige Betätigung ist, die mit der Absicht, Gewinn zu erzielen, unternommen wird und sich als Beteiligung am allgemeinen wirtschaftlichen Verkehr darstellt. Es ist umstritten, wie diese Legaldefinition des Gewerbebetriebs rechtlich einzuordnen ist. Teilweise wird der Betriebsbegriff als Klassen-[370] teilweise auch als Typusbegriff[371] qualifiziert. Während ein Klassenbegriff durch eine Anzahl notwendiger

---

370 *Bode*, in: Brandis/Heuermann, Ertragsteuerrecht, Stand: Juli 2020, § 15 EStG Rn. 13; *Weber-Grellet*, FS Beisse 1997, 551, 568; *Fischer*, FR 1995, 803; so auch BFH, Beschl. v. 25.06.1984, Az. GrS 4/82, BStBl. II 1984, 751 („Legaldefinition des Gewerbebetriebs").

371 *Seer*, in: Kirchhof, EStG, 20. Aufl. 2021, § 2 Rn. 48; *Drüen*, in: Tipke/Kruse, AO, Stand: April 2017, § 2 Rn. 396; *Hey*, in: Tipke/Lang, Steuerrecht, 24. Aufl. 2020, § 8 Rn. 415; *Englisch*, in: Tipke/Lang, Steuerrecht, 24. Aufl. 2020, § 5 Rn. 54; *Schmidt-Liebig*, BB 2002, 2577, 2582; differenzierend *Zugmaier*, FR 1999, 997, 999; nur für Grenzfälle *Wacker*, in: Schmidt, EStG, 40. Aufl. 2021, § 15 Rn. 8.

und hinreichender Merkmale abschließend umschrieben wird, liegt dies beim Typusbegriff anders.[372] Ein Typusbegriff wird zwar ebenfalls durch seine „repräsentierenden Merkmale" umschrieben, jedoch gilt er auch dann als erfüllt, wenn einzelne Merkmale ganz oder teilweise fehlen, der Sachverhalt dem Begriff jedoch trotzdem „zugeordnet" werden kann.[373] *Pahlke* bringt diesen Unterschied auf den Punkt, indem er zusammenfasst, dass ein Sachverhalt einem Typus nur „mehr oder weniger", einem Klassenbegriff hingegen nur „entweder/oder" entsprechen kann.[374]

Teile der Literatur sehen den Gewerbebetrieb als ebensolchen Typusbegriff an.[375] Auch der Große Senat des *Bundesfinanzhofs* hat in einem Beschluss darauf abgestellt, dass für die Auslegung des § 15 Abs. 2 EStG das „Bild des Gewerbetreibenden" herangezogen werden müsse.[376] Andere Stimmen in der Literatur vertreten, dass es sich bei § 15 Abs. 2 Satz 1 EStG um einen Klassenbegriff handle.[377] Insbesondere *Weber-Grellet* kritisiert die Verwendung von Typusbegriffen insgesamt als „unklar, unbestimmt und rechtsstaatlich nicht einwandfrei".[378]

Der entscheidende Unterschied zwischen Typus- und Klassenbegriff liegt in der Vorgehensweise bei der Auslegung. Während Typusbegriffe sich auf die Empirie stützen müssen, denn nur anhand der Realität lässt sich ein Sachverhalt mit dem vermeintlichen Idealtypus vergleichen, folgt die Auslegung eines Klassenbegriffs den Regeln der Auslegung.[379] Die Auslegung eines Klassenbegriffs

---

372 *Englisch*, in: Tipke/Lang, Steuerrecht, 24. Aufl. 2020, § 5 Rn. 53; *Fischer*, in: Hübschmann/Hepp/Spitaler, AO, Stand: März 2011, § 14 Rn. 78.

373 *Drüen*, in: Tipke/Kruse, AO, Stand: Oktober 2020, § 4 Rn. 395; *Larenz*, Methodenlehre, 6. Aufl. 1991, 221 spricht davon, dass die „typischen" Merkmale dem Sachverhalt „im Ganzen" entsprechen müssen.

374 *Pahlke*, DStR-Beihefter 2011, 66, 67.

375 *Seer*, in: Kirchhof, EStG, 20. Aufl. 2021, § 2 Rn. 48; *Krumm*, in: Kirchhof, EStG, 20. Aufl. 2021, § 15 Rn. 11; *Drüen*, in: Tipke/Kruse, AO, Stand: April 2017, § 2 Rn. 396; *Hey*, in: Tipke/Lang, Steuerrecht, 24. Aufl. 2020, § 8 Rn. 415; *Englisch*, in: Tipke/Lang, Steuerrecht, 24. Aufl. 2020, § 5 Rn. 54; *Schmidt-Liebig*, BB 2002, 2577, 2582; differenzierend *Zugmaier*, FR 1999, 997, 999; nur für Grenzfälle *Wacker*, in: Schmidt, EStG, 40. Aufl. 2021, § 15 Rn. 8.

376 BFH, Beschl. v. 10.12.2001, Az. GrS 1/98, BStBl. II 2002, 291, 293; ebenso Urt. v. 15.12.1999, Az. I R 16/99, BStBl. II 2000, 404, 405. Kritisch zu dieser Rechtsprechung *Florstedt*, StuW 2007, 314, 320.

377 *Bode*, in: Brandis/Heuermann, Ertragsteuerrecht, Stand: Juli 2020, § 15 EStG Rn. 13; *Weber-Grellet*, FS Beisse 1997, 551, 568; *Fischer*, FR 1995, 803; so auch BFH, Beschl. v. 25.06.1984, Az. GrS 4/82, BStBl. II 1984, 751: „Legaldefinition des Gewerbebetriebs".

378 *Weber-Grellet*, FS Beisse 1997, 551, 568; *Heuermann*, DStJG 2006, 121, 150 spricht von „Kuckuckseiern" im Rechtssystem.

379 *Englisch*, in: Tipke/Lang, Steuerrecht, 24. Aufl. 2020, § 5 Rn. 54.

erfolgt anhand der klassischen Auslegungsmethoden, während bei Typusbegriffen empirische Erfahrungswerte als außerrechtliche Einflussfaktoren die Konturierung der Norm mitbestimmen (können). Unter dem Gesichtspunkt der Rechtsstaatlichkeit und der Gesetzesbindung ist ein solcher Einfluss nur dann zulässig, wenn der Gesetzgeber ihn explizit in der Norm angeordnet hat, z.B. durch ein Abstellen auf die Verkehrsauffassung.[380]

Für den Gewerbebetrieb im Allgemeinen und die Gewinnerzielungsabsicht im Speziellen erscheint dies eher fernliegend. Der Wortlaut von § 15 Abs. 2 Satz 1 EStG nennt Merkmale, bei deren Vorliegen ein Gewerbebetrieb anzunehmen ist („*ist* Gewerbebetrieb"). Darüber hinaus spricht § 15 Abs. 2 Satz 3 EStG ausdrücklich von „Voraussetzungen", was ein deutlicher Hinweis auf das Vorliegen von abschließenden Tatbestandsvoraussetzungen ist. Des Weiteren handelt es sich bei § 15 Abs. 2 Satz 3 EStG um eine Konkretisierung der Gewinnerzielungsabsicht, die nicht unbedingt erforderlich wäre, wenn bereits nach § 15 Abs. 2 Satz 1 EStG die Gewinnerzielungsabsicht nach einem „Gesamtbild" zu bestimmen wäre.

Für den Strukturwandel dürfte der Streit im Ergebnis jedoch ohne Bedeutung sein. Denn selbst unter der Annahme eines Typusbegriffs dürfte es kaum vertretbar sein, beim Fehlen der Gewinnerzielungsabsicht einen Gewerbebetrieb anzunehmen.[381] Denn die Absicht Gewinn zu erzielen, dürfte für jeden Gewerbebetrieb unverzichtbar sein, da das Bild des Gewerbetreibenden gerade dadurch geprägt wird, dass dieser zur Gewinnerzielung tätig wird. Die Gewinnerzielungsabsicht stellt demnach ein notwendiges Tatbestandsmerkmal des Gewerbebetriebs dar.

2. *„Enger" Betriebsbegriff*

Nachdem festgestellt wurde, dass die Gewinnerzielungsabsicht ein notwendiges Tatbestandsmerkmal des Betriebs im Sinne des § 15 Abs. 2 Satz 1 EStG ist, muss die sachliche Reichweite des Betriebsbegriffs bestimmt werden. Der „Betrieb" taucht zwar an verschiedenen Stellen des Einkommensteuergesetzes auf, z.B. als „Betriebsvermögen" (§ 4 Abs. 1 Satz 1 EStG), „Betrieb" (§ 4 Abs. 1 Satz 2 EStG), „betriebsfremde Zwecke" (§ 4 Abs. 1 Satz 2 EStG) oder „Gewerbebetrieb" (§ 15 Abs. 2 Satz. 1 EStG). Das Einkommensteuergesetz definiert ihn jedoch nicht in

380 Ähnlich *Weber-Grellet*, FS Beisse 1997, 551, 567 ff.

381 Für die Gewinnerzielungsabsicht so auch BFH, Urt. v. 11.05.2016, Az. X R 15/15, BStBl. II 2017, 112, 114 („Liebhabereibetrieb"); Urt. v. 22.04.1998, Az. XI R 10/97, BStBl. II 1998, 663, 664.

seiner sachlichen Reichweite.[382] Diese Definition ist allerdings für die Feststellung der Gewinnerzielungsabsicht von Bedeutung. Wenn ein Steuerpflichtiger nämlich mehrere gesondert geführte Betriebe unterhalten könnte, muss geklärt werden, ob die Gewinnerzielungsabsicht für jeden Betrieb separat oder für alle Betriebe gemeinsam festzustellen ist. Ebenso entscheidet sich danach auch die Frage, welche Wirtschaftsgüter im Rahmen der Totalentnahme aus dem aufzulösenden Betriebsvermögen auszuscheiden haben.

In der Literatur wird es als unstreitig angesehen, dass der Betrieb im Sinne der §§ 4, 15 EStG einheitlich auszulegen ist.[383] Dies spricht im Übrigen auch dafür den Begriff auch im Rahmen des § 16 EStG in gleicher Weise auszulegen. Eine einheitliche Auslegung ist dafür unabdingbar.[384] Die Rechtsprechung hat sich hingegen von einer ganzheitlichen Systematik verabschiedet und legt den Begriff fallbezogen aus.[385]

Bis heute werden im Wesentlichen drei Betriebsbegriffe vertreten. Die Vertreter eines „weiten Betriebsbegriffs" setzen bei dem im Gesetz angelegten Dualismus der Einkunftsarten an und fassen unter dem Begriff alle Tätigkeiten eines Steuerpflichtigen zusammen.[386] Die Vertreter des „mittleren Betriebsbegriffs" sehen im Betrieb hingegen die Zusammenfassung aller Einzelbetriebe eines Steuerpflichtigen, die derselben Einkunftsart zuzuordnen sind.[387] Sie argumentieren quellentheoretisch, die verschiedenen Einkunftsarten gehörten einer gemeinsamen Einkunftsquelle an.[388] Zutreffend ist jedoch der heute überwiegend vertretene „enge Betriebsbegriff".[389] Dieser erfasst „die auf Erreichung

382 Vgl. nur *Kanzler*; in: H/H/R, EStG, Stand: August 2019, Vorb. §§ 4-7 Rn. 85. Anders *V. Wendt*, Das Verhältnis von Entnahme/Einlage zur Anschaffung/Veräußerung im Einkommensteuerrecht, Univ.-Diss. 2003, 39.

383 *Kanzler*, in: H/H/R, EStG, Stand: August 2019, Vorb. §§ 4-7 Rn. 86; *Loschelder*, in: Schmidt, EStG, 40. Aufl. 2021, § 4 Rn. 11.

384 *Kanzler*, in: H/H/R, EStG, Stand: August 2019, Vorb. §§ 4-7 Rn. 86.

385 So noch *Heinicke*, in: Schmidt, EStG, 36. Aufl. 2017, § 4 Rn. 25.

386 BFH, Urt. v. 25.07.2000, Az. VIII R 46/99, BFH/NV 2000, 1549, juris Rz. 15; Urt. v. 18.09.2002, Az. X R 28/00, BStBl. II 2003, 133, 138. Kritisch dazu *Kanzler*, in: H/H/R, EStG, Stand: August 2019, Vorb. § 4 Rn. 89.

387 In diese Richtung BFH, Beschl. v. 31.07.1996, Az. III B 38/96, BFH/NV 1997, 229; Urt. v. 28.12.2009, Az. III B 266/08, BFH/NV 2010, 624; *Kanzler*, in: H/H/R, EStG, Stand: August 2019, Vorb. §§ 4-7 Rn. 86 m.w.N.

388 *Kanzler*, in: H/H/R, EStG, Stand: August 2019, Vorb. §§ 4-7 Rn. 86.

389 So bereits *Strutz*, Handbuch des Reichssteuerrechts, 3. Aufl. 1927, 354 f.; ebenso BFH, Urt. v. 22.09.2011, Az. IV R 33/08, BStBl. II 2012, 10, 11 f.; Urt. v. 24.11.2016, Az. IV R 46/13, BStBl. 2017, 268, 270; *Drüen*, in: Brandis/Heuermann, Ertragsteuerrecht,

eines arbeits- bzw. produktionstechnischen Zwecks gerichtete organisatorische Zusammenfassung personeller, sachlicher und anderer Arbeitsmittel zu einer selbständigen Einheit".[390] Die Abgrenzung zu anderen Betrieben des Steuerpflichtigen erfolgt anhand der Selbständigkeit des Betriebs.[391] Danach sind mehrere Einzelbetriebe denkbar, z.B. können ein Fahrradladen und ein Kiosk, die von einem Steuerpflichtigen betrieben werden, als zwei Betriebe anzusehen sein. Für eine solche Sichtweise spricht entscheidend der Wortlaut von § 6 Abs. 5 Satz 1 EStG, der die Bewertung von Wirtschaftsgütern mit dem Buchwert erlaubt, wenn ein Wirtschaftsgut von einem Betriebsvermögen in ein anderes Betriebsvermögen des Steuerpflichtigen überführt wird und die Besteuerung der stillen Reserven sichergestellt ist.[392] Daraus ist der Schluss zu ziehen, dass ein Steuerpflichtiger mehr als ein Betriebsvermögen unterhalten kann. Überdies berücksichtigt nur der enge Betriebsbegriff den Wortlaut des § 4 Abs. 4 EStG in ausreichendem Maße, wonach Betriebsausgaben durch „den Betrieb" veranlasst sein müssen. Der Wortlaut legt nahe, dass es auf einen konkreten Einzelbetrieb ankommt.[393] Andernfalls hätte es näher gelegen, nicht von dem Betrieb zu sprechen, sondern die „betriebliche Veranlassung" zur Voraussetzung zu machen. Dafür spricht auch, dass einige Steuervergünstigungen ihrem Sinn und Zweck nach nur an Einzelbetriebe anknüpfen, so z.B. § 5a EStG für Handelsschiffe. Gleiches gilt auch für einige Lenkungsnormen, so z.B. § 15 Abs. 4 EStG für die gewerbliche Tierzucht.

Wenn somit von einem engen Betriebsbegriff auszugehen ist, folgt daraus für die Gewinnerzielungsabsicht, dass diese für jeden selbstständigen Einzelbetrieb gesondert festzustellen ist und der Verlust auch nur diesen Betrieb betrifft.[394]

Stand: November 2020, § 4 EStG Rn. 63; *Loschelder*, in: Schmidt, EStG, 40. Aufl. 2021, § 4 Rn. 27; Stöcker *et al.*, in: Korn, EStG, Stand: Juni 2021, § 4 Rn. 168; *V. Wendt*, Das Verhältnis von Entnahme/Einlage zur Anschaffung/Veräußerung im Einkommensteuerrecht, Univ.-Diss. 2003, 39; *Knobbe-Keuk*, Bilanz- und Unternehmenssteuerrecht, 9. Aufl. 1993, 273; *Stoll*, DStJG 1981, 207, 217.

390 So zu § 141 AO, vgl. BFH, Urt. v. 13.10.1988, Az. IV R 136/85, BStBl. II 1989, 7; *M. Wendt*, FR 1998, 264, 265.

391 BFH, Urt. v. 18.12.1996, Az. XI R 63/96, BStBl. II 1997, 573, 574.

392 Vgl. nur *Musil*, in: H/H/R, EStG, Stand: Dezember 2019, § 4 Rn. 210 m.w.N.

393 *Stoll*, DStJG 1981, 207, 217,

394 Vgl. nur *Musil*, in: H/H/R, EStG, Stand: Januar 2019, § 2 Rn. 390.

3. *Strukturwandel und Betrieb*

Ein Argument der h.M. gegen eine Betriebsaufgabe im Fall des Strukturwandels ist, dass der „betriebliche Organismus" auch nach einem Strukturwandel fortbestehe.[395] Der entstandene „Liebhabereibetrieb" sei mit dem früheren Gewerbebetrieb insoweit identisch als dass er dessen gesamtes Betriebsvermögen umfasse.[396] Es liege lediglich eine andere steuerliche Qualifizierung des Betriebs vor.[397]

Geht man hingegen zutreffend davon aus, § 15 Abs. 2 Satz 1 EStG enthalte eine Legaldefinition des Gewerbebetriebs, liegt es näher aus dem Verlust der Gewinnerzielungsabsicht auch einen Verlust der Betriebseigenschaft herzuleiten, sobald diese Absicht für einen bestimmten Veranlagungszeitraum, § 2 Abs. 7 Satz 1 EStG, nicht mehr festgestellt werden kann.[398] In seinem Urteil aus dem Jahr 2016 erklärt der *Bundesfinanzhof* ganz freimütig, dass ein Liebhabereibetrieb kein Gewerbebetrieb i.S.d. § 15 Abs. 2 Satz 1 EStG sei.[399] Gleichwohl handele es sich um einen sog. Liebhabereibetrieb, der im Einkommensteuergesetz gerade keine Erwähnung findet und vermeintlich nur dann entstehen kann, wenn die Gewinnerzielungsabsicht weggefallen ist, aber noch keine Betriebsaufgabe vorliegt. Das überzeugt nicht. Zutreffend ist daher der Hinweis aus der Literatur, die h.M. gehe „von einem vom Gesetz losgelösten Betriebsbegriff" aus.[400] Dies wird insbesondere daran deutlich, dass allgemein anerkannt ist, dass ein Gewerbebetrieb ohne anfängliche Gewinnerzielungsabsicht überhaupt nicht entstehen kann. Dies spricht dafür, dass der Gesetzgeber den Betriebsbegriff an dieses Tatbestandsmerkmal binden wollte.

---

395 BFH, Urt. v. 29.10.1981, Az. IV R 138/78, BStBl. II 1982, 381, 383.

396 So bereits andeutungsweise BFH, Urt. v. 29.10.1981, Az. IV R 138/78, BStBl. II 1982, 381, 382; ausdrücklich vgl. nur BFH, Urt. v. 11.05.2016, Az. X R 15/15, BStBl. II 2017, 112; *Schallmoser*, in: Brandis/Heuermann, Ertragsteuerrecht, Stand: August 2021, § 16 EStG Rn. 470.

397 BFH, Urt. v. 29.10.1981, Az. IV R 138/78, BStBl. II 1982, 381, 383 („Änderung der steuerrechtlichen Zuordnung"); so ursprünglich schon *Leingärtner*, FR 1979, 105, 111 f.

398 So noch *Reiß*, in: Kirchhof, EStG, 16. Aufl. 2017, § 16 Rn. 205a; *ders.*, in: K/S/M, EStG, Stand: August 1992, § 16 Rn. F 41; anders jetzt *Graw*, in: K/S/M, EStG, Stand: Dezember 2017, § 16 Rn. F 29; *Baldauf*, Das innere System der einkommensteuerlichen Gewinnrealisierung, Univ.-Diss. 2008, 202; *M. Wendt*, FR 1998, 264, 265 f.; *Groh*, DB 1984, 2424; zu § 1 Abs. 1 GewStDV bereits *Wassermeyer*, StuW 1982, 352, 360; so wohl auch *Seer*, in: Kirchhof, EStG, 20. Aufl. 2021, § 16 Rn. 186.

399 BFH, Urt. v. 11.05.2016, Az. X R 15/15, BStBl. II 2017, 112, 114.

400 So noch *Reiß*, in: K/S/M, EStG, Stand: August 1992, § 16 Rn. F 41.

Soweit der „Liebhabereibetrieb" der Anwendung einer bestimmten Norm im Wege steht, zeigt sich die Rechtsprechung ausgesprochen flexibel und spricht von einer betriebsaufgabeähnlichen Wirkung des Strukturwandels[401] bzw. davon, dass der Strukturwandel der Betriebsaufgabe gleichzustellen sei, aber das Betriebsvermögen fortgeführt werden könne.[402] Überzeugen tut das nicht. Im Ergebnis gilt, dass ein Betrieb ohne Gewinnerzielungsabsicht nicht existieren kann.

II. Einfluss des Strukturwandels auf das Betriebsvermögen

1. Definition des Betriebsvermögens

In sich konsequent geht die h.M. davon aus, dass der Strukturwandel das bestehende Betriebsvermögen weder auflöst noch in das Privatvermögen überführt, sondern dieses im „Liebhabereibetrieb" als eingefrorenes Betriebsvermögen fortgeführt werde.[403]

Auch wenn das Betriebsvermögen im Einkommensteuergesetz nicht legaldefiniert wird, stellt es den zentralen Begriff der steuerlichen Gewinnermittlung dar. Eine einheitliche Definition des Betriebsvermögens hat sich bis heute nicht entwickelt. Die Unterschiede zwischen den verschiedenen Ansätzen sind im Ergebnis jedoch gering.

So wird das Betriebsvermögen von einigen Stimmen als „Summe aller im Eigentum des Unternehmers stehenden Wirtschaftsgüter, die in einen tatsächlichen oder wirtschaftlichen Förderungszusammenhang zum Betrieb gestellt sind" definiert.[404] Andere wollen alle Wirtschaftsgüter zum Betriebsvermögen zählen, „die dem Betrieb dienen oder ihrer Art nach diesem zu dienen bestimmt sind".[405] Einige verweisen darauf, dass es keine einheitliche Definition gäbe, sondern stattdessen die „Einzelausprägungen" des Betriebsvermögens untersucht werden müssten.[406] Allen Ansätzen ist gemein, dass sie stillschweigend oder ausdrücklich einen sachlichen Bezug des Wirtschaftsguts zum Betrieb und eine

---

401 So BFH, Urt. v. 15.05.2002, Az. X R 3/99, BStBl. II 2002, 809, 810, um zu begründen, warum Wertveränderungen der stillen Reserven fortan unbeachtlich seien.

402 So für Ansparabschreibungen BFH, Urt. v. 11.10.2017, Az. X R 2/16, BFH/NV 2018, 421, juris Rz. 22.

403 Vgl. nur BFH, Urt. v. 29.10.1981, Az. IV R 138/78, BStBl. II 1982, 381, 384; Urt. v. 11.05.2016, Az. X R 15/15, BStBl. II 2017, 112, 114.

404 *Bode*, in: Kirchhof, EStG, 20. Aufl. 2021, § 4 Rn. 34.

405 BFH, Urt. v. 22.12.1955, Az. IV 537/54 U, BStBl. III 1956, 65.

406 *Musil*, in: H/H/R, EStG, Stand: Dezember 2019, § 4 Rn. 40.

personelle Zuordnung zum Betriebsinhaber voraussetzen.[407] Endet der sachliche oder personelle Bezug, verliert das entsprechende Wirtschaftsgut seine Betriebsvermögenseigenschaft.[408] Unstreitig bleibt die personelle Zuordnung zum Betriebsinhaber beim Strukturwandel erhalten. Denn diese setzt nur voraus, dass der Betriebsinhaber (wirtschaftlicher) Eigentümer des Wirtschaftsguts bleibt.[409] Für den Strukturwandel entscheidend ist hingegen die Frage, ob der sachliche Betriebszusammenhang der Wirtschaftsgüter beim Strukturwandel fortbesteht. Im Ergebnis sprechen die besseren Argumente dagegen.

2. *Widmung als Betriebsvermögen*

Für den sachlichen Betriebszusammenhang ist zunächst von Bedeutung, wie er begründet wird. Zutreffend ist etwa die bereits von *Strutz* verwendete Definition, dass zum Betriebsvermögen „die Gesamtheit der dem Betriebe unmittelbar oder mittelbar gewidmeten Vermögensgegenstände, soweit sie dem Steuerpflichtigen gehören“ zählen.[410] Die Widmung eines Wirtschaftsguts als Betriebsvermögen kann dabei auf verschiedene Arten herbeigeführt werden, insbesondere die Widmung im Rahmen einer Betriebseröffnung, dem Erwerb eines Wirtschaftsguts aus betrieblicher Veranlassung, der Herstellung eines Wirtschaftsguts im Betrieb oder im Wege der Einlage.[411]

Für die Begründung des sachlichen Betriebszusammenhangs beim gewillkürten Betriebsvermögen, sind die subjektiven Vorstellungen des Steuerpflichtigen maßgeblich.[412] Teilweise wird darüber hinaus eine ausreichende Manifestation dieser Vorstellungen durch den Betriebsinhaber verlangt.[413] Im Gegensatz dazu

---

407 *Bode*, in: Kirchhof, EStG, 20. Aufl. 2021, § 4 Rn. 34; *Musil*, in: H/H/R, EStG, Stand: Dezember 2019, § 4 Rn. 41, 48; *Drüen*, in: Brandis/Heuermann, Ertragsteuerrecht, Stand: November 2020, § 4 EStG Rn. 257.

408 BFH, Urt. v. 31.01.1985, IV R 130/82, BStBl. II 1985, 395, 396; Urt. v. 21.08.2012, Az. VIII R 11/11, BStBl. II 2013, 117, 118; *Bode*, in: Kirchhof, EStG, 20. Aufl. 2021, § 4 Rn. 34; *V. Wendt*, Das Verhältnis von Entnahme/Einlage zur Anschaffung/Veräußerung im Einkommensteuerrecht, Univ.-Diss. 2003, 41.

409 *Loschelder*, in: Schmidt, EStG, 40. Aufl. 2021, § 4 Rn. 76.

410 *Strutz*, Handbuch des Reichssteuerrechts, 3. Aufl. 1927, 399.

411 *Musil*, in: H/H/R, EStG, Stand: Dezember 2019, § 4 Rn. 46.

412 BFH, Urt. v. 11.10.1979, Az. IV R 125/76, BStBl. II 1980, 40; *Musil*, in: H/H/R, EStG, Stand: Dezember 2019, § 4 Rn. 60 m.w.N. Für die Zwecke dieser Arbeit ist mithin davon auszugehen, dass eine Dreiteilung des Vermögens zulässig ist, vgl. BFH, Urt. v. 30.04.1975, Az. I R 111/73, BStBl. II 1975, 582; für die ablehnende Sichtweise maßgeblich *Wassermeyer*, DStJG 1980, 315, 322.

413 *Bode*, in: Kirchhof, EStG, 20. Aufl. 2021, § 4 Rn. 60.

kommt es für die Begründung des notwendigen Betriebsvermögens weniger auf die Zwecksetzung durch den Betriebsinhaber als auf den sog. final-funktionalen Veranlassungszusammenhang an.[414] Das betreffende Wirtschaftsgut muss „unmittelbar" für betriebliche Zwecke genutzt werden.[415] In Abgrenzung dazu sind dem notwendigen Privatvermögen die Wirtschaftsgüter zuzuordnen, die ihrem Wesen nach dem Privatvermögen angehören und die der Betriebsinhaber – selbst wenn er wollte – nicht dem Betrieb zuordnen kann.[416]

3. Entwidmung des Betriebsvermögens beim Strukturwandel

a. „Betriebsvermögen ohne Betrieb"

Während die Begründung der Betriebsvermögenszugehörigkeit von Literatur und Rechtsprechung anhand der zuvor genannten Fallgruppen zufriedenstellend gelöst wurde, gilt dies weniger für das Ausscheiden eines Wirtschaftsguts aus dem Betriebsvermögen. Überwiegend wird das Ausscheiden aus dem Betriebsvermögen an die Lösung des persönlichen oder sachlichen Betriebszusammenhangs geknüpft, ohne näher auszuführen was konkret darunter zu verstehen ist.[417] Die Auflösung des sachlichen Betriebszusammenhangs sei insbesondere anzunehmen, wenn das Wirtschaftsgut entnommen oder der Betrieb aufgegeben worden sei.[418] Soweit die neuere Rechtsprechung beim Strukturwandel von einem „Liebhabereibetrieb" ausgeht, schließt sie daraus, das Betriebsvermögen bestehe „eingefroren" fort.[419] Lehnt man – wie hier – sog. Liebhabereibetriebe als nicht gesetzeskonform ab, kann das Betriebsvermögen nur dann aufrechterhalten werden, wenn Betriebsvermögen auch ohne einen Betrieb i.S.d. § 15 Abs. 2 Satz 1 EStG existieren kann. Denn wie zuvor gezeigt, kann ein Betrieb nicht ohne Gewinnerzielungsabsicht existieren.

---

414 *V. Wendt*, Das Verhältnis von Entnahme/Einlage zur Anschaffung/Veräußerung im Einkommensteuerrecht, Univ.-Diss. 2003, 41 m.w.N.

415 BFH, Urt. v. 19.07.2011, Az. IV R 10/09, BStBl. II 2012, 93, 96.

416 *Musil*, in: H/H/R, EStG, Stand: Dezember 2019, § 4 Rn. 57.

417 BFH, Urt. v. 31.01.1985, Az. IV R 130/82, BStBl. II 1985, 395, 396; *Loschelder*, in: Schmidt, EStG, 40. Aufl. 2021, § 4 Rn. 75 ff.

418 BFH, Urt. v. 31.01.1985, Az. IV R 130/82, BStBl. II 1985, 395; *Loschelder*, in: Schmidt, EStG, 40. Aufl. 2021, § 4 Rn. 77.

419 Vgl. nur BFH, Urt. v. 11.05.2016, Az. X R 15/15, BStBl. II 2017, 112, 114 m.w.N.; *Loschelder*, in: Schmidt, EStG, 40. Aufl. 2021, § 4 Rn. 75. Anders hingegen noch BFH, Urt. v. 15.05.2002, Az. X R 3/99, BStBl. II 2002, 809, 810.

Die Rechtsprechung hat die These, Betriebsvermögen könne auch ohne einen Betrieb fortbestehen – von Ausnahmefällen abgesehen[420] – stets abgelehnt.[421] Daraus erklärt sich auch, warum die Rechtsprechung nunmehr den „Liebhabereibetrieb" für sich entdeckt hat, bietet er doch den vermeintlichen Vorteil, dass das eingefrorene Betriebsvermögen nicht ohne Betrieb fortbesteht.[422]

Ein Teil der Literatur hingegen sieht den Gewerbebetrieb durch den Strukturwandel zwar als beendet an, geht im Ergebnis aber von Betriebsvermögen ohne Betrieb aus.[423] *Knobbe-Keuk* will dazu zwischen dem aufgegebenen *Gewerbe*betrieb und dem nicht aufgegebenen *Betrieb* unterscheiden.[424] Sie argumentiert, der Strukturwandel führe zwar zu einem steuerlich irrelevanten Betrieb ohne steuerpflichtige Einnahmen, mangels Vorliegen eines passenden Realisations- oder Ersatzrealisationstatbestands, käme es allerdings nicht zu einer Realisierung der stillen Reserven, das Betriebsvermögen bestehe fort.[425] Die Auflösung des Betriebsvermögens könne nur bei einer „tatsächlichen Nutzungsänderung oder Entwidmungserklärung" angenommen werden.[426] Eine solche läge beim Strukturwandel nicht vor, da sich die konkludente Entnahmehandlung bzw. Nutzungsänderung auf ein konkretes Wirtschaftsgut beziehen müsse.[427] Beim Strukturwandel sei jedoch nicht nur ein einzelnes Wirtschaftsgut, sondern der gesamte Betrieb, betroffen.[428] Die Vertreter dieser Ansicht sehen die Existenz eines Betriebsvermögens ohne Betrieb als von § 24 Nr. 2 EStG vorausgesetzt an.[429] Nach dieser Norm gehören zu den Einkünften im Sinne des § 2 Abs. 1 EStG auch Einkünfte aus einer ehemaligen Tätigkeit im

---

420 Soweit noch betriebliche Schulden bestehen, vgl. BFH, Urt. v. 19.01.1982, Az. VIII R 150/79, BStBl. II 1982, 321.

421 Noch offengelassen in BFH, Urt. v. 01.10.1986, Az. I R 96/83, BStBl. II 1987, 113, 116; ablehnend Urt. v. 15.12.1988, Az. IV R 36/84, BStBl. II 1989, 363, 365.

422 BFH, Urt. v. 11.05.2016, Az. X R 15/15, BStBl. II 2017, 112.

423 Maßgeblich *Knobbe-Keuk*, DStR 1985, 494, 497; *Dötsch*, Einkünfte aus Gewerbebetrieb nach Betriebsveräußerung und Betriebsaufgabe, Univ.-Diss. 1987, 48 ff., 53; ähnlich bereits *Felix*, Steuerberaterkongreß-Report 1980, 129, 157; nur solange noch betriebliche Forderungen zurückbehalten werden *Kreile/Söffing*, DStZ/A 1977, 259, 262.

424 *Knobbe-Keuk*, DStR 1985, 494, 497.

425 *Knobbe-Keuk*, DStR 1985, 494, 497.

426 *Knobbe-Keuk*, DStR 1985, 494, 497.

427 *Dötsch*, Einkünfte aus Gewerbebetrieb nach Betriebsveräußerung und Betriebsaufgabe, Univ.-Diss. 1987, 53; *Knobbe-Keuk*, DB 1973, 890, 892.

428 *Dötsch*, Einkünfte aus Gewerbebetrieb nach Betriebsveräußerung und Betriebsaufgabe, Univ.-Diss. 1987, 53; *Knobbe-Keuk*, DB 1973, 890, 892.

429 *Dötsch*, Einkünfte aus Gewerbebetrieb nach Betriebsveräußerung und Betriebsaufgabe, Univ.-Diss. 1987, 53. *Knobbe-Keuk*, DStR 1985, 494, 497 argumentiert ähnlich und verweist darauf, dass die Existenz von § 24 Nr. 2 EStG die Besteuerung der stillen Reserven sicherstelle.

Sinne des § 2 Abs. 1 EStG und zwar auch dann, wenn sie dem Steuerpflichtigen als Rechtsnachfolger zufließen. Die Verweiskette der §§ 24 Nr. 2, 2 Abs. 1 Satz 1 Nr. 1-4, 4 ff. EStG erkläre den Betriebsvermögensvergleich auch für nachträgliche Einkünfte für anwendbar, woraus folge, dass Betriebsvermögen auch ohne Betrieb fortbestehen könne.[430] Mit Rücksicht auf das Realisationsprinzip müsse die Betriebsaufgabe eng auslegt werden und das Betriebsvermögen bestehe solange fort bis durch eine Veräußerung nachträgliche Einkünfte zuflössen.[431] Einzelne Stimmen gehen darüber sogar noch hinaus und nehmen „lebendes" Betriebsvermögen an, bei dem die ehemalige betriebliche Zwecksetzung schlicht fortwirke.[432]

b. Stellungnahme

Die These vom Betriebsvermögen ohne Betrieb überzeugt nicht. Sie führt unweigerlich zu einem Systembruch. Denn mit ihrer Argumentation kann nicht schlüssig erklärt werden, warum Wertsteigerungen während der Liebhabereiphase der Besteuerung unterworfen sein sollen, obwohl keine Gewinnerzielungsabsicht mehr vorliegt. Genau des vertreten aber im Ergebnis sowohl *Dötsch*[433] als auch *Knobbe-Keuk*[434]. Sie sehen keine Notwendigkeit für eine wertmäßige Festschreibung der stillen Reserven im Zeitpunkt des Strukturwandels. *Dötsch* erkennt zwar an, dass dem Einkommensteuergesetz keine Betriebsvermögenskategorie bekannt sei, bei der Wertveränderungen entgegen den §§ 4 ff. EStG steuerlich unbeachtlich seien.[435] Er zieht daraus allerdings die fehlerhafte Konsequenz, dass das Betriebsvermögen „lebend" fortbestehen müsse, also auch Wertsteigerung während der Liebhaberei beachtlich seien.

Dies verdient Widerspruch, denn bereits mit Verweis auf die Gewinnerzielungsabsicht, § 15 Abs. 2 Satz 1 EStG, dürfen Wertsteigerungen, die nicht dem steuerbaren Bereich zuzuordnen sind, nicht in die Besteuerung einbezogen werden. Systematisch würde dies der Grundentscheidung des Einkommensteuergesetzes, nur Einkünfte, die mit Gewinnerzielungsabsicht, also im betrieblichen Bereich erzielt werden, steuerlich zu erfassen, widersprechen.

430 *Dötsch*, Einkünfte aus Gewerbebetrieb nach Betriebsveräußerung und Betriebsaufgabe, Univ.-Diss. 1987, 53.

431 *E. Becker*, Die Grundlagen der Einkommensteuer, 209.

432 *Stopper*, Die Betriebsaufgabe als Gewinnausweistatbestand, Univ.-Diss. 2011, 197.

433 *Dötsch*, Einkünfte aus Gewerbebetrieb nach Betriebsveräußerung und Betriebsaufgabe, Univ.-Diss. 1987, 100.

434 *Knobbe-Keuk*, Bilanz- und Unternehmenssteuerrecht, 9. Aufl. 1993, 284.

435 *Dötsch*, Einkünfte aus Gewerbebetrieb nach Betriebsveräußerung und Betriebsaufgabe, Univ.-Diss. 1987, 100 f.

Die Unterscheidung zwischen privaten und betrieblichen Wertsteigerungen ist für das Einkommensteuergesetz systemprägend. *Dötsch* ist auch entgegenzuhalten, dass es für den Strukturwandel gerade nicht „wirklichkeitsfremd" ist, dass die Wertsteigerungen fortan im Privatvermögen stattfinden, so z.B. bei Wertsteigerungen in Grundstücken aufgrund der Ausweisung als Bauland, die gerade keinen Betriebsbezug mehr haben.[436] Es entspricht dem Charakter der Einkommensteuer, dass Wertsteigerungen, die ohne Gewinnerzielungsabsicht erzielt werden, zwingend dem privaten Bereich zuzuordnen sind, genauso wie auch private Konsumausgaben steuerlich unberücksichtigt bleiben.[437] Allein die bestehende oder nicht bestehende Gewinnerzielungsabsicht ist für die Zuordnung entscheidend.[438]

Auch die Möglichkeit nachträglicher Einkünfte im Sinne des § 24 Nr. 2 EStG spricht nicht unbedingt für Betriebsvermögen ohne Betrieb. Es lässt sich zwar durchaus vertreten, der Wortlaut von § 24 Nr. 2 EStG lege Betriebsvermögen ohne Betrieb nahe[439], da dort von Einkünften aus einer ehemaligen Tätigkeit gesprochen wird. § 24 Nr. 2 EStG setzt jedoch zum einen seinem Wortlaut nach schon kein bestehendes Betriebsvermögen voraus. Zum anderen stellt die Norm auch nicht darauf ab, dass noch ein Betriebsvermögen besteht, sondern nur, ob eine gewerbliche Tätigkeit vorlag. Unter systematischen Gesichtspunkten macht die Norm dann mehr Sinn, wenn gerade kein Betriebsvermögen mehr besteht, denn solange ein Betriebsvermögen besteht, würden Mittelzuflüsse durch die allgemeine Gewinnermittlung erfasst, §§ 4, 5 EStG.

Auch unter teleologischen Gesichtspunkten spricht wenig für Betriebsvermögen ohne Betrieb. Das Betriebsvermögen kann als „in sich geschlossenes Informationssystem" verstanden werden, das die Abgrenzung von steuerbaren und nicht-steuerbaren Wertänderungen ermöglicht.[440] Da nach einem Strukturwandel keine steuerbaren Wertzuwächse mehr eintreten können, entfällt die Notwendigkeit über das Betriebsvermögen eine Abgrenzung der Sphären zu ermöglichen.

c. *Verhältnis von Entwidmung und Entnahme*

Wenn also feststeht, dass ohne Betrieb kein Betriebsvermögen mehr bestehen kann, liegt eine Totalentnahme auf der Hand. Diese setzt eine Entwidmung

---

436 *Dötsch*, Einkünfte aus Gewerbebetrieb nach Betriebsveräußerung und Betriebsaufgabe, Univ.-Diss. 1987, 56.

437 *Paus*, FR 1989, 729, 730 f.

438 *Führer*, DStR 1995, 785, 788.

439 *E. Becker*, Die Grundlagen der Einkommensteuer, 208.

440 *Böckli*, DStJG 1980, 339, 358.

des Betriebsvermögens voraus. Teile von Rechtsprechung und Literatur gehen, jedenfalls sprachlich, davon aus, dass das Ende der Betriebsvermögenseigenschaft eines Wirtschaftsguts an die Voraussetzungen der Entnahme[441] oder Betriebsaufgabe[442] geknüpft sei.[443] Richtig dürfte es jedoch sein, die Überführung eines Wirtschaftsguts vom Betriebs- in das Privatvermögen, die sog. Entwidmung, als Tatbestandsmerkmal der Entnahme und nicht als ihre Rechtsfolge zu verstehen.[444]Ausschlaggebend dafür ist der Wortlaut von § 4 Abs. 1 Satz 1, 2 EStG. Dieser besagt, dass Wirtschaftsgüter Entnahmen darstellen, wenn sie dem Betrieb für betriebsfremde Zwecke entnommen wurden. Der Wortlaut verdeutlicht, dass das Ausscheiden eines Wirtschaftsguts aus dem Betriebsvermögen („entnommen hat") eine Tatbestandsvoraussetzung der Entnahme ist.[445]

Erst das Tatbestandsmerkmal der „betriebsfremden Zwecke" in § 4 Abs. 1 Satz 1, 2 EStG nimmt Betriebsvermögensabgänge von der gewinnrealisierenden Wirkung der Entnahme aus, bei denen der sachliche Betriebszusammenhang nicht aus privaten Gründen beendet wurde. Dies setzt voraus, dass überhaupt Vermögensabflüsse möglich sind, die nicht unter die Entnahme subsumiert werden können. Dazu gehören insbesondere Vermögensabgänge aus tatsächlichen Gründen, also z.B. solche durch „Verlust, Untergang, Zerstörung, Diebstahl oder Unterschlagung"[446] und natürlich auch alle Vermögensabgänge aus betrieblichen Gründen (Veräußerung, Tausch, etc.).

Auch der Sinn und Zweck der Entnahme, Vermögensabflüsse, die privat veranlasst sind, steuerlich zu neutralisieren, spricht für die vorgenannte Sichtweise.[447] Dieser Zweck kann nur erreicht werden, wenn ein betriebsvermögensrelevanter

441 Vgl. nur BFH, Urt. v. 10.11.2004, Az. XI R 31/03, BStBl. II 2005, 334; Urt. v. 31.01.1985, Az. IV R 130/82, BStBl. II 1985, 395, 396 („Der sachliche betriebliche Zusammenhang wird […] durch Entnahme gelöst […]."); *Dötsch*, Einkünfte aus Gewerbebetrieb nach Betriebsveräußerung und Betriebsaufgabe, Univ.-Diss. 1987, 53; *Knobbe-Keuk*, DStR 1985, 494, 497.

442 BFH, Urt. v. 29.10.1981, Az. IV R 138/78, BStBl. II 1982, 381, 382 („Entnahme durch Betriebsaufgabe").

443 *Loschelder*, in: Schmidt, EStG, 40. Aufl. 2021, § 4 Rn. 77; *Drüen*, in: Brandis/Heuermann, Ertragsteuerrecht, Stand: November 2020, § 4 EStG Rn. 349; *Musil*, in: H/H/R, EStG, Stand: Dezember 2019, § 4 RN. 47.

444 BFH, Urt. v. 03.09.2009, Az. IV R 61/06, BFH/NV 2010, 404, juris Rz. 16; *Bode*, in: Kirchhof, EStG, 20. Aufl. 2021, § 4 Rn. 86.

445 In diese Richtung *Ruppe*, DStJG 1980, 103, 120.

446 *Loschelder*, in: Schmidt, EStG, 40. Aufl. 2021, § 4 Rn. 78.

447 *Bode*, in: Kirchhof, EStG, 20. Aufl. 2021, § 4 Rn. 85.

Vermögensabfluss stattgefunden hat, welcher dann neutralisiert wird. Könnte der sachliche Vermögenszusammenhang nur durch eine Entnahme gelöst werden, müsste der Vermögensabgang nur deshalb neutralisiert werden, weil er durch die Entnahme erst ermöglicht wurde. Dies kann vom Gesetzgeber nicht gewollt gewesen sein. Anders ließe es sich auch nicht erklären, warum bei der Entnahme von einer außerbilanziellen Korrektur gesprochen wird.[448] Eine solche setzt einen Vermögensabfluss in der Bilanz voraus, der für steuerliche Gründe außerbilanziell zu korrigieren ist.

Zusammengefasst lässt sich deshalb sagen, dass zwar jede Entnahme einen Vermögensabfluss voraussetzt, aber nicht jeder Vermögensabfluss zugleich eine Entnahme ist. Wie sich noch zeigen wird, liegt im Falle des Strukturwandels sowohl ein Vermögensabfluss aus dem Betriebsvermögen und zugleich eine Entnahme der betroffenen Wirtschaftsgüter vor.

d. Entwidmung des Betriebsvermögens beim Strukturwandel

Für das Ausscheiden eines Wirtschaftsguts aus dem Betriebsvermögen ist es ausreichend, aber zugleich auch notwendig, dass ein Entwidmungsakt bzgl. der betroffenen Wirtschaftsgüter vorliegt.[449] Eine explizite Regelung, wann ein Wirtschafsgut aus dem Betriebsvermögen ausscheidet, fehlt im Einkommensteuergesetz genauso wie eine Regelung darüber, wann ein Wirtschaftsgut Teil des Betriebsvermögens wird. Naheliegend ist es daher, spiegelbildlich zur Widmung als Betriebsvermögen eine Entwidmung dann anzunehmen, wenn die zur Widmung notwendigen Umstände entfallen.

Erstens liegt damit eine Entwidmung vor, wenn die subjektive Rechtsbeziehung des Wirtschaftsguts zum Betriebsinhaber entfällt. Also z.B. die Rechtszuständigkeit für das Wirtschaftsgut auf eine andere Person übergeht. Dies ist z.B. der Fall, wenn der Betriebsinhaber nicht einmal mehr wirtschaftlicher Eigentümer des Wirtschaftsguts ist, § 39 AO. Ein solcher Fall liegt etwa dann vor, wenn ein Betrieb unentgeltlich auf einen anderen übertragen wird. Die Unentgeltlichkeit ist ein klarer Indikator dafür, dass die Übereignung aus privaten Zwecken erfolgt ist. Lediglich aufgrund der Sonderregelung in § 6 Abs. 3 EStG treten – unter Durchbrechung des Subjektsteuerprinzips – in diesem Fall nicht

---

448 *Musil*, in: H/H/R, EStG, Stand: Dezember 2019, § 4 Rn. 199.

449 So im Grundsatz auch *Knobbe-Keuk*, Bilanz- und Unternehmenssteuerrecht, 9. Aufl. 1993, 284, die den Widmungs-/Entwidmungsgedanken in den Mittelpunkt stellt.

die Rechtsfolgen einer Entnahme ein.[450] Durch die Buchwertfortführung wird dem Fortbestand des Betriebs hier Vorrang eingeräumt.

Zweitens liegt eine Entwidmung vor, wenn der sachliche Betriebszusammenhang nicht mehr besteht, z.B. weil die Sache zerstört wurde, oder das Wirtschaftsgut dauerhaft nicht mehr der betrieblichen Nutzung gewidmet ist, im Falle des Strukturwandels also deshalb, weil es eine betriebliche Tätigkeit nicht mehr gibt. Ohne Betrieb und mangels steuerlich relevanter Tätigkeit gibt es auf Dauer keinen Bezugspunkt mehr für eine entsprechende betriebliche Widmung. Eine Entwidmung muss die Folge sein. Davon ging bereits *Job* aus, der anfänglichen und nachträglichen „Liebhabereibetrieb“ verglich und zu Recht feststellte, dass es keinen überzeugenden Grund gäbe, bei ersterem die Bildung von Betriebsvermögen abzulehnen, bei letzterem das Betriebsvermögen aber fortbestehen zu lassen.[451] Dieser Gedankengang ist zutreffend. Es ist unstreitig, dass Wirtschaftsgüter, die im Rahmen einer anfänglichen Liebhaberei eingesetzt werden, niemals Betriebsvermögen werden können. Ausgehend davon, dass Widmung und Entwidmung spiegelbildlich sein müssen, muss dies auch für den Strukturwandel gelten. Eine Entwidmung ist zwangsläufige Folge des Strukturwandels.

Auch der *Bundesfinanzhof* hat in einer Entscheidung bereits judiziert, dass der Strukturwandel eine betriebsaufgabeähnliche Wirkung habe und das dabei eingesetzte Vermögen als Privatvermögen anzusehen sei, obwohl eine Betriebsaufgabe mangels Aufgabehandlung (noch) nicht vorliege.[452] Freilich betont das Gericht auch hier, der Strukturwandel führe nicht zu einer Überführung des Betriebsvermögens in das Privatvermögen, was jedoch mit der vorangegangenen Aussage kaum zu vereinbaren ist.[453] In ähnlicher Weise hatte er auch für eine beendete Betriebsaufspaltung eine Zuordnung der Wirtschaftsgüter zum Privatvermögen angenommen.[454] In einer neueren Entscheidung stellt er hingegen fest, allein der Fortfall der Gewinnerzielungsabsicht bewirke noch keine Überführung des Betriebsvermögens in das Privatvermögen.[455] Verblüffend ist, dass es sich jeweils um Entscheidungen des X. Senats handelt und diese in Bezug auf den Fortbestand des Betriebsvermögens zu diametral unterschiedlichen Ergebnissen kommen.

---

450 *Kulosa*, in: Schmidt, EStG, 40. Aufl. 2021, § 6 Rn. 695.
451 *Job*, Die steuerrechtliche Liebhaberei, Univ.-Diss. 1977, 95 f.
452 BFH, Urt. v. 15.05.2002, Az. X R 3/99, BStBl. II 2002, 809, 810.
453 BFH, Urt. v. 15.05.2002, Az. X R 3/99, BStBl. II 2002, 809, 810.
454 BFH, Urt. v. 22.10.2013, Az. X R 14/11, BStBl. II 2014, 158, 161.
455 BFH, Urt. v. 11.05.2016, Az. X R 15/15, BStBl. II 2017, 112, 114.

Für eine Überführung der Wirtschaftsgüter in das Privatvermögen spricht jedoch auch die sich aus dem Jahressteuerprinzip in § 2 Abs. 7 EStG folgende Systematik. Danach sind die Grundlagen für die Festsetzung der Steuer für jedes Kalenderjahr einzeln zu bestimmen. Für das Betriebsvermögen lässt sich daraus der Auftrag ableiten, für jeden Veranlagungszeitraum die Betriebsvermögenszugehörigkeit eines Wirtschaftsguts erneut zu (über)prüfen. Denn die Zusammensetzung des Betriebsvermögens ist Besteuerungsgrundlage im Sinne des § 2 Abs. 7 EStG. Über die Verweiskette der §§ 2 Abs. 2 Satz 1 Nr. 1, 4 Abs. 1 Satz 1 EStG wird der Gewinn durch den Betriebsvermögensvergleich ermittelt. Nach einem Strukturwandel ist ausgeschlossen, dass die davon betroffenen Wirtschaftsgüter, dem fraglichen Betriebsvermögen erneut zugeordnet werden können.

Entscheidend für den Fortbestand des Betriebsvermögens ist das (Fort-) Bestehen einer Gewinnerzielungsabsicht.[456] Dies kann sowohl im Rahmen eines werbenden Betriebs als auch eines unterbrochenen Betriebs der Fall sein, wenn eine Wiederaufnahme beabsichtigt ist, nicht aber bei einem dauerhaft eingestellten Betrieb wie nach einem Strukturwandel. Man muss sich an dieser Stelle noch einmal verdeutlichen, dass ein unterbrochener Betrieb nur dann angenommen werden kann, wenn dem Grunde nach noch eine Gewinnerzielungsabsicht vorliegt und die betriebliche Tätigkeit nur derzeit nicht aktiv betrieben wird. Bei einer Liebhaberei ist es genau andersherum, zwar wird eine Tätigkeit ausgeübt, diese jedoch ohne Gewinnerzielungsabsicht.

Für den Strukturwandel folgt daraus, dass eine Überführung der Wirtschaftsgüter vom Betriebs- in das Privatvermögen vorliegt. Die Zuordnung zum Privatvermögen erfolgt durch die Lösung des Betriebsvermögenszusammenhangs automatisch. Denn das Einkommensteuergesetz kennt nur zwei Vermögensphären, die betriebliche und die private. Liegt keine betriebliche Vermögenszuordnung mehr vor, sind die Wirtschaftsgüter *von Rechts wegen* dem Privatvermögen zuzuordnen.

III. „Ewiges“ Betriebsvermögen

1. *Objektive Anknüpfung der Betriebsvermögenseigenschaft*

Die von der Rechtsprechung verfolgte Linie, beim Strukturwandel eine Betriebsaufgabe regelmäßig bis zur Aufgabeerklärung oder Veräußerung des Betriebs

---

456 *Schell*, Subjektive Besteuerungsmerkmale im Einkommensteuerrecht, Univ.-Diss. 2006, 85.

aufzuschieben, birgt – was unstreitig sein dürfte – im Ergebnis die Gefahr, dass „ewiges“ Betriebsvermögen entsteht. Ewiges Betriebsvermögen liegt vor, wenn die Aufrechterhaltung der Betriebsvermögenseigenschaft nur noch vom Willen des Steuerpflichtigen und nicht auch von objektiven Umständen abhängt.[457] In einer solchen Konstellation besteht das Risiko, dass stille Reserven dauerhaft unversteuert bleiben, weil der Steuerpflichtige keine Betriebsaufgabe erklärt.[458] Für die Wahrung des Subjektsteuer- und Totalitätsprinzips müsste im Grundsatz spätestens beim Tod des Betriebsinhabers, notfalls durch den Gesamtrechtsnachfolger, eine Aufdeckung der stillen Reserven stattfinden.[459] Dies scheitert aber regelmäßig an § 6 Abs. 3 Satz 1 EStG, da die Erbfolge als unentgeltliche Übertragung des Betriebs zu qualifizieren ist.[460]

Die Rechtsprechung hat seit jeher argumentiert, dass selbst dann, wenn dem Steuerpflichtigen ein Wahlrecht hinsichtlich einer Betriebsaufgabe eingeräumt wird, ihm nicht die Möglichkeit eröffnet werden soll, „ewiges“ Betriebsvermögen zu schaffen.[461] Der Steuerpflichtige soll es nicht in der Hand haben, die Versteuerung der in dem Betriebsvermögen enthaltenen stillen Reserven auf unbestimmte Zeit aufzuschieben.[462] Dieser Zeitpunkt sei erreicht, wenn der Betrieb nicht mehr identitätswahrend fortgeführt werden könnte.[463] Diese Gefahr wird von manchen Stimmen in der Literatur nicht gesehen, sie argumentieren, es könne auch „ewiges“ Betriebsvermögen ohne Betrieb geben.[464]

---

457 Vgl. nur BFH, Urt. v. 26.09.1961, Az. I 5/61 U, BStBl. III 1961, 517, juris Rz. 8; Urt. v. 19.01.1983, Az. I R 84/79, BStBl. II 1983, 412, 413; Urt. v. 18.06.2018, Az. X R 36/17, BFH/NV 2019, 195, juris Rz. 27 ff.; *Kulosa*, in: H/H/R, EStG, Stand: Januar 2019, § 16 Rn. 522.

458 So von der Rspr. vorausgesetzt, vgl. nur BFH, Urt. v. 18.06.2018, Az. X R 36/17, BFH/NV 2019, 195, juris Rz. 27 m.w.N.

459 *Costede*, StVj 1989, 41, 44. Eine solche Entnahme bejaht *Friauf*, StbJB 1975/76, 369, 387 mit dem Argument, der Werttransfer sei dem Erblasser zurechenbar.

460 BFH, Urt. v. 20.01.2005, AZ. IV R 35/03, BFH/NV 2005, 1046, juris Rz. 12; Urt. v. 28.11.1991, Az. IV R 58/91, BStBl II 1992, 521; Urt. v. 02.02.1989, Az. IV R 46/87, BFH/NV 1990, 86; *Wacker*, in: Schmidt, EStG, 40. Aufl. 2021, § 16 Rn. 590; *Schindler*, in: Kirchhof, EStG, 20. Aufl. 2021, § 6 Rn. 195.

461 St. Rspr. vgl. nur BFH, Urt. v. 18.06.2018, Az. X R 36/17, BFH/NV 2019, 195, juris Rz. 27 m.w.N.

462 BFH, Urt. v. 19.01.1983, Az. I R 84/79, BStBl. II 1983, 412, 413.

463 BFH, Urt. v. 9.11.2017, Az. IV R 37/14, DStR 2018, 238, 240.

464 *Knobbe-Keuk*, Bilanz- und Unternehmenssteuerrecht, 9. Aufl. 1993, 790; *Dötsch*, Einkünfte aus Gewerbebetrieb nach Betriebsveräußerung und Betriebsaufgabe, Univ.-Diss. 1987, 48 ff. Kritisch *Kulosa*, in: H/H/R, EStG, Stand: Januar 2019, § 16 Rn. 522.

2. *Unentgeltliche Übertragung gemäß § 6 Abs. 3 EStG*

Die Rechtsprechung geht im Ansatz zutreffend davon aus, dass es nicht im Belieben des Steuerpflichtigen stehen kann, ob er seine stillen Reserven aufdecken muss oder nicht. Wie bereits gezeigt, folgt aus dem Wortlaut des § 15 Abs. 2 Satz 1 EStG nach hier vertretener Auffassung, dass der Strukturwandel zum Ende des Betriebs und der Betriebsvermögenseigenschaft der Wirtschaftsgüter führt. Daraus folgt, dass die Aufdeckung der stillen Reserven nicht von einem weiteren Willensentschluss des Betriebsinhabers abhängt.

Unter systematischen Gesichtspunkten spricht wenig für die Zulässigkeit „ewigem" Betriebsvermögens. Das Einkommensteuergesetz erzwingt zwar – über die Grundsätze ordnungsgemäßer Buchführung – auf der einen Seite die Bildung stiller Reserven, auf der anderen Seite gibt es, insbesondere mit der Entnahmeregelung, zu erkennen, dass stille Reserven nur temporär unversteuert bleiben sollen. Nämlich exakt solange, wie die Wirtschaftsgüter im Betriebsvermögen verstrickt sind.

Verschärft wird die Problematik des ewigen Betriebsvermögens beim „Liebhabereibetrieb" durch die Regelung des § 6 Abs. 3 Satz 1 EStG. Nach dieser Vorschrift sind bei der unentgeltlichen Übertragung eines Betriebs, Teilbetriebs oder Anteils eines Mitunternehmers bei der Ermittlung des Gewinns des bisherigen Betriebsinhabers die Wirtschaftsgüter mit den Werten anzusetzen, die sich nach den Vorschriften über die Gewinnermittlung ergeben, also den Buchwerten, sofern die Besteuerung der stillen Reserven sichergestellt ist. Eine Betriebsaufgabe ist mit der Übertragung des Betriebs auf einen Nachfolger also gerade nicht verbunden, sondern der ursprüngliche Betriebsinhaber darf im Rahmen der Gewinnermittlung die Buchwerte der Wirtschaftsgüter ansetzen und der Rechtsnachfolger ist daran gebunden.[465] Dies bedeutet, dass der „Liebhabereibetrieb" die Möglichkeit schafft, unentgeltlich von einer zur nächsten Generation Wirtschaftsgüter zu übertragen, ohne dass dabei die stillen Reserven versteuert werden müssten und ohne dass der Betrieb steuerlich relevant ist. Insbesondere der Erbfall stellt nämlich nach der Rechtsprechung des *Bundesfinanzhofs* einen unentgeltlichen Vorgang im Sinne des § 6 Abs. 3 Satz 1 EStG dar.[466] Die Rechtsprechung hat auch die Übertragung eines verpachteten Betriebs als einen solche Vorgang angesehen.[467] Es ist deshalb – ohne dass es dazu bislang einschlägige

465 *Kulosa*, in: H/H/R, EStG, Stand: Januar 2019, § 16 Rn. 522 m.w.N.
466 Vgl. nur BFH, Beschl. v. 05.07.1990, Az. GrS 2/89, BStBl. II 1990, 837.
467 BFH, Urt. v. 12.12.2013, Az. IV R 17/10, BStBl. II 2014, 316, 318; Urt. v. 25.01.2017, Az. X R 59/14, BStBl. II 2019, 730, 733 f.

Rechtsprechung gibt – anzunehmen, dass gleiches für einen „Liebhabereibetrieb“ gelten würde. Dies wäre nach der Rechtsprechung nur konsequent, da § 6 Abs. 3 Satz 1 EStG nur verlangt, dass ein Betrieb übertragen wird und die spätere Besteuerung sichergestellt ist. Da die Rechtsprechung von einem „Liebhabereibetrieb“ ausgeht, wäre eine Übertragungsmöglichkeit nach § 6 Abs. 3 Satz 1 EStG stringent. Wenn der § 16 EStG „Liebhabereibetriebe“ erfassen soll, warum dann nicht auch § 6 Abs. 3 EStG?

Die Brisanz des „ewigen Betriebsvermögens“ liegt also in der Regelung des § 6 Abs. 3 Satz 1 EStG. Ohne sie käme es spätestens bei der Übertragung der Wirtschaftsgüter auf eine andere Person, z.B. im Wege der Erbfolge, zu einer Besteuerung der stillen Reserven. Der „Liebhabereibetrieb“ der Rechtsprechung kann hier für eine steuersparende Übertragung stiller Reserven nutzbar gemacht werden. Dieses Problem entsteht nicht, wenn der Betriebsbegriff richtigerweise als objektiv-subjektiver Tatbestand verstanden wird und der Verlust der Gewinnerzielungsabsicht zu einer Beendigung des Betriebes und damit zu einer Überführung des Betriebsvermögens in das Privatvermögen führt. Dann ist eine *Betriebs*übertragung zu Buchwerten im Sinne des § 6 Abs. 3 Satz 1 EStG nicht mehr möglich.

IV. Zusammenfassung von § 4

Die Gewinnerzielungsabsicht stellt ein notwendiges Tatbestandsmerkmal eines Betriebs i.S.d. § 15 Abs. 2 Satz 1 (i.V.m. §§ 13, 18) und auch des § 16 EStG dar. Ein Betrieb in diesem Sinne ist ohne Gewinnerzielungsabsicht auch nicht als sog. Liebhabereibetrieb denkbar. Die Rechtsprechung geht hier von einem Betriebsbegriff aus, der nicht mehr auf das Einkommensteuergesetz zurückzuführen ist.

Eingefrorenes Betriebsvermögen ohne Betrieb ist nicht mit der gesetzlichen Systematik zu vereinbaren. Liegt kein Betrieb i.S.d. Einkommensteuergesetzes vor, sind die entsprechenden Wirtschaftsgüter – so wie der *Bundesfinanzhof* es bereits in anderen Zusammenhängen entschieden hat – fortan dem Privatvermögen zuzuordnen. Die Wirtschaftsgüter wurden entwidmet. Es darf für die Zuordnung eines Wirtschaftsguts zum Betriebs- oder Privatvermögen keinen Unterschied machen, ob die Gewinnerzielungsabsicht anfänglich fehlte oder ob die Gewinnerzielungsabsicht nachträglich entfällt. Die Zuordnung zum Privatvermögen ist in beiden Fällen zwingend.

Es wurde ferner aufgezeigt, dass durch die Möglichkeit zur Übertragung von Betrieben zu Buchwerten gemäß § 6 Abs. 3 Satz 1 EStG, die Gefahr besteht, dass „Liebhabereibetriebe“ zu „ewigem“ Betriebsvermögen führen. Eine solche Folge widerspricht dem Subjektsteuer- und Totalitätsprinzip und ist von der gesetzlichen Systematik nicht beabsichtigt.

§ 5 Totalentnahme beim Strukturwandel

I. Verhältnis von Betriebsaufgabe und Entnahme

Nachdem im vorangegangenen Abschnitt gezeigt wurde, dass der Strukturwandel zur Auflösung des Betriebsvermögens und zur Überführung der Wirtschaftsgüter in das Privatvermögen des Steuerpflichtigen führt, wird im Folgenden gezeigt, dass der Strukturwandel auch die übrigen Tatbestandsvoraussetzungen der Entnahme erfüllt.

Zunächst muss klargestellt werden, dass die gesetzliche Grundlage für die Aufdeckung der stillen Reserven auch beim Strukturwandel die Entnahme, § 4 Abs. 2 Satz 1, 2 EStG (i.V.m. § 16 Abs. 3 Satz 7 EStG), und nicht die Betriebsaufgabe, § 16 Abs. 3 Satz 1 EStG, ist.[468]

Steuerrecht ist staatliches Eingriffsrecht, weil es jedenfalls in die allgemeine Handlungsfreiheit aus Art. 2 Abs. 1 GG eingreift und nach heute h.M. auch eine Inhalts- und Schrankenbestimmung gemäß Art. 14 GG darstellt.[469] Die Auferlegung einer Steuerzahlungspflicht ist somit nur verfassungsgemäß, wenn eine entsprechende gesetzliche Grundlage existiert und deren Voraussetzungen im konkreten Einzelfall erfüllt sind, vgl. § 85 Satz 1 AO.[470] Abzulehnen ist es daher, für die Aufdeckung stiller Reserven einen allgemeinen Entstrickungsgedanken heranzuziehen, also jegliches Ausscheiden von Wirtschaftsgütern aus dem Betriebsvermögen zum Anlass für eine Aufdeckung der stillen Reserven zu nehmen. Dies stellt für sich genommen keine ausreichende gesetzliche Grundlage dar, auch wenn ein solcher Gedanke sich aus der Zusammenschau verschiedener Einzelregelungen und der Gesetzessystematik durchaus ergeben mag. Denn es fehlt ihm die gesetzliche Grundlage und Bestimmtheit.[471] Es gibt auch keinen allgemein anerkannten Rechtsgrundsatz, wonach „stille Reserven stets aufzudecken sind, wenn ein Wirtschaftsgut nicht mehr in die Gewinnermittlung einzubeziehen ist".[472] Denn nicht jedes Ausscheiden aus dem Betriebsvermögen rechtfertigt nach der Gesetzessystematik die Aufdeckung stiller Reserven. Dies

---

468 So aber jedenfalls begrifflich BFH, Urt. v. 29.10.1981, Az. IV R 138/78, BStBl. II 1982, 381; Urt. v. 05.05.2011, Az. IV R 48/08, BStBl. II 2011, 792; Urt. v. 11.05.2016, Az. X R 15/15, BStBl. II 2017, 112; Urt. v. 05.04.2017, Az. X R 6/15, BStBl. II 2017, 1130.

469 *Hey*, in: Tipke/Lang, Steuerrecht, 24. Aufl. 2020, § 3 Rn. 232.

470 Vgl. nur *Seer*, in: Tipke/Kruse, AO, Stand: Januar 2017, § 85 Rn. 4 ff.

471 *Geissler*, Gewinnrealisierung am Ende eines Unternehmens, Univ.-Diss. 1998, 34.

472 BFH, Urt. v. 14.06.1988, Az. VIII R 387/83, BStBl. II 1989, 187, 189 m.w.N.; *Drüen*, in: Brandis/Heuermann, Ertragsteuerrecht, Stand: November 2020, § 4 EStG Rn. 477; so bereits *Friauf*, StbJB 1975/76, 369, 383 ff.

zeigt sich z.B. bei Wirtschaftsgütern, die gestohlen werden oder untergehen. Hier fehlt bereits das „rechtfertigende“ Element eines steuerlichen Zugriffs, weil der Steuerpflichtige den „Wertzuwachs“ in Form stiller Reserven auch im Privatvermögen nicht mehr realisieren kann. Wirksamkeit erlangt der Entstrickungsgedanke nur soweit er in einem bestimmten Tatbestand normiert wurde[473], dazu gehört die Entnahme, § 4 Abs. 1 Satz 1, 2 EStG. Folgend soll zunächst das Verhältnis von Entnahme und Betriebsaufgabe untersucht werden.

1. *Historische Entwicklung*

Mit den §§ 30 bis 32 EStG 1925 wurden erstmals Regelungen zur Veräußerungs- und Aufgabebesteuerung in das Einkommensteuergesetz aufgenommen.[474] Das EStG 1934 normierte nahezu inhaltsgleich den heutigen § 16 EStG. § 16 Abs. 1 EStG normiert mit der Betriebsveräußerung den Grundfall der Vorschrift. Der § 16 Abs. 3 Satz 1 EStG ordnet daran anknüpfend eine Fiktion der Betriebsaufgabe als Betriebsveräußerung an. Im Folgenden wird verdeutlicht, dass § 16 Abs. 3 Satz 1 EStG kein tauglicher Ersatzrealisationstatbestand für den Strukturwandel ist. Vielmehr knüpft die Vorschrift nur an den Sonderfall einer Entnahme, in Form einer Totalentnahme, tatbestandlich an und privilegiert Veräußerungs- und Aufgabegewinn.

2. *Konstitutive Wirkung der Betriebsaufgabe*

Aufgrund des Wortlauts von § 16 Abs. 3 Satz 1, 7 EStG, wonach Wirtschaftsgüter, die im Rahmen einer Betriebsaufgabe nicht veräußert werden, mit dem gemeinen Wert im Zeitpunkt der Aufgabe anzusetzen sind, wird vertreten, die Betriebsaufgabevorschrift selbst würde zur Aufdeckung der stillen Reserven führen.[475] Die Vorschrift stelle einen Realisationstatbestand eigener Art dar.[476] Ein Teil der Literatur vertritt in diesem Sinne, dass es sich bei § 16 Abs. 3 Satz 1 EStG um einen konstitutiven Steuertatbestand für die Steuerpflicht dem

---

473 *Geissler*, Gewinnrealisierung am Ende eines Unternehmens, Univ.-Diss. 1998, 34.

474 *Geissler*, in: H/H/R, EStG, Stand: Januar 2019, § 16 Rn. 2.

475 *Musil*, in: H/H/R, EStG, Stand: Januar 2019, § 2 Rn. 442; *Schallmoser*, in: Brandis/Heuermann, Ertragsteuerrecht, Stand: August 2021, § 16 EStG Rn. 450.

476 *Schallmoser*, in: Brandis/Heuermann, Ertragsteuerrecht, Stand: August 2021, § 16 EStG Rn. 450; *Littmann*, EStG-Kommentar, Band II, 13. Aufl. 1982, § 16 Rn. 16; *Trazaskalik*, DB 1983, 194, 195.

Grunde nach handle.[477] Das dualistische System der Einkommensteuer, einschließlich der Anlehnung der Gewinneinkünfte an die Reinvermögenszugangstheorie, erfordere zwar die vollständige Erfassung stiller Reserven, auch im Falle einer Betriebsaufgabe, jedoch dürfe daraus nicht geschlossen werden, dass der Aufgabegewinn von der allgemeinen Gewinnermittlung erfasst sei.[478] Vielmehr müsse im Rahmen einer eigenständigen Auslegung der allgemeinen Gewinnermittlungsvorschriften ermittelt werden, ob der Aufgabefall von diesen erfasst sei. Dies sei gegenwärtig nicht der Fall, da die §§ 4 und 5 EStG, ihrem Wortlaut nach, bestehendes Betriebsvermögen voraussetzten.[479] Betriebsvermögen in Form einer „Sachgesamtheit" liege bei der Betriebsaufgabe jedoch nicht mehr vor, sodass dort eine Totalentnahme nicht mehr in Betracht komme. Manche Stimmen in der Literatur ziehen daher in Zweifel, dass ein Vermögensabfluss *uno actu* noch unter den Entnahmetatbestand subsumiert werden könne.[480] Die Aufgabe des ganzen Gewerbebetriebs werde von der Entnahmevorschrift nicht erfasst, weil der „Betrieb als Sachgesamtheit" nicht fortbestehe, die allgemeinen Gewinnermittlungsvorschriften, würden aber fortbestehendes Betriebsvermögen voraussetzen.[481] *Geissler* und *Reiß* argumentieren hierfür mit der Systematik des § 4 Abs. 1 Satz 1 EStG.[482] Die Entnahme beziehe sich auf den

---

477 *Geissler*, in: H/H/R, EStG, Stand: Januar 2019, § 16 Rn. 3; *Seer*, in: Kirchhof, EStG, 20. Aufl. 2021, § 16 Rn. 8 ff.; *Geissler*, Gewinnrealisierung am Ende eines Unternehmens, Univ.-Diss. 1998, 60; *Baldauf*, Das innere System der einkommensteuerlichen Gewinnrealisierung, Univ.-Diss. 2008, 148, 150; so wohl auch *Knobbe-Keuk*, Bilanz- und Unternehmenssteuerrecht, 9. Aufl. 1993, 777; deklaratorisch für die Veräußerung, konstitutiv für die Aufgabe *Geeb*; in Frotscher, EStG, Stand: Dezember 2020, § 16 Rn. 10, 12; nur bei zwangsweiser Ersatzrealisation: *Pitzke*, Betriebsveräußerung und Betriebsaufgabe, Univ.-Diss. 1993, 135; offengelassen bei *Doege*, DStZ 2008, 474, 475, 481; *Stahl*, in: Korn, EStG, Stand: August 2020, § 16 Rn. 2.

478 *Geissler*, in: H/H/R, EStG, Stand: Januar 2019, § 16 Rn. 3.

479 *Geissler*, in: H/H/R, EStG, Stand: Januar 2019, § 16 Rn. 3; *Reiß*, in: K/S/M, EStG, Stand: Mai 1991, § 16 Rn. A 31; ähnlich *Trossen*, in: K/S/M, EStG, Stand: November 2017, § 16 Rn. A 51; *Geissler*, Gewinnrealisierung am Ende eines Unternehmens, Univ.-Diss. 1998, 58 ff.

480 *Geissler*, in: H/H/R, EStG, Stand: Januar 2019, § 16 Rn. 3; so noch *Reiß*, in: K/S/M, EStG, Stand: Mai 1991, § 16 Rn. A 31; ähnlich *Trossen*, in: K/S/M, EStG, Stand: November 2017, § 16 Rn. A 51.

481 *Geissler*, in: H/H/R, EStG, Stand: Januar 2019, § 16 Rn. 3.

482 *Geissler*, in: H/H/R, EStG, Stand: Januar 2019, § 16 Rn. 3; so noch *Reiß*, in: K/S/M, EStG, Stand: Mai 1991, § 16 Rn. A 31; ähnlich *Trossen*, in: K/S/M, EStG, Stand: November 2017, § 16 Rn. A 51.

Betriebsvermögensvergleich und dieser sei nur vorstellbar, solange Betriebsvermögen bestünde.[483] Ohne Betriebsvermögen könne weder ein Unterschiedsbetrag festgestellt, noch könne eine Hinzurechnung der Entnahmen erfolgen.[484] Nur § 16 Abs. 1 bis 3 EStG könne daher die Steuerpflicht dem Grunde nach auch für den Aufgabefall herstellen.[485]

3. Deklaratorische Wirkung der Betriebsaufgabe

Mit Verweis auf die Systematik des Einkommensteuergesetzes wird in Frage gestellt, ob § 16 Abs. 3 Satz 1 EStG konstitutive Wirkung besitze.[486] Der *Bundesfinanzhof* und der überwiegende Teil der Literatur gehen davon aus, dass die Betriebsaufgabe eine besondere Form der Entnahme (Totalentnahme) darstelle und daher die Voraussetzungen des § 4 Abs. 1 Satz 1, 2 EStG vorliegen müssen, um eine Betriebsaufgabe annehmen zu können.[487] § 16 Abs. 3 Satz 1 EStG sei hinsichtlich der Ersatzrealisation nur deklaratorischer Natur.[488] Der Gesetzgeber habe die Steuerpflicht für Veräußerungs- und Aufgabegewinne nicht gesondert normieren müssen, da eine solche Steuerpflicht bereits aus den allgemeinen Regeln der Gewinnermittlung folge. Der § 16 Abs. 1 bis 3 EStG diene einerseits nur der Klarstellung der Steuerpflicht und andererseits der Abgrenzung des Veräußerungs- und Aufgabegewinns vom laufenden Gewinn.[489] Die Norm ermögliche die Gewinnabgrenzung für Zwecke der begünstigten Besteuerung nach den

---

483 *Geissler*, in: H/H/R, EStG, Stand: Januar 2019, § 16 Rn. 3; so noch *Reiß*, in: K/S/M, EStG, Stand: Mai 1991, § 16 Rn. A 31.

484 *Geissler*, in: H/H/R, EStG, Stand: Januar 2019, § 16 Rn. 3; so noch *Reiß*, in: K/S/M, EStG, Stand: Mai 1991, § 16 Rn. A 31.

485 *Geissler*, in: H/H/R, EStG, Stand: Januar 2019, § 16 Rn. 3.

486 So bereits für die Vorgängernorm § 30 Abs. 4 EStG 1925, vgl. RFH, Urt. v. 09.12.1931, Az. VI A 2239/30, RStBl. 1932, 625.

487 Vgl. nur BFH, Urt. v. 15.08.1983, Az. I R 5/82, BStBl. II 1983, 771, 773; *Bode*, in: Kirchhof, EStG, 20. Aufl. 2021, § 4 Rn. 90; differenzierend *Kulosa*, in: H/H/R, EStG, Stand: Januar 2019, § 16 Rn. 500.

488 BFH, Urt. v. 26.05.1993, Az. X R 101/90, BStBl. II 1993, 710, 714; ebenso *Wacker*, in: Schmidt, EStG, 40. Aufl. 2021, § 16 Rn. 5; *Geeb*, in: Frotscher, EStG, Stand: Dezember 2020, § 16 Rn. 12; *Schallmoser*, in: Brandis/Heuermann, Ertragsteuerrecht, Stand: August 2021, § 16 EStG Rn. 4; *Hey*, in: Tipke/Lang, Steuerrecht, 24. Aufl. 2020, § 8 Rn. 196; *Dötsch*, Einkünfte aus Gewerbebetrieb, Univ.-Diss. 1986, 13, 51; *Stoll*, DStJG 1981, 207, 213, 228 ff.

489 Vgl. nur BFH, Urt. v. 16.09.1966, Az. VI 118, 119/65, BStBl. III 1967, 70, juris Rz. 14; *Kanzler*, FR 2000, 1245, 1248 f.

§§ 16 Abs. 4, 34 Abs. 1 und 3 EStG.[490] Insbesondere sei es für die Anwendung der Tarifbegünstigung notwendig alle Entnahme- und Veräußerungshandlungen einem einzigen Aufgabezeitpunkt zuordnen zu können.[491]

Die Vertreter dieser Ansicht stellen darauf ab, dass bereits aus der allgemeinen Gewinnermittlung der §§ 2, 4 Abs. 1, 5 EStG eine Aufgabebesteuerung folge. Die Betriebsveräußerung oder -aufgabe stelle in diesem Sinne den logischen Schlusspunkt der gewerblichen Tätigkeit dar und werde daher von der allgemeinen Gewinnermittlung umfasst, da der Veräußerungs- und Aufgabegewinn noch „im Rahmen des Betriebs" anfalle.[492] Der historische Gesetzgeber sei bei Einführung des § 30 Abs. 4 EStG 1925 ausweislich der Gesetzesbegründung davon ausgegangen, dass eine Steuerpflicht für Veräußerungs- und Aufgabegewinn bereits nach den allgemeinen Regelungen der Gewinnermittlung bestehe.[493]

4. *Stellungnahme*

Insgesamt erscheint es vorzugswürdig § 16 Abs. 3 Satz 1 EStG als deklarativen Tatbestand zu verorten, auch wenn § 16 Abs. 3b EStG im Sinne eines konstitutiven Tatbestandes verstanden werden könnte, da die dort angeordnete Fiktionswirkung entsprechend der h.M. eigentlich die Entnahmevorschrift erfassen müsste. Es spricht jedoch mehr dafür, dass der Gesetzgeber hier keine Änderung der gefestigten h.M. zur deklaratorischen Wirkung des § 16 Abs. 1 und 3 EStG herbeiführen wollte. Jedenfalls liefert die Gesetzesbegründung dafür keinen Anhaltspunkt.

Gegen die Ansicht von *Geissler* und *Reiß* spricht vor allem auch der Vergleich von Entnahme und Einlage. So wie die Entnahme dem Betriebsvermögen bilanziell hinzuzurechnen ist, muss die Einlage spiegelbildlich abgezogen werden, § 4 Abs. 1 Satz 1 EStG. Wer aber meint, dass eine *Total*entnahme nicht möglich sei, müsste dies konsequenterweise im Umkehrschluss auch für eine *Total*einlage vertreten. Also die Einlage eines Wirtschaftsguts ohne, dass bereits zuvor

490 BFH, Urt. v. 16.09.1966, Az. VI 118, 119/65, BStBl. III 1967, 70, juris Rz. 14.

491 *Stoll*, DStJG 1981, 207, 233.

492 BFH, Urt. v. 16.09.1966, Az. VI 118, 119/65, BStBl. III 1967, 70, juris Rz. 14; *Schallmoser*, in: Brandis/Heuermann, Ertragsteuerrecht, Stand: August 2021, § 16 EStG Rn. 3; *Hey*, in: Tipke/Lang, Steuerrecht, 24. Aufl. 2020, § 8 Rn. 196; *Dötsch*, Einkünfte aus Gewerbebetrieb, Univ.-Diss. 1986, 13 f.; kritisch *Baldauf*, Das innere System der einkommensteuerlichen Gewinnrealisierung, Univ.-Diss. 2008, 148.

493 RT-Drs. Nr. 795, S. 19, 23, 55, abgedruckt in: Verhandlungen des Reichstages, Band 400, 1924.

Betriebsvermögen bestand. Denn § 4 Abs. 1 Satz 8 EStG definiert die Einlage ihrem Wortlaut nach spiegelbildlich zur Entnahme. Konsequenterweise dürfte eine Einlage dann nicht möglich sein, wenn noch kein Betriebsvermögen besteht. Diese Ansicht wird zurecht, soweit ersichtlich, von niemandem vertreten.

Neben den bereits genannten zutreffenden Argumenten der h.M. spricht auch ein Vergleich der Betriebsaufgabe mit der allmählichen Betriebsabwicklung gegen die abweichende Auffassung. Wenn man mit dieser davon ausginge, dass ein Aufgabegewinn von den allgemeinen Gewinnermittlungsvorschriften nicht erfasst werde, führt dies im Falle einer allmählichen Betriebsabwicklung zu systemwidrigen Ergebnissen. Nach überwiegender Auffassung erfasst § 16 Abs. 3 Satz 1 EStG nicht den Gewinn einer allmählichen Betriebsabwicklung, also den Fall in dem der Betrieb über längere Zeit Stück für Stück abgewickelt wird.[494] Abwicklungsgewinne unterliegen der allgemeinen Gewinnermittlung und sind Teil des laufenden Gewinns.[495] Dafür spricht der Wortlaut von § 16 Abs. 3 EStG, der von einer Aufgabe und nicht von einer Abwicklung spricht. Soweit man ein konstitutives Verständnis des § 16 Abs. 1 und 3 EStG damit begründet, dass die allgemeinen Gewinnermittlungsvorschriften bestehendes Betriebsvermögen voraussetzten, dies aber bei einer Betriebsaufgabe nicht mehr vorliege[496], würde dies bei einer allmählichen Abwicklung zu Problemen führen. Denn auch bei einer allmählichen Abwicklung wird irgendein Wirtschaftsgut am Ende das alleinige Betriebsvermögen bilden. Dessen Entnahme wäre – vom Standpunkt der m.M. aus – ohne Aufdeckung der stillen Reserven möglich, weil seine Entnahme tatsächlich gleichbedeutend mit einer Betriebsaufgabe sein müsste, das Betriebsvermögen auflösen würde und auch eine Ersatzrealisation gemäß § 16 Abs. 3 Satz 1 EStG nicht in Betracht käme, da eine Abwicklung nicht erfasst würde. Ein solches Ergebnis wäre sonderbar. Es hinge schlicht vom Zufall ab, welches Wirtschaftsgut zuletzt veräußert würde und damit nicht mehr erfasst werden könnte.

---

494 Vgl. nur BFH, Urt. v. 16.09.1966, Az. VI 118, 119/65, BStBl. III 1967, 70; Urt. v. 22.10.2014, Az. X R 28/11, BFH/NV 2015, 479; *Wacker*, in: Schmidt, EStG, 40. Aufl. 2021, § 16 Rn. 184; *Schallmoser*, in: Brandis/Heuermann, Ertragsteuerrecht, Stand: August 2021, § 16 EStG Rn. 467. Für die Gegenansicht *Kulosa*, in: H/H/R, EStG, Stand: Januar 2019, § 16 Rn. 534; *Seer*, in: Kirchhof, EStG, 20. Aufl. 2021, § 16 Rn. 176.

495 *Kulosa*, in: H/H/R, EStG, Stand: Januar 2019, § 16 Rn. 534; *E. Becker*, Die Grundlagen der Einkommensteuer, 207, 209 f.

496 *Geissler*, in: H/H/R, EStG, Stand: Januar 2019, § 16 Rn. 3; *Reiß*, in: K/S/M, EStG, Stand: Mai 1991, § 16 Rn. A 31; *Geissler*, Gewinnrealisierung am Ende eines Unternehmens, Univ.-Diss. 1998, 58 ff.

Für die h.M. spricht außerdem, dass eine unterschiedliche Behandlung von Aufgabe- und Abwicklungsgewinn nur mit Blick auf die geballte Aufdeckung stiller Reserven gerechtfertigt erscheint.[497] Gerade dafür ermöglicht § 16 EStG dann auch die Abgrenzung des Aufgabegewinns vom laufenden Gewinn.

Ferner legt der Wortlaut von § 16 Abs. 3 Satz 1 EStG nahe, die Betriebsaufgabe nur als Voraussetzung der Begünstigungswirkung, §§ 16 Abs. 4, 34 Abs. 1 und 3 EStG, anzusehen. Wollte man der Vorschrift auch die Funktion einer Ersatzrealisation zuschreiben, hätte es näher gelegen eine andere, finalere Formulierung des § 16 Abs. 3 Satz 1 EStG zu wählen, z.B. dass der Betrieb bei Vorliegen einer Betriebsaufgabe aufzulösen und das Betriebsvermögen als entnommen zu behandeln sei.

Es überzeugt auch nicht § 16 Abs. 3 Satz 7 EStG als Zwangsrealisationstatbestand anzusehen.[498] Denn es handelt sich bei dieser Vorschrift ihrem Wortlaut nach nur um eine besondere Bewertungsvorschrift für den Fall, dass der Betriebsinhaber im Rahmen der Betriebsaufgabe Wirtschaftsgüter nicht veräußert, sondern diese entnommen werden. Die Norm stellt eine Spezialregelung zur Bewertung mit dem Teilwert gemäß § 6 Abs. 1 Nr. 4 EStG dar. Diese wird dadurch notwendig, dass die Fortführungsfiktion des Teilwerts bei einer Betriebsaufgabe widersinnig wäre, da der Betrieb gerade aufgegeben wird.

Soweit die Rechtsprechung beim Strukturwandel teilweise eine „Entnahme durch Betriebsaufgabe" prüft[499], ist dies jedenfalls ungenau. Nicht der Tatbestand der Betriebsaufgabe rechtfertigt den Steuerzugriff, sondern einzig die Entnahme. Ob gleichzeitig eine Betriebsaufgabe gegeben ist, spielt für den grundsätzlichen Steuerzugriff keine Rolle. Da die Tatbestandsmerkmale der Entnahme aber auch in diesen Fällen mittelbar dadurch geprüft werden, dass die Betriebsaufgabe als Totalentnahme angesehen wird und so deren Voraussetzungen in den Aufgabetatbestand hineingelesen werden, ergeben sich hinsichtlich der zu prüfenden Tatbestandsmerkmale regelmäßig keine Abweichungen.[500] Insoweit verweist die Rechtsprechung dann auch zutreffend darauf, dass für die Betriebsaufgabe und Totalentnahme keine abweichenden Maßstäbe gelten können.[501]

497 BFH, Urt. v. 10.03.2016, Az. IV R 22/13, BFH/NV 2016, 1438, juris Rz. 17.

498 Ausführlich *Dötsch*, Einkünfte aus Gewerbebetrieb, Univ.-Diss. 1986, 48 ff. m.w.N.

499 BFH, Urt. v. 29.10.1981, Az. IV R 138/78, BStBl II 1982, 381, 383; Urt. v. 13.12.1983, Az. VIII R 90/81, BStBl. II 1984, 474, 478. Kritik an dieser Begriffsbildung auch von *Geissler*, Gewinnrealisierung am Ende eines Unternehmens, Univ.-Diss. 1998, 107.

500 Vgl. nur BFH, Beschl. v. 07.10.1974, Az. GrS 1/73, BStBl. II 1975, 168, 170; Urt. v. 13.12.1983, Az. VIII R 90/81, BStBl. II 1984, 474, 478.

501 BFH, Beschl. v. 07.10.1974, Az. GrS 1/73, BStBl. II 1975, 168, 170.

Zusammenfassend ist somit davon auszugehen, dass § 16 Abs. 3 Satz 1 EStG hinsichtlich der Steuerpflicht dem Grunde nach deklaratorisch ist. Einzig § 16 Abs. 3 Satz 7 EStG ordnet für den Betriebsaufgabefall konstitutiv die Bewertung mit dem gemeinen Wert an. Daraus folgt, dass für den Strukturwandel hinsichtlich der Aufdeckung der stillen Reserven die Voraussetzungen einer Entnahme zu prüfen sind.

II. Entnahmehandlung

1. Nutzungsänderung als Entnahmehandlung

Mit dem Ausscheiden der Wirtschaftsgüter aus dem Betriebsvermögen bei einem Strukturwandel ist eine notwendige Voraussetzung der Entnahme erfüllt. Darüber hinaus ist für eine Entnahme notwendig, dass das ausgeschiedene Wirtschaftsgut durch eine Entnahmehandlung und aufgrund eines Entnahmewillens des Betriebsinhabers entnommen wurde.[502] Nachfolgend wird gezeigt, dass mit dem Strukturwandel eine endgültige Nutzungsänderung der Wirtschaftsgüter verbunden ist. Eine solche Nutzungsänderung stellt eine Entnahmehandlung dar.[503]

Aus Vereinfachungsgründen wird im Folgenden im Wesentlichen auf die Wirtschaftsgüter des notwendigen Betriebsvermögens eingegangen. Denn an deren Entnahme sind die strengsten Anforderungen hinsichtlich der Entnahmehandlung zu stellen.[504] Während bei Wirtschaftsgütern des gewillkürten Betriebsvermögens ein gedanklicher Entwidmungsakt in Form eines „Ausbuchens" aus der Bilanz ausreichen kann, ist bei Wirtschaftsgütern des notwendigen Betriebsvermögens eine sichtbare Entnahmehandlung erforderlich.[505]

Die h.M. verlangt für eine Entnahme eine Entnahmehandlung des Steuerpflichtigen.[506] Nur vereinzelt wurde die Forderung erhoben, den Wortlaut der

---

502 Vgl. nur *Loschelder*, in: Schmidt, EStG, 40. Aufl. 2021, § 4 Rn. 234, 235.

503 BFH, Urt. v. 17.01.2002, Az. IV R 74/99, BStBl. II 2002, 356, 357; *Bode*, in: Kirchhof, EStG, 20. Aufl. 2021, § 4 Rn. 87; *Musil*, in: H/H/R, EStG, Stand: Dezember 2019, § 4 Rn. 175; *V. Wendt*, Das Verhältnis von Entnahme/Einlage zur Anschaffung/Veräußerung im Einkommensteuerrecht, Univ.-Diss. 2003, 42.

504 *V. Wendt*, Das Verhältnis von Entnahme/Einlage zur Anschaffung/Veräußerung im Einkommensteuerrecht, Univ.-Diss. 2003, 42.

505 BFH, Urt. v. 17.01.2002, Az. IV R 74/99, BStBl. II 2002, 356, 358; *Musil*, in: H/H/R, EStG, Stand: Dezember 2019, § 4 Rn. 175; *V. Wendt*, Das Verhältnis von Entnahme/Einlage zur Anschaffung/Veräußerung im Einkommensteuerrecht, Univ.-Diss. 2003, 42.

506 BFH, Urt. v. 04.11.1965, Az. IV 411/61 U, BFHE 84, 134, juris Rz. 16; Urt. v. 09.08.1989, Az. X R 20/86, BStBl. II 1990, 128, 130 m.w.N.; Urt. v. 11.12.2002, Az. XI R 48/00,

Norm nicht als Bezugnahme auf eine Entnahmehandlung zu verstehen, sondern jeden „zurechenbaren Werttransfer von der betrieblichen in die außerbetriebliche Sphäre zu erfassen".[507] Aufgrund des Wortlauts von § 4 Abs. 1 Satz 2 EStG ist hier der h.M. zu folgen. Hätte der Gesetzgeber jedes Ausscheiden eines Wirtschaftsguts aus dem Betriebsvermögen ausreichen lassen wollen, hätte es nahegelegen eine andere Formulierung in § 4 Abs. 1 Satz 2 EStG zu wählen, z.B. dass das Wirtschaftsgut aus privaten Gründen aus dem Betriebsvermögen ausgeschieden ist. Die Entnahmehandlung findet ihre Stütze – neben dem Wortlaut – darin, dass der Steuerpflichtige im Rahmen der „objektiv möglichen betrieblichen Veranlassung" frei wählen kann, welche Wirtschaftsgüter er zur Förderung dieses Zwecks einsetzen will.[508] Dieser „unternehmerische Handlungswille" muss für Zwecke der Besteuerung klar und eindeutig als Handlung nach außen treten.[509] Genauso wie die Zugehörigkeit zum Betriebsvermögen eindeutig nach außen hin dokumentiert werden muss, muss auch das Ausscheiden nach außen hin tatsächlich vollzogen werden.[510] Diese Auslegung entspricht dem steuerrechtlichen Veranlassungsprinzip, wonach eine steuerrechtliche Zurechnung „zwingend ein subjektives Moment" beinhaltet und ein solches in Gestalt einer menschlichen Handlung – objektiv – festgestellt werden kann.[511] Der Entnahmewille bedarf daher eines nach außen tretenden Entwidmungsaktes, mithin einer Entnahmehandlung des Steuerpflichtigen.

2. *Nutzungsänderung beim Strukturwandel*

a. *Veranlassungsprinzip*

Eine Entnahmehandlung liegt vor, wenn durch ein Verhalten des Steuerpflichtigen dessen Entnahmewille durch ein tatsächliches Geschehen nach außen

---

BFH/NV 2003, 895, juris Rz. 12; *Drüen*, in: Brandis/Heuermann, Ertragsteuerrecht, Stand: November 2020, § 4 EStG Rn. 458; *Bode*, in: Kirchhof, EStG, 20. Aufl. 2021, § 4 Rn. 87; *Musil*, in: H/H/R, EStG, Stand: Dezember 2019, § 4 Rn. 155 ff.; *Hennrichs*, in: Tipke/Lang, Steuerrecht, 24. Aufl. 2020, § 9 Rn. 363; *V. Wendt*, Das Verhältnis von Entnahme/Einlage zur Anschaffung/Veräußerung im Einkommensteuerrecht, Univ.-Diss. 2003, 38; *M. Wendt*, FR 1998, 264, 268.

507 *Friauf*, StbJB 1975/76, 369, 386.

508 *Loschelder*, in: Schmidt, EStG, 40. Aufl. 2021, § 4 Rn. 234.

509 *Loschelder*, in: Schmidt, EStG, 40. Aufl. 2021, § 4 Rn. 234.

510 *V. Wendt*, Das Verhältnis von Entnahme/Einlage zur Anschaffung/Veräußerung im Einkommensteuerrecht, Univ.-Diss. 2003, 42.

511 So auch *Stapperfend*, in: H/H/R, Stand: Dezember 2019, § 4 Rn. 790.

eindeutig und nachprüfbar in Erscheinung tritt.[512] Die Entnahmehandlung kann dabei sowohl in einem ausdrücklichen als auch in einem schlüssigen Verhalten gesehen werden.[513] Bei notwendigem Betriebsvermögen ist eine Entnahme möglich, wenn der betriebliche Zusammenhang durch eine Handlung des Steuerpflichtigen vollständig und dauerhaft gelöst wird. Dazu zählen auch Nutzungsänderungen, die eine eindeutige Entnahmehandlung durch schlüssiges Verhalten beinhalten.[514] Eine dauerhafte außerbetriebliche Nutzung des betreffenden Wirtschaftsguts führt zu Privatvermögen.[515]

Es sprechen überzeugende Argumente dafür, beim Strukturwandel eine Entnahmehandlung aufgrund einer Nutzungsänderung der Wirtschaftsgüter anzunehmen. Die Rechtsprechung argumentiert demgegenüber, beim Strukturwandel könne eine Aufgabe-/Entnahmehandlung nur durch eine ausdrückliche Aufgabeerklärung des Betriebsinhabers erfolgen.[516] Für Einzelentnahmen vertritt sie demgegenüber jedoch, dass solche auch in einem schlüssigen Verhalten in Form einer dauerhaften Nutzungsänderung gesehen werden könne.[517] Eine solche Nutzungsänderung liegt vor, wenn äußerlich erkennbar wird, dass das Wirtschaftsgut nicht mehr zur Erzielung von Betriebseinnahmen sondern einkommensteuerrechtlich irrelevanten Zwecken verwendet wird.[518]

Die Zuordnung der konkreten Nutzung eines Wirtschaftsguts zur privaten oder betrieblichen Sphäre geschieht anhand des sog. Veranlassungsprinzips. Dabei wird auf die gleichen Grundsätze abgestellt, die zur Abgrenzung von

---

512 *Loschelder*, in: Schmidt, EStG, 40. Aufl. 2021, § 4 Rn. 234; *Musil*, in: H/H/R, EStG, Stand: Dezember 2019, § 4 Rn. 155.

513 *Drüen*, in: Brandis/Heuermann, Ertragsteuerrecht, Stand: November 2020, § 4 EStG Rn. 458; *Musil*, in: H/H/R, EStG, Stand: Dezember 2019, § 4 Rn. 155.

514 *Musil*, in: H/H/R, EStG, Stand: Dezember 2019, § 4 Rn. 175.

515 BFH, Urt. v. 10.11.2004, Az. XI R 31/03, BStBl. II 2005, 334 ff.; *Musil*, in: H/H/R, EStG, Stand: Dezember 2019, § 4 Rn. 82, 175.

516 BFH, Urt. v. 29.10.1981, Az. IV R 138/78, BStBl. II 1982, 381, 383; BFH, Urt. v. 11.05.2016, Az. X R 15/15, BStBl. II 2017, 112, 114.

517 BFH, Urt. v. 17.01.2002, Az. IV R 74/99, BStBl. II 2002, 356, 357; *Bode*, in: Kirchhof, EStG, 20. Aufl. 2021, § 4 Rn. 87; *Musil*, in: H/H/R, EStG, Stand: Dezember 2019, § 4 Rn. 175; *V. Wendt*, Das Verhältnis von Entnahme/Einlage zur Anschaffung/Veräußerung im Einkommensteuerrecht, Univ.-Diss. 2003, 42.

518 BFH, Urt. v. 09.08.1989, Az. X R 20/86, BStBl. II 1990, 128, 130; *V. Wendt*, Das Verhältnis von Entnahme/Einlage zur Anschaffung/Veräußerung im Einkommensteuerrecht, Univ.-Diss. 2003, 42.

Erwerbs- und Privatsphäre insgesamt entwickelt worden sind.[519] Die Kriterien der Abgrenzung von Erwerbs- und Privatsphäre hinsichtlich Einkünften, Aufwendungen und Vermögenszuordnung dürfen nicht unterschiedlich gehandhabt werden.[520] Der Leitgedanke des Veranlassungsprinzips ist es, die Zuordnung eines Wirtschaftsguts zur Betriebs- oder Privatsphäre nicht nur kausal, sondern kausal-final zu bestimmen.[521] Erst die Einbeziehung des Handlungszwecks, die sog. Finalität, erlaubt die Zuordnung zu einer Sphäre, da sie den Willen des Steuerpflichtigen in den Mittelpunkt rückt.[522] Nur in Ausnahmefällen kann auf den finalen Aspekt der Zurechnung verzichtet werden, z.B. wenn es sich um unfreiwillige Aufwendungen oder Zwangsaufwendungen handelt, die aus Wertungsgründen auch ohne Willenselement des Betriebsinhabers nur dem Betrieb zugeordnet werden können.[523] Diese Ansicht lässt sich auf den Wortlaut von § 4 Abs. 4 EStG („veranlasst sind") zurückführen.[524] Danach ist ein Aufwand der Erwerbssphäre zuzuschlagen, wenn die Handlung, z.B. der Abschluss des fraglichen Vertrags, zu Erwerbszwecken vorgenommen wurde.[525] Da ein Aufwand durch eine Vielzahl von Kausalbeziehungen verursacht sein kann und nicht alle davon aus der betrieblichen Sphäre stammen müssen, ist die „juristisch-normativ" wesentliche Bedingung unter wertender Betrachtung der Gesamtumstände und der Finalität zu identifizieren.[526] Sie stellt darauf ab,

519 Maßgeblich für das Veranlassungsprinzip BFH, Beschl. v. 28.11.1977, Az. GrS 2-3/77, BStBl. II 1978, 105, 108 ff.; Beschl. v. 21.09.2009, Az. GrS 1/06, BStBl. II 2010, 672; *Wassermeyer*, StuW 1982, 352 ff.; ähnlich *Tipke*, StuW 1979, 193, 206; *Drüen*, in: Brandis/Heuermann, Ertragsteuerrecht, Stand: November 2020, § 4 EStG Rn. 556; *Loschelder*, in: Schmidt, EStG, 40. Aufl. 2021, § 4 Rn. 30 ff.; *Bode*, in: Kirchhof, EStG, 20. Aufl. 2021, § 4 Rn. 170.

520 *Hennrichs*, in: Tipke/Lang, Steuerrecht, 24. Aufl. 2020, § 9 Rn. 217 m.w.N.; *Drüen*, in: Brandis/Heuermann, Ertragsteuerrecht, Stand: November 2020, § 4 EStG Rn. 340, 555; *Wassermeyer*, StuW 1982, 352, 353.

521 So allerdings u.a. *Söhn*, in: K/S/M, EStG, Stand: September 2012, § 4 Rn. E 65 ff. der von einem reinen „Kausalitätsproblem" spricht.

522 Besonders anschaulich bei *Welzel*, Um die finale Handlungslehre, 1949, 7 der im Merkmal der Finalität die gedankliche Antizipation der Folgen einer menschlichen Handlung sieht. Vgl. ebenso *Hübner*, Die Entwicklung der objektiven Zurechnung, Univ.-Diss. 2004, 73 ff.

523 Vgl. nur *Stapperfend*, in: H/H/R, Stand: Dezember 2019, § 4 Rn. 791 m.w.N.

524 Vgl. nur *Stapperfend*, in: H/H/R, Stand: Dezember 2019, § 4 Rn. 793; ausführlich *Wassermeyer*, StuW 1982, 352, 358.

525 *Hey*, in: Tipke/Lang, Steuerrecht, 24. Aufl. 2020, § 8 Rn. 206.

526 *Hey*, in: Tipke/Lang, Steuerrecht, 24. Aufl. 2020, § 8 Rn. 216, 220; *Ruppe*, DStJG 1980, 103, 146; *V. Wendt*, Das Verhältnis von Entnahme/Einlage zur Anschaffung/

ob der „auslösende Moment" für den Aufwand aus Sicht des Steuerpflichtigen im betrieblichen oder privaten Bereich liegt.[527] Für die Verwendung des Veranlassungsprinzips spricht, dass eine rein kausale Betrachtung die wirtschaftliche Entscheidungsfreiheit des Steuerpflichtigen über Art und Umfang seiner Betriebsführung negieren würde.[528] Die h.M. verlangt über den subjektiven Zweckzusammenhang hinaus auch einen objektiven Erwerbszusammenhang.[529]

Ferner gilt es zu beachten, dass jede Handlung des Steuerpflichtigen mit dem Risiko behaftet ist, nicht den beabsichtigten Erfolg herbeiführen zu können.[530] Für die Liebhaberei findet dies – wie bereits zuvor angesprochen – in den steuerlich relevanten Anlaufverlusten seinen Ausdruck. Während diese steuerlich anerkannt werden, weil der Steuerpflichtige sie im Vertrauen auf eine spätere Gewinnerzielung veranlasst hat, die Gewinnerzielung war damit finaler Zweck, gilt dies nicht für einen Aufwand, bei dem dem Betriebsinhaber klar sein muss, dass sein Handeln einen Totalgewinn nicht mehr bezwecken kann. Diese Grenze ist erreicht, wenn das Risiko der Zweckverfehlung für den Betriebsinhaber zur Gewissheit wird.

Auf die Bestimmung einer Nutzungsänderung beim Strukturwandel angewandt bedeutet dies: Die Nutzung eines Wirtschaftsguts kann dem betrieblichen Bereich unter Veranlassungsgesichtspunkten nicht mehr zugerechnet werden, wenn die mit dem Wirtschaftsgut verbundenen Handlungen nicht mehr nur mit dem Risiko der Verfehlung der Gewinnerzielung belastet sind, sondern die Verfolgung außerbetrieblicher Zwecke gewiss ist. Die Finalität liegt dann im privaten Bereich. Ist es nicht mehr vorstellbar, dass die konkrete Art der Nutzung des Wirtschaftsguts einen Gewinn herbeiführen kann, ist diese Nutzung privater Natur und das Wirtschaftsgut unterliegt einer Nutzungsänderung.

Veräußerung im Einkommensteuerrecht, Univ.-Diss. 2003, 41 spricht vom „final-funktionalen Veranlassungszusammenhang".

527 Vgl. nur BFH, Beschl. v. 04.07.1990, Az. GrS 2-3/88, BStBl. II 1990, 817, 823; *Stapperfend*, in: H/H/R, Stand: Dezember 2019, § 4 Rn. 791 m.w.N.; *Bode*, in: Kirchhof, EStG, 20. Aufl. 2021, § 4 Rn. 5; *Offerhaus*, BB 1979, 617, 620.

528 *Wassermeyer*, StuW 1981, 245, 250.

529 Vgl. v. *Bornhaupt*, DStJG 1980, 149, 180 f.; *Stapperfend*, in: H/H/R, Stand: Dezember 2019, § 4 Rn. 791 m.w.N.; zustimmend *Drüen*, in: Brandis/Heuermann, Ertragsteuerrecht, Stand: November 2020, § 4 EStG Rn. 559.

530 *Hey*, in: Tipke/Lang, Steuerrecht, 24. Aufl. 2020, § 8 Rn. 208.

b. Meinungsstand zur Nutzungsänderung beim Strukturwandel

Die Rechtsprechung sieht im Strukturwandel indes keine Nutzungsänderung. Die konkrete Nutzung sei unverändert, einzig die steuerrechtliche Beurteilung habe sich geändert.[531] Sie argumentiert, aus der Liebhaberei an sich dürfe keine Entnahmehandlung abgeleitet werden.[532] Es sei unzulässig für die Feststellung einer Entnahmehandlung allein auf die Tatsachen abzustellen, die die Liebhabereifeststellung rechtfertigten.[533] Es müsse eine „unabhängige" Entnahmehandlung vorliegen.[534] Eine nähere Begründung, warum nicht auf die gleichen Tatsachen abgestellt werden dürfe, die die Liebhabereifeststellung rechtfertigen, bleibt die Rechtsprechung allerdings schuldig. Vom Standpunkt der Rechtsprechung aus, welche beim Strukturwandel die Wiederaufnahmeabsicht fingiert (siehe dazu unter § 2 III. 3.), ist diese Lösung durchaus nachvollziehbar. Denn es lässt sich argumentieren, dass in Zukunft die gewerbliche Tätigkeit wieder aufgenommen wird und die Nutzungsänderung daher jedenfalls nicht dauerhaft wäre. Der überwiegende Teil der Literatur hat sich dieser Rechtsprechung angeschlossen und argumentiert, weder die betriebliche Tätigkeit, noch der Betrieb als Wirtschaftsorganismus seien beim Strukturwandel aufgegeben worden, daher könne auch keine Nutzungsänderung vorliegen.[535] Andere bemängeln das Fehlen einer „objektbezogenen" Entnahmehandlung.[536] Aus Gründen der Rechtssicherheit und in Anbetracht der mit einer Entnahme verbundenen Folgen könne es nicht darauf ankommen, aus einem „Maßnahmenbündel" auf das Vorliegen einer Entnahmehandlung zu schließen.[537]

Andere Teile der Literatur erkennen hingegen in der Fortführung eines verlustbringenden Betriebs einen konkludenten Willensentschluss zur privaten Nutzung der Wirtschaftsgüter also eine Nutzungsänderung.[538] *Felsmann*

---

531 BFH, Urt. v. 29.10.1981, Az. IV R 138/78, BStBl. II 1982, 381, 383.

532 BFH, Beschl. v. 06.07.1978, Az. IV B 59/76, BStBl. II 1978, 626, 627.

533 BFH, Urt. v. 29.10.1981, Az. IV R 138/78, BStBl. II 1982, 381.

534 BFH, Beschl. v. 14.07.2003, Az. IV B 58/02, juris Rz. 4; Urt. v. 06.03.2006, Az. IV B 82/04, BFH/NV 2006, 1291, juris Rz. 14; Urt. v. 18.05.2000, Az. IV R 28/98, BFH/NV 2000, 1455, juris Rz. 22.

535 Maßgeblich *Leingärtner*, FR 1979, 105, 112.

536 *Dötsch*, Einkünfte aus Gewerbebetrieb nach Betriebsveräußerung und Betriebsaufgabe, Univ.-Diss. 1987, 99; ebenso *Knobbe-Keuk*, StuW 1976, 152, 154; *Albrod*, DStR 1978, 545, 547 f.

537 *Dötsch*, Einkünfte aus Gewerbebetrieb nach Betriebsveräußerung und Betriebsaufgabe, Univ.-Diss. 1987, 100 (Fn. 429).

538 *Job*, Die steuerrechtliche Liebhaberei, Univ.-Diss. 1977, 96; *Woltmann*, Inf/L 1966, 234, 235; so wohl auch *Reiß*, in: K/S/M, EStG, Stand: August 1992, § 16 Rn. F 41.

kritisiert, es sei nur folgerichtig, wenn die anhaltende Verlusterwirtschaftung als ein schlüssiges Verhalten des Betriebsinhabers als Aufgabehandlung gesehen werde.[539] Auch andere sehen in der Umgestaltung des steuerlich relevanten Betriebs hin zur Liebhaberei eine Nutzungsänderung.[540] Die außerbetriebliche Nutzung der Wirtschaftsgüter sei erst der Grund der steuerlichen Umqualifizierung als Liebhaberei.[541] Der Strukturwandel sei Folge einer Nutzungsänderung „in die Richtung der außerbetrieblichen Sphäre".[542] Auch weitere Stimmen verweisen darauf, dass dem Strukturwandel eine geänderte Tatsachengrundlage zugrunde liege und sich nicht nur die steuerrechtliche Beurteilung geändert habe.[543]

c. Stellungnahme

Wenn man – wie hier vertreten – eine Wiederaufnahmeabsicht bezüglich der gewerblichen Tätigkeit beim Strukturwandel mit dem Argument ablehnt, dass eine solche nicht mit der Liebhabereifeststellung in Einklang zu bringen ist (siehe dazu unter § 2 III. 3.), dann ist mit dem Strukturwandel zugleich eine dauerhafte Nutzungsänderung der Wirtschaftsgüter verbunden. Diese Nutzungsänderung ist auch erkennbar nach außen getreten, wie die Liebhabereifeststellung zeigt. Damit ist klar, dass die Wirtschaftsgüter zu einkommensteuerlich irrelevanten Zwecken eingesetzt werden und damit entnommen sind.[544]

Wenn nach dem zweigliedrigen Liebhabereibegriff die Feststellung einer privaten – steuerlich nicht relevanten – Motivation Voraussetzung der Liebhaberei ist, dann liegt diese private Motivation notwendigerweise auch der Nutzung jedes einzelnen Wirtschaftsguts zugrunde. Deshalb handelt es sich um eine Liebhaberei und nicht nur um ein Abzugsverbot. Wenn die Liebhaberei den gesamten Betrieb betrifft, betrifft die Nutzungsänderung ebenso jedes einzelne Wirtschaftsgut. Eine betriebliche Nutzung der Wirtschaftsgüter, die notwendig wäre,

---

539 *Felsmann*, Inf 1982, 517, 519 f.

540 *M. Wendt*, FR 1998, 264, 275.

541 *Stoll*, DJStG 1981, 207, 235 f.

542 *Stoll*, DStJG 1981, 207, 235 f. (Fn. 66).

543 So noch *Reiß*, in: Kirchhof, EStG, 16. Aufl. 2017, § 16 Rn. 205a; *ders.*, in: K/S/M, EStG, Stand: August 1992, § 16 Rn. F 41; so wohl auch *Seer*, in: Kirchhof, EStG, 20. Aufl. 2021, § 16 Rn. 186; Baldauf, Das innere System der einkommensteuerlichen Gewinnrealisierung, Univ.-Diss. 2008, 202 f.; *Groh*, DB 1984, 2424, 2428; *Wüllenkemper*, EFG 2015, 11, 14.

544 Zum Einsatz von WG zu einkommensteuerlich irrelevanten Zwecken, vgl. BFH, Beschl. v. 20.04.2020, Az. VI S 9/19 (PKH), juris Rz. 19 m.w.N.

um ihre Eigenschaft als Betriebsvermögen aufrecht zu erhalten, stünde einer Liebhaberei gerade entgegen. Ist eine Liebhaberei festgestellt, kann kein Wirtschaftsgut des betroffenen Betriebs mehr gewerblich genutzt werden. Genauso wenig wie bei der anfänglichen Liebhaberei Betriebsvermögen gebildet werden kann, weil die betriebliche Nutzung des Wirtschaftsguts ausgeschlossen ist, kann Betriebsvermögen nach einem Strukturwandel fortbestehen. Diese Nutzungsänderung ist auch dauerhaft, weil bei einer Liebhaberei keine Anhaltspunkte dafür vorliegen, dass die Nutzungsänderung nur vorübergehend ist. Aufgrund der prognostischen Bestimmung der Liebhaberei ist die mit dem Strukturwandel verbundene Nutzungsänderung stets dauerhafter Natur.

Die Rechtsprechung geht demgegenüber unzutreffend davon aus, dass dem Strukturwandel keine geänderte Tatsachengrundlage zugrunde liege, sondern sich nur die steuerrechtliche Beurteilung geändert habe.[545] Dem ist entgegenzuhalten, dass auch der Verlust eines subjektiven Tatbestandsmerkmals – der Gewinnerzielungsabsicht – eine geänderte Tatsachengrundlage darstellt. Auch innere Willensmerkmale des Steuerpflichtigen sind Tatsachen, weil sie grundsätzlich dem Beweis zugänglich sind.[546] Nicht die Qualifizierung als Liebhaberei zieht eine Nutzungsänderung nach sich, sondern die Nutzungsänderung sieht die Qualifizierung als Liebhaberei nach sich.[547]

Auch die Behauptung, der Strukturwandel werde nur durch das Unterlassen notwendiger Umstrukturierungsmaßnahmen ausgelöst, sei also auf die *Untätigkeit* des Steuerpflichtigen zurückzuführen, ist in Frage zu stellen.[548] Auf ein Unterlassen käme es überhaupt nur dann an, wenn man nicht auf die *tatsächliche* Nutzung der Wirtschaftsgüter, sondern auf eine *hypothetische* Nutzungsmöglichkeit des Steuerpflichtigen abstellt. Also die Nutzung, die nötig wäre, um Gewinne zu erzielen. Diese Tätigkeit übt der Steuerpflichtige jedoch nicht aus. Legt man zugrunde, dass die Gewinnerzielungsabsicht des Steuerpflichtigen nur durch die objektiv nach außen tretenden Umstände festgestellt werden kann, dann ist es die Nutzung aus privaten Motiven, welche die Liebhabereifeststellung trägt.

Ohne eine Nutzungsänderung kann es schon keinen Strukturwandel geben. Es lag dann entweder von Anfang an keine steuerlich relevante Tätigkeit vor, oder die relevante Tätigkeit liegt immer noch vor. Der Strukturwandel setzt voraus, dass eine steuerlich beachtliche Tätigkeit vorgelegen hat, womit die betriebliche

545 BFH, Urt. v. 29.10.1981, Az. IV R 138/78, BStBl. II 1982, 381, 383.

546 Ähnlich auch *Wüllenkemper*, EFG 2015, 11, 14.

547 Stoll, DStJG 1981, 207, 235 f. (Fn. 66).

548 BFH, Urt. v. 29.10.1981, Az. IV R 138/78, BStBl. II 1982, 381, 382 f.

Nutzung der Wirtschaftsgüter verbunden ist. Ohne Änderung dieser Nutzung kann es nicht zu einer Liebhaberei kommen. Entscheidender Gesichtspunkt ist somit kein Unterlassen. Anknüpfungspunkt für die Entnahme ist der Zeitpunkt des Strukturwandels. Diesem geht eine Nutzungsänderung der Wirtschafsgüter voraus.[549]

Aber auch soweit man mit der Rechtsprechung von einem Unterlassen ausginge, überzeugt die vermeintliche Differenzierung der Rechtsprechung zwischen Tun und Unterlassen nicht. Denn es ist nicht ersichtlich, warum ein dem Steuerpflichtigen zurechenbares Unterlassen steuerrechtlich irrelevant sein sollte.[550] Zuzustimmen ist im Ergebnis daher auch den Stimmen, die zwar eine unterlassene Umstrukturierung als Anknüpfungspunkt annehmen, aber auch daraus eine Nutzungsänderung ableiten.[551] Die Stimmen in der Literatur, die den Handlungsbegriff davon abhängig machen, ob eine Realisation oder Ersatzrealisation vorliegt, wobei nur für die Realisation ein Dulden oder Unterlassen ausreichen soll, überzeugen nicht.[552] Für diese Differenzierung zwischen Realisation und Ersatzrealisation lässt sich kein gesetzlicher Anhaltspunkt finden. Unverständlich ist die Rechtsprechung zum Strukturwandel auch vor dem Hintergrund, dass der *Bundesfinanzhof* bereits entschieden hat, dass eine Entnahmehandlung auch in einem Unterlassen bestehen kann[553]: Im Falle eines veruntreuenden Angestellten-Ehegattens soll eine Entnahme vorliegen, wenn der Betriebsinhaber-Ehegatte es unterlassen hat, die Zugriffsmöglichkeiten auf Wirtschaftsgüter des Betriebs für den Angestellten-Ehegatten in gleichem Maße zu beschränken wie für jeden anderen Mitarbeiter.[554] Die Rechtsprechung stellt darauf ab, dass solche Vermögensabflüsse unter dem Gesichtspunkt eines „Organisationsmangels" oder eines „Überwachungsverschuldens" dem Betriebsinhaber-Ehegatten zugerechnet werden müssen.[555] Das auslösende Ereignis für den endgültigen Vermögensabfluss sei in der privaten Sphäre zu verorten.

---

549 Ähnlich *M. Wendt*, FR 1998, 264, 275.

550 *Bödefeld*, BB 1985, 333, 334.

551 Vgl. *Stoll*, DStJG 1981, 207, 244; ebenso *Woltmann*, Inf/L 1966, 234, 235.

552 *Kessler*, BB 1986, 1441, 1442 ff.

553 BFH, Urt. v. 25.10.1989, Az. X R 69/88, BFH/NV 1990, 553. So auch allgemein zur Entnahme durch Unterlassen, vgl. *Hennrichs*, in: Tipke/Lang, Steuerrecht, 24. Aufl. 2020, § 9 Rn. 219.

554 BFH, Urt. v. 25.10.1989, Az. X R 69/88, BFH/NV 1990, 553, juris Rz. 52.

555 BFH, Urt. v. 25.10.1989, Az. X R 69/88, BFH/NV 1990, 553, juris Rz. 54.

Ginge man beim Strukturwandel von einem Unterlassen aus, dann beruht dieses wertungsmäßig darauf, dass der Betriebsinhaber die private Motivation für seine Tätigkeit gerade nicht aufgibt. Er unterlässt die notwendigen – marktgerechten – Maßnahmen deshalb, weil er an einer Gewinnerzielung kein Interesse hat. Er stellt seine privaten Vorlieben über den geschäftlichen Erfolg.[556]

Zusammenfassend betrachtet sind gemäß dem Veranlassungsprinzip die Wirtschaftsgüter nach dem Strukturwandel als notwendiges Privatvermögen einzustufen.[557] Die ursprüngliche betriebliche Nutzung wirkt nicht fort. Vielmehr liegt ein aktualisierter – privater – Nutzungszusammenhang vor, der die ursprüngliche betriebliche Zwecksetzung überlagert.

Wenn die h.M. davon spricht, dass die Entnahmehandlung „unmissverständlich“[558] die Entnahme zeigen müsse, handelt es sich dabei nicht um ein eigenständiges Tatbestandsmerkmal, sondern um eine Frage des Beweismaßes. Bereits aus den allgemeinen Beweismaßregeln folgt die volle Beweispflicht des Finanzamtes für die Erfüllung des gesetzlichen Steuertatbestandes.[559] Dies bedeutet, dass für die Nutzungsänderung der volle Beweis durch das Finanzamt zu erbringen ist.[560] Diesen Beweis kann das Finanzamt führen, wenn es den Strukturwandel nachgewiesen hat, denn damit hat es die Nutzungsänderung der Wirtschaftsgüter inzident nachgewiesen.

III. Kein substituierender Rechtsvorgang

Nach dem Vorgenannten bedarf es für die Einordnung des Strukturwandels als Totalentnahme daher auch keines Rückgriffs auf einen die Entnahmehandlung substituierenden Rechtsvorgang. Aus Sicht der Rechtsprechung und Teilen der Literatur soll am Tatbestandsmerkmal der Entnahmehandlung in bestimmten Fallgruppen nicht festzuhalten sein, da dies zu unbilligen Ergebnissen führe.[561]

---

556 Vgl. FG München, Beschl. v. 09.10.2018, Az. 2 V 2143/18, BeckRS 2018, 36296; Urt. v. 03.06.2019, Az. 15 K 2481/17, BeckRS 2019, 22287 zur Reaktionspflicht des Steuerpflichtigen in „Liebhabereifällen“.

557 Vgl. auch *Wassermeyer*, StuW 1982, 352, 355, der für die Abgrenzung zwischen Liebhaberei und gewerblicher Betätigung auf die Grundgedanken des Veranlassungsprinzips abstellen will.

558 BFH, Urt. v. 29.07.2015, Az. X R 37/13, BFH/NV 2016, 536 m.w.N., juris Rz. 34.

559 Vgl. nur *Seer*, in: Tipke/Kruse, FGO, Stand: August 2018, § 96 Rn. 83.

560 *Seer*, in: Tipke/Kruse, FGO, Stand: August 2018, § 96 Rn. 65 ff.

561 BFH, Beschl. v. 07.10.1974, Az. GrS 1/73, BStBl. II 1975, 168 m.w.N. spricht von „besonders gelagerten Fällen“.

Stattdessen soll ein „substituierender Rechtsvorgang“ als mittelbare Entnahmehandlung ausreichen.[562] Ein solcher soll vorliegen, wenn sich aus der Einwirkung von „außersteuerlichen Normen“[563] die endgültige Entwidmung eines Wirtschaftsguts als Betriebsvermögen ergebe.[564] Die Beschränkung auf außersteuerliche Vorgänge wird damit begründet, dass ansonsten eine Entnahme kraft bloßer Steuerentstrickung ausgelöst werden könne, dies sei jedoch nicht Sinn und Zweck der Entnahme.[565] *Schell* begründet den „substituierenden Rechtsvorgang“ mit den Grenzen, welche der subjektiven Zwecksetzung des Betriebsinhabers durch die objektive Förderungsmöglichkeit des Betriebs gesetzt seien.[566] Soweit außersteuerliche Normen eine weitere Förderung des Betriebsgegenstands für die Zukunft ausschlössen, bestehe für eine entgegenstehende Willensrichtung des Betriebsinhabers kein Raum.[567]

Beim Strukturwandel wäre es in Anlehnung an diese Rechtsprechung zwar grundsätzlich denkbar, die Entnahmehandlung durch einen solchen Rechtsvorgang zu substituieren. Indes hat die h.M. dies für den Strukturwandel völlig zu Recht abgelehnt, da der Strukturwandel kein außersteuerlicher Vorgang ist.[568] Der Verlust der Gewinnerzielungsabsicht betrifft einzig ein steuerliches Tatbestandsmerkmal.

IV. Entnahmewille

Die Rechtsprechung verlangt für die Entnahme, dass der Entnahmehandlung ein Willensentschluss des Steuerpflichtigen zugrunde liegt.[569] Zurück geht diese Rechtsprechung auf *Strutz*, der für die Betriebsaufgabe einen Aufgabeentschluss

---

562 Vgl. BFH, Beschl. v. 07.10.1974, Az. GrS 1/73, BStBl. II 1975, 168, 171; *Stoll*, DStJG 1981, 207, 234.

563 *Stoll*, DStJG 1981, 207, 234.

564 BFH, Urt. v. 20.11.2003, Az. IV R 21/03, BStBl. II 2004, 272, 274.

565 *Stoll*, DStJG 1981, 207, 234; *Schell*, Subjektive Besteuerungsmerkmale im Einkommensteuerrecht, Univ.-Diss. 2006, 89.

566 *Schell*, Subjektive Besteuerungsmerkmale im Einkommensteuerrecht, Univ.-Diss. 2006, 89.

567 *Schell*, Subjektive Besteuerungsmerkmale im Einkommensteuerrecht, Univ.-Diss. 2006, 89.

568 Vgl. nur BFH, Urt. v. 22.10.1981, Az. IV R 138/78, BStBl. II 1982, 381, 384; *Musil*, in: H/H/R, EStG, Stand: Dezember 2019, § 4 Rn. 178.

569 Für die Entnahme, vgl. nur BFH, Urt. v. 09.08.1989, Az. X R 20/86, BStBl. II 1989, 128, 130 m.w.N. und für die Betriebsaufgabe, vgl. nur BFH, Urt. v. 09.09.1993, IV R 30/92, BStBl. II 1994, 105 f. m.w.N.

verlangte, ganz gleich ob frei gebildet oder erzwungen.[570] Seine Rechtfertigung erlangt das Merkmal aus dem Wortlaut der Entnahmevorschrift, welche eine Entnahme zu betriebsfremden *Zwecken* voraussetzt. Eine Zwecksetzung ist Folge einer Willensentscheidung. Mit anderen Worten verlangt die Vorschrift eine „Intervention des Steuerpflichtigen aus der Privatsphäre heraus".[571] Für die Betriebsaufgabe folgt gleiches aus der Natur der Betriebsaufgabe als Totalentnahme.[572]

Ein Entnahmewille liegt vor, wenn der Steuerpflichtige die Absicht hat, das entsprechende Wirtschaftsgut oder alle Wirtschaftsgüter fortan für private Zwecke zu nutzen.[573] Nicht erforderlich ist, dass er die Gewinnverwirklichung dadurch für möglich hält.[574] Insbesondere ist auch kein Rechtsfolgenbewusstsein beim Steuerpflichtigen für die Aufdeckung der stillen Reserven notwendig[575] und auch Willensirrtümer führen nicht zu einer Unbeachtlichkeit der Entnahmehandlung.[576]

Da der Strukturwandel die Feststellung einer privaten Motivation für die ausgeübte Tätigkeit verlangt, ist sichergestellt, dass der Steuerpflichtige die Wirtschaftsgüter zu privaten Zwecken nutzen will. Denn, wenn der betrachteten Tätigkeit des Steuerpflichtigen eine private Motivation zugrunde liegt, ist auch der Nutzungswille an den einzelnen Wirtschaftsgütern ein privater. Die Voraussetzungen einer (Total-)Entnahme liegen im Falle des Strukturwandels also vor.

---

570 *Strutz*, Kommentar zum EStG, § 30 EStG 1925 Rn. 44; so auch *Loschelder*, in: Schmidt, EStG, 40. Aufl. 2021, § 4 Rn. 235; *Musil*, in: H/H/R, EStG, Stand: Dezember 2019, § 4 Rn. 176; *Drüen*, in: Brandis/Heuermann, Ertragsteuerrecht, Stand: November 2020, § 4 EStG Rn. 465; *Bode*, in: Kirchhof, EStG, 20. Aufl. 2021, § 4 Rn. 89; *Knobbe-Keuk*, Bilanz- und Unternehmenssteuerrecht, 9. Aufl. 1993, 279.

571 *Stoll*, DJStG 1981, 207, 220.

572 *Kulosa*, in: H/H/R, EStG, Stand: Januar 2019, § 16 Rn. 537.

573 BFH, Urt. v. 31.01.1985, Az. IV R 130/82, BStBl. II 1985, 395; Urt. v. 06.11.1991, Az. XI R 27/90, BStBl. II 1993, 391, 392; *Drüen*, in: Brandis/Heuermann, Ertragsteuerrecht, Stand: November 2020, § 4 EStG Rn. 465.

574 BFH, Urt. v. 31.01.1985, Az. IV R 130/82, BStBl. II 1985, 395; Urt. v. 07.02.2002, Az. IV R 32/01, BFH/NV 2002, 1135, juris Rz. 16.

575 BFH, Urt. v. 31.01.1985, Az. IV R 130/82, BStBl. II 1985, 395; *Musil*, in: H/H/R, EStG, Stand: Dezember 2019, § 4 Rn. 176; *Schell*, Subjektive Besteuerungsmerkmale im Einkommensteuerrecht, Univ.-Diss. 2006, 88; *V. Wendt*, Das Verhältnis von Entnahme/Einlage zur Anschaffung/Veräußerung im Einkommensteuerrecht, Univ.-Diss. 2003, 42.

576 *Musil*, in: H/H/R, EStG, Stand: Dezember 2019, § 4 Rn. 176; *Bode*, in: Kirchhof, EStG, 20. Aufl. 2021, § 4 Rn. 89.

V. Betriebsaufgabe und Strukturwandel

1. Beendigung des wirtschaftlichen Organismus

Wenn damit also feststeht, dass der Strukturwandel zu einer Totalentnahme führt, so bleibt die Frage, ob zugleich auch eine Betriebsaufgabe vorliegt, nicht völlig unbedeutend. Denn zum einen ist noch die Frage zu klären, wie die im Rahmen der Totalentnahme entnommenen Wirtschaftsgüter zu bewerten sind und zum anderen ergibt sich in Fällen der Betriebsaufgabe die Möglichkeit einer begünstigenden Besteuerung.

Zutreffend ist es, wenn die h.M. davon ausgeht, dass es sich bei der Betriebsaufgabe um eine Totalentnahme handelt, deshalb ergeben sich keine relevanten Abweichungen bei der Subsumtion des Strukturwandels unter die Aufgabevorschrift.[577] Für die Betriebsaufgabe ist im Gegensatz zur Betriebsabwicklung entscheidend, dass die Betriebsaufgabe, wenn auch nicht immer *uno actu*, aber doch durch einen „einheitlichen Vorgang innerhalb kurzer Zeit" erfolgen muss.[578] Der Tatbestand der Betriebsaufgabe setzt voraus, dass zwischen erster und letzter Aufgabehandlung lediglich ein kurzer Zeitraum vergangen sein darf.[579] Für den Strukturwandel kann dabei offengelassen werden, ob ein solcher Aufgabezeitraum auch noch bei mehr als nur einem Veranlagungszeitraum gegeben sein kann.[580] Denn der Strukturwandel führt im Moment der Liebhabereifeststellung zu einer Übertragung sämtlicher Wirtschaftsgüter in das Privatvermögen. Eine gestreckte Betriebsaufgabe ist daher beim Strukturwandel nicht denkbar.

Ferner setzt eine Betriebsaufgabe voraus, dass der Betrieb als wirtschaftlicher Organismus nicht mehr fortbesteht.[581] Dass der wirtschaftliche Organismus nach einem Strukturwandel fortbestehe, wird vereinzelt vertreten.[582] Dies

---

577 Vgl. nur BFH, Beschl. v. 07.10.1974, Az. GrS 1/73, BStBl. II 1975, 168, 171; *Schallmoser*, in: Brandis/Heuermann, Ertragsteuerrecht, Stand: August 2021, § 16 EStG Rn. 450; *Stoll*, DStJG 1981, 207, 234.

578 Vgl. nur BFH, Urt. v. 26.05.1993, Az. X R 101/90, BStBl. II 1993, 710, 712 m.w.N.; *Seer*, in: Kirchhof, EStG, 20. Aufl. 2021, § 16 Rn. 175; *Tiedtke/Heckel*, DStR 2001, 145, 148.

579 *Seer*, in: Kirchhof, EStG, 20. Aufl. 2021, § 16 Rn. 175.

580 Kritisch dazu *Wacker*, in: Schmidt, EStG, 40. Aufl. 2021, § 16 Rn. 193; differenzierend *Tiedtke/Heckel*, DStR 2001, 145, 148.

581 BFH, Beschl. v. 07.10.1974, Az. GrS 1/73, BStBl. II 1975, 168, 170; Urt. v. 29.10.1981, Az. IV R 138/78, BStBl. II 1982, 381, 383; Urt. v. 30.08.2007, Az. IV R 05/06, BStBl. II 2008, 113, 114; *Schallmoser*, in: Brandis/Heuermann, Ertragsteuerrecht, Stand: August 2021, § 16 EStG Rn. 451; *Kulosa*, in: H/H/R, EStG, Stand: Januar 2019, § 16 Rn. 515; *M. Wendt*, FR 1998, 264, 267.

582 *Leingärtner*, FR 1979, 105, 111 f.

vermag aus den genannten Gründen nicht zu überzeugen, da für das Fortbestehen eines Betriebs neben seiner objektiven Gestalt auch die Gewinnerzielungsabsicht konstitutiv ist. Der Wortlaut von § 16 Abs. 3 Satz 1 EStG verlangt die Aufgabe eines Gewerbebetriebs. Dies spricht – wie bereits gezeigt – dafür, dass der Begriff des Gewerbebetriebs in § 15 Abs. 1 Satz 2 EStG und § 16 Abs. 3 Satz 1 EStG einheitlich auszulegen ist. Dann führt der Strukturwandel, der den Gewerbebetrieb beendet, auch zu einem Ende des Betriebs im Sinne des § 16 Abs. 3 Satz 1 EStG. Allein aus dem Umstand, dass die Wirtschaftsgüter – im Privatvermögen – weiterhin existieren, kann nicht geschlossen werden, dass hier noch ein wirtschaftlicher Organismus besteht.

Soweit einige Stimmen die Beendigung der gewerblichen Tätigkeit für das Vorliegen einer Betriebsaufgabe verlangen, steht der Strukturwandel dem nicht entgegen.[583] Denn als eine solche kann nur eine steuerlich relevante Tätigkeit angesehen werden.[584] An einer solche Betätigung fehlt es beim Strukturwandel.

2. *Begünstigungsfunktion der Betriebsaufgabe*

Dem Steuerpflichtigen ist beim Strukturwandel somit die Möglichkeit eröffnet, die Begünstigungsfunktion der Betriebsaufgabe wahrzunehmen. Dies bedeutet, dass der Steuerpflichtige insbesondere den Freibetrag des § 16 Abs. 4 EStG nutzen kann, soweit die dort normierten zusätzlichen Voraussetzungen erfüllt sind. Des Weiteren kann der Steuerpflichtige die sog. Fünftel-Regelung des § 34 Abs. 1 EStG oder statt der Fünftel-Regelung den ermäßigten Steuersatz gemäß § 34 Abs. 3 EStG wählen. Diese Regelungen dienen allesamt der Privilegierung des Aufgabegewinns, da bei diesem die angesammelten stillen Reserven zeitgleich aufgedeckt werden.

VI. Bewertung der Entnahme

1. *Keine Buchwertfortführung*

Wenn nun also feststeht, dass der Strukturwandel sowohl eine Totalentnahme als auch eine Betriebsaufgabe nach sich zieht, so ist damit noch nicht ausgesprochen, wie die entnommenen Wirtschaftsgüter zu bewerten sind. Im Ergebnis ist es vorzugswürdig, die Wirtschaftsgüter gemäß § 16 Abs. 3 Satz 7 EStG mit dem gemeinen Wert zu bewerten.

583 Anders *Richter/Winter*, DStR 1986, 145, 147.

584 Vgl. BFH, Urt. v. 03.10.1984, Az. I R 119/81, BStBl. II 1985, 245.

Zunächst ist festzuhalten, dass beim Strukturwandel eine Buchwertfortführung gemäß § 6 Abs. 5 Satz 1 EStG ausscheidet. Die Regelung stellt klar, dass die Überführung eines Wirtschaftsguts von einem in ein anderes Betriebsvermögen desselben Steuerpflichtigen eine Entnahme im Sinne des § 4 Abs. 1 Satz 1, 2 EStG darstellt. Anderenfalls würde sich die Frage nach der Bewertung des Wirtschaftsguts nicht stellen. Die Norm erlaubt die Buchwertfortführung in diesen Fällen jedoch nur soweit die Besteuerung der stillen Reserven sichergestellt ist. Auf den Strukturwandel findet diese Buchwertfortführung indes keine Anwendung. Denn es fehlt gerade an der Übertragung der Wirtschaftsgüter in ein anderes Betriebsvermögen desselben Steuerpflichtigen.

2. *Gemeiner Wert gemäß § 16 Abs. 3 Satz 7 EStG*

Während § 4 Abs. 1 Satz 1, 2 EStG im Fall einer Entnahme nur den Gewinnausweis dem Grunde nach regelt, wird für die Bestimmung der Bemessungsgrundlage eine Bewertungsnorm benötigt. Für die (Einzel-)Entnahme ergibt sich der Wertansatz aus § 6 Abs. 1 Nr. 4 Satz 1 EStG. Danach sind Entnahmen mit dem Teilwert anzusetzen. Der Teilwert ist nach § 6 Abs. 1 Satz 3 EStG der Betrag, den ein Erwerber des ganzen Betriebs im Rahmen des Gesamtkaufpreises für das einzelne Wirtschaftsgut ansetzen würde, wobei von einer Fortführung des Betriebs durch den Erwerber auszugehen ist. Die Anwendung dieser Regelung stellt sich jedoch mit Blick auf die Totalentnahme als widersprüchlich dar.[585] Die im Teilwert enthaltene Fortführungsfiktion wäre bei einer Totalentnahme verfehlt, weil der Betrieb gerade nicht fortgeführt wird. Denkbar sind zwei Lösungsansätze: Man könnte diese Fortführungsfiktion in der Tradition der Rechtsprechung nur als Ausdruck eines objektiven Wertansatzes verstehen.[586] Danach soll die Fortführungsfiktion nur die objektive Bewertung des Betriebsvermögens verdeutlichen.[587] Ebenfalls denkbar und im Ergebnis vorzugswürdig ist die Anwendung des § 16 Abs. 3 Satz 7 EStG als Bewertungsnorm. Danach sind nicht veräußerte Wirtschaftsgüter im Rahmen einer Betriebsaufgabe mit ihrem gemeinen Wert anzusetzen. Da das Einkommensteuergesetz keine eigenständige Definition des gemeinen Werts beinhaltet, ist nach § 1 Abs. 1 i.V.m. § 9 Abs. 2 BewG auf die dortige Definition des gemeinen Werts zurückzugreifen.[588] Danach wird der gemeine Wert durch den Preis bestimmt, der im gewöhnlichen

---

585 Vgl. *Felsmann*, Inf 1982, 517, 521 zur vergleichbaren Problematik bei der h.M.
586 So z.B. *Kulosa*, in: Schmidt, EStG, 40. Aufl. 2021, § 6 Rn. 233.
587 In diese Richtung BFH, Urt. v. 06.12.1995, Az. I R 51/95, BStBl. II 1998, 781, 783.
588 BFH, Urt. v. 12.04.2017, Az. I R 36/15, BFH/NV 2018, 58, juris Rz. 18.

Geschäftsverkehr nach der Beschaffenheit des Wirtschaftsguts bei einer Veräußerung zu erzielen wäre. Dabei sind alle Umstände, die den Preis beeinflussen, zu berücksichtigen. Ungewöhnliche oder persönliche Verhältnisse hingegen nicht.

Überzeugend ist es auf den gemeinen Wert gemäß § 16 Abs. 3 Satz 7 EStG als Bewertungsmaßstab abzustellen. Dies dürfte erst recht für die Stimmen gelten, die in der Betriebsaufgabe einen konstitutiven Gewinnausweistatbestand sehen.[589] Aber auch, wenn die Betriebsaufgabe nur als deklarativer Gewinnausweistatbestand angesehen wird, spricht viel dafür, bei einer Totalentnahme auf § 16 Abs. 3 Satz 7 EStG abzustellen. Denn es handelt sich um einen Fall der Normenkollision.[590] Durch das Vorliegen einer Totalentnahme ist der Tatbestand der Entnahme erfüllt, was grundsätzlich zu einer Bewertung mit dem Teilwert führen müsste. Die Totalentnahme führt jedoch wie gezeigt auch zu einer Betriebsaufgabe, was zur Bewertung mit dem gemeinen Wert führen müsste.[591] Es handelt sich um einen Fall der verdrängenden Gesetzeskonkurrenz auf den der Rechtsgrundsatz *lex specialis derogat legi generali* anzuwenden ist.[592] Die speziellere verdrängt die allgemeinere Regelung. Die allgemeinere Regelung stellt vorliegend § 6 Abs. 1 Nr. 4 EStG dar. Dies folgt daraus, dass die Betriebsaufgabevorschrift eine Totalentnahme voraussetzt.[593] Da der Betriebsaufgabetatbestand alle Tatbestandsmerkmale der Entnahme im Sinne des § 4 Abs. 1 Satz 1, 2 EStG voraussetzt und überdies verlangt, dass alle wesentlichen Wirtschaftsgüter innerhalb eines kurzen Zeitraums entnommen wurden, setzt die Betriebsaufgabe ein weiteres Tatbestandsmerkmal voraus.[594] Jede Betriebsaufgabe ist eine Totalentnahme, aber nicht jede Entnahme ist eine Betriebsaufgabe. Die Anwendung des Spezialitätsgrundsatzes führt zur Bewertung der Totalentnahme mit dem gemeinen Wert gemäß § 16 Abs. 3 Satz 7 EStG. Der Verordnungsgeber hat sich dieser Ansicht ebenfalls angeschlossen, denn nach § 8 VO zu § 180 Abs. 2 AO ist der Unterschiedsbetrag der Wirtschaftsgüter des Anlagevermögens zum gemeinen Wert zu bestimmen.

---

589 Vgl. nur *Geissler*, in: H/H/R, EStG, Stand: Januar 2019, § 16 Rn. 3 m.w.N.

590 Allgemein zur Auflösung von Normkonkurrenzen *Rüthers/Fischer/Birk*, Rechtstheorie, 11. Aufl. 2020, Rn. 770 ff.

591 Für ein so verstandenes Spezialitätsverhältnis wohl auch *Dötsch*, Einkünfte aus Gewerbebetrieb, Univ.-Diss. 1986, 51 f.

592 *Rüthers/Fischer/Birk*, Rechtstheorie, 11. Aufl. 2020, 472 f.

593 Vgl. für die h.M. zur deklarativen Natur des Aufgabetatbestands nur *Schallmoser*, in: Brandis/Heuermann, Ertragsteuerrecht, Stand: August 2021, § 16 EStG Rn. 4 m.w.N.

594 BFH, Urt. v. 26.05.1993, Az. X R 101/90, BStBl. II 1993, 710, 712.

VII. Zusammenfassung von § 5

Die Untersuchung hat ergeben, dass es sich bei der Betriebsaufgabevorschrift, § 16 Abs. 3 Satz 1 EStG, um eine deklarative Vorschrift der Steuerpflicht dem Grunde nach handelt. Relevant für die Frage der Aufdeckung der stillen Reserven beim Strukturwandel ist die Entnahmevorschrift gemäß § 4 Abs. 1 Satz 2 EStG. Die Betriebsaufgabevorschrift ist einzig für die Bewertung einer Totalentnahme mit dem gemeinen Wert, § 16 Abs. 3 Satz 7 EStG, und die steuerliche Begünstigung des Aufgabegewinns relevant.

Des Weiteren hat die Untersuchung ergeben, dass es gute Gründe dafür gibt, warum der Strukturwandel zu einer Totalentnahme führen muss. Der Strukturwandel ist mit einer Nutzungsänderung aller Wirtschaftsgüter verbunden, dies führt zu einer Entwidmung des Betriebsvermögens und erfüllt die Voraussetzungen einer Entnahmehandlung. Zum anderen ist auch ein Entnahmewille beim Steuerpflichtigen gegeben, mit der Liebhaberei ist die Feststellung verbunden, dass der Steuerpflichtige die Wirtschaftsgüter dauerhaft zu privaten Zwecken nutzt.

§ 6 Keine teleologische Reduktion im Falle des Strukturwandels

I. Qualifikation der h.M. zum Strukturwandel als teleologische Reduktion

1. Rechtsprechung zur Betriebsunterbrechung

Wenn somit die überzeugenderen Argumente dafür sprechen im Strukturwandel eine Totalentnahme der Wirtschaftsgüter des Betriebs zu sehen, so stellt sich die Frage, ob nicht noch eine teleologische Reduktion dieser Rechtsfolge zu erwägen ist, insbesondere weil die stillen Reserven ohne Zufluss liquider Mittel aufgedeckt werden. In diesem Sinne ist das von der h.M. als maßgeblich aufgestellte Erfordernis einer Veräußerung einzelner Wirtschaftsgüter, der Abgabe einer Aufgabeerklärung oder das Vorliegen einer Einzelentnahme zu verstehen.[595] Es stellt im Ergebnis eine solche teleologische Reduktion dar. Denn richtigerweise bedarf es, wie gezeigt, für die Totalentnahme beim Strukturwandel insbesondere keiner Aufgabeerklärung, soweit dem Finanzamt die Tatsachen bekannt sind, die den Strukturwandel begründen, § 16 Abs. 3b Satz 1 Nr. 2 EStG.

Die teleologische Reduktion einer Norm zielt darauf ab, den Geltungsbereich einer Norm, mit Rücksicht auf ihren Gesetzeszweck, gegenüber dem zu weit gefassten Wortlaut einzuschränken.[596] Die Bezeichnung geht auf *Larenz* zurück[597], die Vorgehensweise wurde jedoch bereits zuvor vom *Reichsfinanzhof* angewandt.[598] Davon soll an dieser Stelle zunächst der Sonderfall der verfassungskonformen Reduktion ausgenommen werden.[599] Auf diese wird im Rahmen des Kapitel 3 noch eingegangen.

Die h.M. nimmt im Falle eines Strukturwandels im Ergebnis eine teleologische Reduktion der Entnahme- bzw. Aufgabevorschrift vor, indem sie die Aufdeckung der stillen Reserven auch nach einem Strukturwandel aufschiebt. Nach teilweise in der Rechtsprechung vertretener Ansicht soll der Strukturwandel zwar eine betriebsaufgabeähnliche Wirkung haben[600], der Zeitpunkt in dem die stillen Reserven aufzudecken sind, soll jedoch solange hinausgeschoben werden,

---

595 BFH, Urt. v. 29.10.1981, Az. IV R 138/78, BStBl. II 1982, 381, 385.

596 BFH, Urt. v. 26.06.2007, Az. IV R 9/05, BStBl. II 2007, 893, 895; Urt. v. 22.10.2015, Az. IV R 37/13, BStBl. II 2016, 919, 921 jeweils m.w.N.

597 *Larenz*, Methodenlehre der Rechtswissenschaft, 6. Aufl. 1991, 391 ff.

598 RFH, Gutachten v. 07.01.1921, Az. I D 3/20, RFHE 4, 243, 251, 255.

599 Vgl. BVerfG, Urt. v. 30.03.2004, Az. 2 BvR 1520-1521/01, BVerfGE 110, 226, 267.

600 Zuletzt wieder BFH, Urt. v. 11.10.2017, X R 2/16, BFH/NV 2018, 421, juris Rz. 22.

bis die Wirtschaftsgüter tatsächlich entnommen (Einzelentnahme) oder einzeln veräußert worden sind, oder der Steuerpflichtige die Aufgabe erklärt hat.[601] Die teleologische Reduktion ist darin zu erblicken, dass die tatsächliche Erfüllung des Steuertatbestands von einem zusätzlichen Tatbestandsmerkmal, nämlich (i) einer tatsächlichen (Einzel-)Entnahme oder Veräußerung, oder (ii) einer Aufgabeerklärung abhängig gemacht wird. Stimmen in der Literatur unterstützen die Rechtsprechung indem sie sich den Begriff der betriebsaufgabeähnlichen Wirkung ebenfalls zu eigen machen.[602]

Der X. Senat hat dieser Sichtweise, wie zuvor schon unter § 3 IV. gezeigt, inzwischen jedoch deutlich widersprochen: Statt eines Besteuerungsaufschubs sei beim Strukturwandel anzunehmen, dass der „Liebhabereibetrieb" solange fortbestehe bis (i) eine ausdrückliche Aufgabeerklärung abgegeben worden sei oder (ii) der Betrieb nicht mehr identitätswahrend fortgeführt werden könne.[603] Dies ist als Extensivierung des einkommensteuerrechtlichen Betriebsbegriffes – siehe dazu bereits unter § 3 V. 3., – und damit zugleich als Einschränkung der Aufgabevorschrift zu verstehen.

Ebenfalls als teleologische Reduktion kann es verstanden werden, die Betriebsaufgabe einzig an den objektiven Zerfall des Betriebs, also z.B. die Veräußerung der wesentlichen Wirtschaftsgüter, zu knüpfen und den Entfall der Gewinnerzielungsabsicht gerade nicht ausreichen zu lassen.[604]

Wie zuvor erwähnt, beruht die Rechtsprechung zum Strukturwandel darauf, dass die Grundsätze des Verpächterwahlrechts zu Unrecht auf den Strukturwandel übertragen wurden.[605] Die h.M. geht davon aus, es handle sich bei dem Institut der Betriebsverpachtung im Ganzen um eine teleologische Reduktion der Betriebsaufgabevorschrift.[606] Der zugrundeliegende Rechtsgedanke, der tatsächlichen

---

601 FG Düsseldorf, Urt. v. 16.10.2014, Az. 11 K 1509/14 E, EFG 2015, 1431 ff.

602 *Wüllenkemper*, EFG 2015, 1431 ff.

603 Angedeutet BFH, Urt. v. 11.05.2016, Az. X R 61/14, BFHE 253, 407; ausdrücklich BFH, Urt. v. 11.05.2016, Az. X R 15/15, BStBl. II 2017, 112, 114; zustimmend *Dötsch*, jurisPR-SteuerR 6/2017, Anm. 4.

604 *Heckel*, Das Ende gewerblicher Tätigkeit trotz Fortbestand des Betriebs, Univ.-Diss. 1999, 185; ähnlich *Pitzke*, Betriebsveräußerung und Betriebsaufgabe, Univ.-Diss. 1993, 208 f.; *Flies*, FR 1994, 535, 537 für die Betriebsverpachtung.

605 BFH, Urt. v. 29.10.1981, Az. IV R 138/78, BStBl. II 1982, 381, 382.

606 BFH, Urt. v. 15.03.2005, Az. X R 2/02, BFH/NV 2005, 1292, juris Rz. 22; *Kulosa*, in: H/H/R, EStG, Stand: Januar 2019, § 16 Rn. 670; *Gluth*, in: H/H/R, EStG, Stand: August 2017, § 15 Rn. 795; *Knobbe-Keuk*, Bilanz- und Unternehmenssteuerrecht, 9. Aufl. 1993, 794; *Dötsch*, FR 2007, 589, 595; *Günther/Lambertz*, StBW 2014, 545; *Schuster*, FR 2007, 584, 585.

Unsicherheit, ob der Betrieb endgültig aufgegeben worden sei oder nur ruhe, greife sowohl bei der Betriebsverpachtung als auch beim Strukturwandel.[607] Der *Bundesfinanzhof* steht damit in der Tradition des *Reichsfinanzhofs*, welcher den § 30 Abs. 4 EStG 1925 (heutiger § 16 Abs. 3 EStG) ebenfalls restriktiv auslegte, um die Betriebsaufgabevorschrift mit dem – vermeintlich – übergeordneten Realisationsprinzip in Einklang zu bringen.[608] Der § 16 Abs. 3 EStG 1934/1939 sei wie auch der § 30 Abs. 4 EStG 1925 zu allgemein und zu weit gefasst.[609]

2. *Teil-Kodifizierung durch § 16 Abs. 3b EStG*

Anknüpfend an die obigen Ausführungen (siehe dazu unter § 2 IV. 3./4.) wird man seit Einführung des § 16 Abs. 3b EStG nun nicht mehr davon sprechen können, dass die Betriebsunterbrechung i.w.S. generell eine teleologische Reduktion der Aufgabevorschrift darstellt. Denn nunmehr setzt § 16 Abs. 3b Satz 1 EStG die Existenz der Betriebsunterbrechung und Betriebsverpachtung im Ganzen voraus.[610] Es handelt sich somit bei den Fallgruppen der Betriebsunterbrechung i.w.S. um ein negatives Tatbestandsmerkmal der Betriebsaufgabe.[611]

Allerdings verlangt auch diese Vorschrift nicht generell eine Aufgabeerklärung. Der Wortlaut von § 16 Abs. 3b Satz 1 Nr. 2 EStG gibt zu verstehen, dass die Erfüllung des Aufgabetatbestands auch ohne Aufgabeerklärung möglich sein muss.[612] Unter diesem Gesichtspunkt stellt die Rechtsprechung, die generell eine Aufgabeerklärung, tatsächliche Veräußerung oder (Einzel-)Entnahme der Wirtschaftsgüter verlangt, weiterhin eine teleologische Reduktion der Betriebsaufgabe- bzw. Entnahmevorschrift dar, welche über die Regelung des § 16 Abs. 3b EStG hinausgeht. Denn § 16 Abs. 3b Satz 1 Nr. 2 EStG zeigt gerade, dass eine Betriebsaufgabe auch dann möglich ist, wenn eine Betriebsaufgabeerklärung nicht abgegeben wurde. Wenn die h.M. eine solche demgegenüber

607 *Dötsch*, FR 2007, 589, 594; implizit auch BFH, Urt. v. 14.03.2006, Az. VIII R 80/03, BStBl. II 2006, 591.

608 RFH, Urt. v. 26.11.1931, Az. VI A 1978/31, RStBl. 1932, 624; Urt. v. 09.12.1931, Az. VI A 2239/30, RStBl. 1932, 625: „Die weite Fassung der Vorschrift des § 30 Abs. 4 Satz 3 zwingt daher zu einer einschränkenden Auslegung des Begriffs ‚Aufgabe eines Gewerbebetriebs'". Kritisch *Trzaskalik*, DB 1983, 194, 195.

609 *E. Becker*, Die Grundlagen der Einkommensteuer, 209.

610 *M. Wendt*, FR 2011, 1023, 1027.

611 Ähnlich *M. Wendt*, FR 2011, 1023, 1027, der von einer „gesetzlichen Ausnahme von der Betriebsaufgabe" spricht.

612 So auch *M. Wendt*, FR 2011, 1023, 1027.

verlangt, schränkt dies § 16 Abs. 3b Satz 1 Nr. 2 EStG über dessen Wortlaut hinaus ein und reduziert ihn damit teleologisch.

II. Voraussetzungen und Rechtsfolge einer teleologischen Reduktion

Zu prüfen ist damit, ob eine solche teleologische Reduktion der Betriebsaufgabe/Totalentnahme im Falle des Strukturwandels gerechtfertigt werden kann. Eine teleologische Reduktion ist notwendig, wenn die buchstabengetreue Anwendung des Gesetzeswortlauts im Widerspruch zu Sinn und Zweck der Norm steht. Bei der Annahme einer teleologischen Reduktion ist besondere Zurückhaltung geboten, sie darf nur in Betracht gezogen werden, wenn die auf den Wortlaut abstellende Auslegung zu einem sinnwidrigen Ergebnis führen würde.[613] Denn ansonsten würde der Rechtsanwender seinen Willen über den Willen des Gesetzgebers stellen. Eine teleologische Reduktion setzt damit eine Divergenz zwischen Gesetzeswortlaut und Gesetzeszweck voraus.[614] Liegt keine Divergenz vor, kommt auch keine teleologische Reduktion in Betracht.[615] Auch wenn sich der Gesetzeszweck nicht sicher feststellen lässt, ist kein Raum für eine teleologische Reduktion.[616] Strikt zu trennen von der Divergenz von Wortlaut und Sinn und Zweck der Vorschrift ist die „Ausbesserung" eines rechtspolitischen „Fehlers", d.h. die – rechtspolitisch möglicherweise gebotene – Verbesserung des Gesetzes, obwohl es sich gemessen an seinem Zweck noch nicht als planwidrig unvollständig oder zu weitgehend erweist.[617] Ein solcher rechtspolitischer „Fehler" ist von den Gerichten entweder zu akzeptieren oder bei Vorliegen eines Verfassungsverstoßes dem *Bundesverfassungsgericht* vorzulegen, Art. 100 Abs. 1 GG.[618] Das *Bundesverfassungsgericht* hat wiederholt klargestellt, dass Richter nicht dazu berufen sind Gesetze zu korrigieren, soweit sich diese im verfassungsrechtlich zulässigen Rahmen halten. Insbesondere dürfen Richter

---

613 BFH, Urt. v. 22.10.2015, Az. IV R 37/13, BStBl. II 2016, 919, 921.

614 FG Düsseldorf, Urt. v. 27.04.2004, Az. 6 K 5068/01 K,F, EFG 2004, 1647 f.; *Drüen*, in: Tipke/Kruse, AO, Stand: Oktober 2020, § 4 Rn. 381.

615 Vgl. nur BFH, Urt. v. 08.12.1992, Az. IX R 105/89, BStBl. II 1993, 656, 657 f.

616 Vgl. für die teleologische Extension BFH, Urt. v. 17.04.1975, Az. II R 64/72, BStBl. II 1975, 646, 647; Urt. v. 18.05.1994, Az. I R 84/93, BStBl. II 1994, 713, 714.

617 BFH, Urt. v. 26.06.2007, Az. IV R 58/06, BStBl. II 2008, 73, 75 m.w.N.

618 *Woerner*, FR 1992, 226, 229.

nicht mit Verweis auf „allgemeine Rechtsprinzipien […] aus rechtspolitischen Erwägungen neue Regeln oder Rechtsinstitute schaffen".[619]

Es kann an dieser Stelle offenbleiben, ob die teleologische Reduktion eine Form der Auslegung[620] oder der Rechtsfortbildung ist.[621] Denn aus rechtsstaatlicher Sicht ist auch die Rechtsfortbildung durch den Richter nicht generell unzulässig, was sich an dem Justizgewährungsanspruch zeigt.[622]

Die Grenze zur unzulässigen Rechtsfortbildung beginnt bei der teleologischen Reduktion, wenn diese den im Wortlaut des Gesetzes zum Ausdruck kommenden klaren Willen des Gesetzgebers missachtet, weil keine planwidrige Regelungslücke besteht.[623] Im Steuerrecht darf die Rechtsprechung weder belastende, noch entlastende Ausnahmen in freier richterlicher Rechtsschöpfung schaffen, da sie ansonsten den Bereich der Gesetzesbindung verlassen würde.[624] Ist eine Abweichung von Gesetzeswortlaut und Sinn und Zweck der Regelung feststellbar, kann der Wortlaut des Gesetzes durch die gedankliche Hinzufügung einer tatbestandlichen Einschränkung, also eines weiteren Tatbestandsmerkmals, eingeschränkt werden, soweit dies teleologisch erforderlich ist.[625]

III. Keine verdeckte Regelungslücke beim Strukturwandel

1. Telos der Entnahme

a. Neutralisierungsfunktion

Anhand der vorgenannten Kriterien ist also zu prüfen, ob eine verdeckte Regelungslücke mit Bezug zur Entnahme/Aufgabevorschrift im Falle des Strukturwandels vorliegt. Eine solche liegt vor, wenn der Gesetzgeber das verfolgte Regelungsziel im Gesetz nur unvollständig zum Ausdruck gebracht hat.[626] Als Voraussetzung der teleologischen Reduktion bedeutet dies, dass der Wortlaut

619 BVerfG, Beschl. v. 27.12.1992, Az. 2 BvR 72/90, BStBl. II 1992, 212, 213; so auch Beschl. v. 14.12.1973, Az. 1 BvR 112/65, BVerfGE 34, 269, 292.

620 Vgl. nur BFH, Urt. v. 20.03.2003, Az. IV R 42/00, BStBl. II 2003, 798, 800 m.w.N.

621 Vgl. nur *Drüen*, in: Tipke/Kruse, AO, Stand: Oktober 2020, § 4 Rn. 381.

622 St. Rspr. BVerfG, Beschl. v. 31.10.2016, Az. 1 BvR 871/13, NVwZ 2017, 617 f. m.w.N.; Beschl. v. 14.02.1973, Az. 1 BvR 112/65, BVerfGE 34, 269, 288 ff.

623 BVerfG, Beschl. v. 31.10.2016, Az. 1 BvR 871/13, NVwZ 2017, 617 f. m.w.N.

624 *Schuster*, FR 2007, 584, 585. Für die Rechtsprechung allgemein, vgl. BVerfG, Beschl. v. 14.02.1973, Az. 1 BvR 112/65, BVerfGE 34, 269, 288.

625 BFH, Urt. v. 15.04.2010, Az. IV R 5/08, BStBl. II 2010, 912.

626 *Woerner*, FR 1992, 226, 229; *Larenz*, Methodenlehre, 6. Aufl. 1991, 391 ff.

der Norm die zu erfassenden Fälle nicht trennscharf von den Fällen abgrenzt, die nicht von der Regelungswirkung erfasst werden sollen.

§ 4 EStG enthält den für alle Gewinneinkunftsarten maßgeblichen Gewinnbegriff. Der Gewinn wird nach § 4 Abs. 1 Satz 1 EStG zweistufig ermittelt. Auf der ersten Stufe steht der Betriebsvermögensvergleich. Auf der zweiten Stufe erfolgt die Korrektur dieses Ergebnisses um Entnahmen und Einlagen. Nach weit überwiegend vertretener Auffassung hat die Entnahmevorschrift eine doppelte Zweckrichtung, nämlich einerseits eine Neutralisierungs- und andererseits eine Ersatzrealisierungsfunktion.[627]

Die Neutralisierungsfunktion der Entnahme ergibt sich unmittelbar aus dem Wortlaut des § 4 Abs. 1 Satz 1 EStG. Das durch den Betriebsvermögensvergleich ermittelte Ergebnis soll insoweit korrigiert werden als Änderungen im Betriebsvermögen durch außerbetriebliche Vorgänge veranlasst worden sind.[628]

b. Ersatzrealisationstatbestand

Die zweite Funktion der Entnahme liegt in ihrer Gestalt als Ersatzrealisation.[629] Sie stellt die Besteuerung stiller Reserven sicher.[630] Zwar gestattet bzw. erzwingt das Einkommensteuergesetz die Bildung stiller Reserven, aber gleichzeitig ergänzt die Entnahme diese Regelungen in der Weise, das die spätere Erfassung der stillen Reserven gewährleistet bleibt.[631] Mit der Entnahmeregelung soll in steuerlicher Hinsicht erreicht werden, dass zunächst steuerfrei entnommene Wirtschaftsgüter und Nutzungen gewinnerhöhend berücksichtigt werden.[632] Es darf für den steuerlichen Gewinn keinen Unterschied machen, ob die Verfügungsmacht über ein Wirtschaftsgut gegen Entgelt auf einen Dritten oder der dem Wirtschaftsgut innewohnende Wert auf den Betriebsinhaber selbst

---

627 Ausführlich zur gesamten Dimension *V. Wendt*, Das Verhältnis von Entnahme/Einlage zur Anschaffung/Veräußerung im Einkommensteuerrecht, Univ.-Diss. 2003, Köln, 45 ff.

628 *Drüen*, in: Brandis/Heuermann, Ertragsteuerrecht, Stand: November 2020, § 4 EStG Rn. 440 m.w.N.

629 BFH, Beschl. v. 07.10.1974, Az. GrS 1/73, BStBl. II 1975, 168, 170; *Drüen*, in: Brandis/Heuermann, Ertragsteuerrecht, Stand: November 2020, § 4 EStG Rn. 441; *Hennrichs*, in: Tipke/Lang, Steuerrecht, 24. Aufl. 2020, § 9 Rn. 460.

630 BFH, Urt. v. 16.03.1967, Az. IV 72/65, BStBl. III 1967, 318; Urt. v. 17.08.1972, Az. IV R 26/69, BStBl. II 1972, 903, juris Rz. 16; Beschl. v. 07.10.1974, Az. GrS 1/73, BStBl. II 1975, 168, 170.

631 BFH, Beschl. v. 07.10.1974, Az. GrS 1/73, BStBl. II 1975, 168, 70.

632 BFH, Urt. v 03.12.2015, Az. IV R 43/13, BFH/NV 2016, 1742, juris Rz. 28.

übergegangen ist.[633] Dies wird regelungstechnisch dadurch realisiert, dass der Vermögensabgang mit dem Teilwert angesetzt wird (§ 6 Abs. 1 Nr. 4 EStG) und im Vermögensvergleich dem Endvermögen hinzugerechnet wird. Gegenstand der Einkommensbesteuerung soll alles sein, was durch den Betrieb erwirtschaftet worden ist, nicht aber die Vermögensabgänge und -zuwächse, welche außerbetrieblich veranlasst sind.[634]

Nach zutreffender h.M. ist zwischen Gewinnrealisations- und Ersatzrealisationstatbeständen zu unterscheiden.[635] Der Gesetzgeber ging bei der Fassung des Gesetzes im Grundsatz von einer laufenden Gewinnverwirklichung aus, welche durch den Betriebsvermögensvergleich unter Rückgriff auf die Grundsätze ordnungsgemäßer Buchführung realitätsgerecht abgebildet werden kann, § 5 Abs. 1 Satz 1 EStG. Um die stillen Reserven, auch ohne ihre Realisation, erfassen zu können, wenn diese das Betriebsvermögen verlassen, ist aber ein weiterer gewinnerhöhender Tatbestand notwendig.[636] Daher fingiert die Entnahme über den Teilwertansatz eine Gewinnrealisierung am Markt, die tatsächlich nie stattgefunden hat.[637] Die Entnahme verhindert damit, dass Steuerpflichtige Wirtschaftsgüter zum Buchwert in ihr Privatvermögen überführen und anschließend steuerneutral den Veräußerungsgewinn erhalten.[638] Denn Gewinne aus privaten Veräußerungsgeschäften sind – mit Ausnahme der Fälle der §§ 17, 20 Abs. 2, 23 EStG – steuerfrei. Ohne die Entnahmevorschrift wären stillen Reserven endgültig dem Steuerzugriff entzogen.

c. *Telos von Entnahme und Strukturwandel*

Eine Totalentnahme beim Strukturwandel stimmt mit diesem Telos der Entnahmevorschrift überein, sodass eine teleologische Reduktion nicht notwendig ist. Denn zum einen muss der durch die Nutzungsänderung herbeigeführte Vermögensabgang ins Privatvermögen neutralisiert werden und zum anderen muss die Besteuerung der stillen Reserven im Wege einer Ersatzrealisation sichergestellt

---

633 *Knobbe-Keuk*, Bilanz- und Unternehmenssteuerrecht, 9. Aufl. 1993, 270.

634 *Bode*, in: Kirchhof, EStG, 20. Aufl. 2021, § 4 Rn. 26.

635 Vgl. nur BFH, Beschl. v. 17.12.2004, Az. GrS 2/04, BStBl. II 2008, 608, 614; *Drüen*, in: Brandis/Heuermann, Ertragsteuerrecht, Stand: November 2020, § 4 EStG Rn. 42; *Hennrichs*, in: Tipke/Lang, Steuerrecht, 24. Aufl. 2020, § 9 Rn. 410, 460; ähnlich *Niehus/Wilke*, in: H/H/R, EStG, Stand: September 2020, § 6 Rn. 1502.

636 *Heinicke*, in: Schmidt, EStG, 40. Aufl. 2021, § 4 Rn. 335.

637 *Drüen*, in: Brandis/Heuermann, Ertragsteuerrecht, Stand: November 2020, § 4 EStG Rn. 489.

638 *Trzaskalik*, DStJG 1981, 145, 156.

werden. Die Neutralisierung des Vermögensabgangs ist notwendig, da durch den Übergang der Wirtschaftsgüter vom Betriebs- in das Privatvermögen der wirtschaftliche Wert auf den privaten Bereich übergegangen ist. Die Ersatzrealisation der stillen Reserven ist notwendig, weil die Wirtschaftsgüter im Privatvermögen – von den Ausnahmen der §§ 17, 20 Abs. 2, 23 EStG abgesehen – nicht mehr steuerverstrickt sind. Letztmalig hat der Fiskus beim Übergang der Güter in das Privatvermögen die Möglichkeit steuerlich zuzugreifen. Veräußert der Steuerpflichtige die Wirtschaftsgüter fortan, wird dieser Gewinn von den genannten Ausnahmen abgesehen steuerlich nicht erfasst.

Anders als in Fällen, in denen ein Wirtschaftsgut zwar aus dem Betriebsvermögen eines Betriebs ausscheidet, aber weiterhin steuerverstrickt bleibt, weil es in ein anderes Betriebsvermögen desselben Steuerpflichtigen übertragen wird, wird diese Steuerverstrickung beim Strukturwandel gerade nicht aufrechterhalten. Ob allein der Gedanke einer fortgesetzten Verstrickung[639] daher einen Besteuerungsaufschub rechtfertigen kann, bedarf daher keiner Entscheidung. Vor dem Hintergrund des § 6 Abs. 5 Satz 1 EStG spricht wohl viel dafür, dass der Gesetzgeber mit dieser Vorschrift abschließend eine Regelung zu dieser Thematik getroffen hat[640] und eine fortbestehende Verstrickung darüber hinaus keine teleologische Reduktion der Entnahmevorschrift rechtfertigen kann.[641]

Soweit die Rechtsprechung mithilfe eines sog. Liebhabereibetriebs die Verstrickung der Wirtschaftsgüter aufrechterhalten will, ist dazu bereits aufgezeigt worden, dass dieses Konstrukt mit dem geltenden Recht nicht zu vereinbaren ist (siehe dazu unter § 3 V. 3. a.).

2. *Kein reines Realisationsprinzip*

a. *Fehlender Liquiditätszufluss*

Teile von Rechtsprechung und Literatur stützen die teleologische Reduktion der Entnahme beim Strukturwandel auf eine Verletzung des Realisationsprinzips.[642]

---

639 BFH, Beschl. v. 07.10.1974, Az. GrS 1/73, BStBl. II 1975, 168, 170; anders allgemein mit Blick auf die Sicherstellung der stillen Reserven BFH, Urt. v. 11.12.1984, Az. IX R 27/82, BStBl. II 1985, 250, 252.

640 *Musil*, in: H/H/R, EStG, Stand: Dezember 2019, § 4 Rn. 197; *Hennrichs*, in: Tipke/Lang, Steuerrecht, 24. Aufl. 2020, § 9 Rn. 461.

641 I.E. wohl auch BFH, Beschl. v. 10.04.2013, Az. I R 80/12, BStBl. II 2013, 1004, 1006 m.w.N.

642 Vgl. BFH, Urt. v. 29.10.1981, Az. IV R 138/78, BStBl. II 1982, 381, 384; FG Düsseldorf, Urt. v. 16.10.2014, Az. 11 K 1509/14 E, DStRE 2016, 13, 14; *Felix*, Steuerberaterkongreß-Report 1980, 129, 162; *Knobbe-Keuk*, DStR 1985, 494, 497; *Dötsch*, FR 2007, 589, 594.

Danach sind grundsätzlich nur die Wertzuwächse zu versteuern, die am Markt realisiert wurden. So berief sich der *Bundesfinanzhof* im Jahr 1981 explizit darauf, dass nach dem Wortlaut des Gesetzes im – mit dem Strukturwandel vergleichbaren – Fall der Betriebsverpachtung im Ganzen eine Betriebsaufgabe ohne weiteres bejahrt werden könne, dies aber mit dem Realisationsprinzip nicht zu vereinbaren sei.[643] Ein so verstandenes Realisationsprinzip bedeute zwar nicht, dass das Einkommensteuergesetz nur realisierte Gewinne besteuere („reines Realisationsprinzip"), aber doch, dass im Grundsatz nur verwirklichte Gewinne zu besteuern seien, sofern eine Durchbrechung des Realisationsprinzips im Gesetz nicht eigens angeordnet sei.[644] Beim Strukturwandel müsse die Aufdeckung der stillen Reserven daher aufgeschoben werden bis die Wirtschaftsgüter tatsächlich veräußert, einzeln entnommen oder die Betriebsaufgabe erklärt worden sei.[645] Dem liegt das Verständnis zugrunde, dass der Strukturwandel nicht explizit als Ersatzrealisationstatbestand vom Gesetz benannt wird.

Früher Vertreter einer solchen teleologischen Reduktion war *E. Becker*, der für die Betriebsaufgabe, § 30 Abs. 4 EStG 1925 (heutiger § 16 Abs. 3 EStG), davon ausging, dass die bloße Betriebseinstellung nicht zu einer Aufgabebesteuerung führe, weil die Vorschrift – vor dem Hintergrund des fehlenden Liquiditätszuflusses – „zu allgemein" gefasst sei.[646] Als Konsequenz daraus folge, dass erst bei einer späteren Veräußerung von Vermögensgegenständen nachträgliche gewerbliche Einkünfte vorlägen.[647] Auch andere Stimmen in der Literatur argumentieren mit Hinweis auf die wirtschaftlichen Gesichtspunkte in eine ähnliche Richtung. Da dem Steuerpflichtigen keine finanziellen Mittel zuflössen und die Besteuerung daher „ruinös" wirken könne, sei ein Besteuerungsaufschub angezeigt.[648]

---

643 BFH, Urt. v. 29.10.1981, Az. IV R 138/78, BStBl. II 1982, 381, 384.

644 BFH, Urt. v. 29.10.1981, Az. IV R 138/78, BStBl. II 1982, 381, 384.

645 FG Düsseldorf, Urt. v. 16.10.2014, Az. 11 K 1509/14 E, DStRE 2016, 13, 14.

646 *E. Becker*, Die Grundlagen der Einkommensteuer, 209.

647 *E. Becker*, Die Grundlagen der Einkommensteuer, 208, 210.

648 *Nissen*, DB 1982, Beilage Nr. 15/82, 2; ebenfalls zustimmend, vgl. nur *Wacker*, in: Schmidt, EStG, 40. Aufl. 2021, § 16 Rn. 176; *Schallmoser*, in: Brandis/Heuermann, Ertragsteuerrecht, Stand: August 2021, § 16 EStG Rn. 477; *Krumm*, in: K/S/M, EStG, Stand: Januar 2017, § 13 Rn. B 103; *Geissler*, in: H/H/R, EStG, Stand: Januar 2019, § 16 Rn. 120; *T. Habl*, Einkünfteerzielungsabsicht versus Liebhaberei im Einkommensteuerrecht, Univ.-Diss. 2006, 180 ff.

b. Ersatzrealisation auch ohne Liquiditätszufluss

Diese Sichtweise überzeugt, wie der *Bundesfinanzhof* inzwischen selbst eingeräumt hat, jedenfalls dann nicht, wenn man unter dem Realisationsprinzip versteht, dass Voraussetzung einer Totalentnahme der Zufluss finanzieller Mittel ist.[649] Denn nach der gesetzlichen Systematik, die im Verhältnis von Betriebsvermögensvergleich und Entnahme zum Ausdruck kommt, kommt es für die Aufdeckung der stillen Reserven einzig darauf an, ob ein gesetzlicher (Ersatz-) Realisationstatbestand erfüllt worden ist.[650] Dementsprechend ist auch nach der neueren Rechtsprechung des X. Senats zum Strukturwandel das Realisationsprinzip nur an die Erfüllung eines Realisationstatbestandes geknüpft.[651] Das Realisationsprinzip wird dort zu Recht nur rechtlich und nicht wirtschaftlich verstanden.[652]

In einfach-rechtlicher Hinsicht gibt es im Einkommensteuergesetz keine Anhaltspunkte dafür, dass die Aufdeckung stiller Reserven einen tatsächlichen Mittelzufluss voraussetzt. Im Gegenteil, die Entnahmevorschrift zeigt, dass der Gesetzgeber bewusst davon ausgegangen ist, dass eine Ersatzrealisation auch ohne Zufluss liquider Mittel möglich sein soll. Ansonsten wäre die Bewertung mit dem Teilwert nicht nötig. Gleiches gilt auch für die Betriebsaufgabe, da auch dort nicht veräußerte Wirtschaftsgüter gemäß § 16 Abs. 3 Satz 7 EStG mit dem gemeinen Wert anzusetzen sind. So sah dann auch *Trzaskalik* in § 30 EStG 1925 (heutiger § 16 Abs. 3 EStG) eine bewusste Entscheidung des Gesetzgebers, Zugriff auf Wertveränderungen im „ruhenden Betriebsvermögen" nehmen zu wollen.[653] Auch der *Reichsfinanzhof* hatte dies für die Betriebsaufgabe zeitweilig anerkannt.[654] Die Gesetzgebungsmaterialien zu § 30 EStG 1925 gehen ebenfalls in diese Richtung, wenn es dort auszugsweise heißt:

> „Spätestens realisiert der Steuerpflichtige diese Gewinne bei der Aufgabe oder Veräußerung des Gewerbebetriebs oder seines Anteils an einem Gewerbebetrieb. In diesem Augenblick müssen also die Gewinne versteuert werden, soweit sie nach den

---

649 BFH, Urt. v. 11.05.2016, Az. X R 15/15, BStBl. II 2017, 112, 115.

650 BFH, Urt. v. 11.05.2016, Az. X R 15/15, BStBl. II 2017, 112, 115; ähnlich bereits FG Rheinland-Pfalz, Urt. v. 17.06.2015, Az. 1 K 2399/12, EFG 2015, 1690, juris Rz. 37. Zustimmend *Dötsch*, jurisPR-Steuerrecht 6/2017, Anm. 4.

651 BFH, Urt. v. 11.05.2016, Az. X R 15/15, BStBl. II 2017, 112, 115.

652 *Paus*, DStZ 2017, 377, 378.

653 *Trzaskalik*, DStJG 1981, 145, 155.

654 Vgl. RFH, Urt. v. 09.12.1931, Az. VI A 2239/30, RStBl. 1932, 625; in diese Richtung auch *Hermstädt*, BB 1980, 509, 510.

Vorschriften des Entwurfs als nicht realisierte Konjunkturgewinne bisher nicht versteuert worden sind.“[655]

Hätte der Gesetzgeber einen Liquiditätszufluss voraussetzen wollen, hätte er ein anderes Regelungskonzept wählen müssen.[656] Auch unter systematischen Gesichtspunkten spricht nicht viel für ein Realisationsprinzip, dass in jedem Falle auf den tatsächlichen Mittelzufluss abstellt. Denn anders als durch eine Aufdeckung stiller Reserven im Falle einer Entnahme – unabhängig vom Liquiditätszufluss – lässt sich der Dualismus der Einkommensteuer nicht verwirklichen. Im Privatvermögen unterliegt das Wirtschaftsgut – von den Ausnahmen der §§ 17, 20 Abs. 2, 23 EStG abgesehen – keiner Steuerverstrickung mehr. Will man diesen Dualismus nicht aufgeben, so ist eine Ersatzrealisation bei einer Überführung in das Privatvermögen zwingend erforderlich, um den Leistungsfähigkeitsprinzip Geltung zu verschaffen.

Demnach ist es also auch zutreffend, wenn teilweise darauf aufmerksam gemacht wird, dass es für eine Verschonung des Steuerpflichtigen beim Strukturwandel einer gesetzlichen Regelung bedürfe.[657] Eine solche existiert jedoch nicht. Es sei an dieser Stelle angemerkt, dass es mit Blick auf das Realisationsprinzip keinen Unterschied machen kann, ob es sich um eine Einzel- oder Totalentnahme handelt. Wer in Frage stellt, dass eine Totalentnahme ohne Realisation am Markt angenommen werden kann, hätte ebenso zu begründen, warum dies bei einer Einzelentnahme anders sein sollte. Eine überzeugende Begründung dafür gibt es nicht. Wer die Entnahme als Ersatzrealisation dem Grunde nach für möglich hält, sollte dies auch beim Strukturwandel anerkennen.

3. *Keine teleologische Reduktion aus Beweisgründen*

Es überzeugt auch nicht eine Betriebsunterbrechung i.e.S. als ein tatsächliches Wahlrecht beim Strukturwandel anzuerkennen.[658] Also stets anzunehmen, es sei unaufklärbar, ob eine Wiederaufnahme des Betriebs beabsichtigt sei und daran die Betriebsaufgabe/Totalentnahme scheitern zu lassen. Denn auch dafür fehlt

---

655 RT-Drs. Nr. 795, S. 55, abgedruckt in: Verhandlungen des Reichstages, Band 400 1924.

656 Ebenso *Trzaskalik*, DStJG 1981, 145, 157: „Den Vorschriften über die Betriebsaufgabe und die Entnahme wird man nur gerecht, wenn man sich einmal damit abfindet, daß in diesen Fällen die Kasse eben nicht klingelt.“

657 *Trzaskalik*, FR 1983, 194, 195.

658 So aber *Zugmaier*, FR 1998, 597, 599; ebenso *L. Schmidt*, FR 1985, 476, 478; ähnlich wohl auch BFH, Beschl. v. 11.05.2017, Az. VI B 105/16, BFH/NV 2017, 1172, juris Rz. 8.

es – spätestens mit der Einführung des § 16 Abs. 3b EStG – an einer verdeckten Regelungslücke. Jedenfalls hat der Gesetzgeber mit § 16 Abs. 3b EStG vor dem Hintergrund „schleichender" Betriebsaufgaben eine abschließende Regelung für Fälle wie den Strukturwandel geschaffen. Nach dem Wortlaut der Vorschrift wird die Betriebsaufgabe nur dann aufgeschoben, wenn dem Finanzamt weder eine Aufgabeerklärung zugeht, noch die notwendigen Tatsachen für die Betriebsaufgabe bekannt werden. Da eine teleologische Reduktion ihre Grenzen stets dort findet, wo aus dem klaren und eindeutigen Wortlaut einer Vorschrift, der gesetzgeberische Wille eindeutig hervorgeht[659], ist es vorzugswürdig eine Betriebsaufgabe dann anzunehmen, wenn keine Aufgabeerklärung, aber eindeutige Tatsachen bekannt werden (siehe dazu bereits unter § 2 III. 4. c.).

IV. Zusammenfassung von § 6

Die h.M. zur Behandlung des Strukturwandels ist als teleologische Reduktion der Entnahme- bzw. Aufgabevorschrift zu qualifizieren. Entgegen dem Wortlaut der Aufgabevorschrift und den Regelungen zur Betriebsunterbrechung in § 16 Abs. 3b Satz 1 Nr. 2 EStG verlangt die h.M. stets eine Aufgabeerklärung des Betriebsinhabers, die tatsächlich (Einzel-)Entnahme oder Veräußerung von Wirtschaftsgütern. Diese zusätzlichen Tatbestandsmerkmale gehen über den Wortlaut der § 4 Abs. 1 Satz 2 und § 16 Abs. 3 Satz 1 EStG hinaus.

Für eine teleologische Reduktion besteht jedoch kein Bedürfnis. Der Übergang der Wirtschaftsgüter aus dem Betriebs- in das Privatvermögen des Betriebsinhabers macht eine Besteuerung unter dem Gesichtspunkt der Neutralisierungsfunktion der Entnahme und zur Sicherstellung einer Abschlussbesteuerung des betrieblichen Wertzuwachses im Wege einer Ersatzrealisation nötig. Eine Totalentnahme beim Strukturwandel entspricht dem Telos des Gesetzes. Dieser setzt auch gerade keinen Liquiditätszufluss voraus. Auch unter tatsächlichen Gesichtspunkten ist eine teleologische Reduktion abzulehnen. Zum einen ist der Strukturwandel und mit ihm eine Totalentnahme zuverlässig festzustellen und zum anderen zeigen § 16 Abs. 3b Satz 1 Nr. 1 und 2 EStG, dass der Gesetzgeber einen Besteuerungsaufschub nur in engen Grenzen ermöglichen wollte. Bei einem festgestellten Strukturwandel sind diese überschritten.

659 BVerfG, Beschl. v. 31.10.2016, Az. 1 BvR 871/13, NVwZ 2017, 617, 618 m.w.N.

Kapitel 3 Verfassungsrechtliche Aspekte des Strukturwandels

§ 7 Eigentumsgarantie

I. *Bundesverfassungsgericht* zum Verhältnis der Eigentumsgarantie und Steuern

1. Eigentumsschutz vor konfiskatorischen Steuern

Während im ersten Teil dieser Arbeit gezeigt wurde, dass der Strukturwandel zu einer Totalentnahme des Betriebsvermögens führt, wird im nun folgenden Kapitel 3 aufgezeigt, dass dieses Ergebnis mit den verfassungsrechtlichen Wertungen des Grundgesetzes zu vereinbaren ist. Insbesondere bedarf es deshalb auch keiner verfassungskonformen Reduktion des Entnahme- oder Aufgabetatbestandes für Fälle des Strukturwandels. Nach der Rechtsprechung des *Bundesverfassungsgerichts* ist die verfassungskonforme Auslegung keine eigenständige Auslegungsmethode, sondern eine Entscheidungsregel.[660] Sie ist auf Fälle beschränkt, in denen von zwei möglichen Auslegungsalternativen nur eine verfassungsgemäß ist.[661] Das folgende Kapitel wird zeigen, dass die in Kapitel 2 entwickelte Lösung verfassungsrechtlich nicht zu beanstanden ist.

Die materielle Überprüfung von Steuernormen am Maßstab des Grundgesetzes stellt sich seit langem als anspruchsvoll dar, denn einerseits ist mitunter unklar, welcher grundrechtliche Schutzbereich durch die entsprechende Norm überhaupt betroffen ist und andererseits stößt auch die Verhältnismäßigkeitsprüfung an Grenzen. Denn – abgesehen von Lenkungsabgaben – ist der einzige Zweck von Steuern die Erzielung von Staatseinnahmen, womit eine Zweck-Mittel-Kontrolle nur schwer möglich ist.[662] Einigkeit besteht jedoch darüber, dass Freiheits- und Gleichheitsprüfung nicht deckungsgleich sind. Während die Freiheitsrechte den Steuerpflichtigen vor einem Belastungsübermaß schützen,

---

660 Vgl. nur BVerfG, Beschl. v. 25.03.1992, Az. 1 BvR 298/86, BVerfGE 86, 28, 45; Beschl. v. 02.03.1977, Az. 1 BvR 124/76, BVerfGE 44, 105, 122 m.w.N.; BFH, Urt. v. 15.12.2010, Az. VIII R 50/09, BStBl. II 2011, 506, 509; *Larenz*, Methodenlehre der Rechtswissenschaft, 6. Aufl. 1991, 340; *Bleckmann*, JuS 2002, 942, 946 f.

661 *Englisch*, in: Tipke/Lang, Steuerrecht, 24. Aufl. 2020, § 5 Rn. 92 m.w.N.

662 *Lepsius*, JZ 2009, 260.

sollen die Gleichheitsrechte eine ungerechtfertigte Belastungsdifferenzierung zwischen verschiedenen Steuerpflichtigen verhindern.[663]

Dafür soll zunächst untersucht werden, ob diese Rechtsfolge mit der Eigentumsgarantie in Art. 14 Abs. 1 GG in Einklang zu bringen ist. Bis heute besteht jedoch keine völlige Einigkeit darüber, ob steuerliche Eingriffe überhaupt am Maßstab der Eigentumsgarantie zu messen sind.[664] In seiner frühen Rechtsprechung[665] ging das *Bundesverfassungsgericht* noch davon aus, dass das Vermögen als solches nicht dem Schutzbereich der Eigentumsgarantie unterfiele und demnach Geldleistungspflichten nicht daran, sondern nur am Maßstab der allgemeinen Handlungsfreiheit, Art. 2 Abs. 1 GG, zu messen seien.[666] Eigentum im Sinne des Art. 14 Abs. 1 GG könne nur sein, was der Gesetzgeber einfach-rechtlich als subjektives Recht konkretisiert habe. [667] Daher sei auch die Auferlegung einer Zahlungspflicht, die dem Steuerpflichtigen Liquidität entziehe, nicht an der Eigentumsgarantie zu messen, denn finanzielle Liquidität sei zwar eine „wirtschaftliche Position", aber kein subjektives Recht.[668] Auch im *Parlamentarischen Rat* ging man davon aus, dass das Vermögen als solches grundrechtlich nicht schützenswert sei.[669]

Später öffnete das *Bundesverfassungsgericht* die Eigentumsgarantie vorsichtig für die Prüfung steuerlicher Eingriffe, indem es die Auferlegung von Geldleistungspflichten zwar dem Grunde nach weiterhin vom Schutzbereich der Eigentumsgarantie ausnahm, aber zugleich betonte, dass ein Eingriff möglich erscheine, wenn der Pflichtige übermäßig belastet und seine Vermögensverhältnisse grundlegend beeinträchtigt würden.[670]

---

663 *P. Kirchhof*, in: Kirchhof, EStG, 20. Aufl. 2021, Einl. EStG Rn. 31.

664 Zum historischen Überblick, vgl. *Seer*, DStJG 1999, 87, 96 ff.; *Wieland*, DStJG 2001, 29, 31 ff.; *Eichberger*, FS BFH 2018, Band I, 501, 502 (Fn. 3).

665 Zur Geschichte der Rechtsprechung des Bundesverfassungsgerichts vgl. *Wieland*, in: Baer et al. (Hrsg.), Jahrbuch des Öffentlichen Rechts der Gegenwart, 505, 506 ff.; *Englisch*, StuW 2003, 237 ff.

666 BVerfG, Urt. v. 20.07.1954, Az. 1 BvR 459/52, BVerfGE 4, 7, 17.

667 BVerfG, Urt. v. 20.07.1954, Az. 1 BvR 459/52, BVerfGE 4, 7, 17.

668 BVerfG, Urt. v. 20.07.1954, Az. 1 BvR 459/52, BVerfGE 4, 7, 17.

669 Ausschuss für Grundsatzfragen in: Deutscher Bundestag/Bundesarchiv (Hrsg.), Der Parlamentarische Rat, Band V 2. Teil, 725; vgl. auch *Thoma*, Kritische Würdigung des Grundrechtekatalogs in: Der Parlamentarische Rat 1948-1949. Akten und Protokolle, Band V/1, 1993, 361 ff.

670 BVerfG, Urt. v. 24.07.1962, Az. 2 BvL 15/61, BVerfGE 14, 221, 241; Beschl. v. 24.09.1965, Az. 1 BvR 228/65, BVerfGE 19, 119, 129.

Später verlangte es, die Geldleistungspflicht müsse eine erdrosselnde Wirkung haben.[671]

In der Entscheidung zum steuerlichen Grundfreibetrag konkretisierte das *Bundesverfassungsgericht* diesen Gedanken.[672] Danach dürfe eine Steuer das geschützte Freiheitsrecht nur soweit einschränken, „daß dem Grundrechtsträger (Steuerpflichtigen) ein Kernbestand des Erfolges eigener Betätigung im wirtschaftlichen Bereich in Gestalt der grundsätzlichen Privatnützigkeit des Erworbenen und der grundsätzlichen Verfügungsbefugnis über die geschaffenen vermögenswerten Rechtspositionen erhalten bleibt“.[673] Im zu entscheidenden Fall leitete das Gericht daraus ab, dass der Steuerpflichtige nach Erfüllung seiner Einkommensteuerschuld noch seinen Lebensunterhalt bestreiten können müsse.[674]

Wieland fasst diesen argumentativen Ansatz der Rechtsprechung zutreffend als Beschränkung der Eigentumsgarantie auf Fälle des Formenmissbrauchs zusammen, also dem – eher theoretischen – Fall, dass der Gesetzgeber die Steuer zur Verschleierung einer Konfiskation missbraucht.[675]

2. *Halbteilungsgrundsatz*

Im Jahr 1995 nahm der Zweite Senat des *Bundesverfassungsgerichts* jedoch eine andere Haltung ein.[676] In einem vermögenssteuerrechtlichen Fall argumentierte es, die Vermögensteuer greife „in die in der Verfügungsgewalt und Nutzungsbefugnis über ein Vermögen angelegte allgemeine Handlungsfreiheit [...] in deren Ausprägung als persönliche Entfaltung im vermögensrechtlichen Bereich ein“.[677] Ein solcher Eingriff sei nur zu rechtfertigen, wenn der Eingriff den „Kernbestand des Erfolges eigener Betätigung“ erhalte.[678]

---

671 BVerfG, Beschl. v. 17.07.1974, Az. 1 BvR 51/69, BVerfGE 38, 61, 80; Beschl. v. 03.07.1985, Az. 1 BvL 55/81, BVerfGE 70, 219, 230; Beschl. v. 31.05.1990, Az. 2 BvL 12/88, BVerfGE 82, 159, 190.

672 BVerfG, Beschl. v. 25.09.1992, Az. 2 BvL 5/91, BVerfGE 87, 153, 169.

673 BVerfG, Beschl. v. 25.09.1992, Az. 2 BvL 5/91, BVerfGE 87, 153, 169.

674 BVerfG, Beschl. v. 25.09.1992, Az. 2 BvL 5/91, BVerfGE 87, 153, 169.

675 *Wieland*, DStJG 2001, 29, 32.

676 BVerfG, Beschl. v. 22.06.1995, Az. 2 BvL 37/91, BVerfGE 93, 121. Zur Bindungswirkung dieses Urteils, vgl. BVerfG, Beschl. v. 18.01.2006, Az. 2 BvR 2194/99, BVerfGE 115, 97, 108; grundlegende Kritik u.a. bei *Weber-Grellet*, BB 1996, 1415 ff.

677 BVerfG, Beschl. v. 22.06.1995, Az. 2 BvL 37/91, BVerfGE 93, 121, 137.

678 BVerfG, Beschl. v. 22.06.1995, Az. 2 BvL 37/91, BVerfGE 93, 121, 137.

In der Literatur wird diese Entscheidung auch als „Steuer- und Eigentumswende“ bezeichnet.[679] Denn das Gericht leitete aus der grundsätzlichen Privatnützigkeit des Eigentums ab, dass das durch eine wirtschaftliche Betätigung Erworbene ebenfalls dem Schutzbereich der Eigentumsgarantie unterfiele. Neben dem Vermögensstamm schütze die Eigentumsgarantie auch den Vermögensertrag als Grundlage individueller Freiheit.[680] Da nach Art. 14 Abs. 2 GG der Eigentumsgebrauch zugleich dem privaten Nutzen und dem Wohl der Allgemeinheit diene, dürfe der Vermögensertrag, bis in die Nähe einer hälftigen Teilung, als steuerliche Gemeinlast nutzbar gemacht werden („Halbteilungsgrundsatz“).[681] Scharfe Kritik erfuhr diese Entscheidung bereits innerhalb des Senats im Sondervotum *Böckenfördes,* der kritisierte, dass Steuern zur Ermöglichung von Sozialleistungen notwendig seien und der Umverteilung dienten, wobei dem Gesetzgeber ein weiter Entscheidungsspielraum zukomme.[682]

3. *Aufgabe des Halbteilungsgrundsatzes*

In einer Entscheidung aus dem Jahr 2006 hat der Zweite Senat des *Bundesverfassungsgerichts* die wesentlichen Grundsätze der vorgenannten Entscheidung – mit Ausnahme des Halbteilungsgrundsatzes – bestätigt.[683] Das Gericht begründet dies damit, dass dem Eigentumsgrundrecht die Aufgabe zufalle dem Grundrechtsträger einen „Freiheitsraum im vermögensrechtlichen Bereich zu sichern“.[684] Die Eigentumsgarantie schütze die Freiheit Eigentum innezuhaben, zu nutzen, zu verwalten und darüber zu verfügen.[685] In den Schutzbereich des Grundrechts falle deshalb auch die Auferlegung einer Geldleistungspflicht, weil diese an den Hinzuerwerb von Eigentum anknüpfe.[686] Steuern seien Inhalts- und Schrankenbestimmung, die den privaten Nutzen der erworbenen Rechtsposition

---

679 *Leisner*, NJW 1995, 2591 ff.; *Arndt/Schumacher*, NJW 1995, 2603.

680 BVerfG, Beschl. v. 22.06.1995, Az. 2 BvL 37/91, BVerfGE 93, 121, 138.

681 BVerfG, Beschl. v. 22.06.1995, Az. 2 BvL 37/91, BVerfGE 93, 121, 138.

682 Sondervotum *Böckenförde*, BVerfG, Beschl. v. 22.06.1995, Az. 2 BvL 37/91, BVerfGE 93, 121, 163 f.

683 BVerfG, Beschl. v. 18.01.2006, Az. 2 BvR 2194/99, BVerfGE 115, 97, 108 ff.

684 BVerfG, Beschl. v. 18.01.2006, Az. 2 BvR 2194/99, BVerfGE 115, 97, 110; so bereits früher Urt. v. 18.12.1968, Az. 1 BvR 638/64, BVerfGE 24, 367, 389; Beschl. v. 22.05.2001, Az. 1 BvR 1512/97, BVerfGE 104, 1, 8.

685 BVerfG, Beschl. v. 18.01.2006, Az. 2 BvR 2194/99, BVerfGE 115, 97, 110; so bereits Beschl. v. 31.03.1998, Az. 2 BvR 1877/97, BVerfGE 97, 350, 370; Beschl. v. 05.02.2002, Az. 2 BvR 305/93, BVerfGE 105, 17, 30.

686 BVerfG, Beschl. v. 18.01.2006, Az. 2 BvR 2194/99, BVerfGE 115, 97, 111.

zugunsten der Allgemeinheit beschränkten.[687] Die generell-abstrakte Festlegung von Rechten und Pflichten könne auch nicht als Enteignung angesehen werden, da keine konkrete Rechtsposition entzogen werde.[688]

Der Senat führte dies am Beispiel des gewerblichen Gewinns im Sinne der §§ 4 ff., 15 EStG weiter aus: Gewinn sei das, was der Steuerpflichtige im Laufe eines Jahres erworben habe. Dieser Zuwachs an bilanzierungsfähigen Wirtschaftsgütern sei von der Eigentumsgarantie geschützt.[689] Er sei tatbestandlicher Anknüpfungspunkt der Steuer. Der Steuerpflichtige müsse zahlen, weil und soweit seine Leistungsfähigkeit durch den Hinzuerwerb von Eigentum erhöht worden sei.[690] Dafür spiele es auch keine Rolle, dass der Steuerpflichtige die Wahl habe, aus welchen Mitteln er den Steueranspruch erfülle.[691] Der Steuerzugriff sei als Inhalts- und Schrankenbestimmung zulässig, solange die Eingriffsgrenzen, insbesondere der Verhältnismäßigkeitsgrundsatz, beachtet würden. Dafür sei zu beachten, dass Art. 14 Abs. 1 GG einerseits von der grundsätzlichen Privatnützigkeit des Eigentums ausgehe, andererseits aber Art. 14 Abs. 2 GG zugleich die Sozialbindung des Eigentums betone. Eine quantitative absolute Obergrenze lasse sich dem Grundgesetz hingegen nicht entnehmen.[692]

Auch das *Bundesverfassungsgericht* erkannte jedoch, dass der Verhältnismäßigkeitsgrundsatz für die Auferlegung von Geldleistungspflichten wenig Anhaltspunkte bietet, da „Steuern mit dem Zweck, Einnahmen zur Deckung des staatlichen Finanzbedarfs zu erzielen, gemessen an diesem Zweck immer geeignet und erforderlich sein“ werden.[693] Daraus schloss es, dass sich vor allem unter dem Gesichtspunkt der Zumutbarkeit und Angemessenheit im Einzelfall Anhaltspunkte für eine Belastungsobergrenze ergeben könnten.[694]

4. *Unterschiede zwischen dem Ersten und Zweiten Senat*

Der Erste Senat des *Bundesverfassungsgerichts* ist demgegenüber traditionell zurückhaltender, wenn es darum geht die Eigentumsfreiheit als Maßstab einer

---

687 BVerfG, Beschl. v. 18.01.2006, Az. 2 BvR 2194/99, BVerfGE 115, 97, 111.

688 BVerfG, Beschl. v. 18.01.2006, Az. 2 BvR 2194/99, BVerfGE 115, 97, 111 f.

689 BVerfG, Beschl. v. 18.01.2006, Az. 2 BvR 2194/99, BVerfGE 115, 97, 112.

690 BVerfG, Beschl. v. 18.01.2006, Az. 2 BvR 2194/99, BVerfGE 115, 97, 112.

691 BVerfG, Beschl. v. 18.01.2006, Az. 2 BvR 2194/99, BVerfGE 115, 97, 112.

692 BVerfG, Beschl. v. 18.01.2006, Az. 2 BvR 2194/99, BVerfGE 115, 97, 114.

693 BVerfG, Beschl. v. 18.01.2006, Az. 2 BvR 2194/99, BVerfGE 115, 97, 115; *Birk*, Das Leistungsfähigkeitsprinzip als Maßstab der Steuernormen, Habil. 1983, 189.

694 BVerfG, Beschl. v. 18.01.2006, Az. 2 BvR 2194/99, BVerfGE 115, 97, 115.

freiheitsrechtlichen Prüfung von Steuernormen heranzuziehen. In einer Entscheidung aus dem Jahr 2007 hat er unbeirrt von den Entscheidungen des Zweiten Senats auf den ursprünglichen Obersatz abgestellt, die Eigentumsgarantie schütze „nur ausnahmsweise gegen die Auferlegung von Geldleistungspflichten, wenn diese den Betroffenen übermäßig belasten und seine Vermögensverhältnisse so grundlegend beeinträchtigen, dass ihnen eine erdrosselnde Wirkung zukommt". [695] In Entscheidungen zur Zweitwohnungssteuer und Straßenbaubeiträgen hat er die Frage mangels Entscheidungserheblichkeit ausdrücklich offengelassen.[696]

II. Meinungsbild in der Literatur

1. Kein genereller Schutz des Vermögens vor Eingriffen

Einigkeit besteht in der Literatur darüber, dass die grundsätzlich privatwirtschaftliche Ordnung des Grundgesetzes den Steuerstaat bedingt. Wenn der Staat sich selbst von wirtschaftlichen Aktivitäten in Form von Staatsunternehmen und Monopolen lossage, bleibe ihm zur Deckung seiner Staatsausgaben nur die Erhebung von Steuern.[697] Das Grundgesetz kann daher schon unter strukturellen Gesichtspunkten nicht jedem Bürger den Erhalt seines vollständigen Vermögens garantieren.[698] Auch wenn diese verfassungsrechtliche Grundkonzeption die wirtschaftliche Freiheit des Einzelnen überhaupt erst ermöglicht, birgt sie stets die Gefahr wirtschaftlicher Überforderung des Einzelnen durch Steuern.[699]

Generell einen vermögensrechtlichen Schutz aus der Eigentumsgarantie abzuleiten, lehnt die Literatur zu Recht ab, denn zutreffend weist sie darauf hin, dass der einfache Gesetzgeber das Vermögen als solches nicht als subjektives Ausschließlichkeitsrecht ausgestaltet hat.[700] Nur wenn ein konkretes Eigentumsobjekt entwertet wird, könne der Schutzbereich der Eigentumsgarantie eröffnet

695 BVerfG, Beschl. v. 25.07.2007, Az. 1 BvR 1031/07, NVwZ 2007, 1168, 1169; ähnlich BVerfG, Beschl. v. 27.06.2000, Az. 1 BvR 2218/97, WM 2000, 2049, 2050; Beschl. v. 29.02.2012, Az. 1 BvR 2378/10, ZIP 2012, 1979, 1980.

696 BVerfG, Beschl. v. 15.01.2014, Az. 1 BvR 1656/09, BVerfGE 135, 126, 141; Beschl. v. 25.06.2014, Az. 1 BvR 668/10, BVerfGE 137, 1, 17.

697 Vgl. nur *P. Kirchhof*, VVDStRL 1980, 213, 215; *Lang*, Die Bemessungsgrundlage der Einkommensteuer, Habil. 1981/1988, 156; *Friauf*, DStJG 1989, 3 f.

698 *Wieland*, DStJG 2001, 29, 33.

699 *Friauf*, DStJG 1989, 3, 4.

700 Vgl. nur *Depenhauer/Froese*, in: v. Mangoldt/Klein/Starck, GG, 7. Aufl. 2018, Art. 14 Rn. 168; *Papier*, Der Staat 11 (1972), 483, 489, 492 m.w.N.

sein.[701] Diese Argumentationslinie kann sich auf die Nassaukies-Entscheidung des *Bundesverfassungsgerichts* berufen, wonach erst die Gesamtheit der verfassungsmäßigen Gesetze „Gegenstand und Umfang des durch Art. 14 Abs. 1 Satz 1 GG gewährleisteten Bestandsschutzes" konkretisiert.[702]

2. *Sozialstaatliche Notwendigkeit von Steuern*

Das folgende Zitat von *Forsthoff*, das die frühe Rechtsprechung des *Bundesverfassungsgerichts* maßgeblich prägte, steht stellvertretend für eine Vielzahl von Stimmen, die eine Betroffenheit der Eigentumsgarantie bei der Auferlegung von Geldleistungspflichten verneinen. Im Kern argumentieren sie mit verfassungssystematischen und -historischen Argumenten:

> „Der Rechtsstaat als Steuerstaat beruht auf einer spezifischen, in der rechtsstaatlichen Verfassung enthaltenen Voraussetzung: der scharfen Abgrenzung der Steuerhoheit von dem in den Grundrechten gewährleisteten Schutz des Eigentums. Dadurch wird es möglich, über die Steuerhoheit Eingriffe in Einkommen und Vermögen vorzunehmen, die, wenn sie in gleicher Intensität gegen das Eigentum (im weiteren Sinne) gerichtet würden, als Enteignung qualifiziert und Entschädigungsansprüche auslösen würden. Würde diese Unterscheidung von steuerlichem Eingriff und Eingriff in das Eigentum fallen, so wäre dem heutigen Sozialstaat die verfassungsrechtliche Grundlage weithin entzogen. Der Vorgang wäre von kaum absehbarer Tragweite."[703]

Aufgrund des Sozialstaatsprinzips, Art. 20 Abs. 1 GG und Art. 28 Abs. 1 Satz 1 GG, benötigt der Staat zur Verwirklichung dieses Auftrags (erhebliche) Finanzmittel. Das Grundgesetz sieht dafür in erster Linie die Erhebung von Steuern vor, vgl. Art. 105 ff. GG. Nach *Forsthoff* sei es widersinnig den Gesetzgeber an die Eigentumsgarantie zu binden, wenn ihm gemäß dem Sozialstaatsgebot die Rolle zugewiesen sei, die für die Erfüllung dieser Aufgaben notwendige Steuerlast festzulegen.[704] Andere knüpfen hieran an und argumentieren die Festschreibung des Privateigentums im Sinne einer Institutsgarantie und die daraus folgende Privatnützigkeit des Eigentums setze voraus, dass der Staat zur Aufrechterhaltung und Finanzierung staatlicher Funktionen über die Erhebung von Steuern an dieser Privatnützigkeit partizipieren dürfe.[705]

---

701 *Birk*, DStJG 1999, 7, 20; *Bull*, NJW 1996, 281, 283; *Wieland*, DStJG 2001, 29, 39.

702 BVerfG, Beschl. v. 15.06.1981, Az. 1 BvL 77/78, BVerfGE 58, 300, 336.

703 *Forsthoff*, VVDStRL 1953, 8, 32; im Befund wohl zustimmend, aber mit kritischen Gedanken zu den Folgen *Hettlage*, VVDStRL 1955, 2, 5.

704 *Wieland*, in: Dreier, GG, Band I, 3. Aufl. 2013, § 14 Rn. 68.

705 *Wieland*, DStJG 2001, 29 ff.

In die gleiche Richtung zielt auch die bereits angesprochene Kritik *Böckenfördes*, der im Steuerstaat die Voraussetzung für den Sozialstaat erblickt.[706] Art. 14 GG verknüpfe Eigentumsfreiheit und Sozialbindung des Eigentums in der Weise, dass es dem Gesetzgeber die nähere Ausgestaltung des Steuerrechts überlasse, denn mittelbar lasse sich diese nur anhand der nicht-justiziablen Staatsausgaben bestimmen.[707] Der allgemeine Gleichheitssatz und das Demokratieprinzip, insbesondere in Gestalt von Wahlen böten ausreichenden Schutz vor einer übermäßigen Besteuerung.[708]Für einen gestuften Eigentumsschutz je nachdem, ob die Besteuerung an Vermögenszugang, -bestand oder -verwendung anknüpfe, gebe die Eigentumsgarantie nichts her.[709]

Papier hat zutreffend darauf hingewiesen, dass diese Auffassung Enteignung und Steuerzugriff in unzulässigerweise gleichsetze. Denn woraus sich eine Gefahr für den Sozialstaat ergebe, wenn man den Steuerzugriff als Inhalts- und Schrankenbestimmung einstufe und am Maßstab der Verhältnismäßigkeit prüfe, bleibe unklar.[710] Teilweise wird gegen die Auffassung von *Forsthoff* ferner eingewandt, nach einem solchen Verständnis der Eigentumsgarantie sei es wenig stringent, bei erdrosselnden oder konfiskatorischen Steuern dann doch einen Eingriff in die Eigentumsgarantie bejahen zu wollen.[711]

Mitunter wird im Wege eines Erst-Recht-Schlusses argumentiert, es sei wenig überzeugend, dass eine einzelne Rechtsposition – isoliert betrachtet – eigentumsrechtlich geschützt sein könnte, ihre Gesamtheit in Form des Vermögens aber nicht.[712] Da die Eigentumsgarantie auch die Freiheit enthalte, Sachgüter und Geld beliebig tauschen zu können[713], greife der Steuerzugriff zumindest

---

706 Sondervotum *Böckenförde*, BVerfG, Beschl. v. 22.06.1995, Az. 2 BvL 37/91, BVerfGE 93, 121, 163; *Bull*, NJW 1996, 281, 284.

707 *Birk*, DStJG 1999, 7, 20, 21 f.; *Bull*, NJW 1996, 281, 284.

708 *Wieland*, in: Dreier, GG, Band I, 3. Aufl. 2013, Art. 3 Rn. 68.

709 Sondervotum *Böckenförde*, BVerfG, Beschl. v. 22.06.1995, Az. 2 BvL 37/91, BverfGE 93, 121, 154 f.

710 *Papier*, Der Staat 11 (1979), 483, 487.

711 Vgl. nur *Papier*, Der Staat 11 (1979), 483, 485; *Friauf*, DStJG 1989, 3, 22; *Seer*, DStJG 1999, 87, 98 f.; *Depenhauer/Froese*, in: v. Mangoldt/Klein/Starck, GG, 7. Aufl. 2018, Art. 14 Rn. 166.

712 *Friauf*, DStJG 1989, 3, 22; *Bauer*, Besteuerung der Leistungsfähigkeit, 71. Ähnlich *P. Kirchhof*, VVDStRL1980, 213, 217: „Die Zahlungsschuld trifft das Eigentum in einer Phase, in der es liquide gemacht, aber noch nicht wieder in konkrete Wirtschaftsgüter eingetauscht worden ist."

713 BVerfG, Beschl. v. 31.03.1998, Az. 2 BvR 1877/97, BVerfGE 97, 350, 371.

mittelbar in diese Freiheit ein, denn der Entzug von Geldmitteln schränke deren Tauschfunktion ein.[714]

3. *Eigentumsgarantie und Ausgabenkontrolle des Parlaments*

Die weitreichendste Gegenposition dazu hat *von Arnim* aufgebaut, der aus der Eigentumsgarantie sogar eine Ausgabenkontrolle des Staates ableiten will.[715] Danach sei die Verhältnismäßigkeit einer Steuer am Maßstab der Wirtschaftlichkeit zu bestimmen, „die am wenigsten dringliche Ausgabe [müsse] noch die Erhebung der am schwersten belastenden Steuer [rechtfertigen]".[716] Diese Auffassung hat zu Recht wenige Befürworter gefunden.[717] Diese These findet weder im Wortlaut von Art. 14 GG, noch in der Systematik des Grundgesetzes eine Stütze.[718] Soweit die Eigentumsgarantie heute als freiheitsrechtlicher Schutz gegen eine Übermaßbesteuerung herangezogen wird, geht es dabei zu Recht weniger um einen Schutz gegen eine „quantitativ" überhöhte Steuerbelastung als vielmehr um einen „qualitativen Schutz" gegen die Art und Weise der Besteuerung.[719] Dem entspricht letztlich auch die Aufgabe des Halbteilungsgrundsatz durch das *Bundesverfassungsgericht*.[720]

4. *Freiheitsraum im vermögensrechtlichen Bereich*

Am einflussreichsten gegenüber der traditionellen Sichtweise von *Forsthoff* dürfte inzwischen der Ansatz von *P. Kirchhof* sein, den dieser in seiner Zeit als Richter im Zweiten Senat des *Bundesverfassungsgerichts* teilweise in Rechtsprechung umsetzen konnte. Bereits im Jahr 1981 formulierte er seine Idee in einem Vortrag auf der Staatsrechtslehrertagung, wonach Eigentum i.S.d. Art. 14 Abs. 1 GG einen geschützten Handlungsspielraum des Eigentümer umschreibe, der Enteignungsschutz in Form des Art. 14 Abs. 3 GG verhindere nur den Zugriff auf den Steuergegenstand, nicht aber den Steuerbetrag.[721]Die Einkommensteuer knüpfe

---

714 *Hofmann*, in: Schmidt-Bleibtreu/Hofmann/Henneke, GG, 15. Aufl. 2022, Art. 14 Rn. 13.

715 *v. Arnim*, VVDStRL 1980, 286, 308 ff.

716 *v. Arnim*, VVDStRL 1980, 286, 308 ff., 316.

717 Nur im Ansatz zustimmend *Lang*, Die Bemessungsgrundlage der Einkommensteuer, Habil. 1981/1988, 159.

718 Vgl. nur *Wieland*, DStJG 2001, 29, 34; *P. Kirchhof*, VVDStRL 1980, 213, 250 f.

719 *Lang*, Die Bemessungsgrundlage der Einkommensteuer, Habil. 1981/1988, 159.

720 BVerfG, Beschl. v. 18.01.2006, Az. 2 BvR 2194/99, BVerfGE 115, 97.

721 *P. Kirchhof*, VVDStRL 1980, 213, 282 (Leitsatz 7).

an den Hinzuerwerb von Eigentum in Form des Gewinns oder Einnahmenüberschusses an.[722] Der Steuerpflichtige werde nicht deshalb belastet, weil er über eine bestimmte Wertsumme verfüge, sondern, weil er ein bestimmtes Eigentumsobjekt hinzugewonnen habe.[723] Aus dem Wortlaut von Art. 14 Abs. 2 GG sei der Schluss zu ziehen, dass die Sozialpflichtigkeit des Eigentums mit seinem Gebrauch steige; hierin sei der Anknüpfungspunkt für einen steuerlichen Zugriff zu sehen.[724] „Das Recht, die Steuerschuld mit beliebigen individuell verfügbaren Zahlungsmitteln zu begleichen, bietet lediglich eine freiheitsschonende Alternative zum Objektzugriff."[725] Auch wenn man den Steuerzugriff nur als mittelbaren Zugriff qualifizieren wolle, weil das konkret betroffene Eigentumsobjekt erst durch den Steuerpflichtigen ausgewählt werde, sei darin dennoch ein Eingriff – in die Geldmittel des Steuerpflichtigen – zu sehen.[726]

Auch der Zweite Senat hat später ähnlich formuliert und die Idee, dass die Eigentumsgarantie einen Freiheitsraum im vermögensrechtlichen Bereich schütze, aufgenommen.[727] Auch andere Stimmen wollen die Eigentumsgarantie in diesem Sinne subjektbezogen-handlungsfreiheitlich und nicht objektbezogen-gegenständlich verstanden wissen.[728] Dem Steuerpflichtigen stehe lediglich eine Ersetzungsbefugnis zu, die den grundlegenden Eingriffscharakter jedoch nicht neutralisiere.[729]

Papier meint, die Eigentumsgarantie schütze nicht nur den Bestand, sondern auch die Nutzung des Eigentums. Während ein *Bestands*eingriff eine Enteignung darstelle, sei der *Nutzungs*eingriff nur Inhalts- und Schrankenbestimmung.[730] Steuern seien Ausdruck der Sozialpflichtigkeit des Eigentums in Form staatlicher Partizipation an der Eigentumsnutzung.[731] Art. 14 GG ziehe der Besteuerung

---

722 *P. Kirchhof*, VVDStRL 1980, 213, 237.

723 *P. Kirchhof*, VVDStRL 1980, 213, 237; so auch *Friauf*, DStJG 1989, 3, 24; *Leisner*, NJW 1995, 2591, 2592.

724 *P. Kirchhof*, VVDStRL 1980, 213, 242.

725 *P. Kirchhof*, VVDStRL 1980, 213, 237.

726 *P. Kirchhof*, VVDStRL 1980, 213, 238; so auch *Friauf*, DStJG 1989, 3, 23; *G. Kirchhof*, in: H/H/R, EStG, Stand: April 2020, Einf. EStG Rn. 243; *Seer*, DStJG 1999, 87, 99, der damit argumentiert, dass am Ende jedenfalls ein Eigentumsobjekt verloren ginge.

727 BVerfG, Beschl. v. 18.01.2006, Az. 2 BvR 2194/99, BVerfGE 115, 97, 110.

728 *Seer*, DStJG 1999, 87, 100.

729 *Depenhauer/Froese*, in: v. Mangoldt/Klein/Starck, GG, 7. Aufl. 2018, Art. 14 Rn. 172; *Becker*, in: Stern/Becker, GG, 3. Aufl. 2019, Art. 14 Rn. 100.

730 *Papier*, Der Staat 11 (1979), 483, 498 f.

731 *Papier*, Der Staat 11 (1979), 483, 499.

damit nur eine äußere Grenze, innerhalb dieses Rahmens sei vorrangig auf Art. 3 Abs. 1 GG abzustellen.[732]

Nach anderen Stimmen soll ein (mittelbarer) Eingriff nur vorliegen, wenn an Bestand, Nutzung oder Verfügung angeknüpft werde und die Belastungswirkung einem klassischen Eingriff nahe komme.[733] *Birk* will einen Eingriff nur annehmen, wenn die Wirkung der Steuer in eine konkrete Eigentumsposition eingreife („Gestaltungswirkung der Steuer").[734] Weitere Stimmen unterstützen diese Argumentation und sehen in Art. 14 Abs. 1 Satz 2, Abs. 2 GG eine sozialbindende Schrankenziehung für den Besteuerungszugriff, woraus zu folgern sei, dass der Kernbestand des Erfolgs wirtschaftlicher Betätigung privatnützig bleiben müsse.[735]

III. Stellungnahme

Im Ausgangpunkt kann nicht ernstlich zweifelhaft sein, dass das Grundgesetz nach seiner Historie und Systematik die Bundesrepublik als Steuerstaat konzipiert.[736] Aus diesem Umstand und der Tatsache, dass Art. 106 GG eine Reihe von Steuern explizit aufführt, ist der Schluss zu ziehen, dass die Auferlegung einer Steuer keine (entschädigungspflichtige) Enteignung im Sinne des Art. 14 Abs. 3 GG darstellt.[737] Daher ist der Rechtsprechung des *Bundesverfassungsgerichts*, wonach die Abgrenzung zwischen Enteignung und Inhalts- und Schrankenbestimmung anhand formeller Kriterien zu treffen sei, zuzustimmen.[738] Einer Steuer fehlt danach die für eine Enteignung notwendige Entziehung einer konkreten Eigentumsposition zur Erfüllung einer konkreten öffentlichen Aufgabe.[739] Denn bei der Steuerzahlung hat der Steuerpflichtige – im Rahmen seiner tatsächlichen Verhältnisse – die Freiheit welche Mittel er zur Zahlung

---

732 *Papier*, DStR 2007, 973, 975.

733 *Jarass*, in: Jarass/Pieroth, GG, 16. Aufl. 2020, Art. 14 Rn. 29; *Hofmann*, in: Schmidt-Bleibtreu/Hofmann/Henneke, GG, 15. Aufl. 2022, Art. 14 Rn. 33; *Bryde/Wallrabenstein*, in: v. Münch/Kunig, GG, Band I, 7. Aufl. 2021, Art. 14 Rn. 47; *Leisner*, in: HStR, Band VIII, 3. Aufl. 2010, § 173 Rn. 205.

734 *Birk*, DStJG 1999, 7, 21.

735 *R. Wendt*, in: Sachs, GG, 9. Aufl. 2021, Art. 14 Rn. 144; *Friauf*, DStJG 1989, 3, 24.

736 Vgl. nur *P. Kirchhof*, VVDStRL 1980, 213, 215; *Lang*, Die Bemessungsgrundlage der Einkommensteuer, Habil. 1981/1988, 156; *Friauf*, DStJG 1989, 3 f.; *Kube*, DStR-Beihefter 26/2013, 37, 40.

737 Vgl. auch *R. Wendt*, NJW 1980, 2111, 2115.

738 Vgl. nur *Axer*, in: BeckOK-GG, Stand: August 2021, Art. 14 Rn. 78.

739 BVerfG, Beschl. v. 15.04.2009, Az. 1 BvR 3478/08, NVwZ 2009, 1158, 1159.

einsetzen will. Ein konkreter eigentumsrechtlicher Bezugspunkt des Steuerzugriffs fehlt damit.

Steuern sind jedoch als Inhalts- und Schrankenbestimmung anzusehen.[740] Es überzeugt nicht, wenn die frühere Rechtsprechung die Qualifizierung als Inhalts- und Schrankenbestimmung ablehnt, aber zugleich einen Eigentumseingriff bei erdrosselnden Steuern für möglich hält.[741] Entweder stellt ein Steuerzugriff einen Eigentumseingriff dar, welcher gerechtfertigt werden kann, oder er stellt keinen Eingriff dar. Die Schwere des Eingriffs stellt in der Grundrechtsdogmatik typischerweise eine Frage der Rechtfertigung und nicht des Eingriffs dar.

Nach der ständigen Rechtsprechung des *Bundesverfassungsgerichts* sind Inhalts- und Schrankenbestimmungen „generelle und abstrakte Festlegungen von Rechten und Pflichten durch den Gesetzgeber hinsichtlich solcher Rechtsgüter, die als Eigentum im Sinne der Verfassung zu verstehen sind.“[742] Dabei ist zunächst festzuhalten, dass der Gesetzgeber das Vermögen nicht als subjektives Ausschließlichkeitsrecht schützt. Das Vermögen als solches ist keine Eigentumsposition. Die Argumente dazu sind in der Literatur bereits ausgetauscht worden.[743] Soweit dagegen eingewandt wird, es sei unlogisch einzelne Vermögensgüter eigentumsrechtlich zu schützen, nicht aber deren Zusammenfassung als Vermögen, überzeugt dies nicht. Es obliegt dem einfachen Gesetzgeber die nach Art. 14 Abs. 1 Satz 2 GG notwendige eigentumsrechtliche Entscheidung zu treffen, welche Positionen subjektiv-rechtlich ausgestaltet werden.

Dagegen, dass steuerliche Eingriffe auch konkrete Eigentumspositionen berühren und dementsprechend deren Inhalt und Schranken bestimmen kann, spricht nicht, dass der Steueranspruch nur auf einen Euro-Betrag lautet. Dieser steuerliche Zugriff kann dennoch auf die einzelnen Eigentumsgüter durchschlagen. Denn soweit ein Steuerpflichtiger nur illiquides Vermögen besitzt, ist er gezwungen zur Steuerzahlung einen oder mehrere Gegenstände zu liquidieren, d.h. zu Euro zu machen. Mittelbar nimmt der Staat damit hin, dass der Steuerpflichtige einfach-rechtlich als Eigentum ausgestattete Güter veräußern oder belasten muss. Indem der Staat anordnet, dass die Steuer in Euro zu bezahlen

740 Vgl. nur *P. Kirchhof*, DStR 2021, 2761, 2764.

741 *Papier*, Der Staat 11 (1979), 483, 485; *Friauf*, DStJG 1989, 3, 22; *Seer*, DStJG 1999, 87, 98 f.; *Depenhauer/Froese*, in: v. Mangoldt/Klein/Starck, GG, 7. Aufl. 2018, Art. 14 Rn. 166.

742 St. Rspr. BVerfG, Beschl. v. 15.04.2009, Az. 1 BvR 3478/08, NVwZ 2009, 1158, 1159 m.w.N.

743 Vgl. nur *Depenhauer/Froese*, in: v. Mangoldt/Klein/Starck, GG, 7. Aufl. 2018, Art. 14 Rn. 168; *Papier*, Der Staat 11 (1972), 483, 489, 492 m.w.N.

ist, nimmt er in Kauf, dass der Steuerpflichtige die Steuer gegebenenfalls nicht aus dem Erworbenen zahlen kann. Freilich, in der Mehrzahl der Fälle, wird das Erworbene ebenfalls Euro sein, aber bereits die abstrakte Möglichkeit, dass dies – wie z.B. bei Tauschfällen oder Zahlungen in ausländischen Währungen – nicht der Fall ist, rechtfertigt die Qualifizierung einer Steuer als Inhalts- und Schrankenbestimmung. Die Steuer konkretisiert insoweit den eigentumsrechtlichen Schutzbereich des Erworbenen, indem der Staat dem Bürger die Pflicht auferlegt, dafür zu sorgen, dass die auf den Hinzuerwerb anfallende Steuer, im Zweifel durch eine Liquidierung des Guts, in Euro gezahlt werden kann. Die Wirkung des Steuerzugriffs stellt daher im Ergebnis ein „funktionales Äquivalent" zum (finalen) staatlichen Eingriff dar.[744] Mittelbar ist der Eingriff, weil der Gesetzgeber nicht zielgerichtet auf einen konkreten Vermögensgegenstand zugreift, sondern immerhin eine Ersetzungsbefugnis einräumt. Die Ersetzungsbefugnis des Steuerpflichtigen ist Resultat der Verhältnismäßigkeit der Inhalts- und Schrankenbestimmung. Diese bringt den staatlichen Finanzbedarf und die grundsätzliche Privatnützigkeit des Eigentums zu einem schonenden Ausgleich. Sie überlässt es dem Steuerpflichtigen, wie er seine Steuerschuld begleichen will. Dass er den erworbenen Vermögensgegenstand gegebenenfalls zuvor liquidieren muss, ist grundsätzlich verhältnismäßig, um dem Staat die Steuermittel in einer Form zur Verfügung stellen zu können, mit denen er kostengünstig und effizient seine Aufgaben erfüllen kann. Auch die Totalentnahme im Falle eines Strukturwandels ist daher als Inhalts- und Schrankenbestimmung anzusehen, deren Verhältnismäßigkeit nun zu prüfen ist.

IV. Verhältnismäßigkeit der Totalentnahme beim Strukturwandel

1. Grenzen des Verhältnismäßigkeitsprinzips in Bezug auf die Eigentumsgarantie

Eine Inhalts- und Schrankenbestimmung ist an Art. 14 Abs. 1 Satz 2, Abs. 2 GG zu messen.[745] Der Steuerzugriff ist danach nur gerechtfertigt, wenn das durch den Steuerpflichtigen zu erbringende Vermögensopfer gemessen an Inhalt und Funktion des Art. 14 Abs. 1 Satz 1 GG und orientiert an der Abwägung im Verhältnis Eigentümer und Allgemeinheit gemäß Art. 14 Abs. 2 GG angemessen

---

744 Vgl. BVerfG, Beschl. v. 26.06.2002, Az. 1 BvR 558/91, BVerfGE 105, 252, 273.

745 St. Rspr. BVerfG, Beschl. v. 15.04.2009, Az. 1 BvR 3478/08, NVwZ 2009, 1158, 1159 m.w.N.

und zumutbar ist.[746] Macht der Gesetzgeber von seiner Befugnis Gebrauch, Inhalt und Schranken des Eigentums festzulegen, hat er die Interessen der Beteiligten angemessen zu berücksichtigen.[747] Er darf dabei weder die grundsätzliche Privatnützigkeit, noch die Sozialbindung des Eigentums aus den Augen verlieren.[748] Dem Individualinteresse kommt aber kein unbedingter Vorrang vor den Interessen der Gemeinschaft zu.[749]

Nach der Rechtsprechung des *Bundesverfassungsgerichts* ist dafür in materieller Hinsicht insbesondere der Grundsatz der Verhältnismäßigkeit heranzuziehen.[750] Dieser verlangt, dass der Staat mit seinem Eingriff ein legitimes Ziel mit den geeigneten, erforderlichen und angemessenen Mitteln verfolgt.[751] Die Anwendung des Verhältnismäßigkeitsmaßstabs wirft bei Steuernormen jedoch Fragen auf.[752] Denn die relative Struktur der Verhältnismäßigkeitsprüfung, die Art und Weise des Eingriffs an seinem Zweck zu messen, passt nicht so recht zum maßgeblichen Finanzierungszweck einer Steuernorm.[753] Da eine Steuer stets gegenleistungslos zu erbringen ist und nur einen Finanzierungszweck verfolgt, bietet sie keinen wirklichen Anknüpfungspunkt für eine Zweck-Mittel-Relation.[754] Eine nennenswerte Beschränkung des staatlichen Steuerzugriffs bietet Art. 14 GG daher vor allem im Fall des Existenzminimums[755] und im Extremfall einer konfiskatorischen Steuer.[756]

Für den Strukturwandel lässt sich jedoch, die Rationalitätskontrolle der Verhältnismäßigkeitsprüfung deshalb nutzen, weil es bei der mit der Totalentnahme beabsichtigten Aufdeckung der stillen Reserven, um die Sicherstellung

---

746 *P. Kirchhof*, DStR 2021, 2761, 2765; *R. Wendt*, NJW 1980, 2111, 2115.

747 BVerfG, Beschl. v. 08.10.1996, Az. 1 BvR 875/92, BVerfGE 95, 48, 58.

748 BVerfG, Urt. v. 28.04.1999, Az. 1 BvL 32/95, 1 BvR 2105/95, BVerfGE 100, 1, 37 m.w.N.

749 BVerfG, Beschl. v. 12.01.1967, Az. 1 BvR 169/63, BVerfGE 21, 73, 83.

750 BVerfG, Beschl. v. 18.01.2006, Az. 2 BvR 2194/99, BVerfGE 115, 97, 113.

751 BVerfG, Beschl. v. 08.10.1985, Az. 1 BvL 17/83, 1 BvL 19/83, BVerfGE 70, 278, 286.

752 Vgl. nur *Papier*, Der Staat 11 (1979), 483, 485; *Krumm*, Steuerliche Bewertung als Rechtsproblem, Habil. 2014, 428; *Englisch*, StuW 2003, 237, 245 m.w.N.

753 *Krumm*, Steuerliche Bewertung als Rechtsproblem, Habil. 2014, 428.

754 *Krumm*, Steuerliche Bewertung als Rechtsproblem, Habil. 2014, 429 m.w.N.; im Ergebnis auch nur auf die Zumutbarkeit im Einzelfall abstellend, vgl. *P. Kirchhof*, DStR 2021, 2761, 2765.

755 BVerfG, Beschl. v. 29.05.1990, Az. 1 BvL 20/84, BVerfGE 82, 60; *Papier*, DStR 2007, 973, 974.

756 BVerfG, Beschl. v. 18.01.2006, Az. 2 BvR 2194/99, BVerfGE 115, 97, 115; *Englisch*, StuW 2003, 237, 245; *Krumm*, Steuerliche Bewertung als Rechtsproblem, Habil. 2014, 429.

der Besteuerungsgleichheit geht. Das Gesetz ordnet die Totalentnahme gerade deshalb als Rechtsfolge des Strukturwandels an, weil auf diese Weise eine gleichheitsgerechte Besteuerung des betrieblichen Wertzuwachses sichergestellt werden soll, da mit dem Ausscheiden aus dem Betriebsvermögen die steuerliche Verstrickung endet. Im Folgenden wird daher zu erörtern sein, ob diese konkrete Form der Sicherstellung der Belastungsgleichheit in Anbetracht des damit verbundenen Eingriffs in Eigentumsfreiheit verhältnismäßig ist.

2. *Legitimer Zweck*

Die Totalentnahme verfolgt im Falle des Strukturwandels ein legitimes Ziel. Sie soll sicherstellen, dass die während einer steuerlich relevanten Tätigkeit erzielten – grundsätzlich steuerbaren – Wertzuwächse im Betriebsvermögen abgerechnet werden, bevor die betroffenen Wirtschaftsgüter in das Privatvermögen des Steuerpflichtigen überführt werden, wo sie nicht mehr steuerverstrickt sind und ihre Veräußerung steuerfrei erfolgen könnte. Damit ermöglicht die Totalentnahme eine gleichmäßige Heranziehung aller Steuerpflichtigen und dient damit der Belastungsgleichheit, Art. 3 Abs. 1 GG. Denn – von den Ausnahmen der §§ 17, 20 Abs. 2, 23 EStG – abgesehen, würden die stillen Reserven sonst nicht mehr erfasst werden. Blieben diese unversteuert, würde die grundsätzliche Belastungsentscheidung des Gesetzgebers, auch Wertsteigerungen im Betriebsvermögen zu erfassen, konterkariert. Denn betriebliche Vermögenszuwächse würden dann nur teilweise erfasst. Es liegt damit ein über den bloßen Finanzierungszweck der Steuer hinausgehender besonderer sachlicher Rechtfertigungsgrund in Gestalt der Sicherung der Belastungsgleichheit vor.[757] Denn der verfolgte Zweck, die Gleichmäßigkeit der Steuervollzugs sicherzustellen, stellt aufgrund der damit verfolgten Umsetzung des Art. 3 Abs. 1 GG einen legitimen Zweck von nicht unerheblichem Gewicht dar.

3. *Geeignetheit*

Die unterschiedliche Anknüpfung des Gesetzes für die Besteuerung betrieblicher Vermögenszuwächse an die Realisation im Falle der laufenden Besteuerung und die Ersatzrealisation im Falle des Strukturwandels ist auch grundsätzlich dazu geeignet, eine Belastungsgleichheit zu gewährleisten. Nach der ständigen Rechtsprechung des *Bundesverfassungsgerichts* verlangt die Geeignetheit keine

757 So für Nachzahlungszinsen, vgl. BVerfG, Beschl. v. 08.07.2021, Az. 1 BvR 2237/14, DStR 2021, 1934, 1940 Rz. 129.

vollständige Zielerreichung, sondern lediglich eine Eignung zur Förderung des Ziels.[758] Dem Gesetzgeber kommt dabei eine Einschätzungsprärogative zu, die sich insbesondere auf etwaige Prognosen und die Wahl der Mittel bezieht.[759] Eine Regelung ist nur dann nicht mehr geeignet, wenn sie die Erreichung des Gesetzeszwecks in keiner Weise mehr fördert.[760] Durch die Erfassung der stillen Reserven beim Strukturwandel mit dem gemeinen Wert, § 16 Abs. 3 Satz 7 EStG, wird eine Belastungsgleichheit hergestellt. Der Steuerpflichtige wird so gestellt als hätte er die stillen Reserven im fraglichen Veranlagungszeitraum am Markt realisiert. Die Totalentnahme im Falle des Strukturwandels ist daher geeignet den legitimen Zweck zu erreichen.

4. *Erforderlichkeit*

Die Totalentnahme im Falle des Strukturwandels ist auch erforderlich zur Zweckerreichung. Erforderlich ist eine Maßnahme dann, wenn kein milderes, aber gleich wirksames Mittel zur Zweckerreichung zur Verfügung steht.[761] Auch hier besteht ein Einschätzungsspielraum des Gesetzgebers. Nicht erforderlich sind nur solche Maßnahmen bei denen die sachliche Gleichwertigkeit der alternativen, milderen Maßnahme zur Zweckerreichung eindeutig feststeht.[762]

Zwar ließe sich andenken, dass der Gesetzgeber die abschließende Besteuerung der stillen Reserven dadurch sicherstellt, dass er (i) entweder auch eingefrorenes Betriebsvermögen ohne Betrieb zulässt oder (ii) die Veräußerung der betreffenden Wirtschaftsgüter auch aus dem Privatvermögen heraus steuerlich erfasst. Beide Alternativen sind jedoch nicht gleich wirksam, um eine Besteuerungsgleichheit zu erreichen. Wird Betriebsvermögen ohne Betrieb zugelassen, handelt es sich *de facto* um einen Aufschub der Besteuerung bis zur Veräußerung oder einer Einzelentnahme. Ein solcher Besteuerungsaufschub begünstigt den davon betroffenen Steuerpflichtigen, indem er Finanzierungsvorteile schafft.

758 Vgl. nur BVerfG, Beschl. v. 08.07.2021, Az. 1 BvR 2237/14, DStR 2021, 1934, 1941 Rz. 131.

759 Vgl. nur BVerfG, Beschl. v. 08.07.2021, Az. 1 BvR 2237/14, DStR 2021, 1934, 1941 Rz. 131.

760 Vgl. nur BVerfG, Beschl. v. 08.07.2021, Az. 1 BvR 2237/14, DStR 2021, 1934, 1941 Rz. 131.

761 Vgl. nur BVerfG, Beschl. v. 08.07.2021, Az. 1 BvR 2237/14, DStR 2021, 1934, 1942 Rz. 141.

762 Vgl. nur BVerfG, Beschl. v. 14.11.1989, Az. 1 BvL 14/85, 1 BvR 1276/84, BVerfGE 81, 70.

Eine Steuerschuld von 100 Euro, die heute zu leisten ist, ist schwerwiegender als eine Steuerschuld von 100 Euro, die erst in 20 Jahren fällig wird, obwohl nominal die gleiche Steuer fällig wird. Vorausgesetzt es bleibt bei dem durchschnittlichen Inflationsniveau der vergangenen Jahrzehnte.

Soweit die Besteuerung einer Veräußerung aus dem Privatvermögen heraus erwogen werden könnte, ist diese ebenfalls nicht gleich wirksam, weil der Gesetzgeber nicht in gleichem Maße wie bei einer Verstrickung im Betriebsvermögen diese überwachen kann. Er wäre in stärkerem Maße auf die Mitwirkung des Steuerpflichtigen angewiesen. Überdies würde der Verwaltungsaufwand dadurch steigen. Insoweit lässt sich nicht feststellen, dass die Totalentnahme den dem Gesetzgeber zustehenden Einschätzungsspielraum hinsichtlich der Erforderlichkeit verlassen hat.

5. Angemessenheit

a. Grundsatz: Prinzip eigentumsschonender Besteuerung

Die Behandlung des Strukturwandels ist auch in Anbetracht des damit verbundenen stärkeren Eingriffs in die Eigentumsgarantie in Gestalt des Zugriffs auf einen noch nicht realisierten, aber immerhin realisierbaren, Wertzuwachs angemessen.

Dabei hat der Gesetzgeber auf der einen Seite den sog. Grundsatz eigentumsschonender Besteuerung zu berücksichtigen, wie er seinen Ausdruck im Realisationsprinzip gefunden hat. Auf der anderen Seite hat er zu berücksichtigen, dass eine gleichmäßige steuerliche Belastung gemäß Art. 3 Abs. 1 GG ebenso geboten ist. Dem Gesetzgeber steht dabei ein Einschätzungsspielraum zu in welcher Art und Weise er diese beiden konfligierenden Gesichtspunkte abwägt und zueinander in Beziehung setzt.[763] Verfassungsrechtlich ist dann nur zu überprüfen, ob dieser Einschätzungsspielraum in vertretbarer Weise vom Gesetzgeber ausgefüllt wurde.[764]

Eines der Argumente der h.M. für die Ablehnung einer Totalentnahme beim Strukturwandel ist die angebliche Verletzung des Prinzips einer eigentumsschonenden Besteuerung konkretisiert durch das Realisationsprinzip.[765] Dieses Prinzip ist zwar nur einfach-gesetzlich verankert, es hat aber auch einen verfassungsrechtlichen

763 Vgl. nur BVerfG, Beschl. v. 19.11.2021, Az. 1 BvR 781/21 u.a., BeckRS 2021, 36514 Rz. 216.

764 Vgl. nur BVerfG, Beschl. v. 19.11.2021, Az. 1 BvR 781/21 u.a., BeckRS 2021, 36514 Rz. 217.

765 Vgl. nur BFH, Urt. v. 29.10.1981, Az. IV R 138/78, BStBl. II 1982, 381, 384; FG Düsseldorf, Urt. v. 16.10.2014, Az. 11 K 1509/14 E, DStRE 2016, 13, 14; aus der Literatur u.a. *Felix*, Steuerberaterkongreß-Report 1980, 129, 162; *Knobbe-Keuk*, DStR 1985, 494, 497; *Dötsch*, FR 2007, 589, 594. Anders demgegenüber BFH, Urt. v. 11.05.2016, Az. X R 15/15, BStBl. II 2017, 112, 115.

Geltungsgrund. Denn die Eigentumsgarantie verweist den Gesetzgeber grundsätzlich auf den Zugriff liquiden Vermögens wie es typischerweise erst nach einer Realisation am Markt zur Verfügung steht.[766] Die Eigentumsgarantie setzt dem Leistungsfähigkeitsprinzip an dieser Stelle eine Grenze, um eine Substanzbesteuerung zu vermeiden.[767] Unter bloßen Leistungsfähigkeitsgesichtspunkten stellen zwar auch nicht-realisierte Wertzuwächse bereits Leistungsfähigkeit dar.[768] Das Realisationsprinzip stellt jedoch insoweit eine eigentumsrechtlich gebotene eigentumsschonende Variante des Steuerzugriffs dar.[769] Der Steuerpflichtige könnte sonst gegebenenfalls durch eine unrichtige Bewertung der – insoweit nicht markterprobten – Wertsteigerungen gezwungen sein, die anfallende Steuer nicht aus der Leistungsfähigkeitssteigerung, also dem Erworbenen, sondern aus der Substanz bedienen zu müssen.[770]

Zutreffend ist insoweit, dass die Eigentumsgarantie ein Verbot der Substanzbesteuerung enthält.[771] Dafür spricht, dass eine Substanzbesteuerung in ihrer

766 *P. Kirchhof*, VVDStRL 1980, 213, 215.

767 *Jachmann*, DStJG 2000, 9, 56; *Bauer*, Besteuerung der Leistungsfähigkeit, 86 f., 281; *Lang*, Die Bemessungsgrundlage der Einkommensteuer, Habil. 1981/1988, 161; *Pezzer*, DStJG 1991, 3, 22; *Hennrichs*, DStJG 2001, 301, 314; *M. Wendt*, FS Kirchhof 2013, 1961, 1968.

768 BVerfG, Beschl. v. 07.07.2010, Az. 2 BvL 14/02, BVerfGE 127, 1, 24; *Lang*, Die Bemessungsgrundlage der Einkommensteuer, Habil. 1981/1988, 171; so auch *Leisner*, Wertzuwachsbesteuerung, 1978, 96 für „capital gains"; *Hey*, in: Tipke/Lang, Steuerrecht, 24. Aufl. 2020, § 3 Rn. 55; *Vogel*, StuW 1974, 193, 199; *Tipke*, FS Kruse 2001, 215, 220.

769 Vgl. nur *P. Kirchhof*, VVDStRL 1980, 213 ff.; *Lang*, Die Bemessungsgrundlage der Einkommensteuer, Habil. 1981/1988, 161; *Bauer*, Besteuerung der Leistungsfähigkeit, 281 f.; *Hennrichs*, in: Tipke/Lang, Steuerrecht, 24. Aufl. 2020, § 9 Rn. 410; *Schlotter*, FR 2007, 951, 956; angedeutet bei *Vogel*, StuW 1974, 193, 199 f.; ähnlich auch *Baldauf*, Das innere System der einkommensteuerlichen Gewinnrealisierung, Univ.-Diss. 2008, 38; *Wittmann*, StuW 1993, 35, 46; *Neumark*, Grundsätze der Besteuerung in Vergangenheit und Gegenwart, 52.

770 *M. Wendt*, FS Kirchhof 2013, 1961, 1968; *Pitzke*, Betriebsveräußerung und Betriebsaufgabe, Univ.-Diss. 1993, 35; *Seer*, DStJG 1999, 191, 202 für die vergleichbare Problematik bei der Erbschaftsteuer. Anders *Scholtz*, FR 1983, 469, 472 f. mit Verweis auf die Möglichkeit der Veräußerung einzelner Wirtschaftsgüter.

771 So auch BVerfG, Beschl. v. 22.06.1995, Az. 2 BvL 37/91, BVerfGE 93, 121, 137; *P. Kirchhof*, VVDStRL 1980, 213 ff.; *Arndt/Schumacher*, NJW 1995, 2603 ff.; *Englisch*, StuW 2003, 237, 244; für die Zinsbesteuerung auch *Papier/Shirvani*, in: Dürig/Herzog/Scholz, GG, Stand: April 2018, Art. 14 Rn. 306 f. Kritisch dagegen Sondervotum *Bryde*, BVerfG, Urt. v. 30.07.2008, Az. 1 BvR 3262/07, 1 BvR 402/08, 1 BvR 906/08, BVerfGE 121, 317; *Birk*, DStJG 1999, 7, 16, 20.

Wirkung einer Enteignung entspricht.[772] Ein solcher Steuerzugriff ist unverhältnismäßig, da diese Steuer als dauerhafte Finanzierungsquelle für den Staat ungeeignet ist. Die Besteuerung der Substanz würde mit der Zeit die Steuerquelle selbst aufzehren.[773] Ein Interessenausgleich zwischen der Privatnützigkeit des Eigentums und seiner Sozialbindung findet dann nicht mehr statt, denn nach seiner Konzeption steht der Steuerpflichtige bei einer Substanzbesteuerung am Ende vermögenslos dar.[774]

Durch das Realisationsprinzip wird die Liquidität des Steuerpflichtigen somit „zu einer die Verhältnismäßigkeit wahrenden Bedingung der in Geld zu leistenden Steuerzahlungspflicht".[775] Im Grundsatz ist das Realisationsprinzip daher erforderlich, um eine eigentumsschonende Besteuerung sicherzustellen. Solange der Steuerzugriff des Staates, durch die Verstrickung der Wirtschaftsgüter, sichergestellt ist, darf er nicht ohne Not auf bislang nicht-realisierte Gewinne zugreifen. Er muss sich darauf verlassen, dass er bei einer späteren Realisation in gleicher Höhe am Wertzuwachs partizipieren wird. Das Realisationsprinzip führt in diesem Sinne zu einer praktischen Konkordanz zwischen Leistungsfähigkeitsprinzip – Erfassung aller Wertzuwächse – und Eigentumsgarantie – Zugriff nur auf das Hinzuerworbene – in einer Weise, dass beide Prinzipien größtmöglich zur Geltung kommen. Solange die Steuerverstrickung der Wertzuwächse sichergestellt ist, kann der Steuerzugriff warten und der Eigentumsgarantie ist zu größtmöglicher Geltung zu verhelfen. Hat die Realisation stattgefunden, hat die Eigentumsgarantie zurückzustecken. Der realisierte Zufluss ist mit dem Steuerzugriff belastet und damit weniger schutzwürdig.

Indem beim Strukturwandel eine solche Realisation nicht abgewartet wird, wirft dies die Frage auf, ob dieser Verzicht den Steuerpflichtigen über Gebühr belastet und daher unangemessen ist. Dies könnte zu verneinen sein, weil dem Steuerpflichtigen Ausweichmöglichkeiten zur Verfügung stehen.

b. Keine Ausweichmöglichkeiten im Falle des Strukturwandels

Zunächst ließe sich überlegen, ob die Angemessenheit bereits deshalb anzunehmen ist, weil dem Steuerpflichtigen eine belastungsmindernde Ausweichoption

772 *Krumm*, Steuerliche Bewertung als Rechtsproblem, Habil. 2014, 431; für die Vermögensteuer *Kube*, DStR-Beihefter 26/2013, 37, 43.

773 *G. Kirchhof*, in: /H/H/R, EStG, Stand: April 2020, Einf. EStG Rn. 251; *Kube*, DStR-Beihefter 26/2013, 37, 44.

774 *Kube*, DStR-Beihefter 26/2013, 37, 44.

775 *Krumm*, Steuerliche Bewertung als Rechtsproblem, Habil. 2014, 434.

zur Verfügung steht, die eine Totalentnahme auch beim Verlust der Gewinnerzielungsabsicht verhindert bzw. aufschiebt. Er also gar nicht gezwungen ist, die stillen Reserven aufzulösen. Nach der zutreffenden Rechtsprechung des *Bundesverfassungsgerichts* kann unter rechtsstaatlichen Gesichtspunkten eine solche Ausweichoption nur dann belastungsmindernd und damit die Angemessenheit im Einzelfall begründend, berücksichtigt werden, wenn (i) die Option zweifelsfrei legal ist, (ii) keinen unzumutbaren Aufwand für den Steuerpflichtigen darstellt und (iii) sie ihm auch sonst keinen nennenswerten finanziellen oder rechtlichen Risiken aussetzt.[776]

Eine Ausweichoption müsste beim Strukturwandel dafür sorgen, dass die Aufdeckung der stillen Reserven aufgeschoben wird. Notwendig dafür wäre deren vollständige Umsetzung bevor die Gewinnerzielungsabsicht tatsächlich verloren geht. Denn mit dem Verlust der Gewinnerzielungsabsicht wird die Totalentnahme ausgelöst. Dies stellt sich insbesondere deshalb als problematisch dar, weil eine Liebhaberei auch für länger zurückliegende Veranlagungszeiträume nachträglich festgestellt werden kann, § 165 Abs. 1 Satz 1 AO und § 164 Abs. 1 AO, ohne dass dann noch eine Möglichkeit für eine Ausweichoption besteht.

Im Ergebnis erfüllt keine der denkbaren Ausweichoptionen die von der Rechtsprechung aufgestellten Kriterien. Dabei sind nur solche Optionen in den Blick zu nehmen, die ihrerseits keine Gewinnerzielungsabsicht voraussetzen. So stellt die Fortsetzung der Tätigkeit „auf Sparflamme" keine Ausweichoption dar.[777] Denn ein Zwang zur Fortführung einer wirtschaftlichen Tätigkeit darf gerade nicht Voraussetzung der Ausweichoption sein. Dies gebietet auch die negative Berufsausübungsfreiheit.

Die Begründung einer Betriebsverpachtung dürfte regelmäßig bereits daran scheitern, dass eine ertragreiche Bewirtschaftung durch einen Pächter wenig wahrscheinlich ist und sich daher kein Pächter für den Betrieb finden wird.[778] Entscheidend ist jedoch, dass diese Ausweichoption für den Steuerpflichtigen deshalb unzumutbar ist, weil er es nicht in der eigenen Hand hat, ob er einen

776 BVerfG, Beschl. v. 15.01.2008, Az. 1 BvL 2/04, BVerfGE 120, 1, 53; Beschl. v. 17.11.2009, Az. 1 BvR 2192/05, BVerfGE 125, 1, 33; FG Münster, Beschl. v. 01.09.2011, Az. 9 K 5772/03 G, EFG 2011, 2182; Niedersächsisches FG, Urteil v. 24.11.2017, Az. 6 K 150/15, EFG 2018, 1389; *Hallerbach;* in: H/H/R, EStG, Stand: April 2021, § 10d Rn. 13.

777 Vgl. *Ehlers*, DStZ 1987, 557, 559.

778 *Streck*, FR 1988, 57, 58.

Pächter findet, sondern er stets auf die Mitwirkung eines Dritten, des Pächters, angewiesen ist.

Um die Aufdeckung der stillen Reserven zu verhindern, besteht ferner die Möglichkeit die Wirtschaftsgüter als Betrieb oder Teilbetrieb unentgeltlich nach § 6 Abs. 3 Satz 1 EStG an einen Dritten zu übertragen und die Buchwerte fortzuführen. Eine solche Übertragung ist jedoch als Ausweichoption schon deshalb unzumutbar, weil die Belastungsminderung mit der Aufgabe des Eigentums an den betroffenen Wirtschaftsgütern erkauft würde. Von dem Steuerpflichtigen kann nicht verlangt werden, dass er sein Eigentum überträgt, um dadurch seine Steuerbelastung zu mindern. Auch die Übertragung der Wirtschaftsgüter in ein anderes Betriebsvermögen des Steuerpflichtigen, § 6 Abs. 5 Satz 1 EStG, dürfte keine geeignete Ausweichoption darstellen. Denn nur die wenigsten Steuerpflichtigen dürften über eine solche Möglichkeit verfügen.

Die Wirtschaftsgüter könnten ferner als Betrieb in eine Auffanggesellschaft, z.B. eine GmbH, eingebracht werden, § 20 UmwStG.[779] Dabei lässt sich von der Möglichkeit Gebrauch machen, die Buchwerte der Wirtschaftsgüter entsprechend § 20 UmwStG gegen die Gewährung von Gesellschaftsanteilen fortzuführen. Die weitere Verstrickung der stillen Reserven bliebe so sichergestellt. Denn aus § 8 Abs. 2 KStG ergibt sich, dass eine GmbH stets einen Gewerbebetrieb darstellt.[780] Die Einbringung in eine GmbH verhindert so zwar die Aufdeckung der stillen Reserven, zieht aber zugleich eine Reihe steuerlich nachteiliger Rechtsfolgen nach sich, die eine Unzumutbarkeit als Ausweichoption begründen. Zum einen löst die Einbringung in die GmbH, soweit Grundbesitz übertragen wird, Grunderwerbsteuer aus, § 1 Abs. 1 Nr. 3 GrEStG.[781] Zum anderen ist die Gründung einer GmbH kapitalintensiv, da ein Mindestkapital von 25.000 Euro benötigt wird, § 5 Abs. 1 GmbHG. Auch diese Option ist daher nicht als zumutbar anzusehen. Damit steht für den Steuerpflichtigen keine zumutbare Ausweichoption beim Strukturwandel zur Verfügung. Damit ist schließlich die Prüfung erforderlich, ob die Totalentnahme beim Strukturwandel angemessen und zumutbar für den Steuerpflichtigen ist.

---

779 *Streck*, FR 1988, 57, 59; *Pelka*, FR 1987, 321, 325; *Niehus*, StuW 2008, 359; *Ehlers*, DStZ 1987, 557, 561; dazu auch *Felix*, Steuerberater-Kongreßreport 1980, 129, 160 f.

780 Die GmbH besitzt nach BFH, Urt. v. 04.12.1996, Az. I R 54/95, BFH/NV 1997, 190 keine außerbetriebliche Sphäre; ebenso Urt. v. 06.12.2016, Az. I R 50/16, BStBl. II 2017, 324, 324.

781 *Streck*, FR 1988, 57, 59; *Ehlers*, DStZ 1987, 557, 561.

c. *Ausnahme: Vorrang einer gleichheitsgerechten Besteuerung*

Auch wenn beim Strukturwandel also eine Realisation der stillen Reserven nicht abgewartet und damit nicht die eigentumsschonendste Form des Steuerzugriffs in Gestalt des am Markt Realisierten gewählt wird, erweist sich diese Durchbrechung als angemessen und für den Steuerpflichtigen zumutbar.

Der Gesetzgeber hat in vertretbarer Weise dem Aspekt der Besteuerungsgleichheit Vorrang vor einer größtmöglichen Schonung des Eigentums eingeräumt. Er hat sich dabei in zulässiger Weise am Gedanken der Entstrickung orientiert. Danach darf dann auf nicht-realisierte Wertsteigerungen im Betriebsvermögen zugegriffen werden, wenn eine spätere Besteuerung nicht mehr sichergestellt ist. In diesem Sinne ist heute auch weithin anerkannt, dass die steuerliche Erfassung stiller Reserven auch ohne eine entsprechende Realisation als *Ultima Ratio* erfolgen darf, wenn eine spätere Besteuerung ausscheidet und ein gesetzlicher Ersatzrealisationstatbestand erfüllt ist.[782] Voraussetzung dafür ist, dass auf nicht-realisierte Gewinne erst zugegriffen wird, wenn das Leistungsfähigkeitsprinzip auf eine andere Art und Weise nicht mehr verwirklicht werden kann.[783] Es kommt darauf an, warum der Steuerzugriff „gerade jetzt" vorgenommen werden muss.[784] Dieses Regel-Ausnahme-Verhältnis zwischen Realisation und Ersatzrealisation ist Teil der praktischen Konkordanz zwischen dem Leistungsfähigkeitsprinzip und dem Gebot eigentumsschonender Besteuerung.[785] *Lang* ist daher zuzustimmen, wenn er meint, dass die Möglichkeiten zur eigentumsschonenden Besteuerung in dem Maße entfallen, „in dem der Reinvermögenszugang nicht mehr vollständig erfaßt wird".[786] Ihre verfassungsrechtliche Rechtfertigung erlangen die Ersatzrealisationstatbestände also daraus, dass sie Besteuerungslücken schließen, damit das Leistungsfähigkeitsprinzip und das darin wurzelnde Totalitätsprinzip vollendet werden.[787]

Vom Gedanken der Leistungsfähigkeit aus betrachtet, ist es folgerichtig auch den unrealisierten Wertzuwachs zu erfassen, wenn der Steuerzugriff auf

---

782 Vgl. nur *Hennrichs*, in: Tipke/Lang, Steuerrecht, 24. Aufl. 2020, § 9 Rn. 450 f.

783 *Lang*, Die Bemessungsgrundlage der Einkommensteuer, Habil. 1981/1988, 162.

784 *Krumm*, Steuerliche Bewertung als Rechtsproblem, Habil. 2014, 436.

785 *Lang*, Die Bemessungsgrundlage der Einkommensteuer, Habil. 1981/1988, 175; *Geissler*, Gewinnrealisierung am Ende eines Unternehmens, Univ.-Diss. 1999, 33 f.; ebenso *Dötsch*, Einkünfte aus Gewerbebetrieb nach Betriebsveräußerung und Betriebsaufgabe, Univ.-Diss. 1987, 55; *Knobbe-Keuk*, DStR 1985, 494, 497.

786 *Lang*, Die Bemessungsgrundlage der Einkommensteuer, Habil. 1981/1988, 175.

787 *Pezzer*, DStJG 1991, 3, 23; ähnlich schon *Beisse*, DStJG 1981, 13, 28; *Lang*, Die Bemessungsgrundlage der Einkommensteuer, Habil. 1981/1988, 169.

den realisierten Wertzuwachs nicht mehr möglich ist.[788] Denn auch ein nicht-realisierter Wertzuwachs darf vom Gesetzgeber zulässigerweise als Leistungsfähigkeitsindikator ausgewählt werden.[789] Dem Steuerzugriff im Wege einer Ersatzrealisation kann nicht entgegengehalten werden, dass dieser nicht auf einem Leistungsfähigkeits*zuwachs* beim Steuerpflichtigen beruht.[790] Denn bereits nicht-realisierte Wertsteigerungen des Vermögens implizieren steuerliche Leistungsfähigkeit.[791] Dies gilt jedenfalls solange die Art der Bewertung sicherstellt, dass der Wertzuwachs realisierbar ist. Bei der Bewertung, die an den Marktwert angelehnt ist, erscheint dies plausibel.

Nur ergänzend sei an dieser Stelle erwähnt, dass der *Europäische Gerichtshof* festgestellt hat, dass eine nationale Regelung, die unrealisierte Wertsteigerungen im Vermögen des Steuerpflichtigen nur deshalb einer Besteuerung unterwirft, weil dieser seinen Wohnsitz ins Ausland verlagert, eine Beschränkung der Niederlassungsfreiheit darstellt.[792] Gleichwohl hat das Gericht in einer anderen Entscheidung ausdrücklich klargestellt, dass die Mitgliedsstaaten das Recht besitzen, einen auf ihrem Hoheitsgebiet durch latenten Wertzuwachs erzielten wirtschaftlichen Wert zu besteuern, auch wenn der betreffende Wertzuwachs noch *nicht* tatsächlich realisiert wurde.[793] Im Ergebnis geht somit auch der *Europäische Gerichtshof* davon aus, dass nicht-realisierte Wertzuwächse steuerbar sein dürfen.

Für den Strukturwandel gilt, dass ein späterer Steuerzugriff auf die nicht-realisierten Gewinne nicht gewährleistet ist. Der Gesetzgeber hat sich dazu entschieden im Rahmen des Einkünftedualismus Wertveränderungen im Privatvermögen nur ausnahmsweise in den Fällen der §§ 17, 20 Abs. 2, 23 EStG erfassen zu wollen. Mit der Überführung der Wirtschaftsgüter in das Privatvermögen hat der Steuerpflichtige die steuerliche Verstrickung beendet. D.h. er kann die Wirtschaftsgüter fortan grundsätzlich steuerfrei veräußern. Kehrseite dessen ist, dass die nicht-realisierten Gewinne in diesem Fall steuerlich nicht

788 *Hennrichs*, DStJG 2001, 301, 315.
789 BVerfG, Beschl. v. 07.07.2010, Az. 2 BvL 14/02, BVerfGE 127, 1, 24.
790 So aber *Schneider*, BB 1978, 1577, 1580.
791 BVerfG, Beschl. v. 07.07.2010, Az. 2 BvL 14/02, BVerfGE 127, 1, 24; *Lang*, Die Bemessungsgrundlage der Einkommensteuer, Habil. 1981/1988, 171; so auch *Leisner*, Wertzuwachsbesteuerung, 1978, 96 für „capital gains"; *Hey*, in: Tipke/Lang, Steuerrecht, 24. Aufl. 2020, § 3 Rn. 55; *Vogel*, StuW 1974, 193, 199; *Tipke*, FS Kruse 2001, 215, 220.
792 EuGH, Rs. C-9/02 (*Hughes de Lasteyrie du Saillant*), Slg. 2004, I - 2431 Rn. 46; bestätigt durch EuGH, Rs. C-371/10 (*National Grid Indus*), Slg. 2011, I-12273 Rn. 37.
793 EuGH, Rs. C-371/10 (*National Grid Indus*), Slg. 2011, I-12273 Rn. 45.

erfasst werden. Im Rahmen der Erforderlichkeit wurde bereits dargelegt, dass auch (i) die Einräumung eingefrorenen Betriebsvermögens oder (ii) die steuerliche Erfassung aller privaten Veräußerungsgeschäfte nicht gleich wirksam zur Erreichung einer Belastungsgleichheit sind (siehe dazu unter § 7 IV. 4.).

Dieses Ergebnis ist auch nicht unangemessen, denn die Ersatzrealisation setzt zum einen den Einkünftedualismus im Einkommensteuerrecht nur folgerichtig um. Wenn der Gesetzgeber durch den Einkünftedualismus private Vermögenssteigerungen von der steuerlichen Erfassung freistellen darf, muss er zur Umsetzung einer gleichheitsgerechten Besteuerung jedenfalls innerhalb der Binnengruppe der Gewinneinkünfte dafür Sorge tragen dürfen, dass betriebliche Vermögenssteigerungen bei einem Wechsel der Vermögenssphäre abgerechnet werden.

Zum anderen ist bei typisierender Betrachtung die zusätzliche Belastung durch die Totalentnahme nur als mittelgradig zu qualifizieren. Genauso wie der Zugriff auf realisierte Gewinne nicht mit einem Substanzverlust einhergeht, sondern der Zuwachs des Vermögens lediglich geringer ausfällt[794], sorgt der Zugriff auf nicht-realisierte, aber typischerweise realisierbare, Gewinne nur dafür, dass bei einer späteren Veräußerung der Vermögenszuwachs geringer ausfällt. Die Ersatzrealisation stellt insoweit eine „Vorabbesteuerung" – mit Blick auf eine hypothetische spätere Veräußerung – dar. [795] Der Gesetzgeber nimmt dabei typisierend an, der Steuerpflichtige werde die stillen Reserven in Höhe des gemeinen Werts realisieren. Daraus folgt, dass die Zusatzbelastung bei einer Ersatzrealisation nur darin besteht, dass der Steuerpflichtige für die Zeit bis zur tatsächlichen Realisation die zu zahlende Steuer „zwischenfinanzieren" muss.

Schlussendlich kann die gegenteilige Auffassung auch deshalb nicht recht überzeugen, weil die vorgebrachten Argumente auch für Einzelentnahmen gelten müssten. Dort könnte man genauso gut argumentieren, dass die stillen Reserven nicht schon bei einer Einzelentnahme, sondern erst bei einer etwaigen Veräußerung aufzudecken wären. In beiden Fällen wird auf nicht-realisierte Wertzuwächse zugegriffen. Wenn aber eine Einzelentnahme eigentumsrechtlich zulässig ist, gilt dies ebenso für eine Totalentnahme.

d. *Angemessene Bewertung*

Ein weiterer Vorwurf gegenüber der Totalentnahme beim Strukturwandel beruht auf dem Argument, dass ohne Realisationsakt an unsichere Werte angeknüpft

---

794 *Krumm*, Steuerliche Bewertung als Rechtsproblem, Habil. 2014, 432.
795 *Krumm*, Steuerliche Bewertung als Rechtsproblem, Habil. 2014, 436 f.

werden müsse.[796] In der Tat kann der Eigentumsgarantie (zusammen mit dem Rechtsstaatsprinzip) die Wertung entnommen werden, der Gesetzgeber habe den Steuerzugriff „an möglichst sichere Werte zu knüpfen" und von mehreren möglichen Werten den „sichersten" auszuwählen.[797] Aus dem Verfassungsgebot der Rechtssicherheit und Verhältnismäßigkeit lässt sich für die Steuerbilanz das Prinzip der Verlässlichkeit ableiten, die ermittelten Werte müssen nachprüfbar und willkürfrei sein.[798] An unzuverlässige Werte darf nicht „ohne Not" angeknüpft werden. Denn dies erhöhe die Gefahr einer Ungleichbehandlung.[799]

Dieser „Unsicherheits-Einwand" verfängt beim Strukturwandel jedoch gerade nicht. Denn auch, wenn die Besteuerung des eingefrorenen Betriebsvermögens aufgeschoben würde, muss dennoch auf die im Zeitpunkt des Strukturwandels ermittelten – nicht markterprobten – Werte abgestellt werden, weil nur diese mit Gewinnerzielungsabsicht entstanden sind. Geht man davon aus, dass die Trennung zwischen Betriebs- und Privatsphäre im Bereich der Ertragsteuern verfassungsrechtlich zulässig ist und die Gewinnerzielungsabsicht dies folgerichtig umsetzt, ist eine Bewertung der stillen Reserven mit Beginn des Strukturwandels zwingend. Denn jede weitere Wertveränderung ist steuerlich irrelevant, unabhängig vom Zeitpunkt des Steuerzugriffs. Die Bewertung muss gerade jetzt erfolgen, weil es auf die Werte zu diesem Zeitpunkt ankommt. Will man den Steuerpflichtigen nicht zwingen die Wirtschaftsgüter zu veräußern, kann man die Werte nicht am Markt erproben.

Für die Bewertung der stillen Reserven mit dem Verkehrswert spielt es hinsichtlich seiner Verlässlichkeit auch keine Rolle, ob diese Bewertung gemäß § 8 VO zu § 180 Abs. 2 AO, § 16 Abs. 3 Satz 7 EStG oder § 6 Abs. 1 Nr. 4 EStG vorgenommen wird. Denn in beiden Fällen findet kein Realisationsakt am Markt statt. Die vermeintlichen Unsicherheiten, die bei der Bewertung der Totalentnahme bestehen sollen, würden gleichermaßen alle Fälle der Entnahme, auch

---

796 Für den Strukturwandel *Dötsch*, Einkünfte aus Gewerbebetrieb, Univ.-Diss. 1986, 98 ff.; *Knobbe-Keuk*, Bilanz- und Unternehmenssteurrecht, 9. Aufl. 1993, 281 ff. Allgemein *Bauer*, Besteuerung der Leistungsfähigkeit, 282; *Jachmann*, DStJG 2000, 9, 56; *Lang*, Die Bemessungsgrundlage der Einkommensteuer, Habil. 1981/1988, 161, 344; *M. Wendt*, FS Kirchhof 2013, 1961, 1967.

797 *Lang*, Die Bemessungsgrundlage der Einkommensteuer, Habil. 1981/1988, 174.

798 *Lang*, Die Bemessungsgrundlage der Einkommensteuer, Habil. 1981/1988, 161, 344; *Bauer*, Besteuerung der Leistungsfähigkeit, 281; *Seer*, DStJG 1999, 191, 200; *Jachmann*, DStJG 2000, 9, 56; *Hennrichs*, DStJG 2001, 311, 315; *M. Wendt*, FS Kirchhof 2013, 1961, 1967.

799 *Hennrichs*, DStJG 2001, 301, 316.

Einzelentnahmen, erfassen. Es wurde bislang keine überzeugende Begründung dafür geliefert, warum eine Bewertung mit dem Verkehrswert gerade beim Strukturwandel nicht zu rechtfertigen sein soll. Denn der Verkehrswert stellt eine angemessene Relation zum Veräußerungswert her.[800] Die Bewertung der Totalentnahme ist also ebenfalls als angemessen im Sinne der Verhältnismäßigkeit anzusehen. Unbilligkeiten, die im Einzelfall durch eine geballte Aufdeckung stiller Reserven nicht ausreichend abgefedert werden können, können auf Grundlage der steuerlichen Billigkeitsnormen korrigiert werden.

6. Billigkeitsentscheidung als Angemessenheitskorrektiv im Einzelfall

a. §§ 163, 227 AO als Einfallstore für die Gerechtigkeit im Einzelfall

Soweit die Aufdeckung der stillen Reserven beim Strukturwandel im Einzelfall dennoch zu unangemessenen Ergebnissen führen sollte, stellen die steuerrechtlichen Billigkeitsnormen ein ausreichendes Angemessenheitskorrektiv dar. Denn die §§ 163, 227 AO vollenden den verfassungsrechtlichen Verhältnismäßigkeitsgrundsatz, indem sie sachliche und persönliche Härten, die im Einzelfall zu einer Unangemessenheit des staatlichen Steuerzugriffs führen könnten, abmildern und so die Verfassungsmäßigkeit des Eingriffs auch im Einzelfall sichern.[801] Billigkeit bedeutet Gerechtigkeit im Einzelfall.[802]

Manche Stimmen in der Literatur halten zwar eine Totalentnahme beim Strukturwandel für zwingend, gehen aber davon aus, dass besondere Härten bei der Besteuerung im Rahmen von Billigkeitsmaßnahmen abgemildert werden können.[803] Die §§ 163, 227 AO normieren eine solche Herabsetzung, den Erlass oder die Stundung der Steuer aus Billigkeitsgründen. Voraussetzung beider Normen ist, dass die Erhebung oder Einziehung der Steuer „nach Lage des einzelnen Falls unbillig wäre". Der Begriff der Unbilligkeit ist in beiden Vorschriften identisch zu verstehen.[804]

Zur Anwendung dieser Billigkeitsnormen gelangt man indes nur, wenn sich das im Rahmen der Billigkeitsentscheidung beabsichtigte Ergebnis nicht bereits durch die Auslegung der Vorschrift herbeiführen lässt. Es gilt insoweit

---

800 *Krumm*, Steuerliche Bewertung als Rechtsproblem, Habil. 2014, 353, 355.

801 BVerfG, Beschl. v. 05.04.1978, 1 BvR 117/73, BVerfGE 48, 102, 116; *Loose*, in: Tipke/Kruse, AO, Stand: April 2020, § 227 Rn. 19.

802 Vgl. nur *Loose*, in: Tipke/Kruse, AO, Stand: April 2020, § 227 Rn. 18; *Seer*, in: Tipke/Lang, Steuerrecht, 24. Aufl. 2020, § 21 Rz. 329.

803 *Paus*, DStZ 2017, 377, 383; *M. Wendt*, FR 1998, 264, 275 (Fn. 107).

804 BFH, Beschl. v. 28.11.2016, Az. GrS 1/15, BStBl. II 2017, 393, 401 m.w.N.

der Vorrang der Auslegung.[805] Ein Erlass aus sachlichen Billigkeitsgründen setzt voraus, dass im Einzelfall die Festsetzung oder Einziehung der Steuer mit Wertungen des Gesetzgebers nicht zu vereinbaren ist.[806] Da dabei jedoch solche Umstände außer Betracht bleiben müssen, die der Gesetzgeber bewusst in Kauf genommen hat und die bereits im Rahmen der Auslegung zu berücksichtigen sind, geht die Auslegung der Billigkeitsentscheidung vor.[807] Im Rahmen einer Billigkeitsentscheidung kann daher nicht berücksichtigt werden, dass die Aufdeckung stiller Reserven ohne korrespondierenden Zufluss liquider Mittel erfolgt. Diese Konsequenz hat der Gesetzgeber mit dem Ansatz des gemeinen Wertes, § 16 Abs. 3 Satz 7 EStG, bewusst in Kauf genommen.

b. Rechtsnatur der „Unbilligkeit"

Unklar ist bis heute, ob es sich bei der „Unbilligkeit" um einen unbestimmten Rechtsbegriff oder eine Ermessensentscheidung der Finanzbehörde handelt. Der *Gemeinsame Senat der obersten Gerichtshöfe des Bundes* hat insoweit entschieden, dass es sich im Grundsatz zwar um eine Ermessensentscheidung der zuständigen Behörde handle, die Unbilligkeit jedoch dergestalt in den Ermessensbereich hineinrage, dass er Inhalt und Grenzen der Ermessensausübung bestimme. In diesem Zusammenhang ist die Rede von einer „Kopplungsvorschrift", die unbestimmten Rechtsbegriff und Ermessensausübung verbinde.[808] In der Literatur wird diese Ansicht überwiegend kritisiert, da es sich dem Wortlaut der Vorschriften nach um einen unbestimmten Rechtsbegriff handle, welcher der vollen gerichtlichen Überprüfung zugänglich sei.[809] In der Praxis ergeben sich durch diese unterschiedlichen Sichtweisen allerdings keine allzu großen Abweichungen, da für die Grenzziehung im Bereich der Ermessensausübung der Begriff der Unbilligkeit wie ein Rechtsbegriff zu definieren und mit Tatbestandsmerkmalen zu versehen ist.[810]

---

805 BFH, Urt. v. 21.10.1987, Az. X R 29/81, BFH/NV 1988, 546, juris Rz. 16; *Bodden*, DStR 2016, 1714, 1718.

806 BFH, Urt. v. 23.05.1985, Az. V R 124/79, BStBl II. 1985, 489, 490.

807 BFH, Urt. v. 13.07.1976, Az. VIII R 236/72, BStBl. II 1977, 125, 126; Urt. v. 23.05.1985, Az. V R 124/79, BStBl II. 1985, 489, 490.

808 GmS-OBG, Beschl. v. 19.10.1971, Az. GmS-OBG 3/70, BStBl. II 1972, 603, 607.

809 Vgl. nur *Loose*, in: Tipke/Kruse, AO, Stand: April 2020, § 163 Rn. 10 m.w.N.; *Rüsken*, in: Klein, AO, 15. Aufl. 2020, § 163 Rn. 20 ff.

810 BFH, Beschl. v. 28.11.2016, Az. GrS 1/15, BStBl. II 2017, 393, 401 f.; in diese Richtung auch *Rüsken*, in: Klein, AO, 15. Aufl. 2020, § 163 Rn. 20 ff.

c. *Sachliche Unbilligkeit*

Voraussetzung einer Billigkeitsmaßnahme ist, dass die Erhebung der Steuer nach Lage des Einzelfalls unbillig wäre, §§ 163 Satz 1, 227 Satz 1 AO. Die Unbilligkeit kann nach allgemeiner Auffassung aus sachlichen oder persönlichen Gründen vorliegen.[811]

Eine sachliche Unbilligkeit liegt vor, wenn der zu entscheidende Fall einen atypischen, nicht notwendigerweise singulären, Ausnahmecharakter besitzt.[812] Belastungen, die in einer Vielzahl von Fällen zwangsläufig eintreten, sind einer Billigkeitsmaßnahme nicht zugänglich.[813] Dieser Ausnahmecharakter folgt aus dem Zweck der Billigkeitsvorschriften, Härten der Besteuerung auszugleichen, wenn sie aufgrund ihrer Seltenheit vom Gesetzgeber nicht explizit geregelt wurden und im Ergebnis zu einer vom Gesetzgeber nicht gewünschten Rechtsfolge führen würden.[814] Mit anderen Worten muss die Besteuerung im Einzelfall gegen grundlegende Wertungen des Steuerrechts in einer solchen Art und Weise verstoßen, dass anzunehmen ist, der Gesetzgeber hätte bei Kenntnis davon, den Sachverhalt im Sinne der nun begehrten Billigkeitsentscheidung entschieden.[815] Verlangt wird ein ungewollter Regelungsüberhang.[816]

Die Rechtsprechung hat diesen Prüfungsmaßstab weiter konkretisiert, indem sie annimmt, dass eine sachliche Unbilligkeit gegeben ist, wenn die Einziehung eines Steueranspruchs den Geboten der Gleichheit und des Vertrauensschutzes, den Grundsätzen von Treu und Glauben, dem Erfordernis der Zumutbarkeit oder dem der gesetzlichen Regelung zugrunde liegenden Zweck widersprechen würde.[817] Außer Betracht bleiben dabei Erwägungen, die nicht originär steuerrechtlicher Natur sind, sondern dem außersteuerlichen Bereich zuzuordnen sind, wie z.B. wirtschafts- oder sozialpolitische Gründe.[818] Keine Berücksichtigung findet auch der Umstand, ob die Regelung nach dem gefundenen

811 Vgl. nur *Loose*, in: Tipke/Kruse, AO, Stand: April 2020, § 163 Rn. 8 m.w.N.
812 BFH, Beschl. v. 28.11.2016, Az. GrS 1/15, BStBl. II 2017, 393, 402 f.
813 *Loose*, in: Tipke/Kruse, AO, Stand: April 2020, § 163 Rn. 8.
814 *Rüsken*, in: Klein, AO, 15. Aufl. 2020, § 163 Rn. 32.
815 BFH, Urt. v. 24.09.1976, Az. I R 41/75, BStBl. II 1977, 127, 129.
816 BVerfG, Beschl. v. 05.04.1978, Az. 1 BvR 117/73, BVerfGE 48, 102, 116 m.w.N.
817 *Loose*, in: Tipke/Kruse, AO, Stand: April 2020, § 227 Rn. 42 m.w.N.
818 BFH, Beschl. v. 28.11.2016, Az. GrS 1/15, BStBl. II 2017, 393, 403 m.w.N.

Auslegungsergebnis allgemein verfassungswidrig ist, wenn dies nicht auf einem besonderen Einzelfall beruht.[819]

Für den Strukturwandel folgt daraus, dass im Allgemeinen keine Gründe ersichtlich sein werden, warum von einer sachlichen Unbilligkeit auszugehen wäre. Die Aufdeckung stiller Reserven ohne gleichzeitigen Mittelzufluss stellt keine sachliche Unbilligkeit dar. Der Gesetzgeber hat diese Konsequenz erkennbar hingenommen, § 16 Abs. 3 Satz 7 EStG.

In ähnlicher Weise hat der *Bundesfinanzhof* in seiner Entscheidung zum sog. Sanierungserlass argumentiert. Eine Besteuerung trotz fehlenden Zuflusses liquider Mittel sei nicht sachlich unbillig.[820] Dort hat der *Bundesfinanzhof* zutreffend entschieden, dass – im konkreten Fall durch einen Forderungsverzicht – die Erhöhung des Gewinns die notwendige Folge der durch § 4 Abs. 1 EStG vorgegebenen Gewinnermittlung ist. Ob die Liquidität des Unternehmens dabei erhöht werde, sei unerheblich, da der Gesetzgeber insoweit eine typisierende Regelung schaffen wollte, die darauf gerade keine Rücksicht nehmen soll.[821] Von Teilen der Literatur wird zwar kritisiert, es liege ein rein bilanzieller Gewinn vor.[822] Aber es ist im Ergebnis nur systemlogisch, dass bei einem Verzicht auf die Rückforderung, der daraus entstandene Buchgewinn sofort zu besteuern ist, denn letztlich darf dieser Fall nicht anders behandelt werden als wenn der Betrag von Anfang an ohne Rückforderungsanspruch dem Unternehmen zugeflossen wäre.

Die Lage beim Strukturwandel ist insoweit vergleichbar, als es auch hier zu einer Besteuerung trotz fehlenden Zuflusses liquider Mittel kommt und auch hier hat der Gesetzgeber diese Folge in Kauf genommen hat. Es wird daher nur in atypischen Konstellationen eine sachliche Unbilligkeit in Betracht zu ziehen sein.

d. Persönliche Unbilligkeit

Es verbleibt also, wenn überhaupt, nur die Möglichkeit, eine persönliche Unbilligkeit als Grundlage einer Billigkeitsentscheidung heranzuziehen. Eine solche

---

819 *Rüsken*, in: Klein, AO, 15. Aufl. 2020, § 163 Rn. 35; so auch BFH, Urt. v. 26.10.1994, Az. X R 104/92, BStBl. II 1995, 297, 298 f.; *Bodden*, DStR 2016, 1714, 1719 f. Ähnlich auch BVerfG, Beschl. v. 05.04.1978, Az. 1 BvR 117/73, BVerfGE 48, 102, 116. Großzügiger hinsichtlich Billigkeitsmaßnahmen hingegen BVerfG, Beschl. v. 10.11.1998, Az. 2 BvR 1220/93, BVerfGE 99, 268, 272 („Verfassungspflicht zum Billigkeitserlass").

820 BFH, Beschl. v. 28.11.2016, Az. GrS 1/15, BStBl. II 2017, 393, 403.

821 BFH, Beschl. v. 28.11.2016, Az. GrS 1/15, BStBl. II 2017, 393, 403.

822 *Buschendorf/Vogel*, DB 2016, 676, 679; so auch *Seer*, FR 2014, 721, 727.

persönliche Unbilligkeit liegt vor, wenn der Steuerpflichtige erlassbedürftig und -würdig ist.[823] Da es dabei auf die konkreten wirtschaftlichen Verhältnisse und die daraus resultierende Möglichkeit zur Steuerzahlung ankommt, wird sich eine persönliche Unbilligkeit regelmäßig erst nach endgültiger Festsetzung der Steuer im Erhebungsverfahren nach § 227 AO feststellen lassen.[824] Da im Rahmen der persönlichen Unbilligkeit vielfältige Konstellationen möglich sind, kann darauf im Folgenden nur exemplarisch eingegangen werden:

Der Steuerpflichtige muss zunächst erlassbedürftig sein. Voraussetzung dafür ist die Gefahr, welcher er ohne die begehrte Billigkeitsmaßnahme ausgesetzt sein müsste, seinen Lebensunterhalt nicht mehr eigenständig bestreiten zu können.[825] Die wirtschaftliche oder persönliche Existenz des Steuerpflichtigen muss gerade *durch* die drohende Steuerzahlung gefährdet sein.[826] Die Lage muss durch die Erhebung der konkreten Steuerschuld eingetreten sein oder es muss dadurch verhindert werden, dass der Steuerpflichtige eine solche Lage verlässt.[827]

Für den Strukturwandel kann sich aufgrund des fehlenden Mittelzuflusses bei einer Totalentnahme die Frage stellen, ob vom Steuerpflichtigen verlangt werden kann, Eigentum zur Begleichung der Steuerschuld zu veräußern. Nach der Rechtsprechung des *Bundesfinanzhofs* ist dies dem Steuerpflichtigen grundsätzlich zumutbar, soweit ihm dadurch nicht seine finanzielle Lebensgrundlage entzogen wird.[828] Für den Strukturwandel ergibt sich nach der Steuerfestsetzung daher folgende Prüfungsreihenfolge mit Blick auf eine persönliche Unbilligkeit: *Erstens*, reichen die vorhandenen liquiden Mittel des Steuerpflichtigen zur Steuerzahlung aus? *Zweitens*, reichen die entnommenen Wirtschaftsgüter des Betriebsvermögens, wenn sie zu Marktpreisen veräußert würden, zur Steuerzahlung aus? *Drittens*, reicht der Vermögensbestand nach der Veräußerung der entnommenen Wirtschaftsgüter zur Existenzsicherung des Steuerpflichtigen aus?

Nur wenn alle drei Fragen mit einem „Nein" zu beantworten sind, kann eine Erlassbedürftigkeit in Betracht gezogen werden. Aufgrund der Bewertung der

---

823 BFH, Urt. v. 26.10.2011, Az. VII R 50/10, BFH/NV 2012, 552, juris Rz. 26.

824 *Rüsken*, in: Klein, AO, 15. Aufl. 2020, § 163 Rn. 37.

825 BFH, Urt. v. 26.10.2011, Az. VII R 50/10, BFH/NV 2012, 552, juris Rz. 30.

826 BFH, Urt. v. 26.02.1987, Az. IV R 298/84, BStBl. II 1987, 612, 614.

827 So wenn ihm dadurch der Erwerb einer Taxikonzession und der Aufbau einer neuen Existenzgrundlage unmöglich gemacht wird, vgl. BFH, Urt. v. 27.09.2001, Az. X R 134/98, BStBl. II 2002, 176.

828 BFH, Urt. v. 26.02.1987, Az. IV R 298/84, BStBl. II 1987, 612, 615; Urt. v. 27.05.1987, Az. X R 41/81, BFH/NV 1987, 691, juris Rz. 24; *Loose*, in: Tipke/Kruse, AO, Stand: April 2020, § 227 Rn. 101.

Entnahme mit dem gemeinen Wert gemäß § 16 Abs. 3 Satz 7 EStG sollte im Regelfall jedoch der Veräußerungspreis der entnommenen Wirtschaftsgüter zur Begleichung der Steuerschuld ausreichen. Anders dürfte die Sache nur liegen, wenn in unmittelbarer zeitlicher Nähe nach der Totalentnahme das entnommene Wirtschaftsgut massiv an Wert verloren hat. Gegebenenfalls lässt sich eine Erlassbedürftigkeit auch auf den Untergang eines Wirtschaftsguts stützen, wenn dieses zwar in erheblichem Maße stille Reserven enthalten hat, es aber nach der Überführung in das Privatvermögen nicht oder nicht mehr zu einem angemessenen Preis veräußert werden kann, z.B. weil es beschädigt oder zerstört wurde und kein Ersatzanspruch besteht.[829] In einem solchen Fall erscheint es naheliegend eine Steuerstundung in Betracht zu ziehen.

Für die dritte Frage kann relevant sein, ob der Steuerpflichtige Einkünfte bezieht, die seine Existenzgrundlage sichern. Ist dies nicht der Fall und ist er zur Sicherung einer (bescheidenden) Lebensführung z.B. darauf angewiesen eine Leibrentenversicherung gegen Einmalzahlung abzuschließen, kann dies eine Erlassbedürftigkeit belegen.[830] Sachgerecht ist es zur Bestimmung der Zumutbarkeit ergänzend die Regelungen des Sozialrechts als sachnahe einfachrechtliche Ausgestaltung heranzuziehen, insbesondere wenn es um die Veräußerung von Eigentumswohnungen und Wohnhäusern zur Begleichung der Steuerschuld geht, § 12 SGB II.[831]

Darüber hinaus muss der Steuerpflichtige auch erlasswürdig sein. Dies setzt voraus, dass der Steuerpflichtige seine mangelnde Leistungsfähigkeit nicht selbst herbeigeführt oder durch sein Verhalten in eindeutiger Weise gegen die Interessen der Allgemeinheit verstoßen hat.[832] Im Rahmen der Erlasswürdigkeit gelten für den Strukturwandel indes keine Besonderheiten. Insbesondere ist dem Steuerpflichtigen der Verlust seiner Gewinnerzielungsabsicht nicht vorzuwerfen, denn für die Aufdeckung der stillen Reserven ist dies nur mit Blick auf den Aufgabezeitpunkt, nicht aber für die Besteuerung als solche relevant, da die stillen Reserven bereits latent angelegt waren. Der Strukturwandel ist zwar Auslöser der Endbesteuerung, eine Besteuerung wäre jedoch unabhängig davon

829 Vgl. *Loose*, in: Tipke/Kruse, AO, Stand: April 2020, § 227 Rn. 102.

830 BFH, Urt. v. 29.04.1981, Az. IV R 23/78, BStBl. II 1981, 726.

831 So auch BFH, Beschl. v. 19.12.2003, Az. VI B 95/00, BFH/NV 2004, 466, juris Rz. 6; *Loose*, in: Tipke/Kruse, AO, Stand: April 2020, § 227 Rn. 101.

832 BFH, Beschl. v. 30.09.1996, Az. X B 131/96, BFH/NV 1997, 326, juris Rz. 22 m.w.N.

irgendwann eingetreten. Mithin gelten für die Erlassunwürdigkeit die allgemeinen Rechtsprechungsgrundsätze.[833]

Anhaltspunkte dafür, dass die steuerrechtlichen Billigkeitsregeln nicht dazu geeignet sind eine angemessene Besteuerung des Strukturwandels auch im Einzelfall zu ermöglichen, sind nicht erkennbar.

V. Zusammenfassung von § 7

In diesem Abschnitt wurde gezeigt, dass die Totalentnahme beim Strukturwandel mit der Eigentumsgarantie des Grundgesetzes zu vereinbaren ist. Dafür wurde zunächst dargelegt, dass der steuerliche Zugriff als Inhalts- und Schrankenbestimmung zu qualifizieren ist. Deren Ausgestaltung hat sich am Maßstab der Verhältnismäßigkeit messen zu lassen. Mit Blick auf den Strukturwandel wurde aufgezeigt, dass dort der Zugriff auf nicht-realisierte Gewinne als legitimen Zweck die Sicherstellung der Besteuerungsgleichheit verfolgt. Weil nach einer Übertragung der Wirtschaftsgüter aus dem Betriebs- in das Privatvermögen keine Verstrickung der stillen Reserven mehr sichergestellt ist, darf der Gesetzgeber hier ausnahmsweise auch die nicht-realisierten Gewinne antasten. Dafür spricht, dass der Gesetzgeber damit – typisierend – eine spätere Veräußerung der Wirtschaftsgüter vorwegnimmt. Diese Vorwegnahme ist angemessen, um im Binnenverhältnis der Gewinneinkünfte zu den übrigen Steuerpflichtigen Besteuerungsgleichheit herzustellen. Die grundsätzliche Entscheidung des Gesetzgebers, den privaten Bereich von der Besteuerung von Wertsteigerungen im Vermögen auszunehmen, rechtfertigt diesen Zugriff. Der Gesetzgeber muss sich nicht darauf verweisen lassen, die Verstrickung nach Aufgabe des Betriebs aufrecht zu erhalten.

Soweit der Steuerzugriff im Einzelfall zu unbilligen Ergebnissen führen sollte, weil der Steuerpflichtige die fällige Steuer nicht aus seinen liquiden Mitteln bestreiten kann, sind die steuerlichen Billigkeitsnormen dazu geeignet die Angemessenheit der Rechtsfolge im Einzelfall sicherzustellen.

---

833 Vgl. zur Übersicht nur *Loose*, in: Tipke/Kruse, AO, Stand: April 2020, § 227 Rn. 103 ff.; *Fritsch*, in: Koenig, AO, 3. Aufl. 2014, § 227 Rn. 28 ff.

§ 8 Besteuerung nach der finanziellen Leistungsfähigkeit

I. Allgemeiner Gleichheitssatz und Steuerrecht

Im folgenden Abschnitt soll untersucht werden, ob die dargelegte Rechtsfolge beim Strukturwandel in Gestalt einer Totalentnahme auch mit dem Leistungsfähigkeitsprinzip als bereichsspezifische Ausformung des allgemeinen Gleichheitssatzes, Art. 3 Abs. 1 GG, in Einklang steht.

Der allgemeine Gleichheitssatz in Art. 3 Abs. 1 GG ist „Kristallisationspunkt des Gerechtigkeitsgedankens" und zugleich wichtigster grundrechtlicher Anknüpfungspunkt im Steuerrecht.[834] Der allgemeine Gleichheitssatz gebietet es, wesentlich Gleiches gleich und wesentlich Ungleiches ungleich zu behandeln.[835] Die Kriterien und Maßstäbe anhand derer zu bestimmen ist, ob zwei Sachverhalte gleich oder ungleich sind, können nicht abstrakt und generell, sondern nur im jeweiligen Einzelfall bestimmt werden.[836] Der Gleichheitssatz ist verletzt, „wenn der Gesetzgeber es versäumt hat, Ungleichheiten der zu ordnenden Lebenssachverhalte zu berücksichtigen, die so bedeutsam sind, dass sie bei einer am Gerechtigkeitsdenken orientierten Betrachtungsweise beachtet werden müssen".[837] Art. 3 Abs. 1 GG verlangt sowohl eine Rechtsetzungs- als auch eine Rechtsanwendungsgleichheit.[838]

Je nach Regelungsgegenstand und Differenzierungsmerkmalen ergeben sich unterschiedliche Grenzen für den Gesetzgeber, die vom bloßen Willkürverbot (sog. alte Formel)[839] bis zu einer strengen Bindung an den Verhältnismäßigkeitsgrundsatz (sog. neue Formel)[840] reichen.[841]

---

834 *R. Wendt*, NVwZ 1988, 778; *Huster*, in: Berliner-Kommentar, GG, Stand: Juni 2016, Art. 3 Rn. 25; *Ratschow*, in: Brandis/Heuermann, Ertragsteuerrecht, Stand: August 2021, § 2 EStG Rn. 10; *Weber-Grellet*, in: Schmidt, EStG, 40. Aufl. 2021, § 2 Rn. 8; *P. Kirchhof*, in: K/S/M, EStG, Stand: Mai 2002, § 2 Rn. A167; *Krumm*, Steuerliche Bewertung als Rechtsproblem, Habil. 2014, 345; *Britz*, NJW 2014, 346 ff.; *P. Kirchhof*, StuW 2017, 3.

835 St. Rspr. BVerfG, Urt. v. 03.04.2001, Az. 1 BvR 1629/94, BVerfGE 103, 242, 258; Urt. v. 16.03.2004, Az. 1 BvR 1778/01, BVerfGE 110, 141, 167.

836 St. Rspr. vgl. nur BVerfG, Beschl. v. 16.03.2005, Az. 2 BvL 7/00, BVerfGE 112, 268, 279 m.w.N.

837 BVerfG, Urt. v. 03.04.2001, Az. 1 BvR 1629/94, BVerfGE 103, 242, 258.

838 Für den Fall eines strukturellen Vollzugsdefizits, vgl. nur BVerfG, Urt. v. 09.03.2004, Az. 2 BvL 17/02, BVerfGE 110, 94.

839 Vgl. nur BVerfG, Urt. v. 23.10.1951, Az. 2 BVG 1/51, BVerfGE 1, 14, 52.

840 Vgl. nur BVerfG, Beschl. v. 07.10.1980, Az. 1 BvL 50, 89/79, 1 BvR 240/79, BVerfGE 55, 72, 88.

841 *Britz*, NJW 2014, 346 ff.

In Bezug auf die Prüfung steuerlicher Normen betont das *Bundesverfassungsgericht* regelmäßig den weiten Entscheidungsspielraum des Gesetzgebers hinsichtlich Steuergegenstand und -satz und führt damit auf dieser Ebene eine reine Willkürkontrolle durch.[842] Willkür liegt vor, wenn die zu prüfende Norm sich in Bezug auf die getroffene Differenzierung unter keinem sachlich vertretbaren Gesichtspunkt mehr vertreten lässt.[843] Irrelevant ist hingegen, ob die gesetzliche Lösung die zweckmäßigste, vernünftigste oder in jeder Hinsicht gerechteste ist.[844] Der Gesetzgeber müsse die Wirklichkeit lediglich in seine Entscheidungsfindung und das Differenzierungskriterium aufnehmen und gemessen am Vergleichsziel „realitätsgerecht werten und gewichten".[845]

Das *Bundesverfassungsgericht* entnimmt dem allgemeinen Gleichheitssatz, insbesondere für das Einkommensteuerrecht, zwei Leitlinien, die den Steuergesetzgeber beschränken, das Leistungsfähigkeitsprinzip und das Gebot der Folgerichtigkeit.[846] Ob man das Gebot der Folgerichtigkeit als Konkretisierung des Leistungsfähigkeitsprinzips[847] oder als eigenständiges Prinzip[848] zu verstehen hat, wurde vom *Bundesverfassungsgericht* – wie bei rein dogmatischen Fragen üblich – bislang nicht thematisiert.

II. Leistungsfähigkeitsprinzip

Dem allgemeinen Gleichheitssatz ist das Leistungsfähigkeitsprinzip als steuerliches Fundmentalprinzip zu entnehmen. Es stellt eine bereichsspezifische Konkretisierung des allgemeinen Gleichheitssatzes dar.[849] Gleichheit im Steuerrecht

---

842 Vgl. nur BVerfG, Beschl. v. 15.01.2008, Az. 1 BvL 2/04, BVerfGE 120, 1, 29 m.w.N.; *Hey*, in: Tipke/Lang, Steuerrecht, 23. Aufl. 2018, § 3 Rn. 124 m.w.N.

843 So bereits BVerfG, Urt. v. 05.03.1958, Az. 2 BvF 4/56, BVerfGE 7, 305, 315.

844 Vgl. nur BVerfG, Beschl. v. 10.01.1984, Az. 1 BvL 5/83, BVerfGE 66, 84, 95; *R. Wendt*, NvWZ 1988, 778, 779 m.w.N.

845 *P. Kirchhof*, in: HStR, Band V, 3. Aufl. 2007, § 124 Rn. 220.

846 Vgl. nur BVerfG, Beschl. v. 08.06.2004, Az. 2 BvL 5/00, BVerfGE 110, 412, 433; Beschl. v. 21.06.2006, Az. 2 BvL 2/99, BVerfGE 116, 164, 180 jeweils m.w.N.

847 In diese Richtung BFH, Beschl. v. 10.08.2011, Az. I R 39/10, BStBl. II 2012, 603, 607; *Hey*, in: Tipke/Lang, Steuerrecht, 24. Aufl. 2020, § 3 Rn. 122; wohl auch *Englisch*, FS Lang 2010, 167, 174 f.

848 So eher BFH, Beschl. v. 17.07.2014, Az. VI R 8/12, BFHE 247, 64, juris Rz. 56; *O'Hara*, Konsistenz und Konsens, Univ.-Diss. 2018, 137; *Drüen*, StuW 2019, 205, 208.

849 Vgl. nur BVerfG, Beschl. v. 22.06.1995, Az. 2 BvL 37/91, BVerfGE 93, 121, 135; Beschl. v. 12.10.2010, Az. 1 BVL 12/07, BVerfGE 127, 244, 245; *P. Kirchhof*, in: Dürig/Herzog/Scholz, GG, Stand: September 2015, § 3 Abs. 1 Rn. 323 ff.; *ders.*, in: Isensee/Kirchhof, in: HStR, Band V, 3. Aufl. 2007, § 118 Rn. 168 ff.; *Hey*, in: Tipke/Lang, Steuerrecht,

kann nur durch unterschiedliche Belastung je nach individueller wirtschaftlicher Leistungsfähigkeit erreicht werden.[850] Die Rechtsprechung des *Bundesverfassungsgerichts* knüpft damit an Art. 134 WRV an, in welchem es hieß:

> „Alle Staatsbürger ohne Unterschied tragen im Verhältnis ihrer Mittel zu allen öffentlichen Lasten nach Maßgabe der Gesetze bei.“[851]

Besonders strikt gilt das Leistungsfähigkeitsprinzip im Bereich der Einkommensteuer.[852] Seine Rechtfertigung findet es in dem Art. 3 Abs. 1 GG innewohnenden Gedanken der austeilenden Gerechtigkeit.[853] Solange dem Steuerbürger – von Verfassungs wegen – keine wirksame Ausgabenkontrolle über die Staatsfinanzen eingeräumt wird, kann materielle Gerechtigkeit nur durch eine gleichmäßige Lastenteilung erreicht werden.[854]

III. Eingeschränkte Nützlichkeit des Leistungsfähigkeitsprinzips

Aufgrund seines hohen Abstraktionsgrades kann das Leistungsfähigkeitsprinzip jedoch nicht ohne Weiteres für eine grundrechtliche Gleichheitsprüfung nutzbar gemacht werden.[855] Denn das Leistungsfähigkeitsprinzip kann nur auf die Einhaltung des Sachgerechtigkeitsmaßstabs hin überprüft werden.[856] Die

---

24. Aufl. 2020, § 3 Rn. 40 ff.; *Birk*, Das Leistungsfähigkeitsprinzip als Maßstab der Steuernormen, Habil. 1983, 259. Kritisch *Kischel*, in: BeckOK-GG, Stand: August 2021, Art. 3 Rn. 148 m.w.N., wonach das Leistungsfähigkeitsprinzip nur einen von vielen denkbaren Differenzierungsgründen bildet.

850 BVerfG, Beschl. v. 29.05.1990, Az. 1 BvL 20/84, BVerfGE 82, 60, 86; *Birk*, Das Leistungsfähigkeitsprinzip als Maßstab der Steuernormen, Habil. 1983, 169 ff.; *Desens*, StuW 2016, 240; *F. Kirchhof*, BB 2017, 662.

851 Vgl. BVerfG, Urt. v. 27.06.1991, Az. 2 BvR 1493/89, BVerfGE 84, 239, 270.

852 Vgl. nur BVerfG, Urt. v. 03.11.1982, Az. 1 BvR 620/78, BVerfGE 61, 319, 344; Beschl. v. 22.02.1984, Az. 1 BvL 10/80, BVerfGE 66, 214, 223 m.w.N.

853 BVerfG, Urt. v. 27.06.1991, Az. 2 BvR 1493/89, BVerfGE 84, 239, 257 („materielle Gerechtigkeit“); *P. Kirchhof*, in: Dürig/Herzog/Scholz, GG, Stand: September 2015, § 3 Abs. 1 Rn. 323; *G. Kirchhof*, in: /H/H/R, EStG, Stand: April 2020, Einf. EStG Rn. 230. Allgemeiner zur austeilenden Gerechtigkeit, vgl. *Rüthers/Fischer/Birk*, Rechtstheorie, 11. Aufl. 2020, 222 ff.; *Tipke*, StuW 2007, 201, 202 f.

854 Die Festlegung der Staatsausgaben wird nach h.M. als ureigenes Budgetrecht des Parlaments verstanden, vgl. nur *Kube*, in: Dürig/Herzog/Scholz, GG, Stand: Dezember 2013, Art. 110 Rn. 35 ff. Kritisch *v. Arnim*, VVStDRL 980, 287, 299.

855 *Birk*, in: *Kube*, Leitgedanken des Rechts, Band II, § 147 Rn. 2 m.w.N.; *Pezzer*, DStJG 1991, 3, 7 („ethisches Axiom“).

856 *Drüen*, FS Spindler 2011, 29, 39 f.; *Lampert*, NvWZ 2013, 195, 198. Zur Trennung von Sachgerechtigkeit und Systembindung, vgl. *Kischel*, AöR 1999, 175, 178 m.w.N.

Sachgerechtigkeit verpflichtet den Gesetzgeber zur Achtung und Einhaltung der Objektivität.[857] Der Gesetzgeber hat sich bei der Normsetzung nicht von persönlichen Empfindungen der beteiligten Personen, sondern entweder (i) an der vorgefundenen Realität oder, sofern eine solche fehlt, (ii) an der rechtlich vorstrukturierten Realität zu orientieren. Diese hat er wertungsfrei und ergebnisoffen zu beurteilen.[858] Den einen – einzig richtigen – Leistungsfähigkeitsindikator, der idealerweise Leistungsfähigkeit in Form einer mathematischen Bezugsgröße auswirft, gibt es dabei nicht.[859] Leistungsfähigkeit ist immer auch ein wertungsoffener Begriff.

Im Bereich des Steuerrechts hat der Gesetzgeber dafür die von ihm vorgeprägte Rechtswirklichkeit in den Blick zu nehmen. Anders als in anderen Rechtsgebieten, z.B. dem Gefahrenabwehrrecht oder bei der Sicherung des Existenzminimums, bietet die Wirklichkeit dem Steuerrecht keinen hinreichenden Bezugspunkt zur Festlegung eines Sachgerechtigkeitskeitsmaßstabs.[860] Das *Bundesverfassungsgericht* spricht deshalb in einigen älteren Entscheidungen zu Recht davon, dass Steuergesetze ihre eigene Sachgesetzlichkeit normieren.[861] Es hat aus diesem Grund bewusst darauf verzichtet konkrete Sachgerechtigkeitsmaßstäbe festzulegen.[862] In seiner Entscheidung zum Luftverkehrssteuergesetz hat das Gericht betont, die „Steuerwürdigkeitsentscheidung" in Bezug auf den Steuergegenstand beruhe im Wesentlichen auf politischen Wertungen und könne nur darauf überprüft werden, ob der Gesetzgeber – irgendeinen – Sachgrund für die Wahl seines Steuergegenstandes anführen könne und ob die konkrete Belastungsentscheidung nicht mit anderen Verfassungsnormen in Konflikt gerate.[863]

---

857 *P. Kirchhof*, FS Lerche 1993, 133, 139; *Pöschl*, Gleichheit vor dem Gesetz, 214 („Unparteilichkeit").

858 *P. Kirchhof*, FS Lerche 1993, 133, 139.

859 Vgl. etwa *Kempny*, StuW 2021, 85 ff.; *Eichenfelder/Knaisch/Nicolai*, DStR 2021, 2168, 2172.

860 So die allgemeine Auffassung, vgl. nur *P. Kirchhof*, in: Dürig/Herzog/Scholz, GG, Stand: September 2015, Art. 3 Rn. 422.

861 BVerfG, Urt. v. 24.01.1962, Az. 1 BvR 845/58, BVerfGE 13, 331. *Englisch*, FS Lang 2010, 167, 181 spricht von einer Prinzipienkonkretisierung.

862 *Ratschow*, in: Brandis/Heuermann, Ertragsteuerrecht, Stand: August 2021, § 2 EStG Rn. 12.

863 BVerfG, Urt. v. 05.11.2014, Az. 1 BvF 3/11, BVerfGE 137, 350, 367; Beschl. v. 29.03.2017, Az. 2 BvL 6/11, BVerfGE 145, 106, 144.

Das Gericht gibt selbst zu, dass das Leistungsfähigkeitsprinzip „vieldeutig“ sei, wenn daraus konkrete Schlüsse gezogen werden sollen.[864]

Das Einkommensteuergesetz konkretisiert diesen Ansatz indem die Leistungsfähigkeit in Stufen ermittelt wird.[865] Auf der ersten Stufe wird nach der objektiven Leistungsfähigkeit des Steuerpflichtigen gefragt (Einnahmen abzüglich erwerbsbezogener Aufwendungen = Einkünfte), dadurch wird das erwerbssichernde Einkommen freigestellt.[866] Auf der zweiten Stufe wird nach der subjektiven Leistungsfähigkeit gefragt (Einkünfte abzüglich existenzsichernder Aufwendungen = Einkommen), womit das existenzsichernde Einkommen freigestellt wird.[867] Diese Methode trägt dem Gedanken Rechnung, dass für Zwecke der Einkommensteuer auf der einen Seite zwischen Erwerbs- und Privatsphäre und auf der anderen Seite zwischen Einkommenserzielung und Einkommensverwendung zu unterscheiden ist.[868] Nach diesem Regel-Ausnahme-Verhältnis ist für die Einkommensteuer grundsätzlich nur die Erwerbssphäre relevant.[869]

Neben den verfassungsrechtlich verankerten Konkretisierungen des Leistungsfähigkeitsprinzips in Gestalt des steuerlichen Existenzminimums[870] und dem Gebot der Förderung von Ehe und Familie, lassen sich aus der Verfassung selbst nur wenige Anhaltspunkte für einen konkreten Leistungsfähigkeitsmaßstab ableiten.[871] Für die verfassungsrechtliche Überprüfung der Totalentnahme im Falle des Strukturwandels kann das Leistungsfähigkeitsprinzip somit nicht viel beitragen, da es zu unbestimmt ist. Denn man wird nicht behaupten können, dass die in das Privatvermögen übergegangenen Wirtschaftsgüter (einschließlich

---

864 BVerfG, Beschl. v. 23.11.1976, Az. 1 BvR 150/75, BVerfGE 43, 108, 120; *Birk*, Das Leistungsfähigkeitsprinzip als Maßstab der Steuernormen, Habil. 1983, 50; *Schuppert*, FS Zeidler 1987, 691, 713.

865 *P. Kirchhof*, in: K/S/M, EStG, Stand: Mai 2002, § 2 Rn. A168.

866 Vgl. nur *Weber-Grellet*, in: Schmidt, EStG, 40. Aufl. 2021, § 2 Rn. 10 m.w.N.; *P. Kirchhof*, in: K/S/M, EStG, Stand: Mai 2002, § 2 Rn. A168.

867 BFH, Beschl. v. 17.07.2014, Az. VI R 8/12, BFH/NV 2014, 1970, juris Rz. 57; *P. Kirchhof*, in: K/S/M, EStG, Stand: Mai 2002, § 2 Rn. A168; *Weber-Grellet*, in: Schmidt, EStG, 40. Aufl. 2021, § 2 Rn. 11 m.w.N.

868 *G. Kirchhof*, in: H/H/R, EStG, Stand: April 2020, Einf. EStG Rn. 232; ähnlich bereits *P. Kirchhof*, in: K/S/M, EStG, Stand: Mai 2002, § 2 Rn. A167.

869 *G. Kirchhof*, in: H/H/R, EStG, Stand: April 2020, Einf. EStG Rn. 232; *Ruppe*, DStJG 1980, 103, 120.

870 *Starck*, in: v. Mangoldt/Klein/Starck, GG, 6. Aufl. 2010, Art. 3 Rn. 85 m.w.N.

871 *Heun*, in: Dreier, GG, Band I, Art. 3 Rn. 75 m.w.N.; ähnlich auch *Krumm*, Steuerliche Bewertung als Rechtsproblem, Habil. 2014, 346.

der darin gebundenen stillen Reserven) vom Gesetzgeber in willkürlicher Weise als Indiz finanzieller Leistungsfähigkeit herangezogen wurden.[872] Denn unter dem Begriff der Leistungsfähigkeit kann nicht allein die bloße Verfügbarkeit von Zahlungsmitteln verstanden werden.[873] Sondern auch bloß realisierbare Mehrungen des Betriebsvermögens indizieren Leistungsfähigkeit.[874] Insoweit dürfte die Entscheidung des Gesetzgebers, nicht-realisierte Betriebsvermögensmehrungen jedenfalls auch nachrangig als Leistungsfähigkeit heranzuziehen, auf Ebene des Leistungsfähigkeitsprinzips sachgerecht sein. Dem Gesetzgeber kommt auf dieser Ebene sein weiter Spielraum bezüglich der Steuerwürdigkeitsentscheidung zugute.

Wichtiger als das Leistungsfähigkeitsprinzip ist das sogleich zu prüfende Folgerichtigkeitsgebot. Denn daran wird zu messen sein, ob die Heranziehung nicht-realisierter Wertzuwächse vor dem Hintergrund der Systematik des Einkommensteuergesetzes folgerichtig ist.

IV. Zusammenfassung von § 8

In diesem § 8 wurde gezeigt, dass das Leistungsfähigkeitsprinzip zwar steuerliches Fundamentalprinzip, jedoch für die Prüfung im Einzelfall kaum brauchbar ist. Für den Strukturwandel lässt sich aus ihm nur folgern, dass die Heranziehung stiller Reserven als Leistungsfähigkeitsindikator nicht unsachgemäß ist. Soweit der Gesetzgeber nicht-realisierte Betriebsvermögensmehrungen – nachrangig – als leistungsfähigkeitsindizierend ansieht, ist dies vertretbar. Insoweit kommt ihm der weite Entscheidungsspielraum bezüglich der Steuerwürdigkeitsentscheidung zugute.

---

872 BVerfG, Beschl. v. 07.07.2010, Az. 2 BvL 14/02, BVerfGE 127, 1, 24; *Lang*, Die Bemessungsgrundlage der Einkommensteuer, Habil. 1981/1988, 171; so auch *Leisner*, Wertzuwachsbesteuerung, 1978, 96 für „capital gains"; *Hey*, in: Tipke/Lang, Steuerrecht, 24. Aufl. 2020, § 3 Rn. 55; *Vogel*, StuW 1974, 193, 199; *Tipke*, FS Kruse 2001, 215, 220.

873 *Kempny*, StuW 2021, 85, 89, 95; *Eichenfelder/Knaisch/Nicolai*, DStR 2021, 2168, 2172.

874 BVerfG, Beschl. v. 07.07.2010, Az. 2 BvL 14/02, BVerfGE 127, 1, 24; EuGH, Rs. C-371/10 (*National Grid Indus*), Slg. 2011, I-12273 Rn. 45; BFH, Beschl. v. 28.11.2016, Az. GrS 1/15, BStBl. II 2017, 393, 403; *Lang*, Die Bemessungsgrundlage der Einkommensteuer, Habil. 1981/1988, 171; so auch *Leisner*, Wertzuwachsbesteuerung, 1978, 96; *Hey*, in: Tipke/Lang, Steuerrecht, 24. Aufl. 2020, § 3 Rn. 55; *Vogel*, StuW 1974, 193, 199; *Tipke*, FS Kruse 2001, 215, 220.

§ 9 Folgerichtigkeitsprinzip

I. Aussagegehalt der Folgerichtigkeitsprüfung

1. Rechtliches System statt vorgefundener Wirklichkeit als Maßstab

In diesem Abschnitt wird daher zu untersuchen sein, ob die Totalentnahme beim Strukturwandel auch folgerichtig ist. Aufgrund der zuvor dargestellten Probleme bei der Ermittlung eines hinreichend konkretisierten Leistungsfähigkeitsmaßstabs, fristet das Leistungsfähigkeitsprinzip in der Rechtsprechung des *Bundesverfassungsgerichts* im Gegensatz zum Gebot der Folgerichtigkeit ein Schattendasein.[875] Denn der allgemeine Gleichheitssatz wird erst durch die im Bereich des einfachen Rechts zu treffenden gesetzgeberischen Konkretisierungen operabel.[876]

Das *Bundesverfassungsgericht* wiederholt beständig die Formel, der Gesetzgeber müsse bei der Ausgestaltung des steuerrechtlichen Ausgangstatbestands die einmal getroffene Belastungsentscheidung folgerichtig im Sinne einer Belastungsgleichheit für die Steuerpflichtigen umsetzen.[877] Ausnahmen von einer folgerichtigen Umsetzung bedürften eines besonderen sachlichen Grundes.[878] Dabei stiegen die Anforderungen an den Rechtfertigungsgrund mit dem Ausmaß der Abweichung und ihrer Bedeutung für die Verteilung der Steuerlast.[879] Im Gegensatz zur Sachgerechtigkeit, die das Recht an die Wirklichkeit bindet, knüpft die Folgerichtigkeit an das Recht selbst an, sie verlangt eine möglichst widerspruchsfreie Fortsetzung des Rechts.[880]

---

875 *Ratschow*, in: Brandis/Heuermann, Ertragsteuerrecht, Stand: August 2021, § 2 EStG Rn. 15; *Starck*, in: v. Mangoldt/Klein/Starck, GG, 6. Aufl. 2010, Art. 3 Rn. 84; 87; *P. Kirchhof*, in: HStR, Band V, 3. Aufl. 2007, § 124 Rn. 78; *Birk*, Das Leistungsfähigkeitsprinzip als Maßstab der Steuernormen, Habil. 1983, 165 ff.; *P. Kirchhof*, AöR 128 (2003), 1, 44 m.w.N.

876 *Krumm*, Steuerliche Bewertung als Rechtsproblem, Habil. 2014, 346.

877 St. Rspr. zuletzt BVerfG, Beschl. v. 21.06.2006, Az. 2 BvL 2/99, BVerfGE 116, 164, 180; Beschl. v. 12.10.2010, Az. 1 BvL 12/07, BVerfGE 127, 224, 240; Urt. v. 10.04.2018, Az. 1 BvR 1236/11, BVerfGE 148, 217, 243.

878 BVerfG, Beschl. v. 21.06.2006, Az. 2 BvL 2/99, BVerfGE 116, 164, 180; Beschl. v. 12.10.2010, Az. 1 BvL 12/07, BVerfGE 127, 224, 240; Urt. v. 10.04.2018, Az. 1 BvR 1236/11, BVerfGE 148, 217, 243.

879 BVerfG, Urt. v. 17.12.2014, Az. 1 BvL 21/12, BVerfGE 138, 136, 181; Urt. v. 10.04.2018, Az. 1 BvR 1236/11, BVerfGE 148, 217, 243.

880 *P. Kirchhof*, in: HStR, Band VIII, 3. Aufl. 2010, § 181 Rn. 209.

Als Ausgangspunkt der Folgerichtigkeit lässt sich die heute überwiegend vertretene Wertungsjurisprudenz ausmachen.[881] Jeder Norm liegen danach gesetzgeberische Wertentscheidungen zugrunde, mit denen von gegenläufigen Interessen einigen der Vorzug eingeräumt wird. Die dadurch entstehende Werteordnung wird als „inneres System" des Gesetzes bezeichnet.[882] Das Gebot der Folgerichtigkeit knüpft hieran an und soll einander widersprechende gesetzgeberische Wertungen verhindern, wenn diese sachlich nicht zu rechtfertigen sind. Die Folgerichtigkeitsprüfung soll die einfach-rechtlichen Wertungen des Gesetzgebers offenlegen und damit den für die Gleichheitsprüfung notwendigen Vergleichsmaßstab konkretisieren. Mitunter wird behauptet, dass einfachgesetzliche Wertungen und Strukturprinzipien auf einen Verfassungsrang gehoben werden.[883] Das Prinzip wird dogmatisch sowohl an den Gleichheitssatz als auch an das Rechtsstaatsprinzip angeknüpft.[884] Gleichwohl ist es nicht ganz unumstritten, wie sich sogleich zeigen wird.

2. *Rechtsprechung des Bundesverfassungsgerichts*

Bereits in Band 1 seiner Entscheidungen stellt das *Bundesverfassungsgericht* in einer Entscheidung zum Verhältniswahlrecht klar:

> „Ein Gesetzgeber, der sich für dieses System [*Anm.:* Verhältniswahl] entscheidet, und sei es auch nur zusätzlich zur Mehrheitswahl, akzeptiert damit diese Gerechtigkeitsforderung und stellt sein Gesetz unter dieses Maß."[885]

Diese Entscheidung kann als erster Richtungszeig hin zu einer Folgerichtigkeitsprüfung verstanden werden. Den Terminus der Folgerichtigkeit verwendet das Gericht dann im Zusammenhang mit Steuer- und Abgabenangelegenheiten seit Anfang der 1950er Jahre.[886] Eine gesetzliche Regelung sei nur dann folgerichtig,

---

881 Vgl. nur *Larenz*, Methodenlehre der Rechtswissenschaft, 6. Aufl. 1991, 119 ff., 474 ff. *Canaris*, Systemdenken und Systembegriff, 2. Aufl. 1983, 13 sprach bereits von „wertungsmäßiger Folgerichtigkeit".

882 *Heck*, Begriffsbildung und Interessjurisprudenz, 1932, 139 ff.; *Rüthers/Fischer/Birk*, Rechtstheorie, 11. Aufl. 2020, 454; *Larenz*, Methodenlehre der Rechtswissenschaft, 6. Aufl. 1991, 474 ff.

883 *P. Kirchhof*, in: HStR, Band V, 3. Aufl. 2007, § 124 Rn. 205. Kritisch *Kischel*, in: BeckOK-GG, Stand: August 2021, Art. 3 Rn. 154.

884 *Englisch*, DStR-Beihefter 2009, 92, 100; vgl. auch *P. Kirchhof*, in: HStR, Band VIII, 3. Aufl. 2010, § 181 Rn. 211 ff.

885 BVerfG, Urt. v. 05.04.1952, Az. 2 BvH 1/52, BVerfGE 1, 208, 248.

886 BVerfG, Urt. v. 05.04.1952, Az. 2 BVH 1/52, BVerfGE 1, 208.

wenn die einmal getroffene Belastungsentscheidung ohne Ausnahmen umgesetzt oder Ausnahmen durch einen besonderen sachlichen Grund gerechtfertigt seien.[887] Auch wenn das Gericht damit früh den Terminus der „Folgerichtigkeit“ aufgegriffen hat, insbesondere die Obersätze enthalten ihn regelmäßig[888], so zeigt sich dennoch, dass sich das Gericht begrifflich zunächst stärker auf die Belastungsgleichheit als auf die bloße Folgerichtigkeit konzentrierte.[889] So stellte es mit Blick auf Art. 3 Abs. 1 GG zunächst mehr auf die Wahrung der verfassungsrechtlichen Anforderungen an die Lastengleichheit („Maßstab der gleichen Lastenzuteilung“) ab.[890]

Im *Zinsurteil* argumentierte das *Bundesverfassungsgericht*, die Belastungsgleichheit würde verfehlt, wenn ein bestimmter Lebenssachverhalt zwar steuerpflichtig sei, aber die Voraussetzungen einer tatsächlichen Besteuerung solche seien, die von der Mitteilung des Steuerpflichtigen abhingen und keine geeigneten Überprüfungsmaßnahmen vom Gesetz vorgesehen seien.[891] Das Gericht stellte damit die bestehende Belastungsungleichheit in den Mittelpunkt und gerade nicht, dass das Erhebungsverfahren den ausgewählten Steuergegenstand überhaupt nicht folgerichtig umsetzen könne.[892] Auch in einem Urteil zur Vermögenssteuer stellte das *Bundesverfassungsgericht* nicht auf die fehlende Folgerichtigkeit unterschiedlicher Bewertungsregeln ab, obwohl man in der Ausgestaltung der Vermögensteuer mit einheitlichem Steuersatz, aber unterschiedlichen Bewertungssystemen, einen Systembruch hätte erkennen können.[893] Stattdessen stütze es seine Entscheidung darauf, dass eine Gleichheit im Belastungserfolg nicht vorliege, wenn zwar der gleiche Steuersatz, aber verschiedene Bewertungssysteme gelten würden.[894] Auch in weiteren Entscheidungen verwendete das Gericht zwar den Begriff der Folgerichtigkeit, stellt aber im Ergebnis eher auf die Belastungs(un)gleichheit ab.[895]

---

887 BVerfG, Urt. v. 13.07. 1965, Az. 1 BvR 771/59, BVerfGE 19, 100, 111; Beschl. v. 07.11.2006, Az. 1 BVL 10/02, BVerfGE 117, 1, 31 m.w.N.; kritisch *Kischel*, in: Mellinghoff/Palm (Hrsg.), Gleichheit im Verfassungsstaat, 2008, 175, 178.

888 Zuletzt etwa BVerfG, Beschl. v. 19.11.2019, Az. 2 BvL 22/14, BVerfGE 152, 274, 314.

889 *O'Hara*, Konsistenz und Konsens, Univ.-Diss. 2018, 129.

890 BVerfG, Urt. v. 27.06.1991, Az. 2 BvR 1493/89, BVerfGE 84, 239, 269; *O'Hara*, Konsistenz und Konsens, Univ.-Diss. 2018, 129.

891 BVerfG, Urt. v. 27.06.1991, Az. 2 BvR 1493/89, BVerfGE 84, 239, 269.

892 So zutreffend *O'Hara*, Konsistenz und Konsens, Univ.-Diss. 2018, 130.

893 BVerfG, Beschl. v. 22.06.1995, Az. 2 BvL 37/91, BVerfGE 93, 121, 134.

894 BVerfG, Beschl. v. 22.06.1995, Az. 2 BvL 37/91, BVerfGE 93, 121, 143; ähnlich auch BVerfG, Beschl. v. 07.11.2006, Az. 1 BvL 10/02, BVerfGE 117, 1, 31.

895 So z.B. BVerfG, Beschl. v. 21.06.2006, Az. 2 BvL 2/99, BVerfGE 116, 164.

Eine „echte Konsistenzprüfung" führte das *Bundesverfassungsgericht* erstmals in einer Entscheidung zum objektiven Nettoprinzip durch.[896] Dort hatte es zu entscheiden, ob eine Regelung, die die steuerliche Abzugsfähigkeit von Mehraufwendungen für eine doppelte Haushaltsführung im Falle von sog. Kettenabordnungen zeitlich begrenzte, mit dem Grundgesetz zu vereinbaren war.[897] Das Gericht verneinte dies mit dem Argument, die streitgegenständliche abzugsbegrenzende Regelung lasse „keine folgerichtige Ausprägung der gesetzgeberischen Grundentscheidung erkennen".[898] In den Urteilsgründen tritt die Folgerichtigkeitsprüfung gegenüber der Prüfung einer Belastungsungleichheit deutlich hervor.[899]

Fortgeführt wurde dieser Ansatz auch im Urteil zur *Pendlerpauschale*.[900] Die damalige Neuregelung, nur noch die Aufwendungen für Wege zwischen der Wohnung und der Arbeitsstätte ab dem 21. km als Werbungskosten anzuerkennen, erklärte das Gericht für gleichheitswidrig. Die Neuregelung sei nicht hinreichend sachlich begründet.[901] Eine tatsächliche Belastungsungleichheit prüfte das Gericht nicht. Es leitete unmittelbar aus der Abweichung vom objektiven Nettoprinzip in Gestalt des Abzugsverbots eine Ungleichbehandlung ab, die es für nicht gerechtfertigt hielt.[902] Im Kern prüfte das Gericht für die Feststellung einer Ungleichbehandlung das Vorliegen einer „Belastungsausnahme".[903] Aus diesem Schluss von der Belastungsausnahme auf eine rechtfertigungsbedürftige Ungleichbehandlung erklärt sich dann auch, warum das Gericht nicht – wie von manchen erhofft – dazu Stellung bezog, ob das objektive Nettoprinzip verfassungsrechtlich vorgegeben sei.[904] Denn durch die Feststellung einer Belastungsausnahme war die Prüfung des Gleichheitssatzes vorgezeichnet. Das Gericht führte in diesem Zusammenhang einen neuen Rechtfertigungsgrund in die Debatte ein, den sog. grundlegenden Systemwechsel.[905] Danach könne die Abweichung von einer Belastungsgrundentscheidung dadurch gerechtfertigt

896 *O'Hara*, Konsistenz und Konsens, Univ.-Diss. 2018, 132.
897 BVerfG, Beschl. v. 04.12.2002, Az. 2 BvR 400/98, BVerfGE 107, 27.
898 BVerfG, Beschl. v. 04.12.2002, Az. 2 BvR 400/98, BVerfGE 107, 27, 52.
899 BVerfG, Beschl. v. 04.12.2002, Az. 2 BvR 400/98, BVerfGE 107, 27, 46 ff.
900 BVerfG, Urt. v. 09.12.2008, Az. 2 BvL 1/07, BVerfGE 122, 210, 231 ff.
901 BVerfG, Urt. v. 09.12.2008, Az. 2 BvL 1/07, BVerfGE 122, 210, 244.
902 BVerfG, Urt. v. 09.12.2008, Az. 2 BvL 1/07, BVerfGE 122, 210, 244; so auch Beschl. v. 06.06.2010, Az. 2 BvL 13/09, BVerfGE 126, 268, 280 ff.
903 *O'Hara*, Konsistenz und Konsens, Univ.-Diss. 2018, 132.
904 BVerfG, Urt. v. 09.12.2008, Az. 2 BvL 1/07, BVerfGE 122, 210, 234.
905 BVerfG, Urt. v. 09.12.2008, Az. 2 BvL 1/07, BVerfGE 122, 210, 242.

werden, dass der Gesetzgeber einen Systemwechsel vollziehe oder die Neuregelung jedenfalls Teil eines gleichrangigen neuen Systems sei.[906]

Auch in seiner Entscheidung zu den sog. *Jubiläumsrückstellungen* hat das *Bundesverfassungsgericht* vorrangig eine Folgerichtigkeitsprüfung vorgenommen. Es bejahte zwar bei der streitgegenständlichen Regelung eine Abweichung von der Belastungsgrundentscheidung, jedoch sei eine Rechtfertigung dafür vorhanden.[907] Begründet hat das Gericht die Folgerichtigkeitsprüfung hier mit der Bindung des Gesetzgebers an ein hinreichendes Maß „Rationalität und Abgewogenheit".[908] Überraschender als diese Feststellung war jedoch der Prüfungsmaßstab für den Rechtfertigungsgrund: Der Gesetzgeber sei bei komplexen dogmatischen Streitfragen nur auf Willkürfreiheit, nicht aber auf Verhältnismäßigkeit zu kontrollieren.[909] Das Gericht argumentierte, es sei „nicht Aufgabe des *Bundesverfassungsgerichts*, die ‚Richtigkeit' von Lösungen komplexer dogmatischer Streitfragen, wie sie für manche Bereiche des Steuerbilanzrechts und jedenfalls für den Bereich der Rückstellungen typisch sind, zu kontrollieren und zu gewährleisten".[910]

Soweit das *Bundesverfassungsgericht* in seinen Entscheidungen auf das Gebot der Folgerichtigkeit abstellt, betont es, dass eine Ausnahme von der Belastungsgrundentscheidung nur dann gleichheitssatzwidrig sei, wenn ein besonderer sachlicher Grund dafür fehle.[911] Damit ist die Frage aufgeworfen, welche Anforderungen das Gericht an den Rechtfertigungsgrund stellt. In seinen Obersätzen betont es, dass für eine Abweichung von der einmal getroffenen Belastungsentscheidung ein „besonderer sachlicher Grund" vorliegen müsse.[912] Diese Formel kann als Verweis auf die Maßstäbe verstanden werden, die das Gericht im Allgemeinen zur Rechtfertigung einer Ungleichbehandlung anwendet. Dieser Maßstab reicht vom bloßen Willkürverbot bis hin zur strengen Verhältnismäßigkeitsprüfung. Da das *Bundesverfassungsgericht* eine Abweichung von der Grundentscheidung am Maßstab des allgemeinen Gleichheitssatzes misst, liegt

---

906 BVerfG, Urt. v. 09.12.2008, Az. 2 BvL 1/07, BVerfGE 122, 210, 242; Beschl. v. 06.06.2010, Az. 2 BvL 13/09, BVerfGE 126, 268, 281.

907 BVerfG, Beschl. v. 12.05.2009, Az. 2 BvL 1/00, BVerfGE 123, 111, 121 ff.

908 BVerfG, Beschl. v. 12.05.2009, Az. 2 BvL 1/00, BVerfGE 123, 111, 123.

909 BVerfG, Beschl. v. 12.05.2009, Az. 2 BvL 1/00, BVerfGE 123, 111, 123.

910 BVerfG, Beschl. v. 12.05.2009, Az. 2 BvL 1/00, BVerfGE 123, 111, 123.

911 St. Rspr. zuletzt vgl. nur BVerfG, Beschl. v. 21.06.2006, Az. 2 BvL 2/99, BVerfGE 116, 164, 181; Beschl. v. 12.10.2010, Az. 1 BvL 12/07, BVerfGE 127, 224, 245.

912 BVerfG, Urt. v. 10.04.2018, Az. 1 BvR 1236/11, BVerfGE 148, 217, 243; Urt. v. 17.12.2014, Az. 1 BvL 21/12, BVerfGE 138, 136, 181.

es nahe, für die Rechtfertigung einer solchen Abweichung auf die allgemeinen Kriterien zurückzugreifen. Dazu passen auch die Ausführungen des Gerichts in einer Entscheidung aus 2018 in der es bekundet, dass das Gebot einer folgerichtigen Ausgestaltung nicht über die Anforderungen von Art. 3 Abs. 1 GG hinausgehe.[913] Daraus folgt, dass das *Bundesverfassungsgericht* auch im Rahmen der Folgerichtigkeit einen stufenlosen Maßstab zwischen Willkür- und Verhältnismäßigkeitsprüfung zur Anwendung bringt.[914] Aus einer bloßen Abweichung von der Folgerichtigkeit kann also noch nicht geschlossen werden, dass allein deshalb eine (strenge) Verhältnismäßigkeitsprüfung durchzuführen ist.[915]

Um die Rechtfertigungsprüfung greifbarer zu machen, bedient sich das *Bundesverfassungsgericht* einer Fallgruppenbildung. Danach sind bloße fiskalische Gründe für eine Abweichung von der Belastungsgrundentscheidung generell nicht ausreichend.[916] Typisierungen und Verallgemeinerungen seien dem Gesetzgeber insoweit gestattet als er sich am Regelfall orientiere, keinen atypischen Fall als Leitbild wähle und die Anknüpfungspunkte für die Typisierung zudem den Normzweck nicht verfehlten.[917] Auch Lenkungszwecke in Gestalt einer mittelbaren Verhaltenssteuerung dürften vom Gesetzgeber mit der Maßgabe, dass die Förderungs- und Lenkungsziele von einer erkennbaren gesetzgeberischen Entscheidungen getragen seien, zur Rechtfertigung herangezogen werden.[918] Auch die Sicherung eines gleichmäßigen und vollständigen Gesetzesvollzugs soll als Rechtfertigung genügen, da dieses Gebot – abgesichert durch

---

913 BVerfG, Beschl. v. 06.06.2018, Az. 1 BvL 7/14, BVerfGE 149, 126, 153.

914 *O'Hara*, Konsistenz und Konsens, Univ.-Diss. 2018, 135; für Verhältnismäßigkeitsprüfung vgl. *Huster*, Zur Dogmatik des allgemeinen Gleichheitssatzes, Univ.-Diss. 1993, 393; so auch *Englisch*, FS Lang 2010, 167, 200; ähnlich auch *Breinersdorfer*, StuW 2009, 211, 219, der die Gestaltungsbefugnis des Gesetzgebers im Rahmen des Art. 3 Abs. 1 GG davon abhängig macht, ob die Beeinträchtigung eher am Rand oder eher am Kern des Grundrechts liegt.

915 *Eichberger*, FS BFH 2018, Band I, 501, 513.

916 BVerfG, Beschl. v. 21.06.2006, Az. 2 BvL 2/99, BVerfGE 116, 164, 182; Urt. v. 09.12.2008, Az. 2 BvL 1/07, BVerfGE 122, 210, 233. Vgl. auch *Hey*, DStR 2009, 2561, 2567: „Die Einnahmeerzielung rechtfertigt den steuerlichen Freiheitseingriff, aber nicht die ungleiche Lastenverteilung."

917 BVerfG, Beschl. v. 07.05.2013, Az. 2 BvR 909/06, BVerfGE 133, 377, 412; Beschl. v. 29.03.2017, Az. 2 BvL 6/11, BVerfGE 145, 106, 146.

918 BVerfG, Beschl. v. 22.06.1995, Az. 2 BvL 37/91, BVerfGE 93, 121, 147 f.; Beschl. v. 07.11.2006, Az. 1 BvL 10/02, BVerfGE 117, 1, 32.

den Gleichbehandlungsgrundsatz und das Rechtsstaatsprinzip – über die reine Einnahmeerhöhung hinausgehe.[919]

Die Rechtsprechung des *Bundesverfassungsgerichts* lässt sich prägnant dahingehend zusammenfassen, dass die Folgerichtigkeitsprüfung das Gericht davon „entlastet" eine tatsächliche Ungleichbehandlung, wohlmöglich nur anhand zahlenmäßiger Beispiele, feststellen zu müssen.[920] Auf der Rechtfertigungsebene schwenkt es dann wieder auf das übliche Prüfprogramm zum allgemeinen Gleichheitssatz zurück und sucht nach einer Rechtfertigung für die Ungleichbehandlung.[921] *O'Hara* formuliert treffend, die Abweichung von einer einfachgesetzlichen Entscheidung stehe damit unter dem Vorbehalt der Rechtfertigung.[922]

3. *Meinungsbild in der Literatur*

Zum Gebot der Folgerichtigkeit ist bis heute eine Fülle an Literatur erschienen. Die hier genannten Beiträge stehen deshalb nur stellvertretend für die aufgeworfenen Probleme und Argumente. Aus letzter Zeit sind dabei insbesondere der Beitrag von *Drüen*[923] und die Monografie von *O'Hara*[924] hervorzuheben.

Der überwiegende Teil der steuerrechtlichen Literatur steht der Rechtsprechung des *Bundesverfassungsgerichts* positiv gegenüber.[925] So wird ins Feld geführt, Art. 3 Abs. 1 GG fordere, dass gesetzliche Unterscheidungen nicht zu widersprüchlichen Anweisungen an den Verpflichteten führten.[926] Die Folgerichtigkeit diene mittelbar dem Demokratieprinzip, indem der Gesetzgeber dazu angehalten werde, tragfähige Gründe für seine Entscheidung anzugeben.[927] Das

---

919 BVerfG, Beschl. v. 15.01.2008, Az. 1 BvL 2/04, BVerfGE 120, 1, 49; Urt. v. 27.06.1991, Az. 2 BvR 1493/89, BVerfGE 84, 239, 268 ff.

920 *Huster*, Zur Dogmatik des allgemeinen Gleichheitssatzes, Univ.-Diss. 1993, 389. Vgl. auch *Breinersdorfer*, StuW 2009, 211, 215, der eine ähnliche Argumentation auch in der Rspr. des EuGH ausgemacht hat: Eine Differenzierung des nationalen Gesetzgebers indiziere demnach bereits eine Verletzung der Grundfreiheiten, welche dann an den strengen Rechtfertigungsgründen zu messen sei.

921 *O'Hara*, Konsistenz und Konsens, Univ.-Diss. 2018, 137.

922 *O'Hara*, Konsistenz und Konsens, Univ.-Diss. 2018, 128; ähnlich auch *Eichberger*, FS BFH 2018, Band I, 501, 511.

923 Umfangreiche Übersicht zum Meinungsspektrum und Historie, vgl. *Drüen*, FS Spindler 2011, 29 ff.

924 *O'Hara*, Konsistenz und Konsens, Univ.-Diss. 2018, 125 ff.

925 Vgl. *Eichberger*, FS BFH 2018, Band I, 501, 506.

926 *P. Kirchhof*, in: Dürig/Herzog/Scholz, GG, Stand: September 2015, Art. 3 Rn. 408.

927 *Hey*, DStR 2009, 2561, 2566 f., 2568. Auch in diese Richtung argumentierend, vgl. *Schwarz*, FS Isensee 2007, 949, 957; *Nußberger*, in: Sachs, GG, 9. Aufl. 2021, Art. 3

Grundgesetz verlange ein „Mindestmaß an Systemorientierung“, das Recht müsse zumindest in Teilbereichen logisch aufgebaut sein.[928] Andere meinen, der Gesetzgeber dürfe die Grundsätze der Lastengleichheit nicht dadurch unterlaufen, dass er ein Rechtsgebiet „chaotisiert“.[929] Nur eine folgerichtige Systembildung könne die von der Verfassung gestellten (materiellen) Gerechtigkeitserwartungen erfüllen.[930]

Andere Autoren sehen die Folgerichtigkeit differenzierter: So geht *Huster* davon aus, dass nur solche Normen eine rechtliche Grundentscheidung darstellten, die ihrerseits interne Gerechtigkeitserwartungen befriedigten.[931] Dies sei der Fall bei Differenzierungen, die eine spezifische Verteilungsentscheidung träfen. Nur Regelungen, die diese Verteilungsentscheidung mit Blick auf einen gesellschaftlichen Gesamtnutzen oder Zweckmäßigkeitserwartungen durchbrächen, seien im Sinne einer Verhältnismäßigkeitsprüfung am Folgerichtigkeitsprinzip zu messen.[932]

Andere hingegen kritisieren den Ansatz von *Tipke* nach notwendiger Systemgerechtigkeit[933], diese gelte nur für die Rechtswissenschaften als wissenschaftlicher Disziplin, nicht aber für das Steuerrecht als solches.[934] Auch unsystematisches Recht sei Recht, da die Systemwidrigkeit von der Wirksamkeit der Norm zu trennen sei.[935]

Rn. 98; *Englisch*, FS Lang 2010, 167, 178; *Krumm*, Steuerliche Bewertung als Rechtsproblem, Habil. 2014, 346 f. („formelles Gebot“). In diese Richtung könnte auch die Entscheidung zu den Jubiläumsrückstellungen zu verstehen sein, vgl. BVerfG, Beschl. v. 12.05.2009, Az. 2 BvL 1/00, BVerfGE 123, 111.

928 *Birk*, DStR 2009, 877, 881 f.

929 *Englisch*, FS Lang 2010, 167, 175.

930 So vor allem *Tipke* zuletzt, *Tipke*, StuW 2007, 201, 205 ff.; *ders.*, Steuerrechtsordnung, Band I, 2. Aufl. 2000, 282 f.

931 *Huster*, Zur Dogmatik des allgemeinen Gleichheitssatzes, Univ.-Diss. 1993, 392; *ders.*, in: Berliner-Kommentar, GG, Stand: Juni 2016, Art. 3 Rn. 82 differenziert bei der zu prüfenden Vergleichsbeziehung zweier Sachverhalte zwischen internen (= Gerechtigkeitserwägungen) und externen (= Nützlichkeitserwägungen) Zielen.

932 *Huster*, Zur Dogmatik des allgemeinen Gleichheitssatzes, Univ.-Diss. 1993, 398; *ders.*, in: Berliner-Kommentar, GG, Stand: Juni 2016, Art. 3 Rn. 127; vgl. dazu auch *Boysen*, in: v. Münch/Kunig, GG, Band I, 7. Aufl. 2021, Art. 3 Rn. 88.

933 Zuletzt *Tipke*, StuW 2007, 201, 205 ff.; *ders.*, Steuerrechtsordnung, Band I, 2. Aufl. 2000, 282 f.

934 *Drüen*, FS Spindler 2011, 29, 32; ähnlich *Kischel*, AöR 1999, 175, 204; zustimmend auch *Weber-Grellet*, Steuern im modernen Verfassungsstaat, Habil. 2001, 149.

935 *Drüen*, FS Spindler 2011, 29, 32 f.

Andere Stimmen in der Literatur kritisieren die Rechtsprechung des *Bundesverfassungsgerichts* und sehen darin einen steuerrechtlichen Sonderweg.[936] So wird argumentiert die Folgerichtigkeit könne unter dogmatischen Gesichtspunkten nicht dem allgemeinen Gleichheitssatz entnommen werden, in dessen Rahmen seien zwei *Sachverhalte* zu vergleichen, nicht aber ein Sachverhalt in seiner gesetzlichen Behandlung und ein Sachverhalt in seiner Behandlung nach einer „hypothetischen" Grundregel.[937] Ein System ohne Ausnahmen sei im Einzelfall auch nicht das gerechtere, denn mitunter verlangten gerade einzelne Grundrechte nach Ausnahmen.[938] Ferner lasse sich kein, für die Folgerichtigkeit aber notwendiges, Rangverhältnis zwischen Normen des einfachen Rechts festlegen.[939] Andere meinen die Erhebung eines Rechtssatzes des einfachen Rechts auf einen Verfassungsrang verstoße gegen die Mehrheitsregeln des Art. 79 Abs. 2 GG und gegen das Demokratieprinzip, da das Parlament seine Nachfolger auf dem Gebiet des einfachen Rechts binden könne.[940] *Lepsius* führt an, es handle sich bei der Folgerichtigkeit um ein richterrechtlich erfundenes Prinzip, das in einem „hochpolitischen Rechtsgebiet" Systemerwartungen wecke, die weder verfassungsrechtlich zwingend, noch wünschenswert seien.[941] Die Verfassungsrechtsprechung verfehle den ihr zustehenden Prüfungsmaßstab, denn sie messe eine Entscheidung nicht am höherrangigen Verfassungsrecht, sondern beziehe ihren Prüfungsmaßstab aus dem einfachen Recht, um anhand dessen überhaupt erst eine Ungleichbehandlung nachweisen zu können.[942] Das Gebot der Folgerichtigkeit sei verfassungsrechtlich nicht notwendig, denn gerade im Steuerrecht sei der politische Zwang zu Kompromissen am Größten und der politische Prozess, der in Wahlen gipfele, gewährleiste eine ausreichende demokratische Kontrolle des Gesetzgebers.[943] Der Kompromiss sei demokratisches

---

936 *Kischel*, in: Mellinghoff/Palm (Hrsg.), Gleichheit im Verfassungsstaat, 2008, 175, 178.

937 *Kischel*, AöR 1999, 175, 194; ähnlich *Tappe*, JZ 2016, 27, 31.

938 *Kischel*, AöR 1999, 175, 195; *ders.*, in: BeckOK-GG, Stand: Augsut 2021, Art. 3 Rn. 96; so auch *Krieger*, in: Schmidt-Bleibtreu/Hofmann/Henneke, GG, 15. Aufl. 2022, Art. 3 Rn. 52; *Lepsius*, JZ 2009, 260, 262.

939 *Payandeh*, AöR 2011, 578, 584, 613 f.; ähnlich auch *Tappe*, JZ 2016, 27, 32.

940 *Kischel*, AöR 1999, 175, 206; *Krieger*, in: Schmidt-Bleibtreu/Hofmann/Henneke, GG, 15. Aufl. 2022, Art. 3 Rn. 52; *Gubelt*, in: v. Münch/Kunig, GG, Band I, 5. Aufl. 2000, Art. 3 Rn. 30.

941 *Lepsius*, JZ 2009, 260.

942 *Lepsius*, JZ 2009, 260, 262.

943 *Lepsius*, JZ 2009, 260, 261.

Wesensmerkmal und wer eine strenge Folgerichtigkeit fordere, verlange vom Gesetzgeber Alles-oder-nichts-Lösungen.[944]

Eine beachtenswerte Anzahl von Autoren will den Gedanken der Systemgerechtigkeit auf eine Indizfunktion[945] zurückführen und als Hilfsgesichtspunkt im Rahmen der Prüfung des Art. 3 Abs. 1 GG verstanden wissen.[946]

4. *Stellungnahme*

Überzeugend dürfte es sein, das Vorliegen einer Systemabweichung als ein – widerlegbares – Indiz für eine Ungleichbehandlung im Sinne des Art. 3 Abs. 1 GG anzusehen.[947] Die Bedeutung des Folgerichtigkeitsprinzips liegt darin, dass am Maßstab des einfachen Rechts eine Ungleichbehandlung hergeleitet und anschließend nach einer verfassungsrechtlich tragfähigen Rechtfertigung gesucht wird. Art. 3 Abs. 1 GG enthält einen partiellen verfassungsrechtlichen Systematisierungsauftrag an den Gesetzgeber. Zwar ist der Gesetzgeber grundsätzlich frei, wie er bestimmte Lebensbereiche regelt, doch jedenfalls dann, wenn er Verteilungsentscheidungen, wie z.B. im Abgabenrecht, trifft, dürfte regelmäßig nur eine systematische und damit letztlich folgerichtige Rechtssetzung gleichheitsgerecht sein.

Das Gebot der Folgerichtigkeit erlangt seine Bedeutung in Regelungsbereichen deren maßgebliches Sachgerechtigkeitskriterium freiheitsrechtlich nicht vorgezeichnet ist, z.B. dem Steuerrecht. Diese Regelungsbereiche bedürfen eines gleichheitsrechtlich abgesicherten Maßstabs in Form der Folgerichtigkeit.[948] Ansonsten könnte sich der Gesetzgeber umso leichter gegen einen Gleichheitsverstoß „immunisieren", je weniger Anhaltspunkte er für

---

944 Sondervotum *Bryde*, BVerfG, Urt. v. 30.07.2008, Az. 1 BvR 3262/07, 1 BvR 402/08, 1 BvR 906/08, BVerfGE 121, 317, 381; so bereits *Kischel*, AöR 1999, 175, 05; zustimmend *Wernsmann*, in: Hübschmann/Hepp/Spitaler, AO, Stand: Oktober 2020, § 4 Rn. 520.

945 *Englisch*, in: Stern/Becker, GG, 3. Aufl. 2019, Art. 3 Rn. 24; *Eichberger*, FS BFH 2018, Band I, 501, 511.

946 So noch *Rüfner*, in: Bonner-Kommentar, GG, Stand: Oktober 1992, Art. 3 Rn. 38; so wohl auch *Krieger*, in: Schmidt-Bleibtreu/Hofmann/Henneke, GG, 15. Aufl. 2022, Art. 3 Rn. 52; *Boysen*, in: v. Münch/Kunig, GG, Band I, 7. Aufl. 2021, Art. 3 Rn. 90; *Döring/Garz*, FR 2021, 834, 836.

947 Ähnlich *Eichberger*, FS BFH 2018, Band I, 501, 511; *Döring/Garz*, FR 2021, 834, 836; so wohl auch *Boysen*, in: v. Münch/Kunig, GG, Band I, 7. Aufl. 2021, Art. 3 Rn. 90.

948 *Englisch*, in: Stern/Becker, GG, 3. Aufl. 2019, Art. 3 Rn. 18.

den gewählten Sachgerechtigkeitsmaßstab liefert.[949] Das Gebot der Folgerichtigkeit setzt daher dogmatisch zutreffend am Art. 3 Abs. 1 GG und dessen Konkretisierungsauftrag an.[950]

Im Kern zutreffend ist der Einwand, dass zwei Regelungen, die für sich betrachtet gleichheitsrechtlich unproblematisch, aber in ihrem Zusammenwirken nicht folgerichtig sind, sich stets die Frage stellt, welche der beiden Regelungen gleichheitswidrig ist. Dieses Problem lässt sich jedoch dadurch lösen, dass das *Bundesverfassungsgericht* nur die Unvereinbarkeit der angegriffenen Norm mit dem Grundgesetz feststellt und dem Gesetzgeber die Lösung des Konflikts ermöglicht.[951] Es ist dem Gesetzgeber zu überlassen, ob er die vermeintliche Grundregelung beibehalten und die angegriffene Ausnahme beseitigen will, oder ob er in Anbetracht der Unvereinbarkeit mit dem Grundgesetz, die vermeintliche Grundregelung ändern will und damit einen Systemwechsel einleitet.

Soweit kritisiert wird, das Gebot der Folgerichtigkeit verstoße gegen das Demokratieprinzip, Art. 20 Abs. 1 GG, ist dem nicht beizupflichten. Denn es steht dem Gesetzgeber frei – auch über die bereits vom *Bundesverfassungsgericht* entwickelten Fallgruppen hinaus – seine Systemabweichung mit anderen Gemeinwohlzielen und konkurrierenden Gütern mit Verfassungsrang zu rechtfertigen. Auch soweit *Bryde* befürchtet, das Gebot der Folgerichtigkeit zwinge den Gesetzgeber zu „Alles-oder-nichts-Lösungen", ist dies nicht überzeugend.[952] Denn auch das Folgerichtigkeitsgebot lässt ausreichenden Spielraum für politische Kompromisse.[953] Der Gesetzgeber muss sich nur bewusst sein, dass sein Kompromiss nicht nur politisch opportun, sondern auch gleichheitsgerecht sein muss. Erschwert wird so nur der „faule Kompromiss", der keine ausreichende Gemeinwohlorientierung, im Sinne einer Verfolgung konkurrierender Güter mit Verfassungsrang, erkennen lässt.[954] Genauso wie die Folgerichtigkeit eine Rechtfertigung der Systemabweichung verlangt, kann auch das Verhältnismäßigkeitsprinzip verlangen, dass eine Ausnahme vom System geboten ist, um den

---

949 So auch *Englisch*, FS Lang 2010, 167, 175; ähnlich auch *Niestegge*, Dualismus der Einkunftsarten, Univ.-Diss. 2018, 220.

950 Ähnlich *Huster*, Zur Dogmatik des allgemeinen Gleichheitssatzes, Univ.-Diss. 1993, 398; *ders.*, in: Berliner-Kommentar, GG, Stand: Juni 2016, Art. 3 Rn. 127.

951 BVerfG, Beschl. v. 29.03.2017, Az. 2 BvL 6/11, BVerfGE 145, 106, 152.

952 Sondervotum *Bryde*, BVerfG, Urt. v. 30.07.2008, Az. 1 BvR 3262/07, 1 BvR 402/08, 1 BvR 906/08, BVerfGE 121, 317, 381; so bereits *Kischel*, AöR 1999, 175, 05; zustimmend *Wernsmann*, in: Hübschmann/Hepp/Spitaler, AO, Stand: Oktober 2020, § 4 Rn. 520.

953 *Döring/Garz*, FR 2021, 834, 837.

954 *Englisch*, FS Lang 2010, 167, 178.

Gleichheitssatz einhalten zu können.[955] Die Folgerichtigkeit ist offen dafür, denn sie verlangt keine „blinde" Systemtreue, sondern praktische Konkordanz.[956] Verlangt das Grundgesetz eine Regelungsausnahme, wird sich die Prüfung der Rechtfertigung regelmäßig als unproblematisch erweisen, wie z.B. die Entscheidung zum Existenzminimum, welche gerade eine Belastungsausnahme fordert, zeigt.[957]

II. Folgerichtigkeit einer Entnahme im Falle des Strukturwandels

1. *Belastungsentscheidung des Einkommensteuergesetzes*

a. *Objektives und subjektives Nettoprinzip*

Gemessen an den vorgenannten Maßstäben erweist sich die Totalentnahme beim Strukturwandel sowohl dem Grunde als auch der Höhe nach als folgerichtige Ausgestaltung der Einkommensteuer.

Der Gesetzgeber hat in § 2 EStG die Besteuerung nach der finanziellen Leistungsfähigkeit des Steuerpflichtigen einfach-rechtlich konkretisiert.[958] Die Norm ist Grundvorschrift des Einkommensteuerrechts.[959] Grundsätzlich ist die Einkommensteuer synthetisch angelegt, d.h. alle Einkünfte – gleich welcher Einkommensquelle – fließen einer gemeinsamen Bemessungsgrundlage zu, auf welche dann der Steuertarif angewendet wird.[960] Die davon seit 2009 geltende Ausnahme für Kapitaleinkünfte durch die Abgeltungssteuer und die damit verbundene Durchbrechung dieses Prinzips stellt weder eine generelle Systemabkehr dar, noch spielt dieser Umstand für den Strukturwandel eine Rolle.[961]

Der Gesetzgeber hat sich ferner dazu entschlossen nicht das Einkommen des Steuerpflichtigen, sondern seine Einkünfte zu besteuern, § 2 Abs. 2 EStG. Einkünfte sind entweder der Gewinn (Nr. 1) oder der Überschuss der Einnahmen

---

955 *Eichberger*, FS BFH 2018, Band I, 501, 512.

956 Vgl. dazu *Canaris*, Systemdenken und Systembegriff, 2. Aufl. 1983, 53 ff., 115 f.; *Hey*, in: H/H/R, EStG, Stand: April 2020, Einführung zum EStG, Rn. 40.

957 BVerfG, Beschl. v. 29.05.1990, Az. 1 BvL 20/84, BVerfGE 82, 60.

958 *Ratschow*, in: Brandis/Heuermann, Ertragsteuerrecht, Stand: August 2021, § 2 EStG Rn. 15.

959 BT-Drs. 13/3084, S. 19.

960 Vgl. nur *Ratschow*, in: Brandis/Heuermann, Ertragsteuerrecht, Stand: August 2021, § 2 EStG Rn. 5; *Hey*, in: Tipke/Lang, Steuerrecht, 24. Aufl. 2020, § 8 Rn. 1.

961 Ähnlich *Hey*, in: Tipke/Lang, Steuerrecht, 24. Aufl. 2020, § 8 Rn. 1 („folgt […] rudimentär dem Konzept der dualen Einkommensteuer.").

über die Werbungskosten (Nr. 2). Damit knüpft der Gesetzgeber an das objektive Nettoprinzip an.[962] Besonders plastisch zeigt sich dies in § 4 Abs. 3 Satz 1 EStG, wonach der Gewinn – für Steuerpflichtige, die nicht zu Führung von Büchern verpflichtet sind – durch den Überschuss der Betriebseinnahmen über die Betriebsausgaben bestimmt wird. Des Weiteren hat der Gesetzgeber in § 2 Abs. 4 EStG das subjektive Nettoprinzip verankert.[963] Danach ist der Gesamtbetrag der Einkünfte um Sonderausgaben und außergewöhnliche Belastungen zu vermindern.

b. Reinvermögenszugangs- vs. Quellentheorie

Das Einkommensteuergesetz misst die Leistungsfähigkeit grundsätzlich in Gestalt des am Markt erwirtschafteten und damit realisierten Einkommens.[964] Dem ging ein finanzwissenschaftlicher Theorienstreit voraus, der vor gut 100 Jahren begann.[965] Nach der von *Fuisting* vertretenen „Quellentheorie" soll Einkommen nur der Betrag sein, der aus einer Steuerquelle dem Steuerpflichtigen zufließe, wohingegen die Wertsteigerungen und Veräußerungsgewinne der Steuerquelle selbst nicht zu erfassen seien.[966] Nach der „Reinvermögenszugangstheorie" die *von Schanz* vertrat, soll Einkommen hingegen der Reinvermögenszugang während einer festgelegten Periode sein, dazu gehören auch nicht-realisierte Wertsteigerungen der Steuerquelle selbst.[967] Für beide Theorien gibt es finanzwissenschaftliche Argumente, ohne dass eine der beiden Theorien der anderen zwingend überlegen wäre.

Das heutige Einkommensteuergesetz geht in seinen Ursprüngen auf das EStG 1920 zurück.[968] Durch das EStG 1925[969] und das EStG 1934[970] wurde

---

962 BVerfG, Beschl. v. 04.12.2002, Az. 2 BvR 400/98, 2 BvR 1735/00, BVerfGE 107, 27, 47; *Weber-Grellet*, in: Schmidt, EStG, 40. Aufl. 2021, § 2 Rn. 10.

963 BVerfG, Beschl. v. 04.12.2002, Az. 2 BvR 400/98, 2 BvR 1735/00, BVerfGE 107, 27, 47; *Weber-Grellet*, in: Schmidt, EStG, 40. Aufl. 2021, § 2 Rn. 11.

964 Vgl. nur *Lang*, Die Bemessungsgrundlage der Einkommensteuer, Habil. 1981/1988, 89; *Ruppe*, DStJG 1978, 7, 16 ff.; *P. Kirchhof*, FS Lang 2010, 451, 462 ff.; *Krumm*, Steuerliche Bewertung als Rechtsproblem, Habil. 2014, 108.

965 Zum Überblick: *Hey*, in: Tipke/Lang, Steuerrecht, 24. Aufl. 2020, § 7 Rn. 30 ff., § 8 Rn. 50 ff.; *Pezzer*, DStJG 1991, 3, 12 ff.

966 *Fuisting*, Die Preußischen direkten Steuern, Band 4, 1902, 147 ff.

967 *v. Schanz*, Der Einkommensbegriff und die Einkommensteuergesetze, Finanzarchiv, Band 13, 1896, 1 ff.

968 In der Fassung der Bekanntmachung vom 29.03.1920 einschließlich der Änderungen v. 31.03.1920 und v. 21.07.1920, RGBl. I 1920, 359, 428, 1463.

969 In der Fassung der Bekanntmachung vom 10.08.1925, RGBl. I 1925, 189.

970 In der Fassung der Bekanntmachung vom 16.10.1934, RGBl. I 1934, 1005.

es in die heute noch weitgehend erhaltene Systematik gebracht. Das EStG 1920 wurde insbesondere unter dem Druck der Schuldenlast der Weimarer Republik verabschiedet, um dem Reich zusätzliche Einnahmen zu verschaffen.[971] Es folgte als erste gesamtdeutsche Einkommensteuer der Reinvermögenszugangstheorie.[972] Gemäß § 4 EStG 1920 unterlag der Einkommensteuer „der Gesamtbetrag der in Geld oder Geldwert bestehenden Einkünfte". Die Norm erfasste den Reinvermögenszugang des Steuerpflichtigen.[973] Ausgehend von dieser Grundkonzeption konkretisierte § 5 EStG 1920, dass zum steuerbaren Einkommen Einkünfte aus Grundbesitz, Gewerbebetrieb, Kapitalvermögen und Arbeit sowie sonstige Einnahmen ohne Rücksicht darauf, ob es sich um einmalige oder wiederkehrende Einkünfte handelt oder aus welchem rechtlichen oder tatsächlichen Grunde sie dem Steuerpflichtigen zugeflossen sind, gehörten. Diese Aufzählung war beispielhaft und diente der exemplarischen Darstellung der wichtigsten Einkunftsarten.[974] Für eine solche Sichtweise sprach vor allem der Wortlaut von § 10 EStG 1920, der eine Auffangklausel enthielt, wonach Einkünfte im Sinne des EStG 1920 alle Einkünfte waren, „die nach der Verkehrsauffassung der einzelnen Einkunftsart zuzurechnen sind". Eher aus praktischen Gründen verzichtete der Gesetzgeber auf die notwendige Bilanzierungspflicht für alle Steuerpflichtigen, insbesondere auch bei abhängig Beschäftigten. Stattdessen mussten außerhalb des kaufmännischen Verkehrs nur Einnahmen und Ausgaben erfasst werden.[975]

Mit der Reform durch das EStG 1925 erfolgte eine Abkehr von der Reinvermögenszugangstheorie.[976] Der Gesetzgeber schlug einen Mittelweg zwischen

---

971 *Clausen*, in: H/H/R, EStG, Stand: April 2020, Dok. EStG, Rn. 4.

972 Begründung zum EStG-Entwurf vom 29. November 1919, Nationalversammlung 1919 Drucksachen Nr. 1624, abgedruckt in: Finanzarchiv 37. Jahrgang, Band 235, 242; *Clausen*, in: H/H/R, EStG, Stand: April 2020, Dok. EStG, Rn. 10.

973 Begründung zum EStG-Entwurf vom 29. November 1919, Nationalversammlung 1919 Drucksachen Nr. 1624, abgedruckt in: Finanzarchiv 37. Jahrgang, Band 2, 235, 242; *E. Becker*, Die Grundlagen der Einkommensteuer, 206, 213.

974 *van der Borght*, Die Reichssteuergesetze von 1919/20 (Schlussbericht), Finanzarchiv 37. Jahrgang, Band 2, 80, 93; *Hacker*, „Gerechtigkeit" in der Steuerpolitik, Univ.-Diss. 2013, 133 („Psychologische Gründe").

975 Begründung zum EStG-Entwurf vom 29. November 1919, Nationalversammlung 1919 Drucksachen Nr. 1624, abgedruckt in: Finanzarchiv 37. Jahrgang, Band 235, 242 f.

976 *Hey*, in: Tipke/Lang, Steuerrecht, 24. Aufl. 2020, § 7 Rn. 30; *Clausen*, in: H/H/R, EStG, Stand: April 2020, Dok. EStG, Rn. 30; weniger scharf aber i.E. ähnlich *E. Becker*, Die Grundlagen der Einkommensteuer, 214, 215: „Was aber Einkünfte bei den einzelnen

Reinvermögenszugangs- und Quellentheorie ein.[977] An die Stelle der Reinvermögenszugangstheorie trat die Überlegung ein „pragmatisches" Einkommensteuergesetz zu schaffen, das den praktischen Anforderungen der Finanzverwaltung und ebenso den Bedürfnissen der Steuerpflichtigen gerecht werden sollte.[978] Dafür wurde ein Einkünftekatalog von acht, später sieben, Einkunftsarten festgelegt, der abschließend war.[979] Die Zugehörigkeit der Einkünfte zu einer Einkunftsart sollte sich nach der Verkehrsauffassung richten.[980] Einkünfte, die unter keine Einkunftsart fielen, waren steuerfrei.[981] Verbunden mit der neuen Kategorisierung der Einkunftsarten war die Art und Weise der Einkünfteermittlung, die sich bis heute danach richtet, ob eine Gewinn- und Überschusseinkunftsart vorliegt, § 2 Abs. 2 Satz 1 EStG. Aus der Gesetzeshistorie des EStG 1925 lässt sich schließen, dass der Gesetzgeber fortan keiner Einkommenstheorie mehr vollständig folgen wollte.[982] Auch spätere Gesetzgeber haben sich dem angeschlossen:

> „'Einkommen' ist in erster Linie ein wirtschaftlicher Begriff und erst in zweiter Linie ein Rechtsbegriff. Für die Einkommensteuer als Personensteuer von Bedeutung ist nur der privatwirtschaftliche Begriff des Einkommens, d. h. der ‚Zuflüsse', die sich auf eine Person beziehen. Trotz der großen praktischen Bedeutung im Wirtschaftsleben hat sich jedoch auch insoweit ein einheitlicher Einkommensbegriff weder in der Volkswirtschaftslehre noch in der Betriebswirtschaftslehre herausgebildet. Der vorliegende Entwurf macht sich – ebenso wenig wie frühere Einkommensteuergesetze – keine der zahlreichen Lehrmeinungen zum Begriff des Einkommens zu eigen, sondern umgrenzt den Einkommensbegriff wie bisher pragmatisch allein für die Zwecke der Besteuerung als Ergebnis ganz bestimmter, mit den gegenwärtigen Einkunftsarten übereinstimmender Einkünfte."[983]

Einkunftsarten sind, richtet sich nicht so sehr nach einer allgemeinen Formel, als in erster Linie nach der besonderen Natur der einzelnen Arten."

977 *E. Becker/Kloss/Mirre*, Handkommentar der Reichssteuergesetze, Band II Teil 1, 1928, § 6.

978 *Hacker*, „Gerechtigkeit" in der Steuerpolitik, Univ.-Diss. 2013, 222.

979 *Hey*, in: Tipke/Lang, Steuerrecht, 24. Aufl. 2020, § 7 Rn. 30; *Hacker*, „Gerechtigkeit" in der Steuerpolitik, Univ.-Diss. 2013, 224.

980 *Clausen*, in: H/H/R, EStG, Stand: April 2020, Dok. EStG, Rn. 30.

981 *Hacker*, „Gerechtigkeit" in der Steuerpolitik, Univ.-Diss. 2013, 225.

982 In diese Richtung *E. Becker*, Die Grundlagen der Einkommensteuer, 7 ff.: „[Der Einkommensbegriff] geht nicht von einer allgemeinen Formel aus, sondern knüpft an bestimmte Vorgänge des Wirtschaftslebens."; *Knobbe-Keuk*, Bilanz- und Unternehmenssteuerrecht, 9. Aufl. 1993, 253.

983 BT-Drs. 7/1470, S. 211.

Auch wenn der Gesetzgeber also zu erkennen gegeben hat, dass er keiner der genannten finanzwissenschaftlichen Einkommenstheorien in Reinform folgen wollte, lassen sich die Überschusseinkünfte – trotz der zwischenzeitlichen Einführung einiger besonderer Veräußerungstatbestände, §§ 17, 20 Abs. 2, 23 EStG – eher der Quellentheorie und die Gewinneinkünfte eher der Reinvermögenszugangstheorie zuordnen.[984]

c. Einkünftedualismus

Der Gesetzgeber unterscheidet somit zwischen privaten – grundsätzlich steuerfreien – und betrieblichen – grundsätzlich steuerbaren – Vermögensmehrungen.[985] Der ersten Kategorie sind die Überschuss- und der zweiten die Gewinneinkünfte zuzuordnen. Während dies in § 6 Abs. 3 EStG 1925 noch explizit normiert war, hielt der Gesetzgeber dies später für selbstverständlich und strich die Vorschrift.[986] Die Zulässigkeit dieser Unterscheidung, der sog. Einkünftedualismus, ist umstritten und wird in § 10 dieser Arbeit noch näher beleuchtet. Die Ausnahmen in den §§ 17, 20 Abs. 2, 23 EStG ändern an dieser Grundkonzeption nichts, da es sich dabei um fiskalisch motivierte Ausnahmeregelungen handelt.

d. Markteinkommensprinzip

Zu den maßstabsbildenden Prinzipien der Einkünftebemessung gehört ferner die Festlegung der anzuwendenden Bilanzierungsprinzipien in § 5 EStG, also insbesondere die Maßgeblichkeit der Grundsätze ordnungsgemäßer Buchführung.[987] Damit nimmt der steuerrechtliche Einkünftebegriff auch das handelsrechtliche Realisationsprinzips in § 252 Abs. 1 Nr. 4 2. Hs. HGB in Bezug. Danach sind Gewinne nur zu berücksichtigen, wenn sie am Abschlussstichtag realisiert sind. Mit dieser Anknüpfung hat der Gesetzgeber sich nicht allein am

---

984 BVerfG, Beschl. v. 07.07.2010, Az. 2 BvL 14/02, BVerfGE 127, 1, 29; *Krumm*, Steuerliche Bewertung als Rechtsproblem, Habil. 2014, 109; *Hey*, in: Tipke/Lang, Steuerrecht, 24. Aufl. 2020, § 8 Rn. 50 ff.

985 BVerfG, Beschl. v. 07.07.2010, Az. 2 BvL 14/02, BVerfGE 127, 1, 29; *Weber-Grellet*, in: Schmidt, EStG, 40. Aufl. 2021, § 2 Rn. 14.

986 Gesetzesbegründung zum EStG 1934, RStBl. 1935, 35.

987 Die Anknüpfung an die Handelsbilanz ist verfassungsrechtlich nicht geboten, aber auch nicht schädlich, solange der Gesetzgeber dem Grundsatz der Belastungsgleichheit ausreichend Rechnung trägt, vgl. BVerfG, Beschl. v. 12.05.2009, Az. 2 BvL 1/00, BVerfGE 123, 111, 123 f.; *Bode*, FS Kirchhof 2013, 1873, 1879; *M. Wendt*, FS Kirchhof 2013, 1961, 1968.

Reinvermögenszugang orientiert, sondern sich darauf beschränkt (zunächst) nur das am Markt realisierte Einkommen zu erfassen.[988] Andernfalls wäre in Verbindung mit dem Jahressteuerprinzip gemäß § 2 Abs. 7 EStG jährlich eine Bewertung sämtlicher Wirtschaftsgüter notwendig gewesen, um den Reinvermögenszugang zu ermitteln.[989] Eine solche jährliche Bewertung erfolgt im aktuellen Einkommensteuergesetz jedoch „nur nach unten hin" zur Abbildung von Wertverlusten und zur Verteilung von Einstandsaufwendungen auf die Nutzungsdauer. Nicht-realisierte Wertsteigerungen innerhalb einer Periode werden nicht sofort, sondern erst dann, wenn sie am Markt realisiert wurden, erfasst, man spricht insoweit vom Markteinkommensprinzip.[990] Das Markteinkommensprinzip beschränkt die Reinvermögenszugangstheorie in zweifacher Hinsicht.[991] Zum einen soll nur der am Markt realisierte Wertzuwachs besteuert werden und zum anderen sind nicht am Markt erzielte Vermögenszuwächse, wie z.B. staatliche Transferleistungen, Schenkungen und Erbschaften, nicht in die Einkommensteuer einzubeziehen.[992] Kernstück der Markteinkommenstheorie ist damit die Begrenzung auf das am Markt mit Einkünfteerzielungsabsicht realisierte Einkommen.[993] Ob die Markteinkommenstheorie verfassungsrechtlich vorgegeben ist, dürfte fraglich sein, kann aber offenbleiben, da der Gesetzgeber sie einfach-rechtlich umgesetzt hat.[994]

e. *Universalitäts-, Individualsteuer- und Totalitätsprinzip*

Daneben lassen sich dem Einkommensteuergesetz weitere Strukturprinzipien entnehmen. Dazu gehört zunächst der Universalitätsgrundsatz, aus welchem

---

988 *Krumm*, Steuerliche Bewertung als Rechtsproblem, Habil. 2014, 354; ebenso *Seiler*, in: Dürig/Herzog/Scholz, GG, Stand: Mai 2015, Art. 105 Rn. 66; *Kube*, in: BeckOK-GG, Stand: August 2021, Art. 105 Rn. 7; *Hey*, in: H/H/R, EStG, Stand: April 2020, Einf. EStG Rn. 13; *Ruppe*, DStJG 1978, 7 ff.; *Lang*, DStJG 1981, 45, 54 f. Vgl. auch BFH, Vorlagebeschluss v. 15.03.2012, Az. III R 30/10, BStBl. II 2012, 661, 664 f.

989 *Krumm*, Steuerliche Bewertung als Rechtsproblem, Habil. 2014, 109.

990 *Pezzer*, DStJG 1991, 3, 22; vgl. auch BVerfG, Beschl. v. 07.07.2010, Az. 2 BvL 14/02, BVerfGE 127, 1, 29; *Krumm*, Steuerliche Bewertung als Rechtsproblem, Habil. 2014, 110.

991 Grundlegend *Ruppe*, DStJG 1978, 7, 16.

992 *Lang*, Die Bemessungsgrundlage der Einkommensteuer, Habil. 1981/1988, 89; *ders.*, DStJG 1981, 45, 54 f.; *Hey*, in: H/H/R, EStG, Stand: April 2020, Einf. EStG Rn. 13.

993 *Ruppe*, DStJG 1978, 7, 16; *Pezzer*, DStJG 1991, 3, 14.

994 Für die verfassungsrechtliche Fundierung vor allem *P. Kirchhof*, DStJG 2001, 9 ff. Zu Recht kritisch *Söhn*, FS Tipke 1995, 343.

folgt, dass ausnahmslos alle natürlichen Personen ihr Einkommen zu versteuern haben.[995] Dieses Prinzip lässt sich den Regelungen zur unbeschränkten und beschränkten Steuerpflicht, § 1 EStG, entnehmen. Ausnahmen für einzelne Personen sind danach nicht vorgesehen. Eng damit zusammen hängt das Individualsteuerprinzip, wonach Bemessungsgrundlage und Steuertarif auf die einzelne natürliche Person zu beziehen sind.[996] Es leitet sich aus dem Leistungsfähigkeitsprinzip ab und begrenzt den Steuerzugriff des Staates gleichheitssatzkonform, indem der Steuerpflichtige nur Einkünfte versteuern muss, die er selbst erwirtschaftet hat oder welche ihm zuzurechnen sind.[997] Es stellt daher einerseits ein den Steuerzugriff begrenzendes als auch andererseits ein den Gedanken der austeilenden Gerechtigkeit verwirklichendes Prinzip dar.[998] Abschließend folgt aus dem Totalitätsprinzip, dass stets das gesamte Einkommen eines Steuerpflichtigen zu versteuern ist.[999] Eine am Leistungsfähigkeitsgedanken orientierte Einkommensteuer muss, innerhalb des gewählten Einkommensbegriffs, alle dem Steuertatbestand unterfallenden Einkommen gleichmäßig erfassen und belasten.[1000]

2. *Realisationsprinzip*

a. *Handelsrechtliches Realisationsprinzip*

Das bereits angesprochene Realisationsprinzip als Subprinzip des Markteinkommensprinzips wird im Einkommensteuergesetz nicht ausdrücklich genannt. Jedoch ist nach § 5 Abs. 1 Satz 1 EStG der Gewerbetreibende, der zur Führung von Büchern verpflichtet ist, dazu verpflichtet nach den Grundsätzen ordnungsgemäßer Buchführung zu bilanzieren. Aus § 252 Abs. 1 Nr. 4 2. Hs. HGB folgt, dass Gewinne erst zu berücksichtigen sind, wenn diese am Abschlussstichtag realisiert sind. Im Handelsrecht dient das Realisationsprinzip sowohl dem

---

995 *Hey*, in: Tipke/Lang, Steuerrecht, 24. Aufl. 2020, § 8 Rn. 1; *Lang*, Die Bemessungsgrundlage der Einkommensteuer, Habil. 1981/1988, 167 ff.; *Englisch*, FS Lang 2010, 167, 181 f.

996 *Hey*, in: Tipke/Lang, Steuerrecht, 24. Aufl. 2020, § 8 Rn. 22 m.w.N.; *Englisch*, FS Lang 2010, 167, 181 f.

997 *Hey*, in: H/H/R, EStG, Stand: April 2020, Einf. EStG Rn. 46.

998 Kritisch *Knobbe-Keuk*, DB 1972, 1643, 1647, die vertritt, dass die stillen Reserven nicht an der Person, sondern an den Wirtschaftsgütern hängen.

999 *Hey*, in: Tipke/Lang, Steuerrecht, 24. Aufl. 2020, § 8 Rn. 1; *Lang*, Die Bemessungsgrundlage der Einkommensteuer, Habil. 1981/1988, 167 ff.

1000 *Hey*, in: H/H/R, EStG, Stand: April 2020, Einf. EStG Rn. 43; *Lang*, DStJG 1981, 45, 52 bezeichnet dies auch als die Erfassung des „periodischen Reinvermögenszugangs".

Gläubigerschutz als auch als Ausschüttungsbemessungsfunktion, da der Kaufmann vor der Liquidation der Gesellschaft ansonsten zwar nicht-realisierte Gewinne entnehmen könnte, aber bei späteren Verlusten nicht verpflichtet wäre diese zurückzuführen.[1001]

Aus § 5 Abs. 6 EStG folgt jedoch zugleich, dass der Steuerpflichtige die Vorschriften über die Entnahmen und die Einlagen sowie über die Bewertung zu befolgen hat. Diese Regelung statuiert also einen Vorrang der steuerrechtlichen Entnahme- und Bewertungsregeln und zeigt damit auf, dass das handelsrechtliche Realisationsprinzip nicht einschränkungslos vom Einkommensteuergesetz übernommen wird. Dieses Vorrangverhältnis der steuerrechtlichen Bewertungsregeln wird verfassungsrechtlich aus dem Leistungsfähigkeitsprinzip abgeleitet.[1002] Das handelsrechtliche Realisationsprinzip darf nicht dafür sorgen, dass eine abschließende Besteuerung der – vom Gesetzgeber als steuerliche Leistungsfähigkeit indizierenden – stillen Reserven unterbleibt.

b. *Steuerrechtliches Realisationsprinzip*

Mittelbar normiert auch § 6 Abs. 1 EStG ein eigenes steuerrechtliches Realisationsprinzip, indem Anschaffungs- und Herstellungsvorgänge erfolgsneutral zu behandeln sind.[1003] Anschaffungs- und Herstellungskosten stellen danach Höchstwerte für den Bilanzansatz dar.[1004] Damit führt der Zugang von

1001 Vgl. nur *Merkt*, in: Baumbach/Hopt, HGB, 40. Aufl. 2021, § 252 Rn. 10; *Tiedchen*, in: MüKo-Bilanzrecht, Band II, 1. Aufl. 2013, § 252 Rn. 14; *Wollny*, DStR 2016, 2415; *Arnold*, StuW 2005, 148, 154 (sog. Principal-Agent-Situation). Zu den weiteren Funktionen des Realisationsprinzips vgl. nur *Baldauf*, Das innere System der einkommensteuerlichen Gewinnrealisierung, Univ.-Diss. 2008, 30 f. m.w.N.

1002 *Pezzer*, DStJG 1991, 3, 18.

1003 Vgl. nur BFH, Urt. v. 12.12.2012, Az. I R 69/11, BStBl. II 2017, 1232, 1235; *Krumm*, in: Brandis/Heuermann, Ertragsteuerrecht, Stand: März 2020, § 5 EStG Rn. 240; *Weber-Grellet* in: Schmidt, EStG, 40. Aufl. 2021, § 5 Rn. 59; *Ehmcke*, in: Brandis/Heuermann, Ertragsteuerrecht, Stand: März 2021, § 6 EStG Rn. 37; *Stobbe*, in: H/H/R, EStG, Stand: September 2020, § 6 Rn. 170; *V. Wendt*, Das Verhältnis von Entnahme/Einlage zur Anschaffung/Veräußerung im Einkommensteuerrecht, Univ.-Diss. 2003, 49.

1004 *Ehmcke*, in: Brandis/Heuermann, Ertragsteuerrecht, Stand: März 2021, § 6 EStG Rn. 37. Anders war dies noch in § 19 Abs. 1 Satz 1 EStG 1925 geregelt, wonach Wirtschaftsgüter grundsätzlich mit ihrem gemeinen Wert anzusetzen waren, § 19 Abs. 2 EStG 1925 räumte dem Steuerpflichtigen aber ein Wahlrecht zum Ansatz mit den Anschaffungs-/Herstellungskosten unter Absetzungen für Abnutzungen und Substanzverringerungen ein.

Wirtschaftsgütern zu einer bloßen Umschichtung in der Bilanz in Höhe der Anschaffungskosten.[1005] Der Ansatz höherer Werte ist vor einer Realisation nicht möglich. Das steuerliche Realisationsprinzip knüpft somit zwar an das handelsrechtliche Realisationsprinzip an, der Sinn und Zweck ist im Steuerrecht jedoch ein anderer.[1006] Statt dem Gläubigerschutz, liegt dem steuerrechtlichen Realisationsprinzip der Gedanke der eigentumsschonenden Besteuerung zugrunde (siehe dazu im Detail unter § 7 IV. 5. A.).[1007] Um den größtmöglichen vermögensrechtlichen Freiheitsraum aufrecht zu erhalten, wird vorerst nur das realisierte Markteinkommen erfasst.[1008] Daneben wäre es auch zu aufwendig am Ende jedes Veranlagungszeitraums den Verkehrswert aller Wirtschaftsgüter zu bestimmen, hierin zeigt sich auch der Vereinfachungszweck des Realisationsprinzips.[1009]

3. Folgerichtigkeit der Entnahme …

a. … dem Grunde nach

Die Totalentnahme beim Strukturwandel setzt die vorgenannten strukturgebenden Grundentscheidungen des Einkommensteuergesetzes folgerichtig um und soweit es von ihnen abweicht, besteht für eine Abweichung ein hinreichender sachlicher Grund.

So macht die Totalentnahme zunächst den Reinvermögenszugang des Betriebs(vermögens) in Gestalt der stillen Reserven steuerlich greifbar. Durch

1005 BFH, Urt. v. 12.12.2012, Az. I R 69/11, BStBl. II 2017, 1232, 1235.

1006 *Baldauf*, Das innere System der einkommensteuerlichen Gewinnrealisierung, Univ.-Diss. 2008, 31; *Costede*, StuW 1996, 19 ff. Für das Schweizer Recht vertritt *Reich*, Die Realisation stiller Reserven im Bilanzsteuerrecht, Habil. 1983, 283: „Die Korrekturvorschriften sind in der unterschiedlichen Regelungsaufgabe von Handelsrecht und Steuerrecht begründet. Dort wo handelsrechtliche und steuerrechtliche Wertvorstellungen nicht miteinander vereinbart werden können, müssen die Korrekturvorschriften die steuergesetzlichen Ziele verwirklichen helfen."

1007 *Lang*, Die Bemessungsgrundlage der Einkommensteuer, Habil. 1981/1988, 161, 344; *Englisch*, FS Lang 2010, 167, 182; *Hennrichs*, DStJG 2001, 301, 311, 314; *Krumm*, Steuerliche Bewertung als Rechtsproblem, Habil. 2014, 434 f.; *Lang*, DStJG 1981, 45, 75 ff. Vgl auch Begründung zu § 30 EStG 1925, RT III 1924/25, Drucks. Nr. 795, 23, worin genauso wie bei *Reich*, Die Realisation stiller Reserven im Bilanzsteuerrecht, Habil. 1983, 21 auf den Schutz betrieblicher Einheiten unter Gemeinwohlgesichtspunkten abgestellt wird.

1008 *Krumm*, Steuerliche Bewertung als Rechtsproblem, Habil. 2014, 113.

1009 Ähnlich *Krumm*, Steuerliche Bewertung als Rechtsproblem, Habil. 2014, 436.

die Aufdeckung der stillen Reserven wird der Reinvermögenszugang steuerlich herangezogen. Die Verschonung der Besteuerung der stillen Reserven darf nur vorübergehender Natur sein.[1010] Der Verzicht auf eine Abschlussbesteuerung der stillen Reserven – beim Verlassen des betrieblichen Bereichs – wäre nicht folgerichtig. Die Entnahme sichert als Ersatzrealisation den Belastungsgrund der Gewinneinkünfte, alle betrieblichen Wertsteigerungen zu erfassen, ab.[1011] Denn der durch die Entnahme als Teil des Gewinns herangezogene nicht-realisierte Wertzuwachs ist – bereits vor dem Realisationsakt – beim Steuerpflichtigen entstanden.[1012]

Die Totalentnahme steht auch in Einklang mit dem Einkünftedualismus. Entsprechend der Überführung der Wirtschaftsgüter in der Privatvermögen, wo sie fortan nicht mehr steuerverstrickt sind, werden die stillen Reserven nach Verlassen der betrieblichen Sphäre abgerechnet.

Auch das Totalitäts- und Individualsteuerprinzip wird durch die Totalentnahme folgerichtig umgesetzt. Die Heranziehung des Betriebsinhabers statt eines etwaigen Rechtsnachfolgers ist vor dem Hintergrund des Individualsteuerprinzips, soweit eigentumsrechtlich zumutbar, vorzugswürdig. Ebenso entspricht die Aufdeckung der stillen Reserven dem Totalitätsprinzip, da bei den Gewinneinkünften eben auch Wertsteigerungen der Einkunftsquelle steuerpflichtig sind.

Soweit, wie bereits gezeigt, das Realisationsprinzip durch das Entstrickungsprinzip ergänzt wird, ist dies unter dem Gedanken einer gleichheitsgerechten Besteuerung verfassungsrechtlich zulässig. Aus dem gleichen Grund gilt dies auch für die Durchbrechung des Markteinkommensprinzip. Es gelten hier die gleichen Erwägungen wie bei der Verhältnismäßigkeit der Inhalts- und Schrankenbestimmung. Die Sicherstellung der Belastungsgleichheit durfte der Gesetzgeber zum Anlass nehmen im Falle des Strukturwandels eine Ersatzrealisation anzuordnen, weil die Alternativen in Gestalt einer steuerlichen Erfassung aller privaten Veräußerungsgeschäfte oder der Einräumung eingefrorenen Betriebsvermögens nicht gleich effektiv im Hinblick auf das angestrebte Ziel sind (siehe dazu unter § 7 IV.).

1010 *Krumm*, Steuerliche Bewertung als Rechtsproblem, Habil. 2014, 113.

1011 *Krumm*, Steuerliche Bewertung als Rechtsproblem, Habil. 2014, 113.

1012 BVerfG, Beschl. v. 07.07.2010, Az. 2 BvL 14/02, BVerfGE 127, 1, 24; *Lang*, Die Bemessungsgrundlage der Einkommensteuer, Habil. 1981/1988, 169; *Krumm*, Steuerliche Bewertung als Rechtsproblem, Habil. 2014, 113; *Pezzer*, DStJG 1991, 3, 13; *Costede*, StuW 1996, 19, 23, so wohl auch *Hennrichs*, DStJG 2001, 301, 314 f.

Auch vor dem Hintergrund der Entscheidung des *Bundesverfassungsgerichts*, bei dogmatischen Sonderfragen lediglich eine Willkürprüfung vornehmen zu wollen[1013], lässt sich gut begründen, dass eine Totalentnahme beim Strukturwandel folgerichtig ist. Denn es lässt sich argumentieren, dass es sich bei der Frage, wann genau eine Ersatzrealisation vorzunehmen ist oder ob der Gesetzgeber die steuerliche Überwachung in Form eine Verstrickung fortsetzen muss, um eine verfassungsrechtlich nicht mit letzter Sicherheit zu beantwortende Frage handelt.

b. … der Höhe nach

Nun ließe sich noch einwenden, dass eine Entnahme im Falle des Strukturwandels deshalb nicht folgerichtig sei, weil die Entnahme über den Ansatz des gemeinen Wertes, § 16 Abs. 3 Satz 7 EStG, auf eine andere Bemessungsgrundlage als den am Markt realisierten Veräußerungswert Bezug nähme und darin eine Abweichung von der grundsätzlichen Bezugnahme auf markterprobte Werte liege. Anders als bei realisierten Gewinnen wird die Bemessungsgrundlage in Gestalt des gemeinen Wertes nicht (unmittelbar) durch ein Geschäft am Markt bestimmt, sondern über eine Ersatzbemessungsgrundlage, die jedoch an den Marktwert anknüpft, gewonnen. Wie bereits angedeutet, ist dem Grundgesetz auch ein Objektivierungsauftrag bzgl. der Bewertung zu entnehmen, mit Verweis darauf lehnen einige Stimme eine Entnahme beim Strukturwandel ab, weil nicht auf sichere Wert abgestellt werde.[1014]

Die Rechtsprechung hat sich diese Argumentation zu Recht nicht zu eigen gemacht. Denn beim Strukturwandel ist eine spätere Markterprobung, die abgewartet werden könnte, ausgeschlossen. Eine spätere Veräußerung berührt die im Zeitpunkt des Strukturwandels festgestellten Werte nicht mehr, da es einzig auf die festgestellten stillen Reserven ankommt, bei deren Bildung noch eine Gewinnerzielungsabsicht vorlag.[1015] Für die Verlässlichkeit der Werte macht es keinen Unterschied, ob die Wirtschaftsgüter unmittelbar nach dem Strukturwandel gemäß § 16 Abs. 3 Satz 7 EStG mit dem gemeinen Wert bewertet und entnommen werden – so die hier vertretene Ansicht. Oder die Werte nach § 8 VO zu § 180 Abs. 2 AO im Zeitpunkt des Strukturwandels mit dem gemeinen

1013 BVerfG, Beschl. v. 12.05.2009, Az. 2 BvL 1/00, BVerfGE 123, 111, 123.

1014 *Hennrichs*, in: Tipke/Lang, Steuerrecht, 24. Aufl. 2020, § 9 Rn. 410; *Lang*, Die Bemessungsgrundlage der Einkommensteuer, Habil. 1981/88, 276, 344 ff.; *Pezzer*, DStJG 1991, 3, 24.

1015 BFH, Urt. v. 11.05.2016, Az. X R 15/15, BStBl. II 2017, 112, 116.

Wert festgehalten und später – auch im Falle einer Veräußerung – nur mit diesen Werten – so die Rechtsprechung – bewertet werden.

Diese Art der Bewertung steht in Einklang mit der Rechtsprechung des *Bundesverfassungsgerichts*, wonach der zu besteuernde Sachverhalt in der steuerlichen Bemessungsgrundlage realitätsgerecht abzubilden ist.[1016] Für die Erbschaftssteuer hat das *Bundesverfassungsgericht* entschieden, Bezugspunkt dürften nur solche Werte sein, die zum Bewertungsstichtag eine realitätsgerechte Relation der Wirtschaftsgüter sicherstellten oder solche, die in der Vergangenheit festgestellt, und „entwicklungsbegleitend" fortgeschrieben wurden.[1017] Ebenso hat es bereits entschieden, dass die zur Erbschaft gehörenden wirtschaftlichen Einheiten und Wirtschaftsgüter in ihrer Relation realitätsgerecht abgebildet werden müssen.[1018] Verfassungsgerichtlicher Maßstab auf dieser Ebene ist eine Willkürkontrolle.[1019] Der Gesetzgeber ist dazu befugt, neben einem „Hauptmaßstab" einen „Ersatzmaßstab" zur Anwendung zu bringen, wenn er dies für sachgerecht und geboten hält.[1020] Ein Abstellen auf den Marktwert hat das *Bundesverfassungsgericht* dabei zugelassen.[1021] Auch die belastungsgleiche Behandlung von Veräußerung und Entnahme hält es für zulässig.[1022]

Wird ein Wirtschaftsgut am Markt veräußert, knüpft das Steuerrecht an die – subjektive – Preisbildung der Vertragsparteien an und erkennt diese steuerrechtlich, ohne Angemessenheitskorrektur, an. Es ist davon auszugehen, dass fremde Dritte sich keine „Geschenke machen".[1023] Genauso wie Sach- und Geldbezüge gleich zu behandeln sind, gilt dies auch für Bar- und Sachentnahme.[1024] Da bei der Barentnahme nur der Nennwert des Gelds den zutreffenden

---

1016 BVerfG, Beschl. v. 22.06.1995, Az. 2 BvL 37/91, BVerfGE 93, 121, 136; Beschl. v. 11.11.1998, Az. 2 BvL 10/95, BVerfGE 99, 280, 290; *Starck*, in: v. Mangoldt/Klein/Starck, GG, 6. Aufl. 2010, Art. 3 Rn. 102; *Krumm*, Steuerliche Bewertung als Rechtsproblem, Habil. 2014, 347 („Relationsgleichheit"); *Jachmann-Michel*, Steuergesetzgebung, 2000, 137 ff.

1017 BVerfG, Beschl. v. 22.06.1995, Az. 2 BvR 552/91, BVerfGE 93, 165, 173.

1018 BVerfG, Beschl. v. 07.11.2006, Az. 1 BvL 10/02, BVerfGE 117, 1, 33 m.w.N.

1019 BVerfG, Beschl. v. 23.06.2015, Az. 1 BvL 13/11, BVerfGE 139, 285, 317; so auch *Ratschow*, in: Brandis/Heuermann, Ertragsteuerrecht, Stand: August 2021, § 2 EStG Rn. 11.

1020 BVerfG, Beschl. v. 23.06.2015, Az. 1 BvL 13/11, 1 BvL 14/11, BVerfGE 139, 285, 310.

1021 BVerfG, Beschl. v. 23.06.2015, Az. 1 BvL 13/11, BVerfGE 139, 285, 311 ff.

1022 BVerfG, Beschl. v. 11.05.1970, Az. 1 BvL 17/67, BVerfGE 28, 227, 236 ff.

1023 *Krumm*, Steuerliche Bewertung als Rechtsproblem, Habil. 2014, 111 f.

1024 *Krumm*, Steuerliche Bewertung als Rechtsproblem, Habil. 2014, 355.

Rechtswert darstellen kann, ist es folgerichtig, wenn Sachentnahmen mit ihrem Verkehrswert bewertet werden, denn nur dieser entspricht dem in Geld gewandelten Wert der Sachentnahme.[1025]

Hinsichtlich der Ermittlung des Verkehrswerts hat der Gesetzgeber einen weiten Spielraum, er kann sich beispielsweise wie beim gemeinen Wert für die Veräußererperspektive oder mit dem Teilwert für die Erwerberperspektive entscheiden.[1026] Lediglich dann, wenn er – wie bei der Entnahme – mal auf den Teilwert, mal auf den gemeinen Wert abstellt, bedarf diese Differenzierung eines sachlichen Grundes. Ein solcher liegt in Bezug auf die hier einschlägige Norm des § 16 Abs. 3 Satz 7 EStG vor. Denn § 16 Abs. 3 Satz 7 EStG gilt nur für die Betriebsaufgabe. Es wäre widersprüchlich, wenn die Betriebsaufgabe die Aufgabe des Betriebs voraussetzt, aber die Bewertung mit dem Teilwert erfolgen würde. Denn gemäß § 6 Abs. 1 Nr. 1 Satz 3 EStG ist der Teilwert der Betrag, den ein Erwerber des ganzen Betriebs im Rahmen des Gesamtkaufpreises für das einzelne Wirtschaftsgut ansetzen würde; dabei ist davon auszugehen, dass der Erwerber den Betrieb fortführt.

Die Bewertung der Totalentnahme beim Strukturwandel ist daher auch folgerichtig, da die Anknüpfung an den gemeinen Wert die hinzugewonnene Leistungsfähigkeit realitätsgerecht abbildet.

III. Zusammenfassung von § 9

In diesem Abschnitt wurde ein Blick auf das Folgerichtigkeitsprinzip geworfen. Es handelt sich dabei um eine Argumentationshilfe im Rahmen der Prüfung des allgemeinen Gleichheitssatzes. Nach zutreffender Auffassung stellt eine Abweichung von der gesetzlichen Grundkonzeption ein Indiz für eine rechtfertigungsbedürftige Ungleichbehandlung im Rahmen des Art. 3 Abs. 1 GG dar.

Die Totalentnahme im Falle des Strukturwandels folgt den maßgeblichen Prinzipien des Einkommensteuergesetzes und soweit es davon abweicht, besteht dafür in Gestalt der Sicherung der Besteuerungsgleichheit ein ausreichender Sachgrund. Es wurde gezeigt, dass die Belastungsentscheidung des Gesetzgebers für die Gewinneinkünfte auf die Reinvermögenszugangstheorie zurückgeht. Der Gesetzgeber hat den Gewinneinkünften grundsätzlich den Maßstab zugrunde gelegt, dass auch die Wertsteigerungen im Betriebsvermögen – nicht jedoch im Privatvermögen – steuerlich heranzuziehen sind. Dabei verzichtet das Gesetz

---

1025 *Krumm*, Steuerliche Bewertung als Rechtsproblem, Habil. 2014, 355.

1026 *Krumm*, Steuerliche Bewertung als Rechtsproblem, Habil. 2014, 355.

jedoch zunächst darauf auch nicht-realisierte Wertsteigerungen zu erfassen. Dieser Besteuerungsaufschub ist zunächst durch das Prinzip einer eigentumsschonenden Besteuerung zulässig. Die Erfassung nicht-realisierter Wertsteigerungen durch Ersatzrealisationstatbestände wie die Entnahme stellt eine folgerichtige Umsetzung der Belastungsentscheidung dar und darf dann Platz greifen, wenn dies – wie für den Strukturwandel gezeigt – mit der Eigentumsfreiheit zu vereinbaren ist und die Belastungsgleichheit absichert.

Auch die Bewertung der Entnahme im Falle des Strukturwandels mit dem gemeinen Wert ist eine folgerichtige Umsetzung der Belastungsentscheidung. Denn durch die Bezugnahme des gemeinen Werts auf Marktpreise ist eine hinreichende Vergleichbarkeit mit markterprobten Veräußerungspreisen gewährleistet.

§ 10 Ungleichbehandlung von Gewinn- und Überschusseinkünften

I. Der Dualismus der Einkunftsarten

Nach der Feststellung, dass die hier vorgeschlagene Totalentnahme beim Strukturwandel keinen Verstoß gegen das Folgerichtigkeitsprinzip darstellt, ist unter gleichheitsrechtlichen Gesichtspunkten zudem noch auf eine Problematik zu sprechen zu kommen, die über die bloße Frage der Folgerichtigkeit hinausgeht und dem sog. Dualismus der Einkunftsarten geschuldet ist. Wie sich sogleich zeigen wird, bringt der Gesetzgeber im Rahmen der Einkommensteuer mindestens zwei verschiedene Systeme der Einkünfteermittlung zur Anwendung, die Gewinn- und die Überschusseinkünfte. Die Kapitalertragsteuer können wir für die Zwecke dieser Arbeit vernachlässigen. Während die vorangegangene Prüfung der Folgerichtigkeit eher die Folgerichtigkeit innerhalb der Gewinneinkünfte untersucht, soll im Folgenden untersucht werden, ob sich aus dem Nebeneinander der Systeme Konsequenzen für den Strukturwandel ergeben.

Während Steuerpflichtige, die Einkünfte aus Land- und Forstwirtschaft, Gewerbebetrieb oder selbständiger Arbeit erzielen, ihren Gewinn zu versteuern haben, bemisst sich die Steuer bei den übrigen Einkunftsarten nach dem Überschuss der Einnahmen über die Werbungskosten, § 2 Abs. 2 Satz 1 EStG. Damit verbunden sind nicht nur unterschiedliche Arten der Einkünfteermittlung, sondern auch materiell unterschiedliche Einkommensbegriffe.[1027] Denn – wie bereits zuvor gezeigt – orientieren sich die Gewinneinkünfte an der Reinvermögenszugangs- und die Überschusseinkünfte an der Quellentheorie. Damit verbunden ist, dass Änderungen im Erwerbsvermögen bei den Gewinneinkünften relevant und bei Überschusseinkünften irrelevant sind.[1028] Nur partiell wird dies durch die Sondertatbestände der §§ 17, 20 Abs. 2, 23 EStG durchbrochen.

Für den Strukturwandel bedeutet dies, dass ein Steuerpflichtiger, der seine Gewinnerzielungsabsicht verliert, unmittelbar die stillen Reserven im Betrieb aufzudecken hat. Demgegenüber trifft den Steuerpflichtigen, der Überschusseinkünfte erzielt und dessen Tätigkeit fortan als Liebhaberei anzusehen ist, diese Folge nicht. Denn Wertveränderungen in seinem Erwerbsvermögen sind grundsätzlich nicht steuerbar. An diese unterschiedliche Behandlung knüpfen sich zwei Fragen:

1027 *Söhn*, DStJG 2007, 13; *Lüdemann/Zugmaier*, DStR 1996, 1636, 1639.

1028 BFH, Urt. v. 09.11.1993, AZ. IX R 81/90, BStBl. II 1994, 289 f.; *Söhn*, DStJG 2007, 13, 14.

Erstens, kann es gleichheitsrechtlich angehen, dass nur der Steuerpflichtige, der Gewinneinkünfte erzielt, nicht-realisierte Wertsteigerungen im Erwerbsvermögen nach Aufgabe seiner Tätigkeit aufzudecken hat?

Zweitens, ist es gleichheitsrechtlich gerechtfertigt, dass die Aufdeckung der stillen Reserven beim Strukturwandel *sofort* erfolgen muss, obwohl bei den Überschusseinkünften überhaupt keine Besteuerung von Vermögensänderungen erfolgt?

II. Verfassungsmäßigkeit des Dualismus der Einkunftsarten

1. Meinungsbild der Rechtsprechung

Die erste Frage betrifft die verfassungsrechtliche Zulässigkeit des Einkünftedualismus, also die Frage, ob die unterschiedliche Behandlung von Veränderungen im Erwerbsvermögen bei Gewinn- und Überschusseinkünften zulässig ist. Zur verfassungsrechtlichen Rechtfertigung des Einkünftedualismus ist bereits viel geschrieben worden, an dieser Stelle sollen folgende Hinweise auf die Rechtsprechung des *Bundesverfassungsgerichts* genügen[1029]:

Das *Bundesverfassungsgericht* hat den Dualismus der Einkunftsarten bislang bestätigt. In einer frühen Entscheidung hat das Gericht die „weitgehende Gestaltungsfreiheit“ des Gesetzgebers bei der Erschließung von Steuerquellen betont, von Verfassungs wegen unterliege deren Auswahl nur einer Willkürkontrolle.[1030] In dieser Entscheidung hat das Gericht mittelbar den Dualismus der Einkunftsarten dem Grunde nach gebilligt.[1031] Auch in einer vergleichsweise jungen Entscheidung zur Verlängerung der Spekulationsfristen i.S.d. § 23 EStG hat das *Bundesverfassungsgericht* ausdrücklich betont, dass „die unterschiedliche einkommensteuerrechtliche Erfassung von Wertsteigerungen im Vermögen des Steuerpflichtigen [...] mit dem Gleichheitssatz vereinbar“ sei.[1032] Der Dualismus der Einkunftsarten gehöre zum „historisch gewachsenen Bestand“ und liege als „Grundentscheidung innerhalb des Gestaltungsspielraums, der dem Gesetzgeber bei der Erschließung von Steuerquellen zukomme“.[1033] Gleichwohl hat das

1029 Grundlegend etwa *Söhn*, DStJG 2007, 13 ff.; aus neuerer Zeit, vgl. *Niestegge*, Dualismus der Einkunftsarten, Univ.-Diss. 2018, 215 ff.

1030 BVerfG, Beschl. v. 09.07.1969, Az. 2 BvL 20/65, BVerfGE 26, 302, 310.

1031 BVerfG, Beschl. v. 09.07.1969, Az. 2 BvL 20/65, BVerfGE 26, 302, 312.

1032 BVerfG, Beschl. v. 07.07.2010, Az. 2 BvL 14/02, 2/04, 13/05, BVerfGE 127, 1, 29.

1033 BVerfG, Beschl. v. 07.07.2010, Az. 2 BvL 14/02, 2/04, 13/05, BVerfGE 127, 1, 29; vgl. auch BFH, Vorlagebeschluss v. 16.12.2004, Az. III R 8/98, BStBl. II 2005, 278, 286 m.w.N.

Gericht beiläufig bemerkt, dass es unter dem Gesichtspunkt des Leistungsfähigkeitsprinzips gegebenenfalls wünschenswert wäre, wenn der Gesetzgeber auch Wertzuwächse im Privatvermögen stärker einbeziehen würde; verfassungsrechtlich geboten sei dies gleichwohl nicht.[1034]

Ebenso hat das *Bundesverfassungsgericht* jedoch in einigen Entscheidungen auch betont, dass die systematische Unterscheidung der Einkunftsarten durch den Gesetzgeber allein eine Ungleichbehandlung nicht rechtfertigen könne.[1035] Zwar sei es wegen der Typisierungsbedürfnisse des Steuerrechts verfassungsrechtlich zulässig mehrere Einkunftsarten zu unterscheiden und unterschiedliche Regelungen daran zu knüpfen, aber diese müssten ihre Rechtfertigung in sachlichen Gründen haben.[1036]

2. *Meinungsbild in der Literatur und Stellungnahme*

Für die verfassungsrechtliche Zulässigkeit des Einkünftedualismus werden in der Literatur im Wesentlichen die folgenden Begründungsansätze angeführt:

Zum einen kann man – wie das *Bundesverfassungsgericht*[1037] – die historische Dimension dieser Entscheidung betonen und den Dualismus auf den historischen Diskurs zwischen Quellen- und Reinvermögenszugangstheorie zurückführen.[1038] Damit betont man den weiten Gestaltungsspielraum des Gesetzgebers bei der Auswahl der Steuerquelle. Dem wird nicht ganz zu Unrecht entgegengehalten, dass die finanzwissenschaftlichen Theorien – jedenfalls nach derzeitigem Erkenntnisstand – keine zwingenden Vorgaben für den sachlichen Umfang der Besteuerungsgrundlage bieten und heute Ausdruck der Ungleichbehandlung selbst seien könnten.[1039] Es sei nicht zwingend Quellen- und Reinvermögenszugangstheorie parallel zum Einsatz zu bringen.[1040] Auch rechtstatsächlich sei festzustellen, dass der Einkünftedualismus sich historisch eher aus

1034 BVerfG, Beschl. v. 07.07.2010, Az. 2 BvL 14/02, 2/04, 13/05, BVerfGE 127, 1, 29.

1035 BVerfG, Urt. v. 06.03.2002, Az. 2 BvL 17/99, BVerfGE 105, 73, 126; Beschl. v. 30.09.1998, Az. 2 BvR 1818/91, BVerfGE 99, 88, 95.

1036 BVerfG, Beschl. v. 10.04.1997, Az. 2 BvL 77/92, BVerfGE 96, 1, 6; Beschl. v. 08.10.1991, Az. 1 BvL 50/86, BVerfGE 84, 348, 363 f.

1037 BVerfG, Beschl. v. 07.07.2010, Az. 2 BvL 14/02, 2/04, 13/05, BVerfGE 127, 1, 29.

1038 Zur Übersicht *Musil*, in: H/H/R, EStG, Stand: Januar 2019, § 2 Rn. 527; ebenso *Söhn*, DStJG 2007, 13. 17 ff.; *Niestegge*, Dualismus der Einkunftsarten, Univ.-Diss. 2018, 227 ff.

1039 *Niestegge*, Dualismus der Einkunftsarten, Univ.-Diss. 2018, 229 f.

1040 *Niestegge*, Dualismus der Einkunftsarten, Univ.-Diss. 2018, 229 f.

der Abneigung der Wirtschaft gegen eine – von der handelsrechtlichen Bilanzierung abweichende – Gewinnermittlung entwickelt habe.[1041] Ob diese Praktikabilitätsgründe heute noch als Rechtfertigung herangezogen werden können, ist vor dem Hintergrund moderner (digitaler) Buchführungssysteme wohl zweifelhaft, bedürfte jedoch einer eingehenden empirischen Untersuchung.[1042]

Teilweise wurde ferner argumentiert, dass bei den Gewinneinkünften die Tätigkeit – typisierend – ohne ein gewidmetes (Betriebs-)Vermögen regelmäßig nicht möglich sei.[1043] Bei den Überschusseinkünften sei das Vermögen – typisierend – jedoch kein gewichtiger Faktor.[1044] Mit Blick auf die starke Vermögensbindung bei Einkünften aus Vermietung und Verpachtung kann dieser Ansatz heute jedoch als überholt gelten.[1045] Zwischen den Einkunftsarten existiert in Sachen Vermögensbindung kein Unterschied von solchem Gewicht, der eine unterschiedliche Behandlung rechtfertigen könnte.[1046]

Andere begründen den Dualismus mit der Markteinkommenstheorie. Seine Rechtfertigung könne er darin finden, dass private Veräußerungsgeschäfte die Eigentumsordnung weniger stark in Anspruch nähmen.[1047] Strukturerheblich sei insoweit die Unterscheidung zwischen Einkommen aus eigener Erwerbsgrundlage – wie bei Gewerbetreibenden – und Einkommen aus fremder Erwerbsgrundlage – wie bei nichtselbständiger Arbeit. Bei Ersterem spiegele sich der Erfolg auch im Erwerbsvermögen, bei Letzterem nur im Einkommenszufluss.[1048] Dagegen wird im Grundsatz nachvollziehbar eingewandt, dass eine solche Differenzierung dem Grunde nach zwar möglich erscheine, der Gesetzgeber

1041 *Hey*, in: Tipke/Lang, Steuerrecht, 24. Aufl. 2020, § 8 Rn. 184; *Lang*, Die Bemessungsgrundlage der Einkommensteuer, Habil. 1981/1988, 221 m.w.N.; *Niestegge*, Dualismus der Einkunftsarten, Univ.-Diss. 2018, 228 f.

1042 Vgl. *Lang*, Die Bemessungsgrundlage der Einkommensteuer, Habil. 1981/1988, 225; *Niestegge*, Dualismus der Einkunftsarten, Univ.-Diss. 2018, 228 f.

1043 *Strutz*, Kommentar zum EStG, § 7 EStG 1925 Rn. 3; vgl. auch *Hey*, in: Tipke/Lang, Steuerrecht, 24. Aufl. 2020, § 8 Rn. 184.

1044 *Strutz*, Kommentar zum EStG, § 7 EStG 1925 Rn. 3; vgl. auch *Hey*, in: Tipke/Lang, Steuerrecht24. Aufl. 2020, § 8 Rn. 184.

1045 *Musil*, in: H/H/R, EStG, Stand: Januar 2019, § 2 Rn. 527; *Jachmann*, DStJG 2000, 9, 49; explizit für VuV auch *P. Kirchhof*, Gutachten F zum 57. Deutschen Juristentag 1988, F. 31.

1046 *Niestegge*, Dualismus der Einkunftsarten, Univ.-Diss. 2018, 228.

1047 *Lüdemann/Zugmaier*, DStR 1996, 1636, 1639; ähnlich bereits *P. Kirchhof*, Gutachten F zum 57. Deutschen Juristentag 1988, F. 29.

1048 So noch *P. Kirchhof*, in: Kirchhof, EStG, 19. Aufl. 2020, § 2 Rn. 10; a.A. *Niestegge*, Dualismus der Einkunftsarten, Univ.-Diss. 2018, 233.

sie jedoch – sofern er sie überhaupt verfolge – nicht folgerichtig umgesetzt habe, wie man an den §§ 17, 20 Abs. 2, 23 EStG erkennen könne.[1049] Ferner sei auch bei privaten Veräußerungsgeschäften eine Marktteilnahme anzunehmen.[1050]

Schließlich wird argumentiert, dass der Schutz der Privatsphäre den Einkünftedualismus rechtfertigen könne.[1051] Darunter ist zu verstehen, dass es verfassungsrechtlich zulässig sei dem Steuerpflichtigen im privaten Bereich von Nachweis- und Aufzeichnungspflichten freihalten zu wollen. Dem lässt sich gewiss entgegenhalten, dass der Staat bereits jetzt eine Vielzahl von privaten Veräußerungsgeschäften erfasst und Aufwendungen privater Natur zum Abzug zulässt.[1052] Wenn überhaupt sei der Schutz der Privatsphäre – so wird eingewandt – nur für solche Wirtschaftsgüter angemessen, die dem Kernbereich privater Lebensgestaltung zuzuordnen seien.[1053]

Diese Arbeit hat nicht den Anspruch die Frage zu klären, ob der Einkünftedualismus verfassungsrechtlich zu rechtfertigen ist. Die Folgen einer Verfassungswidrigkeit wären so vielfältig, dass anzunehmen ist, dass das *Bundesverfassungsgericht* nur die Unvereinbarkeit der Regelung mit dem Grundgesetz feststellen würde, §§ 31 Abs. 2, 79 Abs. 1 BverfGG.[1054] Welche strukturellen Änderungen der Gesetzgeber daraufhin einleiten würde, z.B. genereller Übergang zur Überschussrechnung[1055], Erfassung aller privaten Vermögensmehrungen durch Ausweitung des § 23 EStG[1056] oder Beschränkung der Überschusseinkünfte auf Fallgestaltungen bei denen der Vermögenseinsatz typischerweise eine untergeordnete Rolle spielt[1057], ist genauso wenig vorhersehbar wie die daraus resultierenden Folgen für den hier in Rede stehenden Strukturwandel. Freilich ist

---

1049 *Musil*, in: H/H/R, EStG, Stand: Januar 2019, § 2 Rn. 528.

1050 *Niestegge*, Dualismus der Einkunftsarten, Univ.-Diss. 2018, 233; *Söhn*, DStJG 2007, 13. 24 f.; *Jachmann*, DStJG 2000, 9, 49.

1051 FG Nürnberg, Urt. v. 13.10.1999, Az. VI 212/1999, EFG 2000, 505; *P. Kirchhof*, Gutachten F zum 57. Deutschen Juristentag 1988, F. 29; a.A. *Niestegge*, Dualismus der Einkunftsarten, Univ.-Diss. 2018, 230 ff.

1052 *Niestegge*, Dualismus der Einkunftsarten, Univ.-Diss. 2018, 230 ff.

1053 *Niestegge*, Dualismus der Einkunftsarten, Univ.-Diss. 2018, 231; *Söhn*, DStJG 2007, 13. 23.

1054 Vgl. nur BVerfG, Beschl. v. 29.03.2017, Az. 2 BvL 6/11, BVerfGE 145, 106 Rn. 152 ff.

1055 *Niestegge*, Dualismus der Einkunftsarten, Univ.-Diss. 2018, 319 ff., 328 f.; *Jachmann*, DStJG 2000, 9, 50 („realisierter Cash-flow"); ähnlich auch *Weber-Grellet*, DStR 1998, 1343, 1348 f.; *Tipke*, FS Kruse 2001, 215, 219.

1056 *Lang*, Die Bemessungsgrundlage der Einkommensteuer, Habil. 1981/1988, 57.

1057 *Jachmann*, DStJG 2000, 9, 51.

einzuräumen, dass die vollständige Erfassung privater Veräußerungsgeschäfte Anlass dafür bieten könnte, beim Strukturwandel eine Totalentnahme als verfassungsrechtlich unangemessen zu qualifizieren. Die stillen Reserven blieben dann nämlich auch im Privatvermögen steuerverstrickt. Eine Aufdeckung der stillen Reserven wäre unangemessen. Gleichwohl ist ein solcher Systemwechsel – sei es durch das *Bundesverfassungsgericht* erzwungen oder freiwillig durch den Gesetzgeber – derzeit nicht wahrscheinlich. Als *Status Quo* muss daher von einer Zulässigkeit des Einkünftedualismus ausgegangen werden. Denn derzeit ist nicht damit zu rechnen ist, dass das *Bundesverfassungsgericht* die unterschiedliche steuerliche Berücksichtigung von Wertsteigerungen monieren wird. Im Folgenden ist daher unter praktischen Gesichtspunkten mit der Annahme zu arbeiten, dass der Einkünftedualismus verfassungsgemäß ist.

III. Unterschiedliche Behandlung von Wertsteigerungen im Vermögen

Die erste Frage, ob es gleichheitsrechtlich angehen kann, dass nur im Falle von Gewinneinkünften nicht-realisierte Wertsteigerungen nach einer Betriebsaufgabe aufzudecken sind, ist demnach zu bejahen. Wenn der Einkünftedualismus verfassungsrechtlich hinzunehmen ist, dann ist es eine logische Folge, dass bei einem Ende der Steuerverstrickung auch nicht-realisierte Vermögenszuwächse aufzudecken sind.

Es stellt sich dennoch die Frage, ob die konkrete Rechtsfolge – Totalentnahme mit *sofortiger* Aufdeckung der stillen Reserven – im Falle des Strukturwandels verfassungsrechtlich zulässig ist. Es ist zu prüfen, ob die sofortige Aufdeckung der stillen Reserven im Verhältnis zu Steuerpflichtigen, die ihre Einkünfteerzielungsabsicht verlieren und Wertsteigerungen im (privaten) Erwerbsvermögen zu verzeichnen haben, diese aber gar nicht versteuern müssen, gleichheitsrechtlich gerechtfertigt werden kann. Plakativ gesprochen, soll sich ein Gewerbetreibender wenigstens auf einen Besteuerungsaufschub im Falle des Strukturwandels berufen können, weil ein Angestellter Wertsteigerungen im Erwerbsvermögen überhaupt nicht zu versteuern hat?

Ausgehend vom allgemeinen Gleichheitssatz und dem Gebot wesentlich Gleiches gleich und wesentlich Ungleiches ungleich zu behandeln, ist zunächst danach zu fragen, ob eine Ungleichbehandlung vorliegt.[1058] Eine Ungleichbehandlung liegt vor, wenn zwei Vergleichsgruppen, die in Bezug auf einen

1058 St. Rspr. BVerfG, Urt. v. 10.04.2018, Az. 1 BvL 11/14, BVerfGE 148, 147, 183.

gemeinsamen Oberbegriff wesentlich gleich sind, unterschiedlich behandelt werden.[1059] Gemeinsamer Oberbegriff ist hier die steuerliche Zahlungsfähigkeit ausgedrückt in Liquidität.[1060] Daran gemessen werden Überschuss- und Gewinneinkünfte unterschiedlich behandelt. Während bei den Überschusseinkünften eine Besteuerung stets in Einklang mit dem Zuflussprinzip erfolgt, erfolgt bei den Gewinneinkünften im Falle von Entnahmen, also auch beim Strukturwandel, eine Ersatzrealisation ohne Mittelzufluss. Eine Ungleichbehandlung liegt damit vor. Zu prüfen ist daher, ob diese Ungleichbehandlung verfassungsrechtlich gerechtfertigt werden kann.

IV. Verfassungsrechtliche Rechtfertigung der Ungleichbehandlung

1. Prüfungsmaßstab

Geht man von der Dogmatik des *Bundesverfassungsgerichts* aus, wonach die Auswahl des Steuergegenstands lediglich einer Willkürkontrolle und nur die Ausgestaltung der einzelnen Steuer einem strengeren Rechtfertigungsmaßstab in Form einer Verhältnismäßigkeitsprüfung unterliegt, könnte man meinen, dass die vorgenannte Ungleichbehandlung lediglich am Maßstab der Willkürkontrolle zu messen sei. Genauso wie das *Bundesverfassungsgericht* den Einkünftedualismus an diesem Maßstab misst, könnte Gleiches auch für die konkrete Ausgestaltung in Form der Ersatzrealisation gelten. Dies wäre jedoch zu kurz gegriffen. Denn zum einen geht es bei dieser Ersatzrealisation vor allem um das „Wann" und nicht um das „Ob" des Steuerzugriffs, sodass es sich – auch nach der Logik des *Bundesverfassungsgerichts* – um eine Frage der Ausgestaltung der Steuer handelt, welche am Maßstab der Verhältnismäßigkeit zu prüfen ist. Zum anderen hat das Gericht wiederholt betont, dass die systematische Unterscheidung der Einkunftsarten durch den Gesetzgeber allein eine Ungleichbehandlung nicht rechtfertigen könne.[1061] Vielmehr bedarf es für deren Rechtfertigung besonderer Gründe.[1062]

Des Weiteren deuten auch die anderen vom *Bundesverfassungsgericht* entwickelten Kriterien, die zur Festlegung des Rechtfertigungsmaßstabs bei einer

---

1059 *G. Kirchhof*, in: /H/H/R, EStG, Stand: Dezember 2020, Einf. EStG Rn. 261.

1060 *Hey*, in: Tipke/Lang, Steuerrecht, 24. Aufl. 2020, § 8 Rn. 64; *Niestegge*, Dualismus der Einkunftsarten, Univ.-Diss. 2018, 222.

1061 BVerfG, Urt. v. 06.03.2002, Az. 2 BvL 17/99, BVerfGE 105, 73, 126.

1062 Beschl. v. 30.09.1998, Az. 2 BvR 1818/91, BVerfGE 99, 88, 95.

Ungleichbehandlung herangezogen werden, (i) die gleichzeitige Betroffenheit von Freiheitsrechten, (ii) die Annährung des Differenzierungsmerkmals an die Kriterien von Art. 3 Abs. 3 GG und (iii) die Beeinflussbarkeit und Verfügbarkeit des Differenzierungsmerkmals durch den Grundrechtsträger, vorliegend auf eine Verhältnismäßigkeitsprüfung hin.[1063]

So verursacht die Ungleichbehandlung zum einen eine unterschiedlich starke Belastung im eigentumsrechtlichen Freiheitsbereich (siehe dazu unter § 7 IV.), sodass es insoweit nicht bei einer bloßen Willkürprüfung bleiben kann.[1064] Neben der bereits erfolgten freiheitsrechtlichen Prüfung von Art. 14 Abs. 1 GG ist daher zu prüfen, ob für die unterschiedliche Behandlung der Eigentumspositionen ein hinreichender Sachgrund besteht, also die Freiheitseinschränkung auch gleichheitsrechtlich hinnehmbar ist.[1065]

Zum anderen hat der Steuerpflichtige es selbst *nicht* in der Hand, ob er Überschuss- oder Gewinneinkünfte erzielt, die Zuordnung zu der konkreten Einkunftsart erfolgt tätigkeitsabhängig. Schließlich führt auch die Eingriffsintensität im konkreten Fall – mitunter wird der Steuerpflichtige zur Steuerzahlung Wirtschaftsgüter zu veräußern oder einen Kredit aufzunehmen haben – dazu, dass eine Verhältnismäßigkeitsprüfung angezeigt erscheint.[1066]

Eine Ungleichbehandlung ist verhältnismäßig, wenn die Regelung und das herangezogene Differenzierungsmerkmal, Gewinn- oder Überschusseinkünfte, von einem hinreichend gewichtigen Sachgrund getragen ist.[1067]

Man prüft, ob die Differenzierung einen legitimen Zweck verfolgt, dafür geeignet, erforderlich und angemessen ist. Da es im Bereich des Steuerrechts jedoch zumeist an einem legitimen Zweck fehlt, der über den reinen Fiskalzweck der Steuer hinausgeht, kann nicht nach dem üblichen Muster verfahren werden.[1068] Wie gezeigt kann hier jedoch untersucht werden, ob der mit der Totalentnahme verfolgte Zweck, die Besteuerungsgleichheit innerhalb der Gewinneinkünfte abzusichern, auch in Anbetracht des davon grundsätzlich abweichenden Systems der Überschusseinkünfte verhältnismäßig ist. Da bereits gezeigt wurde, dass die Sicherstellung der Belastungsgleichheit einen legitimen Zweck verfolgt

---

1063 *Britz*, NJW 2014, 346, 349; *Eichberger*, FS BFH 2018, Band I, 501, 506.

1064 BVerfG, Urt. v. 17.12.2014, Az. 1 BvL 21/12, BVerfGE 138, 136, 181; Beschl. v. 16.03.1982, Az. 1 BvR 938/81, BVerfGE 60, 123, 134.

1065 BVerfG, Beschl. v. 07.02.2012, Az. 1 BvL 14/07, BVerfGE 130, 240, 254; *Britz*, NJW 2014, 346, 349.

1066 BVerfG, Urt. v. 17.12.2014, Az. 1 BvL 21/12, BVerfGE 138, 136, 185.

1067 *Britz*, NJW 2014, 346, 350.

1068 Vgl. *P. Kirchhof*, StuW 1985, 319.

und die Totalentnahme zu dessen Erreichen auch geeignet und erforderlich ist (siehe dazu unter § 7 IV.), muss an dieser Stelle nur noch die Angemessenheit der Ungleichbehandlung geprüft werden.

2. *Angemessenheit der Ungleichbehandlung*

In Anbetracht des zuvor festgestellten Prüfungsmaßstabs erweist sich die unterschiedliche Behandlung von Überschuss- und Gewinneinkünften auch im Fall des Strukturwandels und der damit verbundenen Totalentnahme als angemessen, weil ihnen – verfassungsrechtlich gebilligt – unterschiedliche Bezugspunkte für die Bestimmung des maßgeblichen Einkommens zugrunde liegen.

Differenzierungs*grund* für die unterschiedliche Behandlung von nicht-realisierten Wertzuwächsen bei Gewinn- und Überschusseinkünften ist die – hier als verfassungsgemäß angenommene – gesetzgeberische Grundentscheidung für den Einkünftedualismus. Und die damit verbundene unterschiedliche steuerliche Erfassung von Wertsteigerungen nur im Betriebsvermögen. Daran zu messen ist die Durchbrechung des Zufluss-/Realisationsprinzips, das im Grundsatz beiden Systemen zugrunde liegt, aber bei den Gewinneinkünften im Falle des Strukturwandels durchbrochen wird.

Die überzeugenderen Gründe sprechen dafür, dass diese Ungleichbehandlung angemessen ist. Denn nur so kann eine gleichmäßige Belastung aller Steuerpflichtigen, die Gewinneinkünfte erzielen, erreicht werden. Nach dem gegenwärtigen System würden betriebliche Wertsteigerungen, die beim Verlassen des betrieblichen Bereichs unversteuert geblieben sind, im privaten Bereich – abgesehen von den Fällen der §§ 17, 20 Abs. 2, 23 EStG – auch im Falle einer Veräußerung unversteuert bleiben. Daraus rechtfertigt sich die Durchbrechung des Zufluss-/Realisationsprinzips unter dem Gesichtspunkt des Leistungsfähigkeitsprinzips, welches von Art. 3 Abs. 1 GG gefordert wird.[1069]

In diesem Sinne ist ferner zu berücksichtigen, dass bei gegenteiliger Auffassung auch keine Einzelentnahmen mehr zulässig wären, da auch diese gegen das Realisationsprinzip verstoßen würden. Wenn die Entnahme einzelner Wirtschaftsgüter zu privaten Zwecken aber dazu führen soll, dass die stillen Reserven aufgedeckt werden müssen, ist es auch angemessen die private Nutzung aller Wirtschaftsgüter im Rahmen einer Liebhaberei mit der gleichen Rechtsfolge zu

---

1069 BFH, Vorlagebeschl. v. 10.04.2013, Az. I R 80/12, BStBl. II 2013, 1004, 1009; *Lang*, Die Bemessungsgrundlage der Einkommensteuer, Habil. 1981/1988, 162, 171, 175; *Vogel*, StuW 1974, 193, 200.

belegen. Warum sollten gerade für Totalentnahmen abweichende – verfassungsrechtliche – Maßstäbe gelten?

Bei den Überschusseinkünften ist demgegenüber eine Ersatzrealisation im Falle des Strukturwandels nicht notwendig, weil Änderungen im Erwerbsvermögen grundsätzlich nicht steuerbar sind. Wenn man diesen grundlegenden Unterschied aber akzeptiert, dann kann dessen folgerichtige Umsetzung im Falle eines Wechsels der Vermögenssphären keine unzulässige Ungleichbehandlung darstellen. Andernfalls würde man den Gesetzgeber zwingen die Steuerbarkeit von Wirtschaftsgütern im Privatvermögen weiter auszudehnen. Das kann man für geboten halten, tut man dies – wie das *Bundesverfassungsgericht* nicht – kann man dem Gesetzgeber schwerlich einen Vorwurf machen, wenn er jedenfalls innerhalb einer Einkunftsart, vorliegend den Gewinneinkünften, stringent bleiben möchte. Insoweit erscheint es vorzugswürdig die Totalentnahme vorrangig am eigenen Binnensystem, den Gewinneinkünften zu messen, und nicht am – verfassungsrechtlich zulässigen – abweichenden Binnensystem der Überschusseinkünfte. Dass die Ersatzrealisation eine folgerichtige Umsetzung der den Gewinneinkünften zugrundeliegenden Prinzipien darstellt, wurde bereits unter § 9 II. erörtert.

Im Ergebnis dürfte die Angemessenheit der Ungleichbehandlung eng verbunden sein mit der Bewertung des Einkünftedualismus insgesamt. Wer den Einkünftedualismus kritisch betrachtet, wird auch die Behandlung von nichtrealisierten Wertsteigerungen im Falle des Strukturwandels tendenziell kritisch sehen und eine Ersatzrealisation für problematisch halten. Wer hingegen am Einkünftedualismus festhalten will, wird wohl eher dazu neigen, die Totalentnahme beim Strukturwandel als angemessene und folgerichtige Umsetzung des zugrunde liegenden Gedankens, den Reinvermögenszugang erfassen zu wollen, betrachten. Denn letztlich ist diese Totalentnahme der logische Schlusspunkt der unterschiedlichen Behandlung von Wertsteigerungen im Vermögen.

V. Zusammenfassung von § 10

In diesem Abschnitt wurde die Frage aufgeworfen, ob die Ungleichbehandlung von Überschuss- und Gewinneinkünften bei einem Strukturwandel, die darin besteht, dass nur bei den Gewinneinkünften die stillen Reserven (sofort) aufzudecken sind, gleichheitsrechtlich gerechtfertigt werden kann. Zunächst wurde in diesem Zusammenhang dargelegt, dass der Einkünftedualismus vom *Bundesverfassungsgericht* zwar bislang nicht beanstandet, aber in der Literatur zahlreiche Argumente gegen ihn vorgebracht wurden. In Anbetracht der Zielsetzung dieser Arbeit, den Strukturwandel im Rahmen des geltenden Rechts zu untersuchen, und unter praktischen Gesichtspunkten wurde letztlich unterstellt, dass der Einkünftedualismus dem Grunde nach verfassungsrechtlich zulässig ist und die Behandlung des Strukturwandels daran gemessen werden kann. Dies bedingt, dass der Gesetzgeber dazu befugt ist Wertsteigerungen im Privatvermögen steuerfrei zu stellen.

Im Anschluss daran wurde der Frage nachgegangen, ob auch die schlussendliche Konsequenz des Einkünftedualismus, nur bei den Gewinneinkünften stille Reserven aufzudecken, wenn diese den betrieblichen Bereich ohne Mittelzufluss verlassen, gleichheitsrechtlich zu rechtfertigen ist. Die Untersuchung hat ergeben, dass eine solche Rechtsfolge angemessen ist. Eine Totalentnahme beim Strukturwandel ist gemessen am Zweck dieser Regelung – die Besteuerungsgleichheit sicherzustellen – angemessen. Die Alternative zu dieser Regelung, die Steuerbarkeit privater Veräußerungsgeschäfte im privaten Bereich auszudehnen oder eingefrorenes Betriebsvermögen zuzulassen, musste der Gesetzgeber vor dem Hintergrund der Zulässigkeit des Einkünftedualismus nicht wählen. Insoweit ist die rechtliche Ausgestaltung der Gewinneinkünfte vorrangig an diesem Binnensystem und nicht am – schon im Grundsatz abweichenden – System der Überschusseinkünfte zu messen.

Schlussbetrachtung

Diese Arbeit über den Strukturwandel zur Liebhaberei und die damit verbundene Totalentnahme aller Wirtschaftsgüter hat folgende Erkenntnisse gebracht:

Kapitel 1

Die Untersuchung hat ergeben, dass die Liebhaberei als negatives Tatbestandsmerkmal der Gewinnerzielungsabsicht anzusehen ist. Ist eine Liebhaberei festgestellt, wird die gesamte Tätigkeit ohne Gewinnerzielungsabsicht ausgeübt. Für die Feststellung einer Liebhaberei ist der sog. zweigliedrige Liebhabereibegriff anzuwenden. Danach ist eine private Motivation für die konkrete Tätigkeit festzustellen. Die Feststellung einer Liebhaberei führt dazu, dass die mit der Tätigkeit in Zusammenhang stehenden Aufwendungen und Erträge steuerlich unberücksichtigt bleiben. Die Tätigkeit spielt sich fortan ausschließlich im privaten Bereich des Steuerpflichtigen ab.

Für den Verlust der Gewinnerzielungsabsicht wird in dieser Arbeit dafür plädiert, den Strukturwandel (zur Liebhaberei) als *Terminus technicus* zu verwenden. Im Gegensatz zum ebenfalls verwendeten sog. Beurteilungswandel liegt nämlich nicht nur eine geänderte steuerliche Beurteilung, sondern eine geänderte Tatsachengrundlage vor, weil die Gewinnerzielungsabsicht verloren gegangen ist.

Die Untersuchung des Instituts der Betriebsunterbrechung hat gezeigt, dass es sich dabei ursprünglich um eine teleologische Reduktion des § 16 Abs. 3 Satz 1 EStG handelte, die sich aus dem Verpächterwahlrecht entwickelt hat. Eine Betriebsunterbrechung setzt objektiv eine Wiederaufnahmemöglichkeit und subjektiv eine Wiederaufnahmeabsicht hinsichtlich des Betriebs voraus. Beide Merkmale liegen nach einem Strukturwandel nicht vor. Der Strukturwandel kann keine Betriebsunterbrechung darstellen.

Erst durch die Einführung der § 16 Abs. 3b EStG und § 14 Abs. 2 EStG wurde die Rechtsprechung zur Betriebsunterbrechung teilweise kodifiziert. Beide Normen ordnen nach Wortlaut und Systematik nur für Fälle „schleichender" Betriebsaufgaben eine Fortführungsfiktion an. Sind die tatsächlichen Umstände einer Betriebsaufgabe, wie z.B. bei einem festgestellten Strukturwandel, den zuständigen Finanzbehörden hingegen bekannt, gilt diese Fiktion gemäß § 16 Abs. 3b Satz 1 Nr. 2 EStG (ggfs. i.V.m. § 14 Abs. 2 EStG) nicht.

Im Rahmen der Analyse der Rechtsprechung des *Bundesfinanzhofs* zum Strukturwandel wurde gezeigt, dass diese Rechtsprechung zu Unrecht an die Betriebsverpachtung im Ganzen anknüpft, weil nach dem Strukturwandel nicht von einer Unterbrechung, sondern von einer Aufgabe des Betriebs ausgegangen werden muss. Stattdessen hätte es nahegelegen, auf die Rechtsprechungsgrundsätze zur beendeten Betriebsaufspaltung zurückzugreifen. Denn mit der privaten Vermögensverwaltung hinsichtlich der Wirtschaftsgüter des Besitzunternehmens nach einer Entflechtung ist es vergleichbar, wenn nach einem Strukturwandel die Wirtschaftsgüter in steuerlich unerheblicher Weise genutzt werden.

Die in der neueren Rechtsprechung erfolgte Gleichsetzung von (Gewerbe-) Betrieb und sog. Liebhabereibetrieb für Zwecke des § 16 Abs. 1, 3 EStG überzeugt nicht. Der Betriebsbegriff sollte einheitlich ausgelegt werden, was bedingt, dass er stets eine Gewinnerzielungsabsicht voraussetzt.

Kapitel 2

In der Folge hat sich gezeigt, dass für das Einkommensteuergesetz der „enge" Betriebsbegriff maßgeblich ist und mit dem Verlust der Gewinnerzielungsabsicht das Ende des steuerlich-relevanten Betriebs einhergeht. Überzeugende Argumente für eine Fortführung des Betriebsvermögens über das Ende des Betriebs hinaus gibt es nicht. Der Strukturwandel führt vielmehr zu einer (automatischen) Entwidmung und Überführung der Wirtschaftsgüter in das Privatvermögen. Andernfalls besteht die Gefahr „ewigen" Betriebsvermögens.

Diese Überführung ist schließlich Ausgangspunkt der Totalentnahme beim Strukturwandel. Die Vorschrift des § 4 Abs. 1 Satz 1, 2 EStG trägt eine Totalentnahme beim Strukturwandel und es bedarf keines Rückgriffs auf die Betriebsaufgabevorschrift. Diese hat hinsichtlich der Steuerbarkeit dem Grunde nach nur eine deklaratorische Funktion. Für den Strukturwandel können die Voraussetzungen einer Totalentnahme bejaht werden, weil dem Strukturwandel eine Nutzungsänderung der Wirtschaftsgüter vorausgeht, die als Entnahmehandlung anzusehen ist. Die Entnahme ist mit dem gemeinen Wert nach § 16 Abs. 3 Satz 7 EStG zu bewerten.

Die Notwendigkeit einer teleologischen Reduktion dieser Rechtsfolge wurde abgelehnt, da keine verdeckte Regelungslücke nachzuweisen ist. Die Totalentnahme entspricht Sinn und Zweck der Entnahmevorschrift, da damit der Vermögensübergang in das Privatvermögen steuerlich neutralisiert wird und die betrieblichen Wertzuwächse im Wege der Ersatzrealisation realisiert werden.

Die Regelung des § 16 Abs. 3b Satz 1 Nr. 1 und 2 EStG zeigt, dass der Gesetzgeber Ausnahmen davon nur in eng begrenzten Ausnahmefällen zulassen wollte.

Kapitel 3

Verfassungsrechtlich hält die in Kapitel 2 gefundene Lösung den Anforderungen des Grundgesetzes stand. Zunächst steht das Gebot einer eigentumsschonenden Besteuerung der hier gefundenen Lösung nicht entgegen. Der Steuerzugriff ist als Inhalts- und Schrankenbestimmung zu qualifizieren. Ein „quantitativer" Schutz vor Besteuerung ist nur in Extremfällen denkbar. Jedoch ist regelmäßig die Art und Weise des Steuerzugriffs am Maßstab des Art. 14 GG zu messen. Es wurde gezeigt, dass das Realisationsprinzip in dieser Hinsicht im Grundsatz einen schonenden Ausgleich zwischen dem Leistungsfähigkeitsprinzip und dem Gebot der eigentumsschonenden Besteuerung schafft. Mit Blick auf die Belastungsgrundentscheidung des Einkommensteuergesetzes, bei den Gewinneinkünften auch den betrieblichen Vermögenszuwachs zu erfassen, ist die Durchbrechung dieses Prinzips im Fall des Strukturwandels aber als *Ultima Ratio* gerechtfertigt. Die Sicherstellung der Besteuerung stiller Reserven (bei Überführung der Wirtschaftsgüter aus dem Betriebs- in das Privatvermögen) stellt einen legitimen Zweck für die Durchbrechung dar. Im Fall des Strukturwandels erweist sich die Totalentnahme als geeignet, erforderlich und angemessen zur Erreichung dieses Zwecks. Das vom Gesetzgeber gewählte Entstrickungsprinzip ist angemessen und für den Steuerpflichtigen zumutbar. Die Billigkeitsnormen der Abgabenordnung sichern die Angemessenheit der Besteuerung im Einzelfall hinreichend ab.

Ferner wurde im verfassungsrechtlichen Teil dieser Arbeit aufgezeigt, dass dem Leistungsfähigkeitsprinzip als bereichsspezifische Konkretisierung des allgemeinen Gleichheitssatzes kaum brauchbare Maßstäbe zu entnehmen sind. Es lässt sich jedoch – was der Gesetzgeber auch getan hat – vertretbar annehmen, dass bereits nicht-realisierte Betriebsvermögensmehrungen steuerliche Leistungsfähigkeit indizieren. Bezüglich dieser Steuerwürdigkeitsentscheidung steht dem Gesetzgeber ein weiter Spielraum zu.

Es wurde des Weiteren dargelegt, dass die in Kapitel 2 entwickelte Lösung mit dem Gebot der Folgerichtigkeit zu vereinbaren ist. Die Totalentnahme beim Strukturwandel erweist sich vor dem Hintergrund der Belastungsgrundentscheidung des Einkommensteuergesetzes, bei den Gewinneinkünften auch Wertsteigerungen des Betriebsvermögens erfassen zu wollen, als folgerichtige Umsetzung. Zunächst ist die Besteuerung stiller Reserven zwar mit Rücksicht auf den Grundsatz eigentumsschonender Besteuerung aufgeschoben, nach einer Entstrickung ist eine Ersatzrealisation jedoch zulässig, wenn ansonsten die Belastungsgleichheit gefährdet würde.

Ebenso vor dem Hintergrund des – als verfassungsgemäß angenommenen – Einkünftedualismus kann die hier gefundene Lösung bestehen. Auch wenn im Bereich der Überschusseinkünfte Wertsteigerungen im Vermögensstamm grundsätzlich nicht berücksichtigt werden, hindert dies den Gesetzgeber nicht daran, soweit er sich für eine Erfassung dieser Wertsteigerungen im Bereich der Gewinneinkünfte entschieden hat, diese Logik konsequent umzusetzen. Er muss sich dann nicht darauf verweisen lassen, diese systematische Unterscheidung aufzugeben, indem er fortan alle privaten Veräußerungsgeschäfte erfasst, um damit eine Ersatzrealisation überflüssig zu machen.

Literaturverzeichnis

Albrod, Peter, Zweifelsfragen zur einkommensteuerlichen Behandlung eines Liebhabereibetriebs, DStR 1978, S. 545 ff.

Anzinger, Heribert M., Anscheinsbeweis und tatsächliche Vermutung im Ertragsteuerrecht. Anwendungsgrundsätze am Beispiel der Rechtsprechung des Bundesfinanzhofs zu Liebhaberei und gewerblichem Grundstückshandel (zugl. Diss.), 2006, Baden-Baden.

Arndt, Hans-Wolfgang/Schumacher, Andreas, Die verfassungsrechtlich zulässige Höhe der Steuerlast – Fingerzeig des BVerfG an den Gesetzgeber?, NJW 1995, S. 2603 ff.

v. Arnim, Hans Herbert, Besteuerung und Eigentum, VVDStRL 1980 (Band 39), S. 286 ff.

Arnold, Arnd, Die Zukunft des Verhältnisses von Handelsbilanz und steuerlicher Gewinnermittlung, StuW 2005, S. 148 ff.

Baldauf, Sina, Das innere System der einkommensteuerrechtlichen Gewinnrealisierung. Unter besonderer Berücksichtigung der unentgeltlichen Übertragung von Sachgesamtheiten nach § 6 Abs. 3 EStG (zugl. Diss.), 2009, Frankfurt a. M.

Bauer, Christian, Das Prinzip der Besteuerung nach der Leistungsfähigkeit als Grundlage der Gewinnermittlungsarten im Einkommensteuerrecht (zugl. Diss.), 2011, Hamburg.

Baumbach, Adolf/Hopt, Klaus J., Kommentar zum Handelsgesetzbuch, 40. Auflage, 2021, München.

Baumgärtel, Gottfried/Laumen, Hans-Willi/Prütting, Hanns, Handbuch der Beweislast, Band I, 4. Auflage, 2019, Köln.

Becker, Enno/Kloss, Richard/Mirre, Ludwig, Handkommentar der Reichssteuergesetze, Besitz und Verkehrssteuern, Band II, 1. Teil, 1928, Stuttgart.

Becker, Enno, Die Grundlagen der Einkommensteuer, 1940, Berlin.

Becker, Uwe, Praktische Probleme bei Eintritt und Wegfall der Liebhaberei, Inf 2001, S. 487 ff.

Beck'scher Online-Kommentar zum Grundgesetz, herausgegeben von *Epping, Volker/Hillgruber, Christian,* München.

-, zum Einkommensteuergesetz, herausgegeben von *Kirchhof, Gregor/Kulosa, Egmont/Ratschow, Eckart,* München.

-, zum Erbschaftsteuergesetz, herausgegeben von *Erkis, Gülsen/Thonemann-Micker, Susanne,* München.

Beisse, Heinrich, Gewinnrealisierung. Ein systematischer Überblick über Rechtsgrundlagen, Grundtatbestände und grundsätzliche Streitfragen, DStJG 1981 (Band 4), S. 13 ff.

Birk, Dieter, Das Leistungsfähigkeitsprinzip als Maßstab der Steuernormen (zugl. Habil.), 1983, Köln.

-, Rechtfertigung der Besteuerung des Vermögens aus verfassungsrechtlicher Sicht, DStJG 1999 (Band 22), S. 8 ff.

-, Verfassungsfragen im Steuerrecht – Eine Zwischenbilanz nach den jüngsten Entscheidungen des BFH und des BVerfG, DStR 2009, S. 877 ff.

-, Liebhaberei im Ertragssteuerrecht, BB 2009, S. 860 ff.

-, Leistungsfähigkeitsprinzip, in: Leitgedanken des Rechts. Paul Kirchhof zum 70. Geburtstag, Band II: Staat und Bürger, herausgegeben von *Kube, Hanno et al.*, 2013, Heidelberg, S. 1591 ff.

Blumers, Wolfgang/Michael, Elicker, Realisierungszeitpunkt und Bewertung beim Anteilstausch im Rahmen der Einkünfte aus § 17 EStG, BB 2009, S. 1156 ff.

Bodden, Guido, Steuergerechtigkeit im Billigkeitsverfahren nach § 163 AO, DStR 2016, S. 1714 ff.

Bode, Walter, Gewinn, in: Leitgedanken des Rechts. Paul Kirchhof zum 70. Geburtstag, Band II: Staat und Bürger, herausgegeben von *Kube, Hanno et al.*, 2013, Heidelberg, S. 1873 ff.

van der Borght, Richard, Die Reichssteuergesetze von 1919/20 (Schlussbericht), Finanzarchiv 1920 (37. Jahrgang), Band II, S. 80 ff.

v. *Bornhaupt, Kurt Joachim,* Der Begriff der Werbungskosten unter besonderer Berücksichtigung seines Verhältnisses zum Betriebsausgabenbegriff, DStJG 1980 (Band 3), S. 149 ff.

Böckli, Peter, Betriebsvermögen/Privatvermögen. Der einkommensteuerliche Dualismus im Rechtsvergleich mit der Rechtslage in den USA, Frankreich und der Schweiz, DStJG 1980 (Band 3), S. 339 ff.

Bödefeld, Axel, Betriebsaufgabehandlung durch Unterlassen. Zugleich Anmerkung zu BFH v. 5.7.1984, IV R 36/81, BB 1985, S. 333 f.

Breinersdorfer, Stefan, Der Gestaltungsspielraum des Steuergesetzgebers – einige Überlegungen anhand der Rechtsprechung des BVerfG und des EuGH, StuW 2009, S. 211 ff.

Bleckmann, Albert, Zu den Methoden der Gesetzesauslegung in der Rechtsprechung des BVerfG, JuS 2002, S. 942 ff.

Britz, Gabriele, Der allgemeine Gleichheitssatz in der Rechtsprechung des BVerfG. Anforderungen an die Rechtfertigung von Ungleichbehandlungen durch Gesetz, NJW 2014, S. 346 ff.

Bull, Hans Peter, Vom Eigentums- zum Vermögensschutz – ein Irrweg. Zur Bewertung der Einheitswert-Beschlüsse des Bundesverfassungsgerichts, NJW 1996, S. 281 ff.

Buschendorf, Johannes/Vogel, Max, Der Anspruch auf Billigkeitserlass bei Sanierungsgewinnen, DB 2016, S. 676 ff.

Canaris, Claus-Wilhelm, Systemdenken und Systembegriff in der Jurisprudenz, 2. Auflage 1983, Berlin.

Cornelius, Christoph, Das Rechtsinstitut der Betriebsunterbrechung – Möglichkeiten und Grenzen der Gestaltung, DStZ 2010, S. 913 ff.

Costede, Jürgen, Erben und Erwerben in einkommensteuerlicher Sicht, StVj 1989, S. 41 ff.

-, Gewinn und Gewinnrealisierung im Einkommensteuerrecht, StuW 1996, S. 19 ff.

Degenhart, Christoph, Systemgerechtigkeit und Selbstbindung des Gesetzgebers als Verfassungspostulat (zugl. Diss.), 1976, München.

Desens, Marc, Die Verwirklichung des Leistungsfähigkeitsprinzips als Maßstab der Steuernormen in der Rechtsprechung des BVerfG, StuW 2016, S. 240 ff.

Deutscher Bundestag/Bundesarchiv, Der Parlamentarische Rat: 1948-1949. Ausschuss für Grundsatzfragen, Band V, 2. Teil, 1993, München.

Doege, Mirko, Abgrenzungsfragen zur Betriebsveräußerung / Betriebsaufgabe und den Steuerermäßigungen gem. § 16, 34 EStG, DStZ 2008, S. 474 ff.

Döring, Steffen/Garz, Felix, Das Folgerichtigkeitsgebot im Lichte des Vorlagebeschlusses des BFH v. 17.11.2020 – VIII R 11/18, FR 2021, S. 834 ff.

Döring, Ulrich, Zur Vereinbarkeit des Realisationsprinzips mit dem Prinzip der Gleichmäßigkeit der Besteuerung, DStR 1977, S. 271 ff.

Dötsch, Franz, Einkünfte aus Gewerbebetrieb nach Betriebsveräußerung und Betriebsaufgabe (zugl. Diss.), 1986, Köln.

-, Subjektive Tatbestandsmerkmale und innere Tatsachen im Rahmen der Einkunftsermittlung, FR 2007, S. 589 ff.

-, Fortführung des Betriebs bei Betriebsverpachtung zugleich Anmerkung zu BFH v. 19.03.2009, IV R 45/06, jurisPR-SteuerR 40/2009, 5. Anmerkung.

-, Veräußerung eines Liebhabereibetriebs zugleich Anmerkung zu BFH Urt. v. 11.05.2016, X R 15/15, jurisPR-SteuerR 06/2017, 4. Anmerkung.

Dreier, Horst, Kommentar zum Grundgesetz, Band I, 3. Auflage, 2013, Tübingen.

Drüen, Klaus-Dieter, Prognosen im Steuerrecht, AG 2006, S. 707 ff.

-, Über Theorien im Steuerrecht, in: Gestaltung der Steuerrechtsordnung. Festschrift für Joachim Lang zum 70. Geburtstag, herausgegeben von *Tipke, Klaus/Seer, Roman/Hey, Johanna/Englisch, Joachim*, 2010, Köln, S. 57 ff.

-, Systembildung und Systembindung im Steuerrecht, in: Steuerrecht im Rechtsstaat. Festschrift für Wolfgang Spindler zum 65. Geburtstag, herausgegeben von *Mellinghof, Rudolf/Schön, Wolfgang/Viskorf, Hermann-Ulrich*, 2011, Berlin/Köln, S. 29 ff.

-, Verfassungskonforme Auslegung und Rechtsfortbildung durch die Finanzgerichte. Rechtsfortbildung im Steuerrecht, StuW 2012, S. 269 ff.

-, Heinrich Wilhelm Kruse zum Gedenken: Über Folgerichtigkeit im Steuerrecht, StuW 2019, S. 205 ff.

Dziadkowski, Dieter, Die Überschußrechnung – eine Alternative zur Steuerbilanz?, BB 2000, S. 399 ff.

Dürig, Günther/Herzog, Roman/Scholz, Rupert, Grundgesetz Kommentar, herausgegeben von *Herzog, Roman* et al., Loseblatt, München.

Ehlers, Ernst-August, Vermeidung der Realisierung stiller Reserven bei Betriebsbeendigung – zugleich ein Beitrag zur Problematik sog. Auffanggesellschaften, DStZ 1987, S. 557 ff.

Eichberger, Michael, Der Gleichheitssatz im Steuerrecht, in: 100 Jahre Steuerrechtsprechung in Deutschland 1918-2018. Festschrift für den Bundesfinanzhof, Band I, herausgegeben von *Drüen, Klaus-Dieter/Hey, Johanna/Mellinghof, Rudolf*, 2018, Köln, S. 501 ff.

Eichenfelder, Sebastian/Knaisch, Jonas/Nicolai, Sophie, Orientieren sich die steuerlichen Reformvorschläge der Parteien zur Bundestagswahl 2021 am Leistungsfähigkeitsprinzip?, DStR 2021, S. 2168 ff.

Englisch, Joachim, Eigentumsschonende Ertragsbesteuerung, StuW 2003, S. 237 ff.

-, Verfassungsrechtliche Grundlagen und Grenzen des objektiven Nettoprinzips, DStR-Beihefter 34/2009, S. 92 ff.

-, Folgerichtiges Steuerrecht als Verfassungsgebot, in: Festschrift für Joachim Lang. Gestaltung der Steuerrechtsordnung, herausgegeben von *Tipke, Klaus et al.*, 2010, Köln, S. 167 ff.

Escher, Jens, Steuerliche Liebhaberei und Subjektbezug der Einkünfteerzielungsabsicht (zugl. Diss.), 2005, Aachen.

Falkner, Melanie, Die Einkunftserzielungsabsicht als subjektives Besteuerungsmerkmal. Eine Analyse subjektiver Tatbestandsmerkmale im Steuerrecht. Zugleich ein Beitrag zur Liebhaberei im Steuerrecht (zugl. Diss.), 2009, Frankfurt a. M.

Felix, Günther, Zur Gewinnrealisierung – insbesondere Veräußerung, Aufgabe, Entstrickung und Wechsel der Einkunftsart, Steuerberaterkongreß-Report 18, 1980, S. 129 ff.

Felsmann, Willi, Einkommensbesteuerung der Land- und Forstwirte, 1963, Bonn.

-, *Felsmann, Willi,* Übergang vom einkommensteuerrechtlich relevanten Betrieb der Land- und Forstwirtschaft zur Liebhaberei keine Betriebsaufgabe. Zugleich Anmerkung zu BFH v. 29.10.1981, IV R 138/78, Inf 1982, S. 517 ff.

Fischer, Peter, Gewerbliche Betätigung am Grundstückmarkt. Zu den rechtlichen Typen des Grundstückshändlers und des Bauunternehmers, FR 1995, S. 803 ff.

Flies, Rolf, Steuerliche Behandlung des verpachteten Gewerbebetriebes, FR 1994, S. 535 ff.

Florstedt, Tim, Typusbegriffe im Steuerrecht. Analyse einer unzeitgemäßen Methodenfigur, StuW 2007, S. 314 ff.

Forsthoff, Ernst, Erster Beratungsgegenstand. Begriff und Wesen des sozialen Rechtsstaats. Leitsätze des Berichterstatters, VVDStRL 1953 (Band 12), S. 8 ff.

Friauf, Karl Heinrich, Gewinnrealisierung und Entnahme. Zur neueren Rechtsprechung des Bundesfinanzhofs, Steuerberater-Jahrbuch 1975/1976, S. 369 ff.

-, Verfassungsrechtliche Anforderungen an die Gesetzgebung über die Steuern vom Einkommen und vom Ertrag, DStJG 1989 (Band 12), S. 3 ff.

Frotscher, Gerrit/Geurts, Matthias, Kommentar zum Einkommensteuergesetz, Loseblatt, Freiburg i. Br.

Fuisting, Bernhard, Die Preußischen direkten Steuern, Band IV, 1902, Berlin.

-, Die direkten Steuern, Band I, 1. Teil, 8. Auflage 1915, Berlin.

Führer, Christian, Gewerblichkeit von Vermietungsleistungen im Rahmen einer Betriebsverpachtung, DStR 1995, S. 785 ff.

Geissler, Michael, Gewinnrealisierung am Ende eines Unternehmens. Die § 16 Abs. 1 Nr. 1, Abs. 3 EStG, § 7 Abs. 1 EStDV, §§ 20 ff. UmwStG unter Einbeziehung ausgewählter Rechtsinstitute der BFH-Rechtsprechung (zugl. Diss.), 1998, Stuttgart.

Glanegger, Peter, Einkommensteuerrechtliche Funktionen der Betriebsaufgabe, DStR 1998, S. 1329 ff.

Gräber, Fritz, Kommentar zur Finanzgerichtsordnung mit Nebengesetzen, 9. Auflage, 2019, München.

Groh, Manfred, Gewinnerzielungsabsicht und Mitunternehmerschaft. Zugleich Anmerkung zu BFH v. 25.06.1984, GrS 4/82, DB 1984, S. 2424 ff.

Günther, Karl-Heinz/Mona, Lambertz, Betriebsverpachtung im Ganzen, StBW 2014, S. 545 ff.

Habl, Thomas, Einkünfteerzielungsabsicht versus Liebhaberei im Einkommensteuerrecht. Unter Berücksichtigung der Einkünfte aus Vermietung und Verpachtung (zugl. Diss.), 2006, Hamburg.

Hacker, Mark, Gibt es „Gerechtigkeit" in der Steuerpolitik? Der politisch-philosophische Diskurs über Recht und Gerechtigkeit am Beispiel der Entstehung des modernen Einkommensteuerrechts in der Weimarer Republik (zugl. Diss.), 2013, Berlin.

Heck, Philipp, Begriffsbildung und Interessenjurisprudenz, 1932, Tübingen.

Heckel, Markus, Das Ende gewerblicher Tätigkeit trotz Fortbestand des Betriebs. Die Betriebsaufgabe gemäß § 16 Abs. 3 S. 1, 5 EStG in den Fällen der Betriebsverpachtung, des Strukturwandels, des Übergangs zur Liebhaberei, der Betriebs- und Wohnsitzverlegung in das Ausland und des Wegfalls tatbestandlicher Voraussetzungen einer Betriebsaufspaltung (zugl. Diss.), 1999, Würzburg.

Hermstädt, Horst, Aufgabe und Veräußerung von Teilbetrieben, BB 1980, S. 509 ff.

Hennrichs, Joachim, Maßgeblichkeitsprinzip oder eigenständige Prinzipien für die Steuerbilanz?, DStJG 2001 (Band 24), S. 301 ff.

Hey, Johanna, Zur Geltung des Gebots der Folgerichtigkeit im Unternehmensteuerrecht – Zugleich Besprechung der Entscheidung des BVerfG zum Verbot von Jubiläumsrückstellungen vom 12.5.2009, DStR 2009, S. 2561 ff.

Herrmann, Carl/Heuer, Gerhard/Raupach, Arndt, Kommentar zum Einkommen- und Körperschaftsteuergesetz, herausgegeben von *Bergkemper, Winfried et al.*, Loseblatt, Köln.

Hettlage, Karl M., Die Finanzverfassung im Rahmen der Steuerverfassung, VVDStRL 1955 (Band 14), S. 2 ff.

Heuermann, Bernd, Objektivierung eines subjektiven Tatbestandsmerkmals: Die Einkünfteerzielungsabsicht bei Vermietung und Verpachtung in der deutschen und österreichischen Rechtsordnung, DStZ 2004, S. 9 ff.

-, Die Grenzziehung zwischen Gewerbebetrieb und Vermögensverwaltung (im Rahmen der §§ 21, 23 EStG, § 14 AO) am Beispiel des gewerblichen Grundstückshandels, DStJG 2006 (Band 30), S. 121 ff.

Heuermann, Bernd/Brandis, Peter, Ertragsteuerrecht, Loseblatt, München.

HG, Aufgabe des Besitzunternehmens bei fehlgeschlagener Betriebsaufspaltung erst bei Aufgabeerklärung. Zugleich Anmerkung zu BFH v. 11.05.1999, VIII R 72/96, DStR 1999, S. 1184 ff.

Honisch, Werner, Zu den Inflationstendenzen in der Liebhaberei. Zugleich eine Anmerkung zur neusten Rechtsprechungsentwicklung, DStR 2000, S. 545 ff.

Huster, Stefan, Rechte und Ziele. Zur Dogmatik des allgemeinen Gleichheitssatzes (zugl. Diss.), 1993, Berlin.

Hübschmann, Walter/Hepp, Ernst/Spitaler, Armin, Kommentar zur Abgabenordnung und Finanzgerichtsordnung, Loseblatt, Köln.

Isensee, Josef/Kirchhof, Paul, Handbuch des Staatsrechts der Bundesrepublik Deutschland, Band V, 3. Auflage, 2007, Band VIII, 3. Auflage, 2010, Heidelberg.

Ismer, Roland/Riemer, Katharina, Der zweigliedrige Liebhabereibegriff: Negative Totalgewinnprognose und fehlende Einkünfteerzielungsabsicht, FR 2011, S. 455 ff.

Jachmann, Monika, Besteuerung von Unternehmen als Gleichheitsproblem. Unterschiedliche Behandlung von Rechtsformen, Einkunftsarten, Werten und Steuersubjekten im Ertrag- und Erbschaftsteuerrecht, DStJG 2000 (Band 23), S. 9 ff.

Jachmann-Michel, Monika, Steuergesetzgebung zwischen Gleichheit und wirtschaftlicher Freiheit. Verfassungsrechtliche Grundlagen und Perspektiven der Unternehmensbesteuerung, 2000, Stuttgart.

Janz, Dennis, Veräußerung eines Liebhabereibetriebs zugleich Anmerkung zu BFH v. 11.05.2016, X R 15/15, DB 2016, S. 2929 f.

Jarass, Hans D./Pieroth, Bodo, Grundgesetz für die Bundesrepublik Deutschland, Kommentar, 16. Auflage, 2020, München.

Job, Ulrich, Die Steuerrechtliche Liebhaberei (zugl. Diss.), 1977, Bochum.

Kahl, Wolfgang/Waldhoff, Christian/Walter, Christian, Bonner Kommentar zum Grundgesetz, Band II, Loseblatt, Heidelberg.

Kaminski, Bert, Ausgewählte Überlegungen zu den steuerlichen Konsequenzen und Gestaltungsmöglichkeiten beim Strukturwandel zu Liebhaberei, in: Strafrecht. Wirtschaftsstrafrecht. Steuerstrafrecht. Gedächtnisschrift für Wolfgang Joecks, herausgegeben von *Dünkel, Frieder/Fahl, Christian et al.,* 2018, München, S. 711 ff.

Kanzler, Hans-Joachim, Problematik der steuerlichen Behandlung von Veräußerungsgewinnen, FR 2000, S. 1245 ff.

-, Gewinnerzielungsabsicht bei einem landwirtschaftlichen Pachtbetrieb, FR 2008, S. 977 ff.

Kapp, Reinhart/Ebeling, Jürgen, Erbschafsteuer- und Schenkungsteuergesetz, Loseblatt, Köln.

Kessler, Wolfgang, Die Einstellung der Tätigkeit – ein neues Tatbestandsmerkmal der Betriebsveräußerung und Betriebsaufgabe?, BB 1986, S. 1441 ff.

Keuk, Brigitte, Zur Entnahme im geltenden und künftigen Recht, DB 1973, S. 890 ff.

Kempny, Simon, Gedanken zum Leistungsfähigkeitsprinzip. Rekonstruktion eines Schlüsselbegriffs als Beitrag zur Rationalisierung des Diskurses über Steuergerechtigkeit, StuW 2021, S. 85 ff.

Kirchhof, Ferdinand, Das Leistungsfähigkeitsprinzip nach dem Grundgesetz – Zustand und Zukunft, BB 2017, S. 662 ff.

Kirchhof, Paul, Zweiter Beratungsgegenstand: Besteuerung und Eigentum. Leitsätze des Berichterstatters, VVDStRL 1980 (Band 39), S. 213 ff.

-, Steuergleichheit, StuW 1984, S. 297 ff.

-, Der verfassungsrechtliche Auftrag zur Besteuerung nach der finanziellen Leistungsfähigkeit, StuW 1985, S. 319 ff.

-, Die Kunst der Steuergesetzgebung, NJW 1987, S. 3217 ff.

-, Empfiehlt es sich, das Einkommensteuerrecht zur Beseitigung von Ungleichbehandlungen und zur Vereinfachung neu zu ordnen?, Gutachten F zum 57. Deutschen Juristentag – Mainz 1988, 1988, München.

-, Gleichmaß und Übermaß, in: Wege und Verfahren des Verfassungslebens. Festschrift für Peter Lerche zum 65. Geburtstag, herausgegeben von *Badura, Peter/Scholz, Rupert*, 1993, München, S. 133 ff.

-, Der Auftrag zur Erneuerung des Einkommensteuerrechts. Eröffnung der Jahrestagung und Rechtfertigung des Themas, DStJG 2001 (Band 24), S. 9 ff.

-, Der Grundrechtsschutz des Steuerpflichtigen. Zur Rechtsprechung des Bundesverfassungsgerichts im vergangenen Jahrzehnt, AöR 2001 (Band 128), S. 1 ff.

-, Leistungsfähigkeit und Erwerbseinkommen – Zur Rechtfertigung und gerechtfertigten Anwendung des Einkommensteuergesetzes, in: Gestaltung der Steuerrechtsordnung. Festschrift für Joachim Lang zum 70. Geburtstag, herausgegeben von *Tipke, Klaus/Seer, Roman/Hey, Johanna/Englisch, Joachim*, 2010, Köln, S. 451 ff.

-, Die Gleichheit vor dem Steuergesetz. Maßstab und Missverständnisse, StuW 2017, S. 3 ff.

-, Steuervereinfachung – Schritt für Schritt, DStR 2021, S. 2761 ff.

Kirchhof, Paul/Seer, Roman, Einkommensteuergesetz, Kommentar, 16. Auflage, 2017; 19. Auflage, 2020; 20. Auflage, 2021, Köln.

Kirchhof, Paul/Söhn, Hartmut/Mellinghof, Rudolf, Kommentar zum Einkommensteuergesetz, Loseblatt, Heidelberg.

Kischel, Uwe, Systembindung des Gesetzgebers und Gleichheitssatz, AöR 1999 (Band 124), S. 174 ff.

-, Der Gleichheitssatz im Steuerrecht. Gefahren eines dogmatischen Sonderwegs, in: Gleichheit im Verfassungsstaat. Symposium aus Anlass des 65. Geburtstages von Paul Kirchhof, herausgegeben von *Mellinghof, Rudolf/Palm, Ulrich*, 2008, Heidelberg, S. 17 ff.

Klein, Franz/Orlopp, Gerd, Kommentar zur Abgabenordnung, 15. Auflage, 2020, München.

Knobbe-Keuk, Brigitte, Die Einbringung eines Personenunternehmens in eine Kapitalgesellschaft, DB 1972, S. 1643 ff.

-, Zum Strukturwandelbeschluß des Großen Senats, StuW 1976, S. 152 ff.

-, Besteuerung stiller Reserven mit und ohne Gewinnrealisierung, DStR 1985, S. 494 ff.

-, Bilanz- und Unternehmenssteuerrecht, 9. Auflage, 1993, Köln.

Koller, Andreas, Abgrenzung von Einkunftstatbeständen im Einkommensteuerrecht (zugl. Diss.), 1993, München.

Korn, Klaus, Betriebsaufgabe und -unterbrechung: Abgrenzung und Gestaltungsmöglichkeiten, KÖSDI 2006, S. 1525 ff.

-, Kommentar zum Einkommensteuergesetz, Loseblatt, Bonn.

Kraft, Gerhard/Schaz, Simon, Liebhaberei bei vermögenden Privatpersonen – ein Rechtsprechungskompendium, DStR 2016, S. 2936 ff.

Kreile, Reinhold/Söffing, Günter, Zum Schuldzinsenabzug im Einkommensteuerrecht, DStZ/A 1977, S. 259 ff.

Krumm, Marcel, Steuerliche Bewertung als Rechtsproblem (zugl. Habil.), 2014, Köln.

Kruse, Heinrich Wilhelm, Grundlagen der Liebhaberei, StuW 1980, S. 226 ff.

-, Über Liebhaberei, in: Festschrift für Arndt Raupach zum 70. Geburtstag, herausgegeben von *Kirchhof, Paul/ Schmidt, Karsten/ Schön, Wolfgang/ Vogel, Klaus*, 2006, Köln, S. 143 ff.

Kube, Hanno, Verfassungsrechtlicher Rahmen von Vermögensteuer und Vermögensabgabe, DStR-Beihefter 26/2013, S. 37 ff.

Lademann, Fritz, Kommentar zum Einkommensteuergesetz, Loseblatt, Heidelberg.

Lampert, Steffen, Die Wahl der zutreffenden Vergleichsgruppe bei der Anwendung des allgemeinen Gleichheitssatzes auf grenzüberschreitende Steuersachverhalte, NVwZ 2013, S. 195 ff.

Lang, Joachim, Gewinnrealisierung – Rechtsgrundlagen, Grundtatbestände und Prinzipien im Rahmen des Betriebsvermögensvergleichs nach § 4 Abs. 1 EStG, DStJG 1981 (Band 4), S. 45 ff.

-, Die Bemessungsgrundlage der Einkommensteuer. Rechtssystematische Grundlagen steuerlicher Leistungsfähigkeit im deutschen Einkommensteuerrecht (zugl. Habil.), 1981/88, Köln.

-, Einkommensteuer, in: Leitgedanken des Rechts. Paul Kirchhof zum 70. Geburtstag, Band II: Staat und Bürger, herausgegeben von *Kube, Hanno et al.*, 2013, Heidelberg, S. 1827 ff.

Larenz, Karl, Methodenlehre der Rechtswissenschaft, 6. Auflage 1991, Berlin.

Lehner, Moris, Wirtschaftliche Betrachtungsweise und Besteuerung nach der wirtschaftlichen Leistungsfähigkeit. Zur Möglichkeit einer teleologischen Auslegung der Fiskalzwecknormen, in: Die Steuerrechtsordnung in der Diskussion. Festschrift für Klaus Tipke zum 70. Geburtstag, herausgegeben von *Lang, Joachim*, 1995, Köln, S. 237 ff.

Leingärtner, Wilhelm, Zur Liebhaberei im Einkommensteuerrecht, FR 1979, S. 105 ff.

-, Besteuerung der Landwirte, Loseblatt, München.

Leisner, Walter, Wertzuwachsbesteuerung und Eigentum. Zugleich ein Beitrag zur Lehre vom Leistungseigentum, 1978, Berlin.

-, Steuer- und Eigentumswende die Einheitswert-Beschlüsse des Bundesverfassungsgerichts, NJW 1995, S. 2591 ff.

Lepsius, Oliver, Anmerkung zu BVerfG Urt. v. 9.12.2008, Az. 2 BvL 1/07, JZ 2009, S. 260 ff.

Littmann, Eberhard, Das Einkommensteuerrecht. Kommentar zum Einkommensteuergesetz, Band II, 13. Auflage, 1982, Stuttgart.

Littmann, Eberhard/Bitz, Horst/Pust, Hartmut, Das Einkommensteuerrecht. Kommentar zum Einkommensteuerrecht, Loseblatt, Stuttgart.

Lüdemann, Peter/Oliver, Zugmaier, Zur Verlängerung der Spekulationsfrist bei Grundstücksveräußerungen aus dem Privatvermögen, DStR 1996, S. 1636 ff.

von Mangoldt, Hermann/Klein, Friedrich/Starck, Christian, Grundgesetz Kommentar, herausgegeben von *Huber, Peter/Voßkuhle, Andreas*, Band I, 6. Auflage, 2010, 7. Auflage, 2018, München.

Märkle, Rudi, Die Betriebsunterbrechung und der ruhende Betrieb in der Ertragsbesteuerung, BB 2002, S. 17 ff.

Müller-Franken, Sebastian, Maßvolles Verwalten. Effiziente Verwaltung im System exekutiver Handlungsmaßstäbe am Beispiel des maßvollen Gesetzesvollzugs im Steuerrecht (zugl. Habil.), 2004, Tübingen.

von Münch, Ingo, Grundgesetz-Kommentar, herausgegeben von *Kunig, Philipp*, Band I, 5. Auflage, 2000, 7. Auflage, 2021, München.

Münchener Kommentar zum Bilanzrecht, herausgegeben von *Hennrichs, Joachim/Kleindiek, Detlef/Watrin, Christoph*, Band II, 2013, München.

-, zur Zivilprozessordnung, herausgegeben von *Rauscher, Thomas/Krüger, Wolfgang*, Band I, 6. Auflage, 2020, München.

Nacke, Alois, Referentenentwurf zum Steuervereinfachungsgesetz 2011, DB 2011, S. 132 ff.

Neumark, Fritz, Grundsätze der Besteuerung in Vergangenheit und Gegenwart, 2. Auflage 1970, Wiesbaden.

Niehus, Ulrich, Zur Realisierung stiller Reserven über gewerblich geprägte Personengesellschaften – zugleich ein Plädoyer zur Abschaffung von § 15 Abs. 3 Nr. 2 EStG, StuW 2008, S. 359 ff.

Niestegge, Vera, Dualismus der Einkunftsarten – Grundlagen, Schwächen, Überwindungsmöglichkeiten (zugl. Diss.), 2018, Münster.

Nissen, Karl-Heinz, Rechtsprechung des Bundesfinanzhofs zum Bilanzsteuerrecht, zu Personengesellschaften und bei Erbfällen, DB 1982, Beilage Nr. 15/82, S. 2 ff.

Offerhaus, Klaus, Zur steuerrechtlichen Abgrenzung zwischen betrieblich (beruflich) veranlaßten und durch die Lebensführung veranlaßten Aufwendungen, BB 1979, S. 617 ff.

O'Hara, Laurence, Konsistenz und Konsens. Die Anforderungen des Grundgesetzes an die Folgerichtigkeit von Gesetzen (zugl. Diss.), 2018, Tübingen.

Pahlke, Armin, Typusbegriff und Typisierung, DStR-Beihefter 31/2011, S. 66 ff.

Papier, Hans-Jürgen, Die Beeinträchtigungen der Eigentums- und Berufsfreiheit durch Steuern vom Einkommen und Vermögen, Der Staat 1972 (Band XI), S. 483 ff.

-, Steuerrecht im Wandel – verfassungsrechtliche Grenzen der Steuerpolitik, DStR 2007, S. 973 ff.

Paus, Bernhard, Betriebsunterbrechung oder Betriebsaufgabe bei Betriebsverpachtung. Zugleich Anmerkung zu BFH v. 27.2.1985, I R 235/80, DStZ 1986, S. 354 ff.

-, Die Betriebsverpachtung im ganzen – Behandlung des Firmenwerts. Zugleich Anmerkung zu BFH v. 4.4.1989, X R 49/87, FR 1989, S. 729 ff.

-, Spätere Realisationstatbestände für die stillen Reserven beim Wechsel zur Liebhaberei zugleich Anmerkung zu BFH v. 11.05.2016, X R 15/15, DStZ 2017, S. 377 ff.

Payandeh, Mehrdad, Das Gebot der Folgerichtigkeit: Rationalitätsgewinn oder Irrweg der Grundrechtsdogmatik?, AÖR 2011 (Band 136), S. 578 ff.

Peine, Franz-Joseph, Systemgerechtigkeit: die Selbstbindung des Gesetzgebers als Maßstab der Normenkontrolle (zugl. Habil.), 1985, Baden-Baden.

Pelka, Jürgen, Strategien gegen die Zwangsrealisierung von stillen Reserven, FR 1987, S. 321 ff.

Pezzer, Heinz-Jürgen, Bilanzierungsprinzipien als sachgerechte Maßstäbe der Besteuerung, DStJG 1991 (Band 14), S. 3 ff.

Pitzke, Stefan, Betriebsveräußerung und Betriebsaufgabe. Zur Tatbestandsseite des § 16 EStG (zugl. Diss.), 1993, Augsburg.

Pöschl, Magdalena, Gleichheit vor dem Gesetz (zugl. Habil.), 2008, Wien.

Prokisch, Rainer, Von der Sach- und Systemgerechtigkeit zum Gebot der Folgerichtigkeit, in: Staaten und Steuern: Festschrift für Klaus Vogel zum 70. Geburtstag, herausgegeben von *Kirchhof, Paul,* 2000, Heidelberg.

Rabe, O., Die tarifbegünstigte Besteuerung der Gewinne aus der Veräußerung oder Aufgabe eines Betriebs. Zugleich eine kritische Würdigung der Rechtsprechung des I. und IV. Senats des Bundesfinanzhofes, Inf 1986, S. 57 ff.

Reich, Markus, Die Realisation stiller Reserven im Bilanzsteuerrecht (zugl. Habil.), 1983, Zürich.

Reiß, Wolfram, Fortentwicklung des Unternehmenssteuerrechtes bei Mitunternehmerschaften. Bemerkungen zu den Vorschlägen des BMF, BB 2001, S. 1225 ff.

Richter, Heinz/Winter, Willi, Neue ertragsteuerliche Voraussetzung einer (Teil-) Betriebsveräußerung bzw. -aufgabe?, DStR 1986, S. 145 ff.

Riehm, Philipp G., Schlafende Landwirte – Drohende Versteuerung von Betriebsaufgabegewinnen, FR 2021, S. 474 ff.

Rosenberg, Leo, Die Beweislast auf der Grundlage des Bürgerlichen Gesetzbuchs und der Zivilprozessordnung, 5. Auflage, 1965, München.

Ruppe, Hans Georg, Möglichkeiten und Grenzen der Übertragung von Einkunftsquellen als Problem der Zurechnung von Einkünften, DStJG 1978 (Band 1), S. 7 ff.

-, Die Abgrenzung der Betriebsausgaben/Werbungskosten von Privatausgaben, DStJG 1980 (Band 3), S. 103 ff.

-, Diskussion der Referate des 2. Tags, DStJG 1981 (Band 4), S. 259 ff.

Rüthers, Bernd/Fischer, Christian/Birk, Axel, Rechtstheorie mit Juristischer Methodenlehre, 11. Auflage 2020, München.

Sachs, Michael, Kommentar zum Grundgesetz, 9. Auflage 2021, München.

v. Schanz, Georg, Der Einkommensbegriff und die Einkommensteuergesetze, Finanzarchiv 1896 (13. Jahrgang), Band I, S. 1 ff.

Schell, Matthias, Subjektive Besteuerungsmerkmale im Einkommensteuerrecht. Zur Beachtlichkeit von Wille und Absicht bei der Ertragsbesteuerung natürlicher Personen (zugl. Diss.), 2006, Baden-Baden.

Schlotter, Carsten, Verfassungsrechtliche Grenzen bei der Ausgestaltung des Steuerbilanzrechts, FR 2007, S. 951 ff.

Schmidt-Bleibtreu, Bruno/Klein, Franz, Kommentar zum Grundgesetz, 15. Auflage 2022, herausgegeben von *Hofmann, Hans/Henneke, Hans-Günter*, Köln.

Schmidt-Liebig, Axel, Der Gewerbebetriebsbegriff der §§ 2 I Ziff. 2, 15 I EStG, StuW 1977, S. 302 ff.

-, Gewerbebetrieb, Vermögensverwaltung und Nutzwertanalyse im Einkommensteuerrecht. Anmerkungen zu *Bloehs*, BB 2002, S. 1068 ff., BB 2002, S. 2577 ff.

Schmidt, Ludwig, Betriebsverpachtung: Betriebsaufgabe oder bloße Betriebsunterbrechung. Zugleich Anmerkung zu BFH v. 27.2.1985, I R 235/80, FR 1985, S. 476 ff.

-, Kommentar zum Einkommensteuergesetz, herausgegeben von *Weber-Grellet, Heinrich*, 30. Aufl. 2011, 36. Aufl. 2017, 40. Auflage, 2021, München.

Schmitt-Homann, Fabian, Die Vererbung einkommensteuerrechtlicher Rechtspositionen. Die Behandlung einkommensteuerrechtlicher Positionen im Erbfall beim Alleinerben und bei der Erbengemeinschaft (zugl. Diss.), 2005, Göttingen.

Schneider, Dieter, Maßgeblichkeit der Handelsbilanz für die Steuerbilanz und Besteuerung nach der Leistungsfähigkeit, BB 1978, S. 1577 ff.

Scholtz, Rolf-Detlev, Die Besteuerung des Betriebsaufgabegewinns aus der Sicht des Verfassungsrechts, FR 1983, S. 469 ff.

Schroeder, Kai Uwe/Fuchs, Rainer G., Probleme beim Übergang von der Liebhaberei zum Gewerbebetrieb oder Betrieb der Land- und Forstwirtschaft, StBp 1990, S. 261 ff.

Schulze zur Wiesche, Dieter, Nutzungsänderung als Entnahmetatbestand bei Land- und Forstwirten, FR 1983, S. 342 ff.

Schuster, Silvia, Korrektur angezeigt – Gedanken zum Verpächterwahlrecht, FR 2007, S. 584 ff.

Schuppert, Gunnar Folke, Verfassungsrechtliche Prüfungsmaßstäbe bei der verfassungsgerichtlichen Überprüfung von Steuergesetzen. Ein Beitrag zu den verfassungsrechtlichen Bindungen des Steuerrechts, in: Festschrift für Wolfgang Zeidler, herausgegeben von *Fürst, Walther/Herzog, Roman/Umbach, Dieter C.*, Band I, 1987, Berlin, S. 691 ff.

Schwarz, Kyrill-A., „Folgerichtigkeit“ im Steuerrecht. Zugleich eine Analyse der Rechtsprechung des Bundesverfassungsgerichts zu Art. 3 Abs. 1 GG, in: Staat im Wort, Festschrift für Josef Isensee, herausgegeben von *Depenheuer, Otto et al.*, 2007, Heidelberg, S. 949 ff.

Seer, Roman, Verständigungen im Steuerverfahren (zugl. Habil.), 1996, Köln.

-, Der sog. Halbteilungsgrundsatz als verfassungsrechtliche Belastungsobergrenze der Besteuerung, FR 1999, S. 1280 ff.

-, Verfassungsrechtliche Grenzen der Gesamtbelastung des Unternehmens, DStJG 1999 (Band 23), S. 87 ff.

-, Insolvenz, Sanierung und Ertragsteuern – verfassungs- und europarechtliche Überlegungen, FR 2014, S. 721 ff.

Söffing, Günter, Anmerkung zu BFH v. 29.10.1981, IV R 138/78, FR 1982, S. 176 ff.

Söhn, Hartmut, Der Dualismus der Einkunftsarten im geltenden Recht, DStJG 2007 (Band 31), S. 13 ff.

-, Erwerbsbezüge, Markteinkommenstheorie und Besteuerung nach der Leistungsfähigkeit, in: Die Steuerrechtsordnung in der Diskussion. Festschrift für Klaus Tipke zum 70. Geburtstag, herausgegeben von *Lang, Joachim*, 1995, Köln, S. 343 ff.

Stern, Klaus, Das Staatsrecht der Bundesrepublik Deutschland, Grundbegriffe und Grundlagen des Staatsrechts, Strukturprinzipien der Verfassung, Band I, 2. Auflage, 1984, München.

Stern, Klaus/Becker, Florian, Grundrechte-Kommentar. Die Grundrechte des Grundgesetzes mit ihren europäischen Bezügen, 3. Auflage, 2019, Köln.

Stöber, Michael, Die subjektübergreifende Einkünfteerzielungsabsicht, FR 2017, S. 801 ff.

Stoll, Gerold, Grundfragen des Gewinnausweises ohne Umsatzakt – Entnahme, Betriebsaufgabe, Strukturwandel, Änderung der Gewinnermittlungsart, DStJG 1981 (Band 4), S. 207 ff.

Stopper, Michael, Die Betriebsaufgabe als Gewinnausweistatbestand (zugl. Diss.), 2011, Berlin.

Streck, Michael, Gestaltungen zur Vermeidung der Betriebsaufgabe. „Auffang“-GmbH & Co. KG und GmbH-GbR als gewerblich geprägte Personengesellschaften, FR 1988, S. 57 ff.

Strutz, Georg, Handbuch des Reichssteuerrechts. Schematische Darstellung der Steuergesetze (einschließl. Zollrecht) des Deutschen Reiches, 3. Auflage, 1927, Berlin/Wien.

-, Kommentar zum Einkommensteuergesetz vom 10. August 1925, Band I, 1927, Berlin.

Tappe, Henning, Festlegende Gleichheit – folgerichtige Gesetzgebung als Verfassungsgebot?, JZ 2016, S. 27 ff.

Theisen, Manuel Rene, Die Liebhaberei – Ein Problem des Steuerrechts und der Betriebswirtschaftlichen Steuerlehre, StuW 1999, S. 255 ff.

Tiedtke, Klaus, Voraussetzungen einer Betriebsveräußerung im Ganzen und einer Teilbetriebsveräußerung und -aufgabe. Zugleich Anmerkung zu BFH v. 03.10.1984, I R 119/81, FR 1985, S. 298 ff.

Tiedtke, Klaus/Heckel, Markus, Die Besteuerung des Geschäftswerts nach erklärter Betriebsaufgabe und anschließender Betriebsverpachtung. Zugleich eine Anmerkung zum Urteil des FG München vom 03.12.1998, 11 K 4970/96, DStR 2001, S. 145 ff.

Tipke, Klaus, Steuerrecht – Chaos, Konglomerat oder System?, StuW 1971, S. 2 ff.

-, Zur Abgrenzung der Betriebs- oder Berufssphäre von der Privatsphäre im Einkommensteuerrecht, FR 1979, S. 193 ff.

-, Rechtfertigung des Themas; Ziel der Tagung, DStJG 1981 (Band 4), S. 1 ff.

-, Steuerliche Ungleichbehandlung durch einkunfts- und vermögensartdifferente Bemessungsgrundlagenermittlung und Sachverhaltsverifizierung, in: Festschrift für Heinrich Wilhelm Kruse zum 70. Geburtstag, herausgegeben von *Drenseck, Walter/Roman, Seer,* 2001, Köln, S. 215 ff.

-, Steuerrechtsordnung, Band I, 2. Auflage, 2000, Band II, 2. Auflage, 2003, Köln.

-, Steuergerechtigkeit unter besonderer Berücksichtigung des Folgerichtigkeitsgebots, StuW 2007, S. 201 ff.

Tipke, Klaus/Kruse, Heinz Wilhelm (Hrsg.), Kommentar zur Abgabenordnung, Loseblatt, Köln.

Tipke, Klaus/Lang, Joachim, herausgegeben von *Seer, Roman et al.*, Steuerrecht, 24. Auflage 2021, Köln.

Thoma, R., Kritische Würdigung des Grundrechtekatalogs, in: Der Parlamentarische Rat 1948-1949. Akten und Protokolle, Band V, 1. Teil, herausgegeben von *Stelzl, Hans-Joachim/Schick, Rupert/Wernicke, Kurt Georg,* 1993, München, S. 361 ff.

Trzaskalik, Christoph, Gewinnrealisierung bei unentgeltlichen Übertragungen (Erbfall, Schenkung) von Betrieben, Teilbetrieben und Mitunternehmeranteilen auf andere Steuerrechtssubjekte – § 7 EStDV im System des Einkommensteuerrechts, DStJG Band 1981 (Band 4), S. 145 ff.

-, Die einkommensteuerliche Beurteilung des Räumungsverkaufs wegen Geschäftsaufgabe, DB 1983, S. 194 ff.

Urban, Sandro, Die Einkünfteerzielungsabsicht in der Systematik des Einkommensteuergesetzes (zugl. Diss.), 2010, Baden-Baden.

Valta, Matthias, Veranlassungszusammenhang und Markteinkommen, FR 2020, S. 586 ff.

Vogel, Klaus, Bemerkungen zur Gewinnverwirklichung und Gewinnberichtigung im deutschen Außensteuerrecht, StuW 1974, S. 193 ff.

-, Vom Eigentums- zum Vermögensschutz – eine Erwiderung, NJW 1996, S. 1257 ff.

Völlmeke, Monika, Überlegungen zur tatsächlichen Vermutung und zum Anscheinsbeweis im finanzgerichtlichen Verfahren, DStR 1996, S. 1070 ff.

Wassermeyer, Franz, Die Abgrenzung des Betriebsvermögens vom Privatvermögen, DStJG Band 1980 (Band 3), S. 315 ff.

-, Rechtssystematische Überlegungen zum Werbungskostenbegriff, StuW 1981, S. 245 ff.

-, Das Erfordernis objektiver und subjektiver Tatbestandsmerkmale in der ertragsteuerlichen Rechtsprechung des BFH. Ein Beitrag zu der im Ertragsteuerrecht maßgeblichen "Kausalitäts"lehre, StuW 1982, S. 352 ff.

-, Verdeckte Gewinnausschüttung: Veranlassung, Fremdvergleich und Beweisrisikoverteilung. Zugleich eine Rezension zu zwei Dissertationen und Anmerkung zu BFH v. 17.10.2001, I R 103/00, DB 2001, S. 2465 ff.

Weber-Grellet, Heinrich, Wo beginnt die Grenze zur „Liebhaberei"? (1. Teil), DStR 1992, S. 561 ff.

-, Wo beginnt die Grenze zur „Liebhaberei"? (2. Teil), DStR 1992, S. 602 ff.

-, Zu dem Vermögensteuer-Beschluß des BVerfG – BVerfG, Entscheidung vom 22. Juni 1995 - 2 BVL 37/91, BB 1996, S. 1415 ff.

-, Der Typus des Typus, in: Festschrift für Heinrich Beisse zum 70. Geburtstag, herausgegeben von *Budde, Wolfgang Dieter*/*Moxter, Adolf*/*Offerhaus, Klaus*, 1997, Düsseldorf, S. 551 ff.

-, Liebhaberei im Ertragsteuerrecht, DStR 1998, S. 873 ff.

-, Bestand und Reform des Bilanzsteuerrechts, DStR 1998, S. 1343 ff.

-, Steuern im modernen Verfassungsstaat. Funktionen, Prinzipien und Strukturen des Steuerstaats und des Steuerrechts (zugl. Habil.), 2001, Köln.

-, Vom normtypischen Verhalten zur normgerechten Tatbestandsprüfung. Anmerkungen zu dem Beitrag von *Heuermann*, DB 2002 S. 2011, DB 2002, S. 2568 ff.

Wendt, Rudolf, Besteuerung und Eigentum, NJW 1980, S. 2111 ff.

-, Der Gleichheitssatz, NVwZ 1988, S. 778 ff.

Wendt, Michael, Zur Grauzone zwischen Betriebsaufgabe und Betriebsänderung, FR 1998, S. 264 ff.

-, Prinzipien der Verlustberücksichtigung, DStJG 2005 (Band 28), S. 41 ff.

-, Betriebsunterbrechung bei dem vormaligen Besitzunternehmen. Zugleich Anmerkung zu BFH v. 14.03.2006, VIII R 80/03, FR 2006, S. 826 ff.

-, Fortführungsfiktion bei Betriebsverpachtung und Betriebsunterbrechung nach § 16 Abs. 3b EStG, FR 2011, S. 1023 ff.

-, Bilanzrecht, in: Leitgedanken des Rechts. Paul Kirchhof zum 70. Geburtstag, Band II: Staat und Bürger, herausgegeben von *Kube, Hanno et al.*, 2013, Heidelberg, S. 1961 ff.

Wendt, Volker, Das Verhältnis von Entnahme / Einlage zur Anschaffung / Veräußerung im Einkommensteuerrecht (zugl. Diss.), 2003, Bochum.

Wieland, Joachim, Freiheitsrechtliche Vorgaben für die Besteuerung von Einkommen, DStJG 2001 (Band 24), S. 29 ff.

-, Steuerrecht als Innovationsressource des Verfassungsrechts?, in: Jahrbuch des Öffentlichen Rechts der Gegenwart, herausgegeben von *Baer et al.*, Band LXIV, 2016, Tübingen, S. 505 ff.

Wittmann, Rolf, Besteuerung des Markteinkommens. Grundlinien einer freiheitsschonenden Besteuerung, StuW 1993, S. 35 ff.

Wollny, Christoph, Die (Un-)Beachtlichkeit des bilanziellen Vorsichtsprinzips in der Unternehmensbewertung, DStR 2016, S. 2415 ff.

Woltmann, A., Zum Übergang eines land- und forstw. Liebhabereibetriebs in einen Erwerbsbetrieb und umgekehrt, Inf/L 1966, S. 34 ff.

Woerner, Lothar, Verfassungsrecht und Methodenlehre im Steuerrecht. Auf den Spuren von Heinrich Beisse, FR 1992, S. 226 ff.

Wüllenkemper, Dirk, Wechsel der Gewinnermittlungsart bei Übergang zur Liebhaberei und zeitliche Erfassung des Übergangsgewinns zugleich eine Anmerkung zu FG Rheinland-Pfalz v. 23.09.2014, 3 K 2294/12, EFG 2015, S. 11 ff.

-, Besteuerung von stillen Reserven nach Übergang zur Liebhaberei. Zugleich Anmerkung zu FG Düsseldorf v. 16.10.2014, 11 K 1509/14 E, EFG 2015, S. 1431 ff.

Zippelius, Reinhold, Juristische Methodenlehre, 12. Auflage 2021, München.

Zugmaier, Oliver, Einkünftequalifikation im Einkommensteuerrecht: die Abgrenzung der Einkunftsarten bei einzelwirtschaftlicher Betätigung (zugl. Diss.), 1998, Augsburg.

-, Das Verpächterwahlrecht bei der Verpachtung gewerblicher, land- und forstwirtschaftlicher sowie freiberuflicher Betriebe, FR 1998, S. 597 ff.

-, Der Begriff des Gewerbebetriebs in § 15 Abs. 2 S. 1 EStG – kein Merkmalsbegriff sondern Typusbegriff, FR 1999, S. 997 ff.

www.ingramcontent.com/pod-product-compliance
Ingram Content Group UK Ltd.
Pitfield, Milton Keynes, MK11 3LW, UK
UKHW021934290926
8980IPUK00016B/1625

9 783631 897935